스마트폰 앱
UX/UI 디자인

앱스디자인 이종원 지음

전문 앱 디자이너가 전하는
실무 중심의 아이폰 · 안드로이드폰 앱 UX/UI 디자인 핵심 바이블

스마트폰 앱 UX / UI 디자인

독자님의 의견을 받습니다.
이 책을 구입한 독자님은 영진닷컴의 가장 중요한 비평가이자 조언가입니다. 저희 책의 장점과 문제점이 무엇인지, 어떤 책이 출판되기를 바라는지, 책을 더욱 알차게 꾸밀 수 있는 아이디어가 있으면 팩스나 이메일, 또는 우편으로 연락주시기 바랍니다. 의견을 주실 때에는 책 제목 및 독자님의 성함과 연락처(전화번호나 이메일)를 꼭 남겨주시기 바랍니다. 독자님의 의견에 대해 바로 답변을 드리고, 또 독자님의 의견을 다음 책에 충분히 반영하도록 늘 노력하겠습니다.

저자 이종원 | **총괄** 김태경 | **진행** 서정임 | **내지 디자인** 디자인팀 임정원, 이유미 | **표지 디자인** 디자인팀 임정원

이 메 일 : support@youngjin.com
주　　소 : (우)08591 서울특별시 금천구 가산디지털 1로 24 대륭 13차 10층 (주) 영진닷컴 기획1팀

스마트폰 앱

UX/UI 디자인

앱스디자인 이종원 지음

YoungJin.com Y.
영진닷컴

* Preface_ 들어가는 말

현재의 비즈니스와 개인의 삶에서 스마트폰은 24시간 떨어지지 않는 제품입니다. 여지껏 그 무엇도 이처럼 삶과 밀접한 제품은 없었습니다. 매일 아침 새로운 IT뉴스와 수많은 성공하는 비즈니스에 대한 이야기는, 스마트폰 앱과 관련된 이야기들로 도배되어 있습니다. 지금 본 서적을 읽어보는 여러분 또한, 이러한 상황에서 본 서적을 펼쳐보았을 거라 생각합니다.

디자인은 중요합니다. 과거에 단순히 제품을 포장하기 위한 디자인을 넘어, 이제는 디자인을 실현하기 위해 기술을 개발하는 단계에 이르렀으며, 사용자 경험(User Experience /UX)도 유저 인터페이스(User Interface /UI)도 이제는 흔히 듣는 단어가 되었습니다.

물론, 스마트폰 앱에서도 디자인의 중요성은 점점 더 커져가고 있습니다. 그렇지만 실제로 실무의 관점에서 스마트폰 앱 디자인에 대해 저술한 서적은 없고, 이론서들만 눈에 띄었습니다. 인터넷에는 다양한 정보가 산재해있지만, 실제로 필요한 지식과 진정으로 원하는 지식을 찾기가 어려웠습니다. 포토샵 교재를 보고, 잘 만든 앱을 따라 하며 노력하다 보면 언젠가는 경험을 통해서 배우게 되겠지만, 이러한 시행착오의 시간이 참 아쉽습니다.

그래서 그동안의 경험과 노하우를 정리해서 나누고자 합니다. 초보자들도 이해하고 배울 수 있도록 구성하였으며, 어느 정도 작업을 할 줄 아는 디자이너는 스마트폰 앱 디자인에 대해 다시 한 번 되새김질하며 스킬 업을 할 수 있도록 내용을 구성하였습니다. 더불어 기획자나 마케터는 본 서적을 통해서, 디자인이 구체적으로 어떻게 이루어지는 지에 대해서 이해할 수 있을 것이며, 개발자는 본 서적을 통해 디자인의 프로세스는 물론, 세부적인 디자인은 어떻게 이루어지는 지에 대해서 이해할 수 있을 것입니다. 더욱이 개인 개발자, 소규모 앱 개발팀에게는 디자인을 함에 있어 본 서적이 직접적인 도움이 될 것이라 믿습니다.

스마트폰 앱 디자인은 단순히 포토샵을 잘한다고 뛰어난 디자인 결과물을 만들 수 있는 것이 아닙니다. 아이폰, 안드로이드폰의 각 운영체제인 iOS, 안드로이드 OS의 특징 및 제약, 디자인 가이드에 대해서도 숙지해야 하며, 앱의 사용자 경험 또한 무시할 수 없습니다. 아울러 전반적인 개발 프로세스 및 마케팅에 대한 이해가 있어야 합니다. 그리고 최신 툴을 사용하여 업무의 효율을 높이고, 다양한 앱 개발 사례를 통해 앱 개발에 대한 통찰력 Insight를 키울 수 있어야 합니다. 본 서적에는 최대한 이러한 부분을 반영하고자, 국너는 물론 해외 개발사들과도 연락을 취하고 인터뷰도 하여, 글로벌 기준에서의 사례에 대한 노하우도 수록하였습니다. 아울러 디지털 작업에 더욱 특화된 포토샵 CS6를 기준으로 튜토리얼을 진행하였으며, 아이폰 5 및 다양한 안드로이드폰에 대한 해상도 대응 방법도 저술하여 실무적인 관점에서의 디자인 스킬 향상에 포커스를 두었습니다. 마지막으로 업무 외적인 부분에서 실무의 효율을 높일 수 있는 다양한 팁과 어드바이스를 수록하였습니다.

부디 모든 분들이, 본 서적을 통해 원하시는 바를 이룰 수 있기를 기원합니다.

저자_ 이종원

* Thanks To_ 감사의 글

본 서적의 집필에 도움을 주신 많은 분들께 다시 한 번 감사 드립니다.

'고양지식정보산업진흥원' 김인환 원장님, 이명균 팀장님, 주명훈 과장님, 최정훈 주임님
'연세대학교 생활디자인학과' 이현주 교수님
'아카데미 정글' 신웅수 대표님, 김영국 팀장님, 유광열 선생님

'월간 행복이 가득한 집' 김홍숙 아트디렉터님
'월간 디자인' 원승락 아트디렉터님
'한국 Datacolor 컬러라임컨셉트그룹주식회사' 김환 이사님, 박동원 이사님
'한국 Wacom' 성상희 부장님, 장인혜 대리님
'스페이스 노아 & 프로젝트 노아' 정수현 대표님

'버즐 판도라(Birzzle Pandora)' Enfeel Inc. – 유석현 이사님, 강진우 팀장님
'그리드 렌즈(Grid Lens)' bucket labs 김정운님, 심찬용님

NS맥 스터디팀 신용호 팀장님, 브루스킴 김성규님, 지미 이준석님, 김도현님, 스터디팀 멤버들
JSA에서 지금까지, 힘들 때나 기쁠 때나 함께 해준 좋은 친구 이정용, 박기원
전 세계의 아픈 사람들을 고쳐주고 있는 분당 서울대학병원 척추센터 현승재 교수
아카데미 정글의 모바일 UX/UI 워크샵 학생들, 웹 스페셜리스트 학생들
'진인사대천명'을 몸소 가르쳐 주신 전 코레일유통 신용섭 상무이사님
집필의 처음부터 끝까지 많은 도움을 주신 영진닷컴 출판사 서정임님

자신의 일처럼 집필에 큰 도움을 준 앱스디자인 신지영 실장님을 비롯한 앱스디자인 조가님들, 콜라보 아티스트들, 프로그래머분들 모두에게 감사의 말씀을 전합니다.

Special Thanks to ;
(in no particular order)
'App Cooker' Hot App Factory - Xavier Veyrat
'Fluid UI' Fluid Software - Dave Kearney, John Larkin
'Mega Jump' Get Set Game Inc. - Nick Coomb
'Snapeee' Mind Palette Co., Ltd. - Tetsuya Itoh
'Wunderlist' 6 wunderkinder - Benedikt Lehnert, Rebecca Escreet
'Dropbox' Anna-Christina Douglas
'Skala Preview' Bjango - Marc Edwards
'Groove Coaster' Taito - Scott Blow
'Path' Path - Emmalee Kremer
'Clear' - Rob
'Weather Neue'

* Composition_ 이 책의 구성

아이폰, 안드로이드폰 중심 구성

본 서적에서는 애플 iOS의 아이폰, 구글 안드로이드 OS의 안드로이드폰에 대한 스마트폰 앱 디자인을 다룰 것이며, 아이패드와 안드로이드 태블릿, 타OS 등은 제외하겠습니다. 태블릿은 그 사용자 경험이 스마트폰과 확연히 다른 것이 주된 이유이기는 하나, 그래픽 디자인 부분은 공통된 부분이 많으므로 필요 시 본 서적어 서 소개한 각 OS의 개발자 사이트와 튜토리얼, 팁 등을 참조하면 태블릿과 타 OS의 디자인이라 하더라도 큰 무리 없이 디자인할 수 있습니다.

최신 내용의 반영

집필 시점은 2012년 8월부터 2013년 2월까지 입니다. 집필 기간 중 아이폰 5가 출시되었고, 안드로이드는 4.2 버전까지 출시되었습니다.

본 서적에서는 개발자 사이트를 통한 최신 정보 습득 방식에 대한 내용도 소개하고 있으므로, 필요에 따라서는 최신 내용을 해당 웹 사이트에서 습득하여 반영할 수 있으므로 최신 내용에 대한 걱정 없이 본 서적을 통해 학습할 수 있도록 하였습니다.

저술 기준은 다음과 같습니다.

- 저술 시점에서 국내 최다 사용자를 보유한 아이폰 4S/4, 갤럭시 SⅡ 를 기준으로 작성
- 아이폰 5, 갤럭시 SⅢ 및 다양한 해상도의 안드로이드폰에 대한 컨버팅 공식을 수록하므로, 이를 활용하여 디자인 작업을 진행할 수 있음
- 스마트폰 앱 디자인은 물론, 기본적인 스마트폰, 앱 비즈니스, 앱 개발, 앱 마켓 등에 관한 사항을 다루고 있으므로 넓은 관점에서 스마트폰 앱 디자인을 진행할 수 있도록 함
- 저술 시점에서 안드로이드의 신규 레퍼런스폰인 갤럭시 넥서스 4 옵티머스가 출시되었으나 국내 발매하지 않는 관계로 안드로이드 레퍼런스 폰은 갤럭시 넥서스를 기준으로 함
- 주요 디자인 프로그램 : 어도비 포토샵 CS6
  참조 : 현재, 포토샵 CS6 버전 이후에 CC 버전이 출시되어 있으나 기본적인 디자인 작업 방식은 동일하므로 CC 버전을 사용하더라도 큰 문제없이 본 서적의 튜토리얼 및 앱 디자인이 가능함(2013년 9월, 2쇄 시 추가 정보 업데이트)

따라서 구입 시점의 최신 스마트폰 기종이 아니라 하더라도 본 서적이 노후된 것을 의미하지는 않습니다.

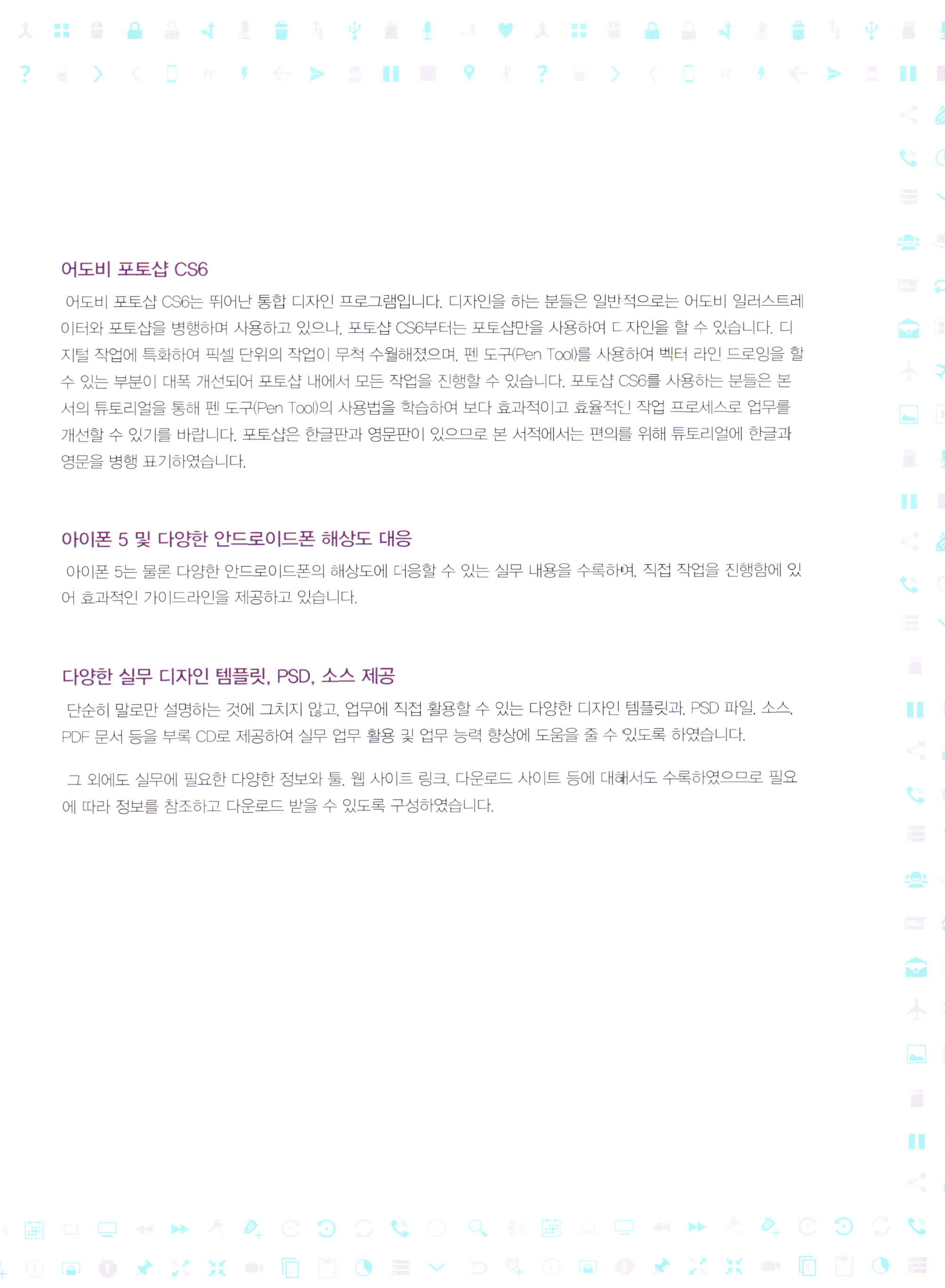

어도비 포토샵 CS6

 어도비 포토샵 CS6는 뛰어난 통합 디자인 프로그램입니다. 디자인을 하는 분들은 일반적으로는 어도비 일러스트레이터와 포토샵을 병행하며 사용하고 있으나, 포토샵 CS6부터는 포토샵만을 사용하여 ㄷ자인을 할 수 있습니다. 디지털 작업에 특화하여 픽셀 단위의 작업이 무척 수월해졌으며, 펜 도구(Pen Tool)를 사용하여 벡터 라인 드로잉을 할 수 있는 부분이 대폭 개선되어 포토샵 내에서 모든 작업을 진행할 수 있습니다. 포토샵 CS6를 사용하는 분들은 본서의 튜토리얼을 통해 펜 도구(Pen Tool)의 사용법을 학습하여 보다 효과적이고 효율적인 작업 프로세스로 업무를 개선할 수 있기를 바랍니다. 포토샵은 한글판과 영문판이 있으므로 본 서적에서는 편의를 위해 튜토리얼에 한글과 영문을 병행 표기하였습니다.

아이폰 5 및 다양한 안드로이드폰 해상도 대응

 아이폰 5는 물론 다양한 안드로이드폰의 해상도에 대응할 수 있는 실무 내용을 수록하여, 직접 작업을 진행함에 있어 효과적인 가이드라인을 제공하고 있습니다.

다양한 실무 디자인 템플릿, PSD, 소스 제공

 단순히 말로만 설명하는 것에 그치지 않고, 업무에 직접 활용할 수 있는 다양한 디자인 템플릿과, PSD 파일, 소스, PDF 문서 등을 부록 CD로 제공하여 실무 업무 활용 및 업무 능력 향상에 도움을 줄 수 있도록 하였습니다.

 그 외에도 실무에 필요한 다양한 정보와 툴, 웹 사이트 링크, 다운로드 사이트 등에 대해서도 수록하였으므로 필요에 따라 정보를 참조하고 다운로드 받을 수 있도록 구성하였습니다.

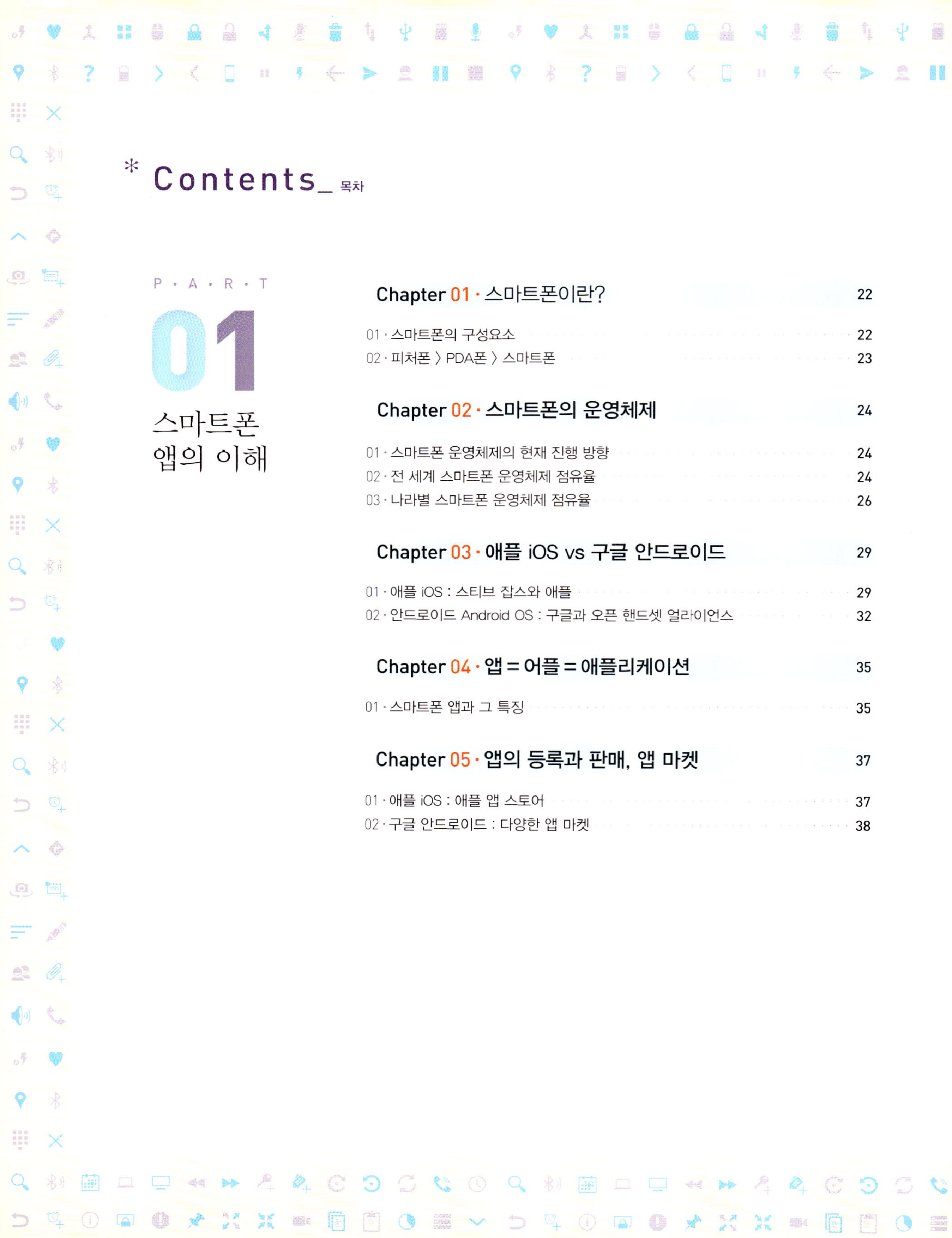

* Contents_ 목차

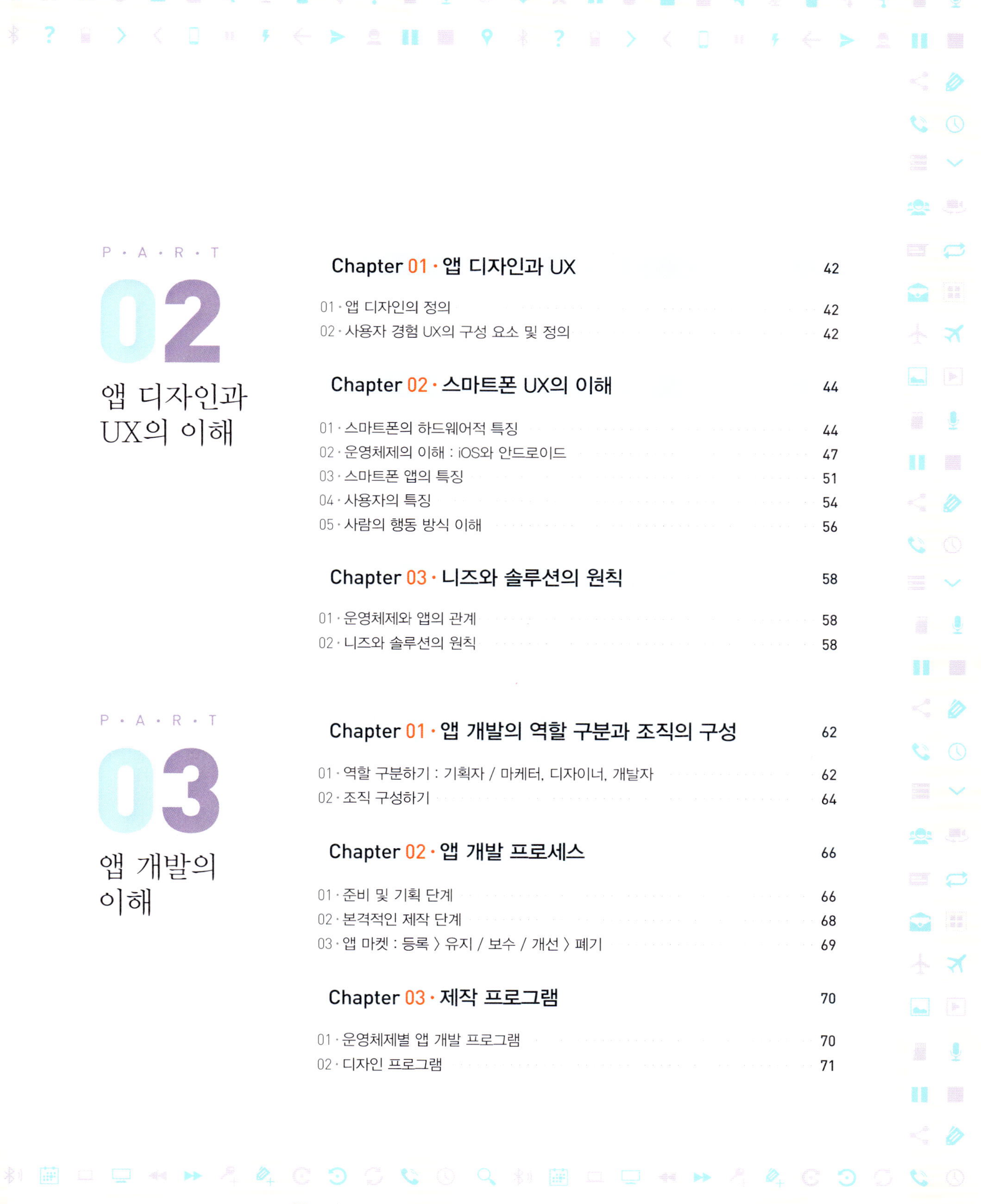

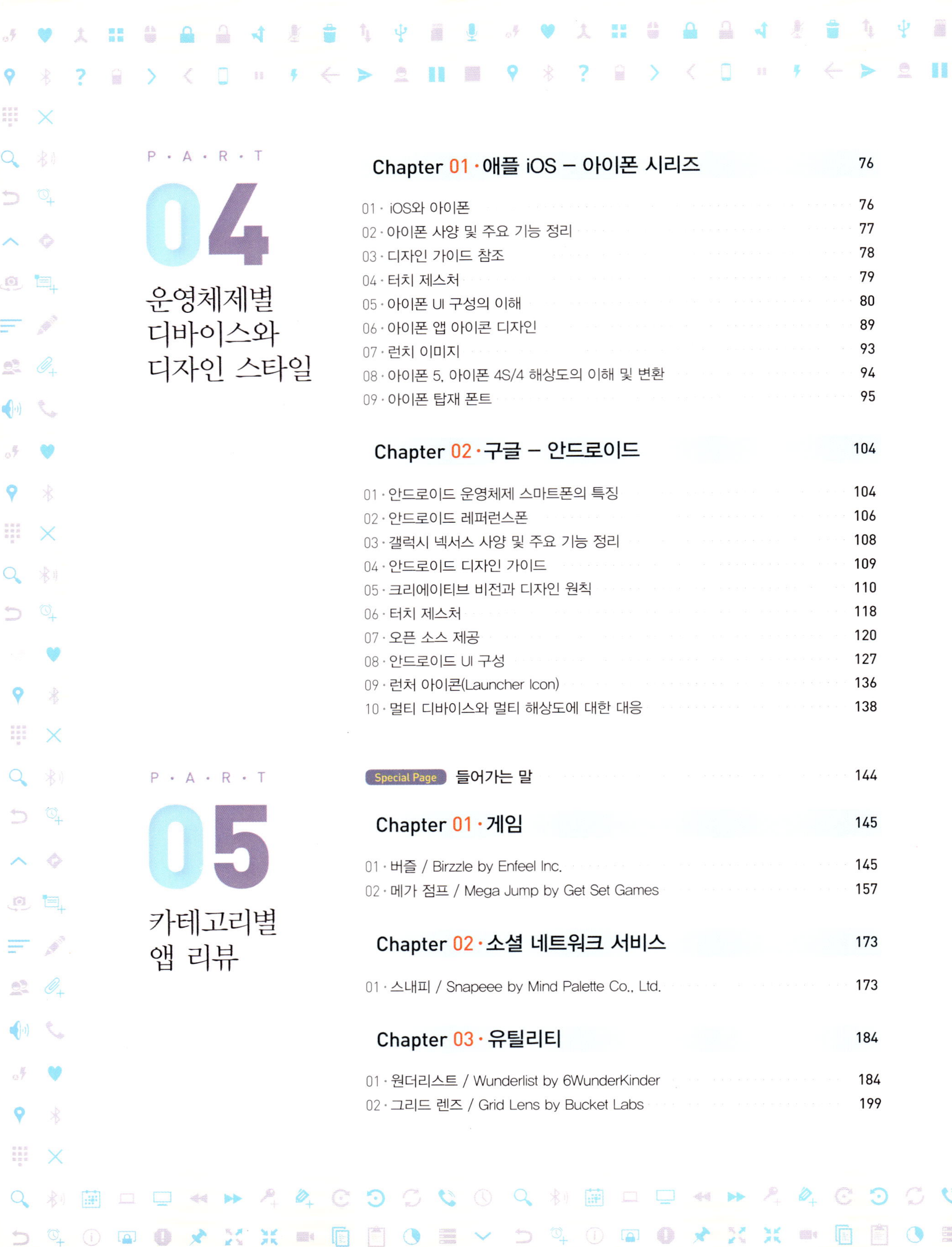

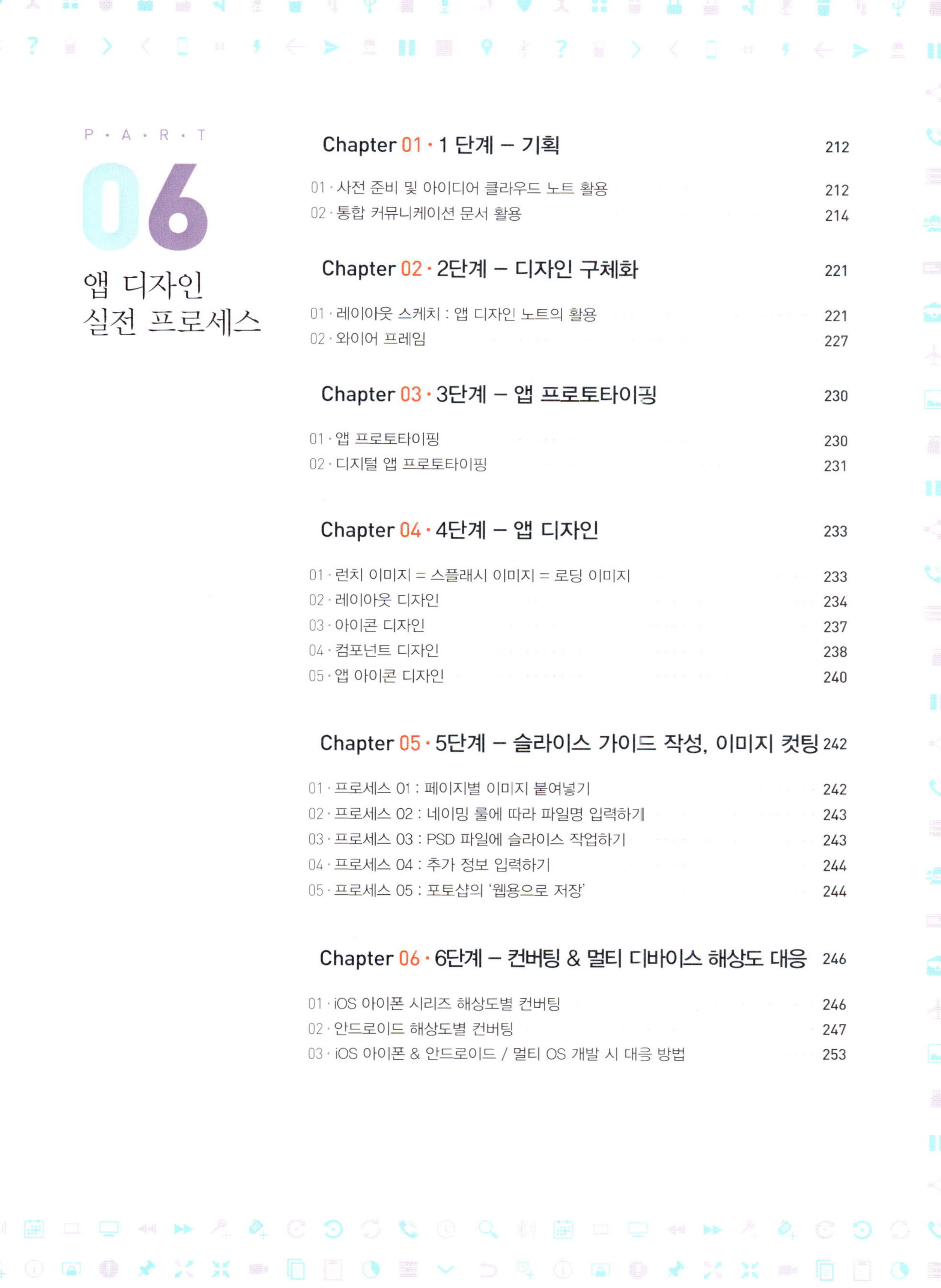

P·A·R·T 08

Tips and Advices

Chapter 01 · 작업 화면 스마트폰에서 실시간 프리뷰하기   404

Chapter 02 · 프로그래밍 없이 만드는 앱 프로토타이핑 디자인   419

Chapter 03 · 모니터의 색 교정, 컬러 캘리브레이션   433

Chapter 04 · 작업의 효율을 높여주는 타블렛   440

Chapter 05 · 관련 정보 습득으로 스킬 업   447

✳ CD Introduction_ 부록 CD 소개

본 서적 CD에 수록된 파일 중 PSD 파일은 포토샵 CS6에서 만들어졌으므로 하위 버전의 경우, 일부 기능이 원활히 보이지 않을 수 있으므로 주의한다. 본 CD 부록 소개는 폴더의 알파벳 ABC 정렬 순으로 소개한다. 지면 여건 상 수록 내용의 일부 이미지만 첨부하였다.

1. AppsDesign Templates

아이폰 앱 디자인에 활용할 수 있는 디자인 템플릿 PSD 파일과 탭 바 아이콘 세트 PSD 파일이 담긴 폴더로, 필요에 따라 해당 이미지들을 활용하여 개인 혹은 상업용 프로젝트에 활용할 수 있도록 한다.

◉ 파일명 : AppsDesign_iPhone_TabBar_Icons_01.psd : 앱스디자인 아이폰 탭 바용 아이콘 세트 01 `238P`
　　　　　AppsDesign_iPhone_Template_01.psd : 앱스디자인 아이폰 템플릿 01 `239P`

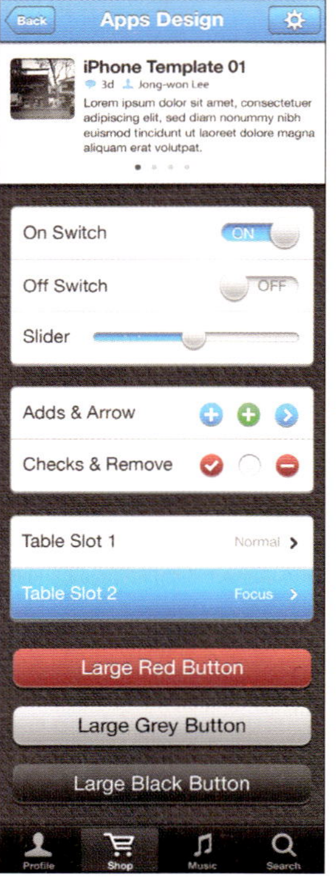

2. Communication Documents

커뮤니케이션 도큐먼트는 앱 프로젝트에서 커뮤니케이션 목적을 위해 사용되는 문서로서, 맥용 키노트 파일과 윈도
우용 파워포인트 파일이 제공된다. 자신의 데스크톱 OS에 맞추어 사용이 가능하다.

◉ **파일명** : CommDocu_BlankTemplate.keynote : 키노트용 커뮤니케이션 도큐먼트 `215P`
　　　　　　 CommDocu_BlankTemplate.ppt : 파워포인트용 커뮤니케이션 도큐먼트 `215P`

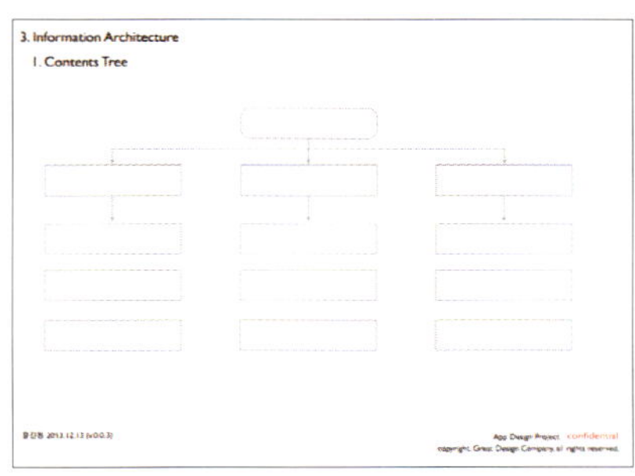
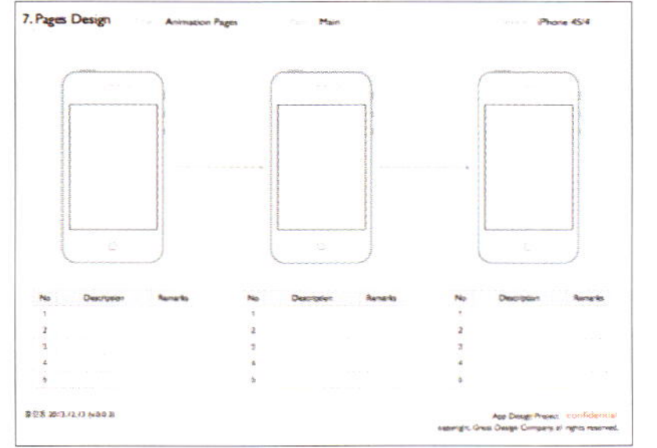

3. PT07

본 서적 Part 07의 앱 디자인 튜토리얼에 소개된 내용에 대한 PSD 파일들이 담긴 폴더로, 각 예제들을 직접 포토샵
에서 열어 확인할 수 있다.

◉ **파일명** : 07-01-Camera-Lens.psd : 카메라 앱의 앱 아이콘 튜토리얼 예제 파일 `258F`
　　　　　　 07-02-Camera-Layout.psd : 카메라 앱의 레이아웃 튜토리얼 예제 파일 `28ㄴP`
　　　　　　 07-03-Book_iPhone4.psd : 리딩 북 앱의 아이폰 4S/4 해상도용 예제 파일 `348P`
　　　　　　 07-03-Book_iPhone5.psd : 리딩 북 앱의 아이폰 5 해상도용 예제 파일 `348P`
　　　　　　 07-04-GameCharacter.psd : 게임 캐릭터 예제 파일 `386P`
　　　　　　 07-04-GameCharacter-forDrawing.png : 게임 캐릭터 드로잉을 위한 파일 `387P`

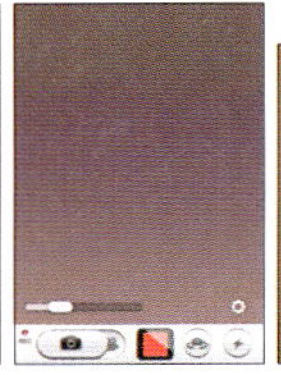

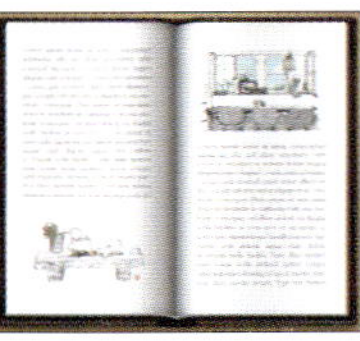

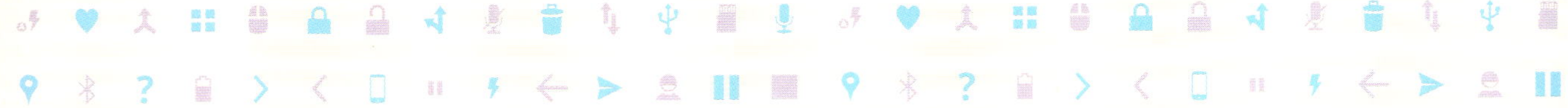

4. Sketch Templates

 앱 디자인을 구체화하기 위해 사용하는 스케치 노트의 다양한 템플릿을 수록하여 실제 프로젝트에 활용할 수 있다.
자세한 사용 방법은 본 서적 내 설명 위치 부분을 참조하면 된다.

- **파일명** : SketchTemplate_00Collection.pdf : 전체 스케치 노트 파일
SketchTemplate_01SketchNote.pdf : 아이디어 노트 등의 스케치 파일 `212P`
SketchTemplate_02PhoneSketch.pdf : 모바일 프레임이 있는 스케치 파일 `222P`
SketchTemplate_03IconSketch.pdf : 아이콘 스케치를 위한 스케치 파일 `240P`

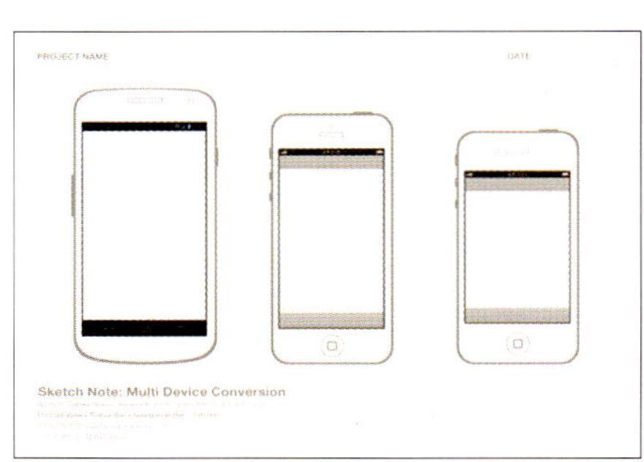
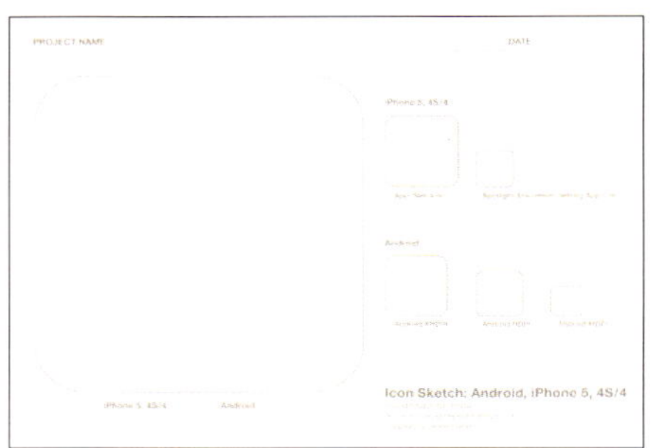

5. Slice Guides

 슬라이스 가이드는 앱 디자인 후 디자인 결과물을 각 컴포넌트별로 잘라서 별도의 이미지로 저장(슬라이스)한 파일
을 일목요연하게 정리하여 기록을 하기 위한 문서로써, 맥용 키노트 파일과 윈도우용 파워포인트 파일이 제공된다.
자신의 데스크톱 OS에 맞추어 사용이 가능하다.

- **파일명** : SliceGuide_BlankTemplate.keynote : 키노트용 슬라이스 가이드 도큐먼트 `242P`
SliceGuide_BlankTemplete.ppt : 파워포인트용 슬라이스 가이드 도큐먼트 `242P`

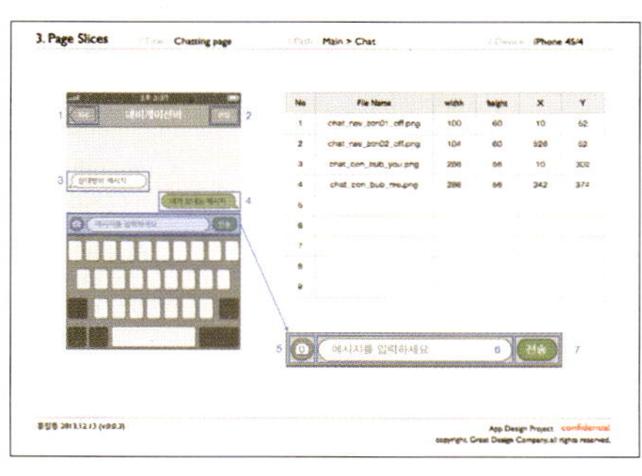
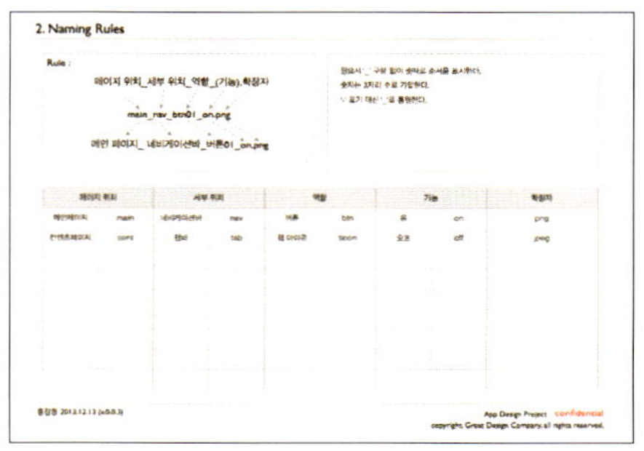

6. Wireframe Kits

 와이어프레임 키트는 본 앱 디자인 작업 이전에, 각 페이지들의 레이아웃과 버튼의 위치 등을 잡기 위해 사용하는 도구로써 즉시 작업이 가능한 비어있는 PSD파일과 한 세트로 구성되어 있다. 자세한 사용 방법은 본 서적 내 설명 위치를 참조하면 되며, 안드로이드용 와이어프레임 키트는 공식 다운로드 웹 사이트에서 공식 스텐실 세트를 다운로드해 사용하면 된다.

● **파일명** : Template_Android_480x800.psd : 안드로이드폰 갤럭시 SⅡ용 블랭크 템플릿 `228P`
Template_Android_780x1280.psd : 안드로이드폰 갤럭시 SⅢ용 블랭크 템플릿 `228P`
Template_iPhone4S-4_640x960.psd : 아이폰 4S/4용 블랭크 템플릿 `228P`
Template_iPhone5_640x1136.psd : 아이폰 5용 블랭크 템플릿 `228P`
Wireframe_iPhone4S-4_640x960.psd : 아이폰 4S/4용 와이어프레임 키트 `228P`
Wireframe_iPhone5_640x1136.psd : 아이폰 5용 와이어프레임 키트 `228P`

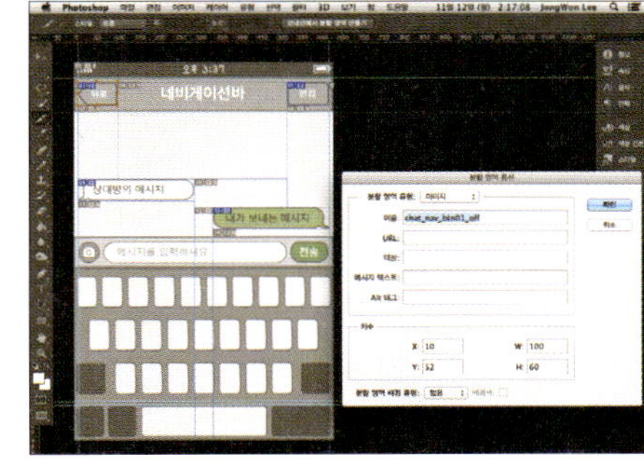

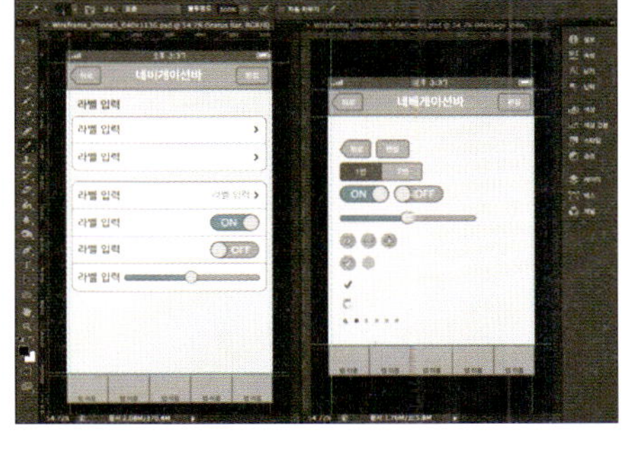

*CD Resource
License Terms_ CD 수록 리소스 저작권 공지

CD에 수록된 리소스는 본 서적의 구매자에 한정하여 개인적–상업적 프로젝트에 사용을 허가합니다. 프로젝트에 따라 리소스를 자유롭게 수정하여 사용하실 수 있으나, 사용자의 잘못된 사용에 대한 법적 책임은 지지 않습니다.

본 리소스 사용 시, 저자에 대한 성명, 출처 등을 결과물에 별도로 표기할 의무는 없으나, 본 서적과 저자에 관한 감사의 표현을 해주신다면 감사 드리겠습니다.

또한 재배포, 재판매, 임대, 라이선스, 서브–라이선스 혹은 제 3자에게 리소스를 제공하는 것은 불허가합니다. 아울러 여기에는, 특정 웹 사이트에 업로드, 공유 방식의 웹 사이트, 리소스 판매용 마켓에 등록하거나 첨부 파일로 등록하는 방식 또한 불허가 내용에 포함됩니다. 만약 본 서적 CD에 수록된 리소스를 특정 아이템이나 템플릿 등에 포함하여 판매할 계획이 있다면, 진행 이전에 저자에게 연락을 주시어 적법 여부를 확인하주시기 바랍니다.

중요 사항 : 제공하는 PSD 템플릿을 활용하여 동일한 PSD 템플릿 테마 혹은 판매용 템플릿 제작은 불허가합니다. 본 서적의 CD에서 제공되는 리소스는 개인적–상업적 프로젝트에만 사용이 허가됩니다.

관련 웹 사이트 및 저자 연락처

- http://appsdesign.co.kr
- http://www.facebook.com/appsdesignstudio
- twitter : @appsdesign
- e-mail : appsdesign@naver.com

저자 이종원

All our resources on the CD are royalty free to the purchaser of the book for use in both personal and commercial projects. You can modify any resources to your liking to fit into your project, we are however not legally liable for any misuse of our resources.

We do not ask for you to include any attribution or link back to the author, we do however appreciate if you do credit our resources or/and help spread the word about the author and the book.

You can not however redistribute, resell, lease, license, sub-license or offer our resources to any third party. This includes uploading our resources to another website, marketplace or media-sharing tool, and offering our resources as a separate attachment from any of your work. If you do plan to include one of our resource on an item or template that will be sold on a website or marketplace, we ask of you to contact us to determine the proper use of our resource before doing so.

IMPORTANT : you cannot use any resources from the PSD templates category to create a template theme or template to be sold. They can only be used for personal and commercial projects.

Find more information at
- http://appsdesign.co.kr
- http://www.facebook.com/appsdesignstudio
- twitter : @appsdesign
- e-mail : appsdesign@naver.com

Sincerely,
Jong-won Lee.
Designer and Founder of Apps Design.

Part 01
스마트폰 앱의 이해

앱 디자인으로 본격적으로 뛰어들기에 앞서 스마트폰이 무엇인지 알아보도록 한다.
스마트폰에 대해 구체적으로 알기 위해서는 스마트폰의 운영체제와 앱,
그리고 앱 마켓이 무엇인지 알아야 한다. 때문에 전 세계적으로 어떠한 스마트폰 운영체제가
얼마만큼의 점유율을 보이고 있는지에 대해서도 이번 Part에서 알아본다.

01

스마트폰이란?

스마트폰의 구성 요소는 무엇인가? 그리고 피처폰과 PDA폰, 스마트폰 간의 차이점에 대해서도 알아보도록 한다.

01. 스마트폰의 구성 요소

스마트폰은 크게 나누어, 디바이스 제조사, 운영체제, 앱 마켓, 앱으로 나누어 볼 수 있다. 각 구분별로 어떠한 역할을 하는지 살펴보고, 자세한 부분은 본 서적의 관련 내용을 통해 이해를 넓힐 수 있도록 한다.

앱(Application)
앱은 크게 빌트인(BuiltIn) 앱과 일반 앱으로 구분할 수 있다. 빌트인 앱은 기본적인 전화, 연락처, 지도, 이메일, 카메라 앱처럼 구매 시 기본 제공되는 앱을 의미한다. 일반 앱은 사용자가 앱 마켓을 통해 별도로 설치하는 앱을 의미한다.

디바이스 제조사(Manufacture)
삼성, LG, HTC, 애플 등 스마트폰 디바이스 자체를 제조하는 회사를 의미한다.

▲ 스마트폰 구성 요소

운영체제(Operating System /OS)
안드로이드, iOS, 심비안, 블랙베리 등 스마트폰의 운영체제를 의미한다. 크게 구글 '안드로이드'와 애플 'iOS'로 양분되었다. 안드로이드의 경우 구글이 운영체제의 개발을 맡고 제조사들이 운영체제를 사용하여 스마트폰을 제조한다. 애플은 전 세계에서 유일하게 스마트폰 디바이스와 운영체제인 iOS를 제작–판매하는 회사로써 스마트폰 업계의 선두주자이다.

앱 마켓(App Market)
스마트폰의 운영체제에 따라 각기 다른 앱 마켓이 있다. 사용자는 앱 마켓을 통해 자신의 스마트폰에 앱을 구매하여 설치할 수 있다. 대표 앱 마켓으로, 안드로이드의 '구글 플레이', 애플의 '앱 스토어'가 있다.

흔히 얘기하는 '앱 스토어(the App Store)'는 '애플의 아이폰, 아이패드 앱을 판매하는 마켓' 그 자체를 의미하는 공식 명칭으로 사용되고 있으므로 본 서적에서는 '앱을 구매하는 마켓'이라는 의미에서 '앱 마켓'이란 용어를 사용하도록 하겠다.

피처폰은 제조사 혹은 통신사에서 제공하는 제한적 기능만 사용 가능하며 통화 기능이 거의 주기능인 것에 비해, 스마트폰은 이메일, 인터넷 사용은 물론 각종 앱을 앱 마켓을 통해 구매–설치하여 사용할 수 있다. 또한 스마트폰은 다양한 앱을 개발하여 설치할 수 있으며 앱 마켓을 통한 배포 및 판매도 가능하다. 이에 피처폰보다 다양한 기능을 사용할 수 있다는 의미에서 스마트폰이라 불린다.

구분	피처폰	PDA폰	스마트폰
주기능	통화 기능	통화+펜 입력 방식을 사용한 미니 컴퓨터 기능	앱을 통한 다양한 기능이 구현되었으며 오히려 통화 기능이 부수적인 느낌
앱	·제조사의 빌트인 앱 외 별도 설치 불가 ·확장이 한정적	·미니 컴퓨터로 다양한 앱의 설치 가능 ·현재 앱과 비교혀였을 때 굉장히 고가 ·전체적으로 비홀성화되어 있음	·기본 빌트인 앱 외에도 앱 마켓을 통해 다양한 앱의 구매 및 설치가 가능 ·무한대의 확장성
인터넷	·일반 통신망을 이용한 고가의 요금 ·일반적으로 WiFi 지원도 되지 않음	·일반 통신망을 이용한 고가의 요금 ·일반적으로 WiFi 지원도 되지 않음	·기본적으로 WiFi를 지원 ·3G는 무한 요금제가 가능 ·4G는 초고속 LTE 사용이 가능
특수 기능	기본 카메라 촬영 정도의 부수적인 기능만 사용 가능	·펜을 사용한 스크린 입력 방식 ·제공되는 앱에 따라 동영상 재생 등의 기능을 제공	GPS, 기울임 인식 센서, 고성능 카메라 등 스마트폰 특유의 센서를 탑재하여 다양한 기능 구현 가능

▲ 피처폰, PDA폰, 스마트폰 간의 차이점

피처폰과 스마트폰의 중간 정도의 단계였던 PDA폰도 있다. 이 또한 스마트폰처럼 운영체제도 갖추고 다양한 프로그램들의 제작–설치 등도 가능했다. 하지만 기본적으로는 피처폰의 운영 방식을 제공하여, 인터넷 사용을 위해서 고가의 요금을 지불해야 했으며 디바이스 가격도 굉장히 고가였다. 게다가 운영체제별 앱 마켓이 별도로 존재하지 않거나 활성화가 잘 되지 않았다. 그래서 스마트폰이 등장하고 난 이후에는 피처폰보다 더욱 빠르게 시장에서 자취를 감추었다.

스마트폰의 운영체제

스마트폰은 수많은 제조사가 제작하며, 그 운영체제 또한 점차 다양해지고 있다. 전 세계적으로 어떠한 운영체제가 있는지, 그리고 앞으로의 전망은 어떠한지 구체적인 데이터를 분석하며 알아보도록 한다. 통계 자료 사이트를 통해 현재 시점에서의 운영체제 점유율에 대해서도 알아본다.

01.
스마트폰 운영체제의 현재 진행 방향

스마트폰에는 각각 다양한 운영체제가 있다. 대표적인 운영체제는 애플의 iOS, 구글의 안드로이드(Android), 노키아의 심비안(Symbian), 리치인모션 RIM의 블랙베리(BlackBerry)가 있다. 이처럼 다양한 운영체제가 있지만 최근 들어 사용자의 수가 많고 앱 마켓이 활성화된 운영체제로 편중 및 집중되고 있는 양상을 보여주고 있다. 물론 한 곳으로 몰리는 만큼 점차 그 수요가 줄어들고 있는 운영체제도 있으므로 앱 개발과 관련된 일에 종사하고 있는 개발자나 디자이너 등은 이러한 흐름을 주시할 필요가 있다.

이어 스마트폰별 운영체제 점유율을 살펴보도록 하겠다. 전 세계, 그리고 주요 나라별로 점유율을 살펴보고 그 흐름을 보면 앞으로 어떤 운영체제가 어느 방향으로 흘러갈지 알 수 있다. 본 Chapter의 통계자료는 ©StatCounter사의 gs.statcounter.com 통계 시스템을 이용하여 집계된 데이터이며, 최신 동향에 대해 알고자 한다면 http://gs.statcounter.com에 방문해 최신 정보를 검색해보도록 한다.

02.
전 세계 스마트폰 운영체제 점유율

2012년 1월부터 8월까지의 전 세계 스마트폰 운영체제의 점유율 현황을 살펴도록 한다. 바 타입과 그래프 타입의 차트로 살펴본다. 표현의 특징이 있으므로 실제 보여지는 데이터와의 차이가 있다. 그러므로 2가지 타입의 차트를 확인해보며 전 세계 스마트폰 운영체제 점유율에 대해 확인해본다.

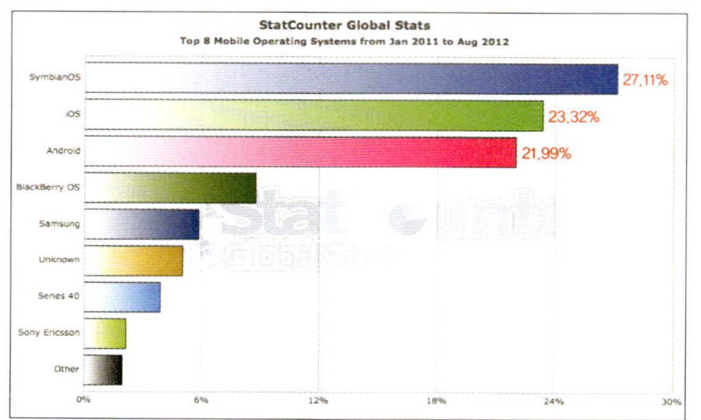

▲ 전 세계 스마트폰 운영체제 점유율 현황 – 바 타입

바 타입 차트를 보면 전 세계적으로 iOS가 23.32%를 차지하고 **안드로이드가 약 21.99%**를 차지하고 있다. **심비안은 27.11%**로 전체적으로 비중은 높아보이지만, 다음의 그래프 타입의 차트를 보면 점차 그 비중이 줄고 있는 추세임을 알 수 있으며 2012년 8월에는 12.58%를 차지하고 있다.

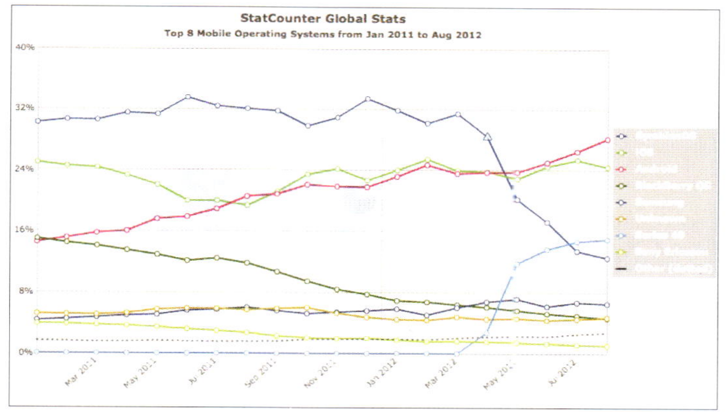

▲ 전 세계 스마트폰 운영체제 점유율 현황 – 그래프 타입

그래프 타입 차트의 **2012년 8월의 순위를 보면** 안드로이드가 전 세계적으로 28.21%를 차지하며 상승세를 이어가고 있으며 iOS는 일정 비율로 유지되고 있음을 알 수 있다.

차트를 종합해봤을 때 iOS와 안드로이드가 스마트폰 부분에서 높은 점유율을 유지하고 있으며 주요 운영체제임을 파악할 수 있다. 반면에 심비안, 블랙베리는 점차 사양길에 접어들고 있는 것을 알 수 있다.

심비안의 점유율이 높은데 왜 언급을 하지 않는지 이상하다고 생각할 수 있지만, 실제로 노키아는 저개발 국가에 Series 40 운영체제가 탑재된 저가 피처폰을 판매하며 점유율을 차지하고 있기 때문이다. 피처폰은 이전에 언급하였지만 점차 사라질 것으로 전망되고 있다.

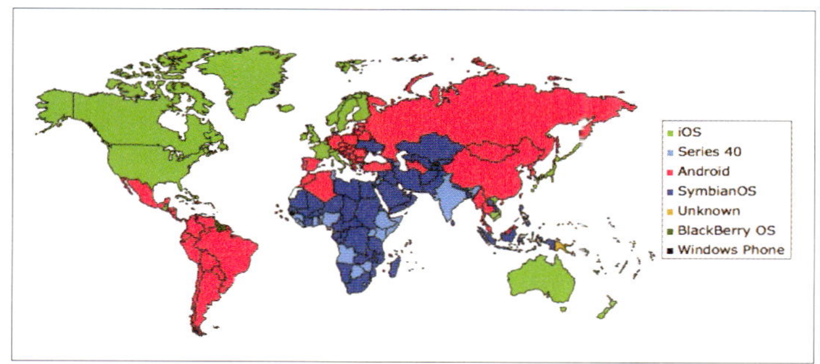

▲ 전 세계 스마트폰 운영체제 점유율 현황 – 지도 타입

　지도 타입의 차트를 보면, 노키아의 Series 40 운영체제는 인도 31%, 나이지리아 47%, 에티오피아 45% 등을 차지하고 있으며, 주변의 국가들에는 심비안이 높은 비중으로 점유율(수단 51%, 콩고 43%)을 차지하고 있는 모습을 알 수 있다. 단순히 운영체제가 큰 비중을 차지하는 것도 중요하지만, 실제로 스마트폰 앱이 얼마나 잘 팔리느냐가 중요하게 고려할 수 있는 부분이다. 이런 부분을 고려해본다면, 노키아의 점유율은 단지 숫자에 불과할 뿐, 큰 영향력을 발휘하지 못하는 것으로 판단할 수 있는 것이다.

　안드로이드는 한국, 중국, 러시아, 남미에서 높은 비중을 나타내고 있으며, iOS는 미국, 캐나다, 영국, 호주, 일본 등에서 높은 비중을 보이고 있다.

03.
나라별 스마트폰 운영체제 점유율

미국

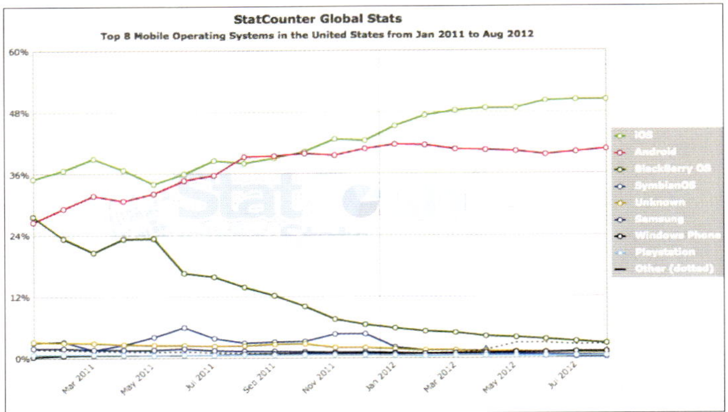

▲ 미국 운영체제 점유율 – 그래프 타입

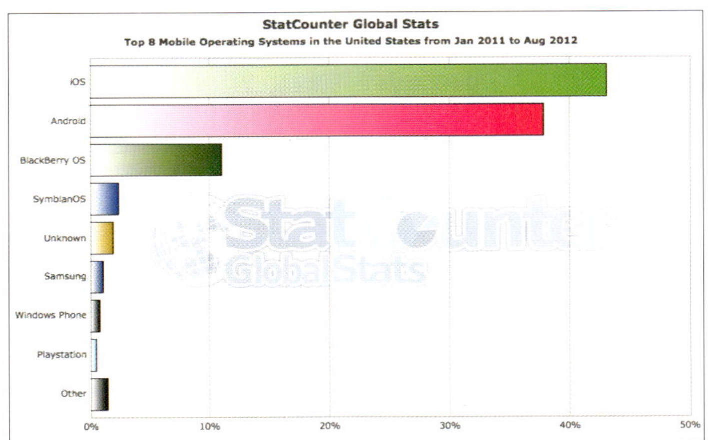

▲ 미국 운영체제 점유율 – 바 타입

　그래프 타입의 차트를 보면 미국은 2012년 8월 기준 iOS가 50.4%, 안드로이드가 40.85%를 차지하고 있으며 두 운영체제가 압도적인 비중을 차지하고 있다. 2011년 1월 초, 블랙베리는 27.78%였으나 2012년 8월에는 2.84%로 급감하는 모습을 알 수 있다. 블랙베리는 2012년 2월, 새로운 스마트폰 라인업과 운영체제를 출시하였으나 추세는 지켜보아야 한다.

일본

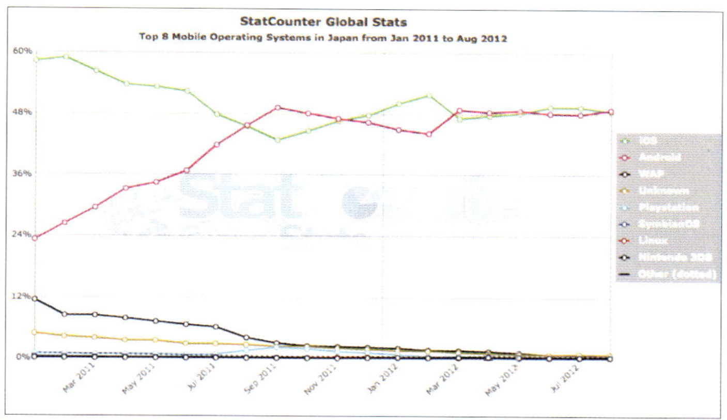

▲ 일본 운영체제 점유율 – 그래프 타입

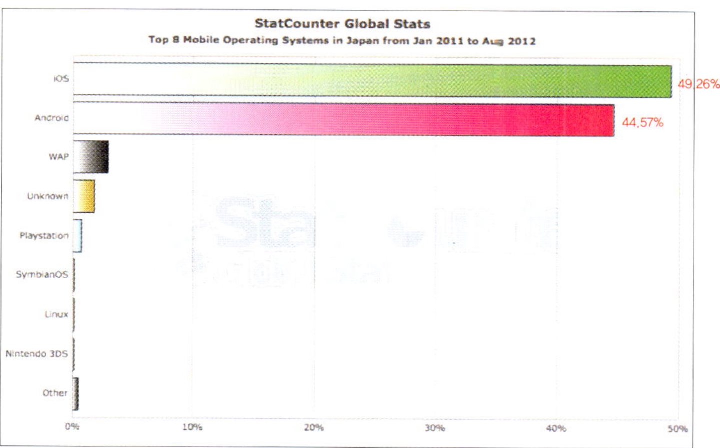

▲ 일본 운영체제 점유율 – 바 타입

　일본 또한 2012년 8월 기준, iOS가 49.26%, 안드로이드는 44.57%를 차지하고 있다. 2011년 1월에는 iOS가 58.23%라는 상당한 점유율을 보였으며 안드로이드는 23.34%에서 시작하였는데, 점차 격차를 좁히고 있으며, 2011년 9월에는 안드로이드의 점유율이 iOS를 넘어서는 모습을 보였다. 이후에는 점점 간격이 줄어드는 모습을 알 수 있다.

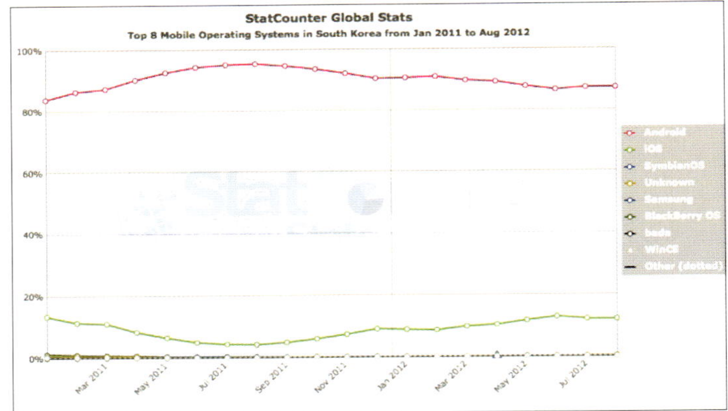

▲ 한국 운영체제 점유율 – 그래프 타입

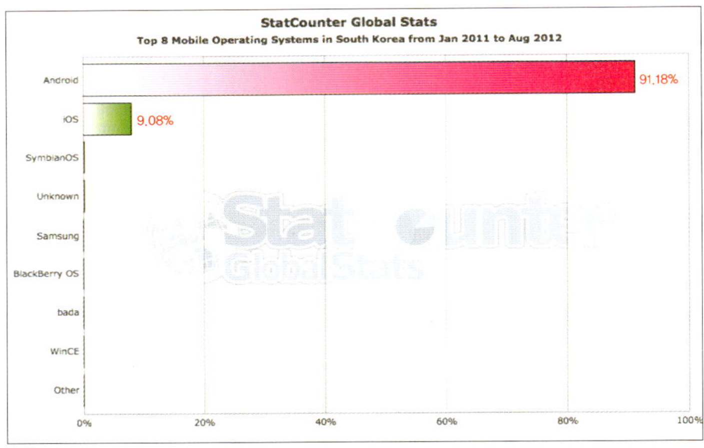

▲ 한국 운영체제 점유율 – 바 타입

한국은 안드로이드 운영체제의 초강세 점유율을 보여주고 있다. 2012년 8월 기준, 안드로이드는 기간별 누적 집계 91.18%라는 압도적인 점유율에 iOS는 기간별 누적 집계 9.08%를 차지하고 있으며 그래프 타입의 차트에서 안드로이드는 87.2%, iOS는 12.13%를 차지하고 있다.

따라서 스마트폰의 운영체제는 전 세계적으로도 iOS와 안드로이드가 핵심 운영체제임을 알 수 있으며, 이러한 추세가 쉽사리 바뀌지 않을 것으로 보인다. **점유율만으로 해당 국가에 대한 앱 개발 진행 여부를 판단하기는 어렵지만, 많은 사용자를 확보하고 있는 운영체제를 간과할 수는 없다. 이외에도 국가별 스마트폰 보급률이나 운영체제별 유료 앱 판매 비율 등 마케팅에 활용 가능한 다양한 통계 자료가 있으므로, 동향을 읽고 이를 반영한 앱을 기획하는 것이 필요하다.**

스마트폰 운영체제의 양대 산맥 :
애플 iOS vs 구글 안드로이드

이번에는 애플 iOS와 구글 안드로이드의 탄생 배경과 그 역사에 대해 알아보도록 한다. 운영체제의 백그라운드, 즉 역사를 이해할 수 있다면 각각의 운영체제가 특유의 구성을 보이는지, 그리고 앞으로 어떤 방향으로 나아갈 수 있을지에 대해 이해할 수 있으므로 반드시 읽어보도록 한다.

01.
애플 iOS : 스티브 잡스와 애플

애플과 매킨토시, OS X

애플의 운영체제인 iOS에 대해서 설명을 하려면 애플의 역사와 스티브 잡스(Steve Jobs)를 언급하지 않을 수 없다.

애플은 1976년 스티브 잡스와 스티브 워즈니악(Steve Wozniak)이 공동 창업한 회사로, 처음에는 허름한 차고에서 시작되었다. 애플은 최초의 개인용 컴퓨터를 출시하였고 화면에 있는 아이콘을 클릭하는 방식의 그래픽 유저 인터페이스와 이를 조작하기 위한 마우스를 최초로 성공적인 상용화단계까지 이끌어 냈다.

1984년에는 매킨토시 컴퓨터를 출시하여 개인용 컴퓨터 분야의 큰 반향을 불러일으켰다. 그렇지만 1985년, 스티브 잡스는 자신이 고용한 경영인으로부터 회사에서 쫓겨나게 되는 수모를 겪게 된다. 이후 스티브 잡스는 넥스트(NeXT Inc.)라는 이름의 컴퓨터 제조회사를 설립하게 된다. 하지만 넥스트는 컴퓨터 제조회사로 큰 성공을 거두지는 못하였다. 그러나 이 때 넥스트의 운영체제로 객체지향형 언어인 오브젝티브-C(Objective-C)를 사용한 넥스트스텝(NextStep)을 개발하게 되고, 12년 뒤인, 1998년 스티브 잡스가 애플로 복귀하게 되며, 애플이 넥스트를 인수하게 됨에 따라, 자연스럽게 애플 컴퓨터의 운영체제는 2002년부터 객체지향형 언어 오브젝티브-C를 사용한 Mac OS X를 사용하게 된다.

애플은 1998년 다양한 컬러의 모니터와 본체가 하나로 된 최초의 아이맥(iMac)을 선보여 개인용 컴퓨터의 새로운 혁신을 일으켰으며, 2002년 출시된 아이맥 G4 모델부터 기존의 운영체제를 완전히 버리고 매킨토시의 10번째 운영체제를 뜻하는 Mac OS X가 적용되기 시작한다. Mac OS X부터는 새로운 버전이 출시될 때 동물 이름을 사용하고 있으며 2012년 7월 Mac OS X의 9번째 버전인 '마운틴 라이언(OS X Mountain Lion)'을 공개하였다. 마운틴 라이언부터는 Mac OS X의 'Mac'을 버리고 'OS X'으로 명칭을 수정하였다.

아이팟, 아이폰, iOS

애플은 2001년 mp3 플레이어인 아이팟(iPod)을 출시하여 전 세계적으로 큰 반향을 일으키며 대성공을 거두게 된다. 아이팟은 심플한 휠 인터페이스와 함께 대용량의 저장 공간을 제공하였고, 무엇보다 아이튠즈 스토어(iTunes Store)를 통해 곡 관리는 물론 mp3를 구매할 수 있는 스토어를 제공하였다.

이후 2007년, 스티브 잡스는 미국 샌프란시스코에서 열린 '맥월드 2007'에서 아이폰 (iPhone)을 발표한다. 아이폰은 터치 스크린 방식을 차용하였으며 아이팟 기능과 함께 전화 기능과 인터넷이 가능한 제품이었다. 최초 출시 모델은 아이폰 3이며 여기에는 iPhone OS가 탑재되었다. iPhone OS는 Mac OS X의 운영체제 중 일부를 모바일 디바이스에 맞도록 재구성한 것이며 모바일 디바이스가 가지고 있는 특정 하드웨어(통신, GPS, 자이로스코프, 카메라 등)에 대한 프로그램이 추가된 것이 특징이다. 2010년, iPhone OS는 아이팟 터치(iPod touch), 아이패드(iPad)에서도 쓰이므로 'iPhone OS'에서 'iOS'로 공식 명칭을 수정하였다.

앱 스토어와 개발자 키트 SDK

아이폰에 누구나 아이폰 앱을 개발할 수 있도록 2008년에 '개발자 키트(Software Development Kit /SDK)'를 공개하였고 이와 더불어 '애플 애플리케이션 소프트웨어 스토어(Apple Application Software Store)', 즉 '애플 앱 스토어(Apple App Store)'를 아이튠즈 스토어에 오픈하여 앱의 구매와 판매가 이루어지도록 함에 따라 스마트폰과 앱 스토어의 긴밀한 연계 구성이 생겨나게 되었다. 애플의 앱 스토어는 개발사의 앱 판매 등록 요청 시 검증 심사 과정을 거친 후 앱을 등록하는 심사제도를 도입하여 사용자들이 문제가 없는 앱을 사용할 수 있도록 하고 있다. 또한 앱 스토어는 전 세계적으로 운영되며 애플에서 운영 및 관리를 전담하고 있다.

아이폰 5, iOS 6, 그리고 지속되는 혁신과 통합

▲ 아이폰 5

▲ 아이팟 터치(5세대)

2012년 9월에는 아이폰 5와 아이팟 터치(5세대)가 발매되었고 여기에는 iOS 6이 탑재되어 있다. 2012년 10월에는 아이패드 미니(iPod Mini)의 출시와 대부분의 제품에 대한 신규 라인 업을 선보이며 새로운 애플의 모습을 선보이고 있다.

이와 같이 긴 역사를 통해서 혁신적인 제품과 서비스를 제공한 애플은 하드웨어와 소프트웨어의 통합을 추구하고 있으며 마운틴 라이언(OS X Mountain Lion)은 iOS의 기능을 대거 포용하는 모습을 보여주며, 운영처제 간의 융합도 이루어지고 있는 것으로 보인다.

2010년 스티브 잡스는 타계하였다. 그리고 현재는 팀 쿡(Tim Cook)이 CEO로, 디자이너 조나단 아이브(Jonathan Ive)는 현재 산업 디자인 부사장으로 있다.

잠깐만요! 애플 관련 웹 사이트 참조

▶ **애플 한국 공식 웹 사이트**
www.apple.com/kr
애플 제품의 최신 정보와 다양한 튜토리얼, 애플의 현재와 과거 모든 제품들에 대한 정보들이 있다.

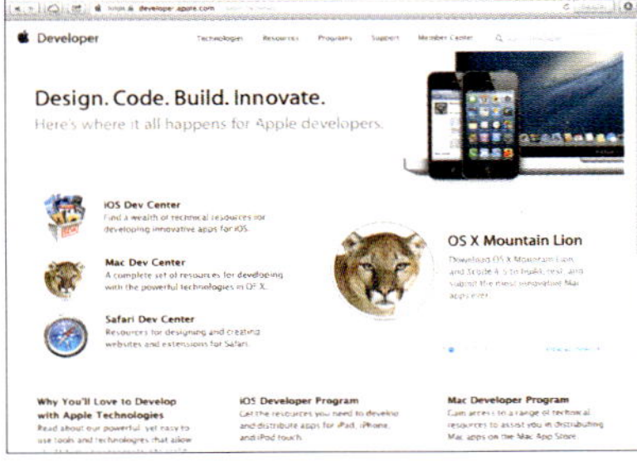

▶ **애플 개발자 웹 사이트**
developer.apple.com
애플의 iOS, Mac, Safari와 관련된 모든 개발 자료들이 있는 애플 공식 개발자 웹 사이트이다. 애플의 아이폰, 아이패드 앱과 관련된 내용을 보기 위해서는 'iOS Dev Center'를 클릭하면 된다. 앱 개발 관련 자료는 물론, 샘플 코드 등, 필수적인 내용도 있으니 반드시 방문해 확인해보도록 한다.

오픈 핸드셋 얼라이언스, 그리고 안드로이드의 출시

2007년 11월, 구글을 중심으로 48개의 하드웨어사, 소프트웨어사, 통신사가 모여서 구성된 '오픈 핸드셋 얼라이언스(Open Handset Alliance /OHA)' 컨소시엄이 구성되었다. 이들은 모바일 디바이스의 무료 공개 방식을 통한 표준 플랫폼 운영체제를 만들기 위해서 리눅스 기반의 모바일 디바이스 플랫폼 운영체제인 안드로이드 OS를 최초 발표하였다. 실제적으로는 2005년에 구글이 인수한 안드로이드 회사가 개발하여 안드로이드라 불리운다.

2008년 10월, 첫 안드로이드 운영체제를 탑재한 스마트폰이 판매되었으며, 안드로이드 운영체제는 아파치 라이선스를 채택한 오픈 소스로 선언되었다. 이는 '안드로이드 오픈 소스 프로젝트(The Android Open Source Project /AOSP)'라 불리우며, 이를 통해 구글은 안드로이드의 운영체제의 개발과 관리를 맡게 되었다.

운영체제 안드로이드 = 달콤한 디저트 시리즈

명칭	안드로이드 벤더	컵케이크	도넛	이클레어	프로요	진저브레드	허니콤	아이스크림 샌드위치	젤리빈
버전	1.1	1.5	1.6	2.0/2.1	2.2.x	2.3.x	3.x.x	4.0.x	4.1.x
출시	2009. 2.9	2009. 4.30	2009. 9.15	2009. 10.26	2010. 5.20	2010. 12.6	2011. 2.22	2011. 10.19	2012.6.28
출시 단말기	HTC Dream	—	—	Motorola Droid	Google Nexus One	Google Nexus S	Motorola Xoom Tablet	Samsung Galaxy Nexus	Asus Nexus 7

▲ 운영체제별 정보

안드로이드 운영체제는 알파벳의 첫 글자를 딴 디저트의 이름으로 출시되고 있으며, 최초의 버전은 컵케이크(v1.5)로 2009년 4월 출시되었다. 이후, 2011년 10월 아이스크림 샌드위치(v4.0.x), 2012년 6월 젤리빈(v4.1.x)을 출시하였다. 2012년 9월 4일을 기준으로 세계에서 가장 많이 쓰이고 있는 버전은 2010년 12월 발표된 구버전 진저브레드(v2.3.x)이며 버전 중 57.5%를 차지하고 있으며 아이스크림 샌드위치(v4.0.x)가 20.9%로 그 다음을 차지하고 있다.

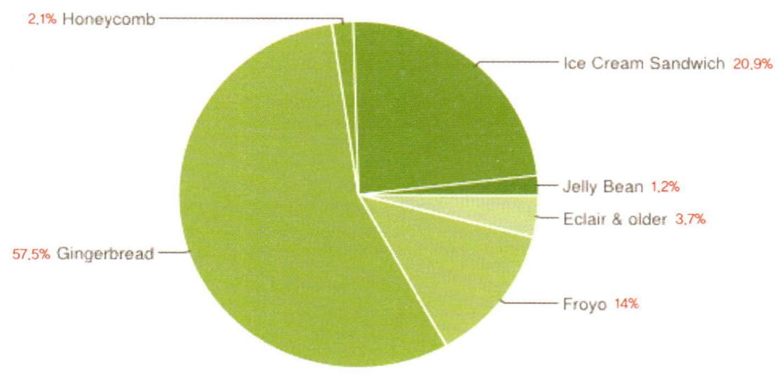

버전	명칭	점유율
2.3.x	진저브레드	57.5%
4.0.x	아이스크림 샌드위치	20.9%
2.3.x	프로요	14%
2.0/2.1	이클레어	3.7%
3.x.x	허니콤	2.1%
4.1.x	젤리빈	1.2%
1.6	도넛	0.4%
1.5	컵케이크	0.2%
4.2.x	키 라임 파이	0%

▲ 2012년 9월 4일 기준 안드로이드 버전별 시장 점유율 〈출처 : 위키백과〉

안드로이드는 출시 이후 애플의 iOS는 물론, 노키아의 심비안, 삼성의 바다 등 다양한 운영체제들과 경쟁을 하였으며, 최근에는 애플 iOS와 더불어 스마트폰 운영체제의 양대산맥을 이루고 있다.

안드로이드는 자바(JAVA) 언어를 사용하며, 리눅스 커널에서 작동된다. 개발자들이 앱을 개발할 수 있도록 다양한 프로그램과 애플리케이션 프로그래밍 인터페이스(Application Programming Interface /API)도 제공하고 있다. 그 운영체제 안에는 다양한 기능을 가진 앱을 조합하여 제공하고 있으며, 통신사 및 제조사는 각 회사의 취향 혹은 의도에 맞추어 기본 운영체제에서 제공하는 앱을 수정하거나 변경, 혹은 별도의 앱 등을 탑재하여 제작 및 판매하고 있다.

안드로이드 앱 마켓 '구글 플레이(Google Play)'

▲ 구글 플레이 웹 사이트와 스마트폰 앱

구글은 '구글 플레이'라는 이름의 글로벌 앱 마켓을 운영하고 있으며 애플 앱 스토어와 다르게 심사-검증 프로세스 없이 바로 앱의 등록 및 게시-판매가 가능하다. 애플 앱 스토어가 애플에 의해서만 운영-관리되는데 비해, 안드로이드의 앱 마켓은 설립의 제약이 없으므로, 각 나라마다 다양한 앱 마켓이 존재하고 있다. 국내의 경우는 SK T Store, KT 올레 앱 마켓 등이 있으며 최근에는 네이버에서도 N스토어 내에 앱 스토어를 오픈하여 서비스하고 있다. 스마트폰 제조사인 삼성, LG에서도 자체 앱 마켓을 오픈하여 서비스하고 있다. 초기에는 앱의 판매만 이루어졌으나 최근에는 책과 동영상에 대한 판매 및 임대도 이루어지고 있다.

잠깐만요! 안드로이드 관련 웹 사이트 참조

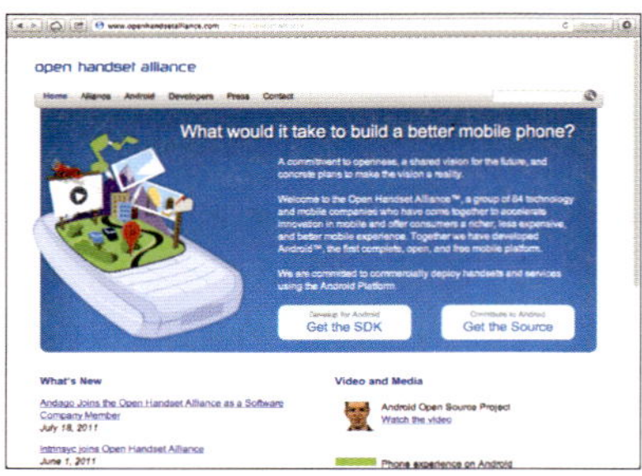

▶ 오픈 핸드셋 얼라이언스 공식 웹 사이트
www.openhandsetalliance.com

오픈 핸드셋 얼라이언스의 공식 웹 사이트에서는 현재의 오픈 핸드셋 얼라이언스의 가입 업체 및 해당 관련 정보를 볼 수 있다.

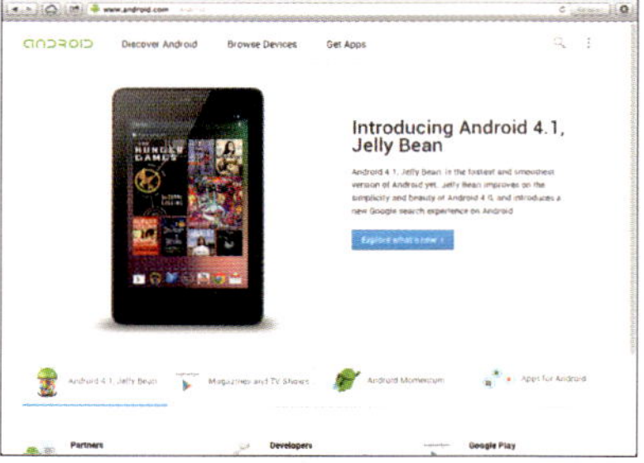

▶ 안드로이드 운영체제 공식 웹 사이트
www.android.com

안드로이드의 운영체제의 일반적인 정보와 전 세계의 각종 안드로이드 스마트폰의 세부 내용을 볼 수 있다. 더불어 여러 앱들에 대한 소개도 다루고 있으므로 반드시 방문해 확인해보도록 한다.

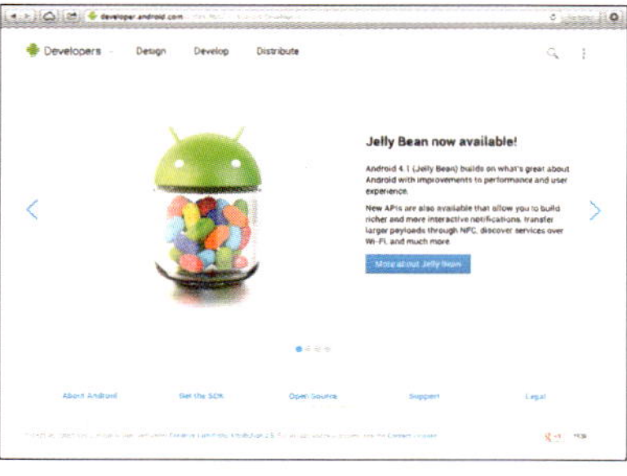

▶ 안드로이드 개발자 웹 사이트
developer.android.com

안드로이드에 대한 개발 혹은 디자인을 하는 사람이라면 반드시 방문해야 하는 웹 사이트이다. 디자인과 관련된 다양한 템플릿과 소스 및 가이드를 제공하고 있으므로 반드시 방문해 봐야 한다. 매번 버전 업데이트마다 관련 내용도 업데이트되므로 신규 버전 업데이트 시에는 반드시 방문해 확인해야 한다.

앱＝어플＝애플리케이션

앞서 스마트폰이 무엇인지, 그리고 운영체제의 역사와 특징에 대해 알아보았다. 이번에는 앱과 그 특징에 대해서 알아보도록 하겠다. '애플리케이션(Application)', 즉 응용 프로그램을 뜻하며, 긴 이름을 줄여서 '앱(App)' 혹은 '어플'이라고 부른다.

01.
스마트폰 앱과 그 특징

스마트폰 앱의 특징

스마트폰은 작은 사이즈의 스크린에 손가락을 사용해서 터치하는 방식으로 입력을 하고 주로 이동하는 상황에서 이용하며 몸에 항상 지니고 다닌다는 특징이 있다. 그러다 보니 컴퓨터에서 마우스와 키보드로 장시간 작업하는 것과 달리, **짧은 내용을 짧은 시간에 사용하는 경향**이 있다. 주로 이러한 사용성이 적용된 내용들이 앱으로 개발되고 있으며 **대부분 1~2가지의 임팩트 있는 기능으로 구성되어 있는 것**이 앱의 특징이다.

운영체제별 앱 디자인 가이드와 사용성 규칙 준수

스마트폰의 각 운영체제는 사용자에게 일관된 사용성을 제공할 수 있도록 디자인 가이드라인과 사용성에 대한 지침을 제시하고 있다. 그러므로 최대한 운영체제의 규칙을 준수하며 앱을 개발-기획-디자인하는 것이 필요하다. 그렇게 되면 사용자는 빌트인 앱이 아닌, 일반 앱을 사용하더라도 손쉽게 익히고 사용할 수 있게 되어 긍정적인 경험을 할 수 있게 된다.

그러므로 특히 앱 디자인, 개발, 기획 등에 관여하고 있는 사람이라면 반드시 각 운영체제에 대한 디자인 가이드와 사용성에 관한 정보를 습득할 수 있어야 한다. 새로운 운영체제의 출시 혹은 새로운 디바이스의 출시가 있다면, 각 운영체제 개발자 웹 사이트에 디자인 가이드 및 관련 문서들이 업데이트되므로 개발자 웹 사이트도 항상 방문해 최신 정보 업데이트 여부를 확인할 필요가 있다. 특히, 애플의 개발자 웹 사이트의 '휴먼 인터페이스 가이드라인(Human Interface Guideline /HIG)'은 최초 출시 이후에도 수 차례의 버전 업데이트를 통해 관리가 충실히 되고 있으며, 애플 iOS의 아이폰, 아이패드와 관련된 핵심 정보는 물론 일반적인 스마트폰 UX에 관한 내용도 담고 있다.

앱 마켓을 통한 앱의 구매와 판매

앱은 운영체제별로 운영되는 앱 마켓에 접속하여 구매한 후, 사용자의 스마트폰에 설치되는 프로세스로 진행된다. 운영체제가 다르더라도 이 프로세스는 동일하게 적용되고 있다. 일반적으로는 스마트폰에 빌트인 앱으로 설치된 앱 마켓을 통해서 해당 콘텐츠를 확인하고 구매할 수 있으나, 웹 사이트 혹은 연관 프로그램으로 접속하여 구매할 수도 있다. 애플은 웹 사이트로 애플 앱 스토어를 이용할 수 없으며 컴퓨터에 별도의 아이튠즈 프로그램을 설치해야만 앱 스토어의 접속 및 앱의 구매가 가능하다. 이와 같은 경로로 구매한 앱은 설치 후 사용자의 스마트폰 화면에 아이콘 형태로 나타난다. 해당 아이콘을 터치하면 앱이 실행된다.

앱의 판매 또한 앱 마켓을 통해 이루어지므로 각 마켓별로 요구하는 등록 사항에 맞추어 앱을 개발하고 관련 이미지들을 등록하여 판매를 진행한다.

앱의 개발 및 판매-수익의 흐름

운영체제를 제작-관리하는 회사에서는 운영체제의 개발자 웹 사이트를 통해 앱 개발과 관련된 다양한 도구와 문서, 코드 정보들을 일반인에게도 제공하여, 앱 마켓에 앱을 등록하여 판매할 수 있도록 하고 있다.

컴퓨터 프로그램과 달리 앱은 일반적으로 1~2가지의 핵심적인 기능만을 제공하는 특징이 있으므로 개발 기간 및 개발 인력의 수 등이 상대적으로 적은 장점이 있으며, 일반적인 판매가는 낮으나 사용자가 많으며 앱 마켓을 통한 구매가 용이하여 판매가 잘 이루어지는 편이므로, 앱 마켓을 통한 판매로 큰 수익도 얻을 수 있다. 이에 자발적인 앱 개발을 통해 앱 마켓에 다양한 앱들이 출시되고 있다. 마켓의 판매 수수료는 일반적으로 30%를 취하고 있다.

앱의 다양한 마케팅 방식

유료-무료 앱, 인-앱 결제, 앱 내 광고, 할인 프로모션 등 앱 마켓의 앱은 다양한 방식으로 판매가 이루어지고 있다. 유료는 일반적으로 구매가를 지불하고 구매하는 방식이며, 상황에 따라 다양한 할인 프로모션을 자체적으로 진행할 수 있다. 무료로 판매되는 앱들도 많은데, 이런 앱들은 단순히 홍보-프로모션이 목적이어서 무료로 제공하는 경우도 있지만, 수익 구조를 포함한 경우도 많다. 흔히 불리우는 '프리-미엄(Free-mium)' 마케팅은 무료로 사용자가 앱을 사용해볼 수 있게 한 후, 추가적인 아이템 구매를 유도하여 앱 내의 아이템 등을 판매하는 방식이다. 앱 내에서 아이템이나 코인 등을 구매하며 돈을 지불하는 방식을 '인-앱 결제(In-App Purchase)'라 한다. 또한 앱에 노출된 광고를 터치하거나 보게 되면 앱 개발사에 광고 수익이 지급되는 방식도 있다. 이처럼 **다양한 앱의 마케팅 방식이 있고, 시기와 앱의 장르에 따라 유행하는 마케팅 방식이 있으니 항상 관심을 가지고 살펴보면 유익하다.**

업데이트를 통한 최신 버전 제공

스마트폰의 운영체제는 그 업데이트가 굉장히 빠른 편이다. 최소 1년 단위로, 비정기적으로 운영체제의 버전이 업데이트되므로 이에 맞추어 앱도 업데이트를 적용해줄 수 있도록 해야 한다. 안드로이드의 경우는 다양한 해상도의 디바이스가 출시되는 경우도 있어, 필요 시 이에 맞추어 별도의 해상도 작업도 진행하는 경우가 있다. 이외에도 앱은 게임의 스테이지가 업데이트되거나, 아이템들이 추가되거나 혹은 기능 추가, 버그 해결 등의 이유로도 업데이트가 이루어지기도 하는 특징이 있다.

05

앱의 등록과 판매, 앱 마켓

앱 마켓은 크게 애플의 앱 스토어와 안드로이드 구글 플레이로 나뉜다. 둘 다 글로벌 마켓이므로 한 번의 상품 등록을 통해 전 세계에 앱을 판매할 수 있다. 애플 앱은 애플의 정책상, 애플 앱 스토어에서만 유일하게 거래가 이루어지는 데 비해, 구글 안드로이드 앱은 구글 플레이 앱 마켓 외에도 별도 마켓 설립을 통해 앱의 등록 및 판매를 허용하고 있어 통신사, 제조사별로 다양한 앱 마켓이 형성되어 있다. 각 앱 마켓별 특징을 확인해보도록 하겠다.

01.
애플 iOS :
애플 앱 스토어

세계 최초의 스마트폰 앱 마켓인 애플 앱 스토어는, iOS 운영체제를 가진 애플의 아이폰, 아이패드, 아이팟 터치 앱인 'App Store'를 통해 접속이 가능하다. 또한 애플 앱 스토어는 컴퓨터에서의 웹 브라우저를 통한 온라인의 접속이 한정적이기 때문에, 컴퓨터의 아이튠즈 프로그램을 통해 이용할 수 있다. 맥 컴퓨터는 기본 설치되어 있다.

▲ 애플 아이튠즈 프로그램 설치 웹 사이트
www.apple.com/kr/itunes

▲ 애들 앱 스토어는 애플 아이튠즈 프로그램 설치 후 컴퓨터에서 확인할 수 있다.

앱 디자인에는 단순히 아이콘과 앱 내 콘텐츠 오에도 앱 마켓에 등록하는 스크린 샷도 포함이 되므로, 디자이너라면 이러한 부분도 관심을 가지고 확인할 수 있도록 한다. 각 앱 마켓마다 운영 방식이 다르긴 하지만, 기본적으로 유료-무료를 기준으로 나누고, 인기순-다운로드순-매출순 등으로 정렬할 수도 있다.

아울러 애플의 앱 스토어에서는 자체적으로 리스트를 선정해서 추천하고 있는 추천 리스트도 별도 운영하고 있으므로 방문해 확인하도록 한다. 방대한 양의 앱들 속에서 원하는 앱을 찾기가 어려울 수도 있는데, 이러한 셀렉션 리스트를 제공함으로 사용자들은 좀 더 쉽게 앱을 찾을 수 있다. 아울러 개발사들에게는 해당 리스트에 선택될 경우 추가적인 홍보 효과를 제공해주므로 이를 통한 많은 다운로드가 이루어진다고 한다. 이 중에서도 애플의 앱 스토어 '명예의 전당' 추천 리스트에 들어가는 앱들의 경우는 말 그대로 명예는 물론, 추가적으로 많은 판매도 올릴 수 있다고 알려져 있다.

구글 플레이

 구글 플레이는 모든 안드로이드폰에는 기본적으로 설치가 되어 있다. 초기에는 안드로이드 '마켓(Market)'으로 명명되었으나 '구글 플레이'로 명칭을 변경하였다. 최근 들어 앱 외에도 도서, 영화 등 다양한 콘텐츠와 추천 리스트도 제공하고 있다.

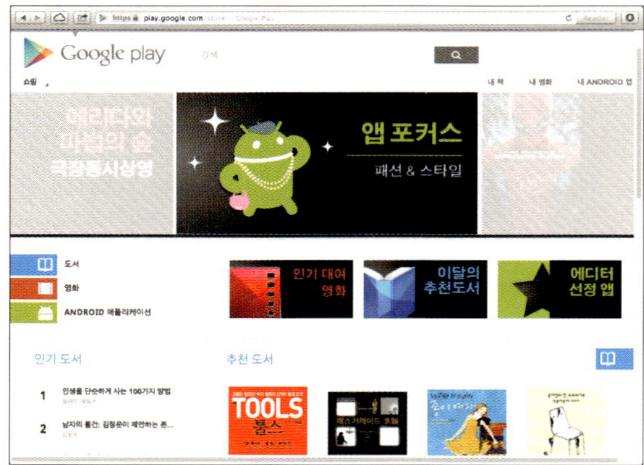

▲ 구글 플레이 웹 사이트 – play.google.com

SK T Store

 SK T Store는 기본적으로 SK 텔레콤을 이용하는 고객의 스마트폰에는 구매 당시 빌트인 앱으로 탑재가 되어 있다. SK T Store는 타 통신사 앱 마켓과 달리 통신사의 제한을 두고 있지 않으므로 KT나 LG 통신사를 이용하고 있는 고객도 SK T Store 앱을 다운로드하면 이용이 가능하다. SK 통신사를 쓰고 있지 않더라도 다운로드해 이용해보도록 하자. SK T Store는 국내 최다 사용자, 최대 매출의 안드로이드 앱 마켓이며, 판매자가 무료 쿠폰이나 할인 쿠폰을 발행하는 등 다양한 마케팅 프로모션도 가능한 특징이 있다.

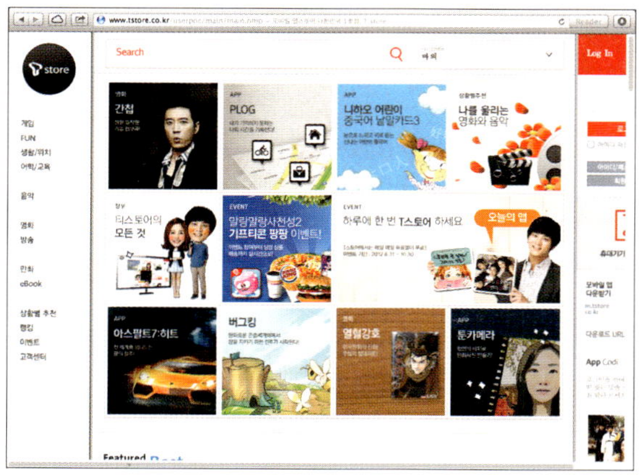

▲ SK T Store 웹 사이트 – www.tstore.co.kr

네이버 앱 스토어

네이버 앱 스토어는 네이버 N스토어 내에 하위 메뉴로 구성되어 있다. N스토어에서는 북, 뮤직, 동영상과 함께 앱도 판매되고 있으며 2012년 중순경 오픈하였다. 처음에는 무료 앱만 등록이 가능하였으나 2012년 11월부터는 유료 앱 등록이 시작되어 판매가 진행되고 있다. 국내 포털 사이트 1위인 네이버에서 운영하는 만큼, 많은 가능성이 보여질 것으로 기대된다. 일반적으로 앱 마켓와 가발사 간의 수익 배분이 3 : 7로 이루어지는데 비해, 네이버 앱 스토어는 앱 구매자에게 10 %를 마일리지로 돌려주어, 총 수익 배분을 네이버 앱 스토어 2 : 이용자 1 : 개발사 7의 방식으로 진행하고 있다. 그리고 2013년 6월까지는 앱 스토어 1 : 이용자 1 : 개칼사 8로 운영할 예정이라고 한다. 애플 iOS 앱들의 검색은 되지만, 애플 앱 스토어의 운영 정책상 애플 외의 앱 마켓에서는 판매가 불가능하므로 구매하고자 할 때에는 아플 앱 스토어로 연결된다.

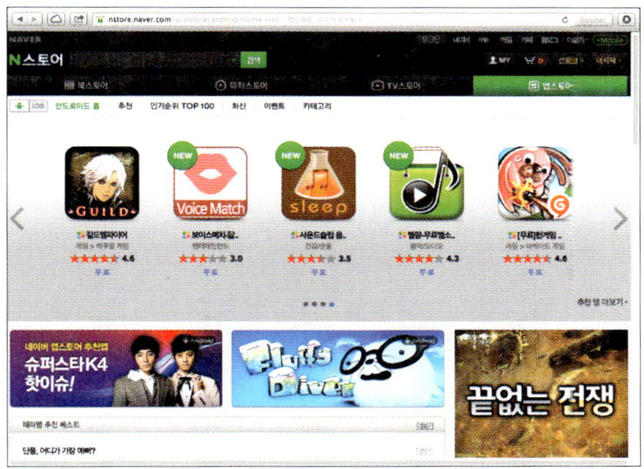

▲ 네이버 앱 스토어 웹 사이트 – nstore.naver.com/appstore

스마트폰 제조사별 앱 마켓

삼성 스마트폰에는 삼성 앱 마켓인 삼성 앱스(Samsung Apps)가, LG 스마트폰에는 LG U+ 앱 마켓이 빌트인 앱으로 설치되어 있다. 주로 제조사의 스마트폰 사용자에게 무료 앱을 이벤트 성격으로 제공하거나 제조사의 특정 앱을 제공하는 특성이 있다.

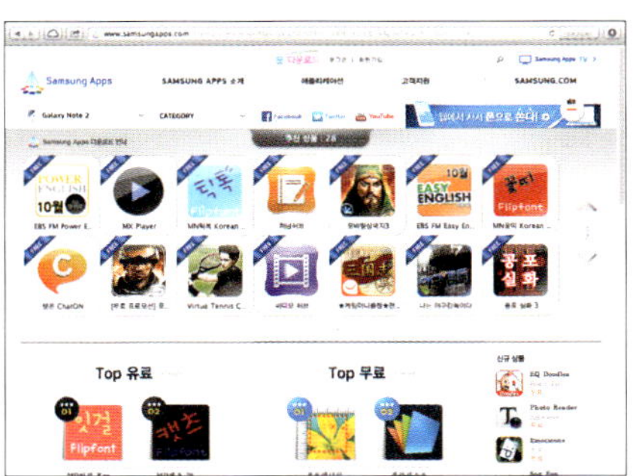

▲ 삼성 앱 마켓 웹 사이트 – www.samsungapps.com

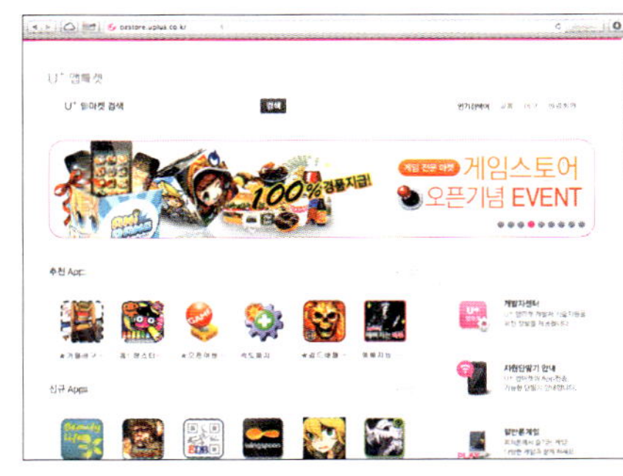

▲ LG 앱 마켓 웹 사이트 – www.ozstore.uplus.co.kr

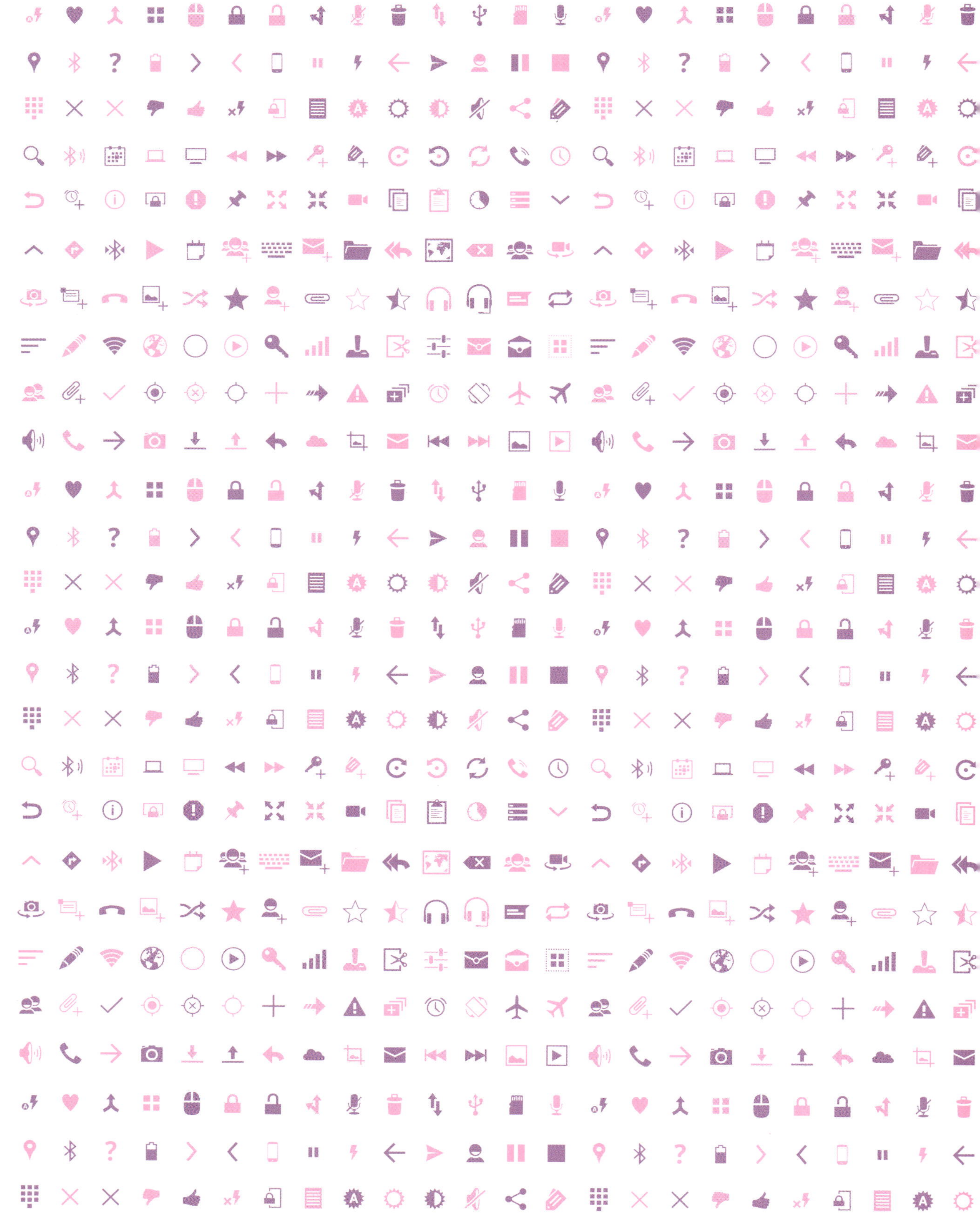

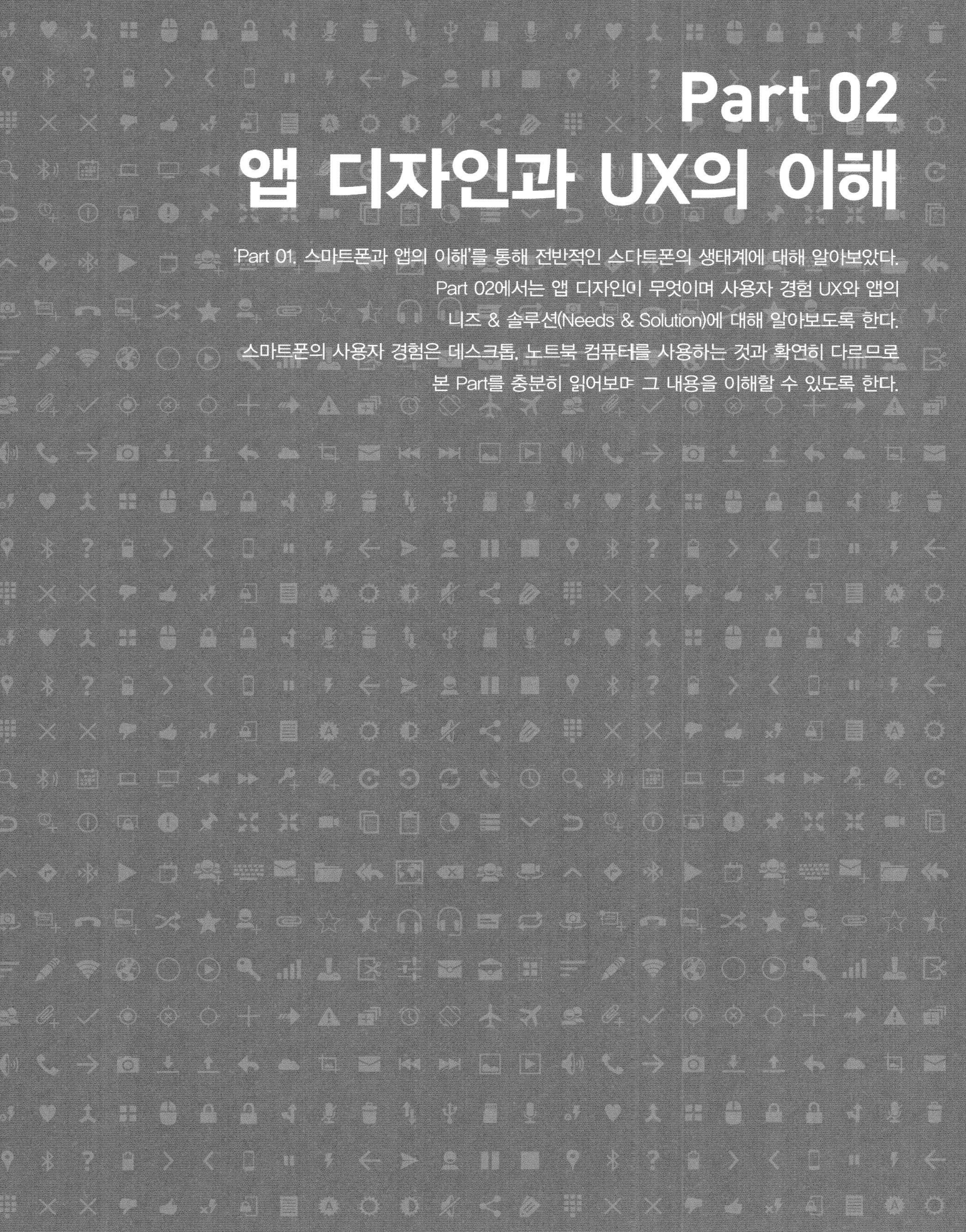

Part 02
앱 디자인과 UX의 이해

'Part 01. 스마트폰과 앱의 이해'를 통해 전반적인 스다트폰의 생태계에 대해 알아보았다.
Part 02에서는 앱 디자인이 무엇이며 사용자 경험 UX와 앱의
니즈 & 솔루션(Needs & Solution)에 대해 알아보도록 한다.
스마트폰의 사용자 경험은 데스크톱, 노트북 컴퓨터를 사용하는 것과 확연히 다르므로
본 Part를 충분히 읽어보며 그 내용을 이해할 수 있도록 한다.

앱 디자인과 UX

먼저 앱 디자인이 의미하는 바가 무엇인지 알아본다. 그리고 앱 디자인을 하기 위해서는 기본적으로 누가, 어떤 환경에서 쓰이는지를 알아야 한다. 아울러 사용자가 이를 통해 어떤 경험을 하며, 일반적으로 사람이 어떤 방식으로 스마트폰 앱을 사용하는 지에 대해서도 알아야 한다. 사용자 경험은 그 자체가 방대한 내용을 다루고 있으므로, 스마트폰에 적용되는 핵심 사용자 경험에 대한 내용을 이해할 수 있도록 한다.

01. 앱 디자인의 정의

'앱'은 '애플리케이션(Application)', 즉 '응용 프로그램'의 줄임말로써 스마트폰이 나타나기 이전부터 사용되어 왔다. 그러나 스마트폰이 널리 사용됨에 따라 앱이란 단어는 스마트폰에 설치되는 프로그램을 일반적으로 호칭하게 되었다.

한국의 경우, 일반적으로 컴퓨터에 설치하는 프로그램은 '컴퓨터 프로그램'으로 호칭하였으나, 애플에서 Mac OS X 운영체제(맥 컴퓨터)에서도 접속하여 맥 컴퓨터용 프로그램의 구매가 가능한 '맥 앱 스토어(Mac App Store)'도 운영함에 따라, 점차 사용자들이 이를 '맥 앱' 혹은 그냥 '앱'으로도 호칭하게 되었다. 이에, '앱'의 의미는 컴퓨터 혹은 모바일 디바이스에 설치하는 응용 프로그램이라는 의미를 다시 포함하게 되었다. 최근 출시된 윈도우 8 또한 컴퓨터 프로그램을 '앱'으로 호칭함에 따라 국내에서의 '컴퓨터 프로그램'이란 단어는 점차 '앱'으로 통용될 것으로 보인다.

이에 본 서적에서는 '앱 디자인'의 의미를 '스마트폰에 설치하는 응용 프로그램'에 대한 디자인으로 정의하고, 이를 다루도록 한다.

02. 사용자 경험 UX의 구성 요소 및 정의

과거 웹 사이트의 부흥기에도 개발자, 기획자, 디자이너들은 모두, 사용자 경험, 즉 'User Experience /UX'에 대해 많은 관심이 있었다. 사용자들이 컴퓨터를 사용해서 인터넷에 접속하고 어떻게 사용하며 무엇을 느끼고 어떤 방식으로 반응하는지에 대한 내용이었다. 여기에는 상황, 디바이스의 특징, 사용자, 무엇을 하는가에 대한 내용으로 구성되었다. 예를 들면, 사무실에 앉아서(상황), 컴퓨터를 통해(의자에 앉아서 넓은 모니터를 통해 마우스와 키보드로 조작하는 방식) 30대 사무직 남자(사용자)가 워드 프로세서(무엇을 하는가)에 대한 내용으로 구성된다.

▲ 스마트폰의 사용자 경험을 구성하는 요소

 이처럼 스마트폰의 UX도 동일한 요소들로 구성된다. 다만, 스마트폰의 UX를 구성하는 요소들은, 사무실에 앉아서 마우스와 키보드로 넓은 스크린에 보여지는 요소들을 작업하며 경험하는 것과 달리, 굉장히 다양하다. 주로 이동하거나 서있는 등의 '상황'에서 스마트폰의 작은 스크린을 '통해', 한 손 혹은 두 손을 '사용하여' 손가락으로 터치하는 '방식'을 통해 앱을 사용한다. 스마트폰의 카메라로 사진을 촬영하나 GPS를 이용하여 지도 서비스를 이용하고, 기울임 센서를 사용한 게임을 하는 등 스마트폰에는 컴퓨터에 없는 다양한 기능들이 있어 그 사용 경험의 폭도 굉장히 넓다. 그렇지만 스크린이 작고 터치 스크린 외에는 입력 수단이 적으므로 작업할 수 있는 범위는 컴퓨터에서 하는 것과 성격이 다르다. 최근 들어 넓은 사이즈의 스마트폰과 작아진 사이즈의 태블릿이 출시되고 있으며, 그 처리 성능 또한 향상됨에 따라 컴퓨터에서 할 수 있는 다양한 전문 기능도 스마트폰과 태블릿에서 처리할 수 있도록 변해가고 있다.

 그러므로 'UX'는 위에 설명한 것처럼, 사람의 행동 양식과 반응에 관한 학문을 의미한다. 앱을 기획하고 개발-디자인하다 보면 실제로 앱을 구매해서 사용하는 사람이 아닌, 자신의 입장, 즉 만드는 사람의 입장에서만 생각하게 되고 만들게 된다. 그러므로 무엇인가를 만들 때, 사용자를 배려해서 사용자가 편리하게 사용할 수 있도록 하는 것이 사용자 경험 UX에 대한 학습의 이유이며 동시에 목적이다.

 따라서, 사용자와 앱, 그리고 사용 환경 간의 특성, 그리고 이를 통한 다양한 커뮤니케이션이 오가는 것을 스마트폰의 UX라고 할 수 있다.

02

스마트폰 UX의 이해

스마트폰 앱은 컴퓨터의 프로그램과 굉장히 다른 환경, 다른 특징에 대한 이해를 바탕으로 만들어 진다. 사용자들 또한 다른 행동 양식을 보여준다. 그러므로 이러한 특징들을 살펴보고 이해하여 앱을 개발하고 디자인할 때 이를 반영할 수 있어야 한다. 스마트폰의 사용환경과 사용자에 대한 배려, 디바이스의 특징을 잘 활용한 앱들이 성공하는 앱이 될 수 있다.

01.
스마트폰의
하드웨어적 특징

특수 기능의 하드웨어

스마트폰에는 GPS, 자이로스코프, 터치 스크린 등, 컴퓨터에는 없는 특수 기능의 하드웨어가 있다. 현재 위치를 기반으로 스크린 상에 정보를 나타내주는 지도 앱, 자동차 핸들처럼 좌우로 움직이며 조작하는 레이싱 게임, 스마트폰의 하드웨어를 활용한 나침반 등 스마트폰에서만 제공되는 기능을 활용한 앱들이 많다.

이처럼 스마트폰의 GPS를 이용해서 사용자의 위치를 파악하여 교통 상황을 알려주고 길을 안내하거나 기울기를 이용한 게임 컨트롤을 가능하게 한다.

▲ '다음 지도' – 사용자의 위치를 파악하여 길안내를 해준다.

▲ 'SK T맵' – 자동차 운전자의 위치를 파악하여 실시간 길안내를 해준다.

◀ '아스팔트 7 게임' – 스마트폰의 기울기 인식 센서를 이용하여 게임을 즐길 수 있다.

스마트폰의 터치 스크린을 통해 키보드 입력, 버튼 선택, 게임 조작 등, 사용자의 모든 인터랙션(Interaction)이 이루어진다.

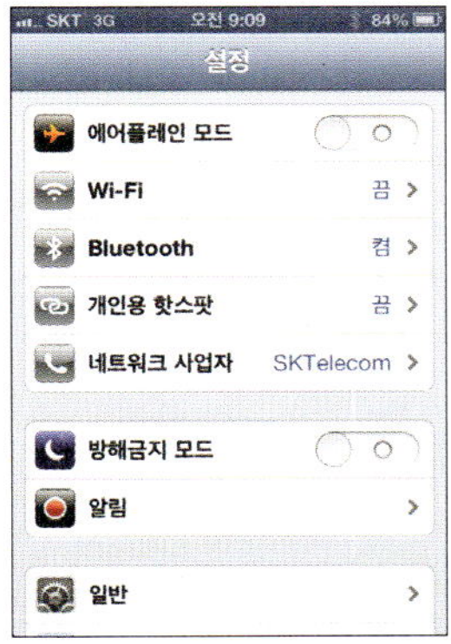

▲ 아이폰 '설정' – 아이콘 및 다양한 요소를 사용하여 설정을 할 수 있다.

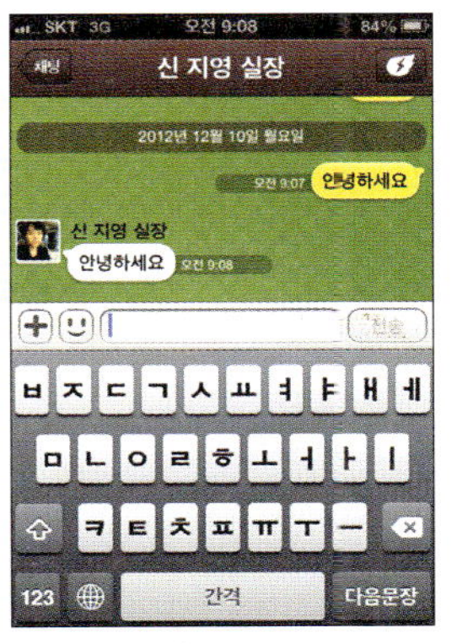

▲ '카카오톡' – 화면에 키보드 자판이 나타나 원하는 텍스트를 입력할 수 있다.

▲ '버즐 판도라' – 별도의 컨트롤 패드 없이, 직관적으로 화면을 터치하여 게임을 할 수 있다.

마우스보다 정교하지 못한 손가락 터치

손가락 끝은 뭉툭하다. 그리고 화면을 터치할 때 손가락이 화면을 가리게 된다. 따라서 손가락 사이즈에 대한 인식이 있어야 하며, 사용자가 스크린에서 터치하는 오브젝트 또한 적절한 사이즈로 디자인되어야 한다. 안드로이드 운영체제에서는 사람이 터치할 수 있는 터치 스크린 화면의 사이즈를 약 7~10mm로 정의하고 있다. 애플 iOS에서는 88 pixel(레티나 디스플레이일 때 pixel 사이즈값)로 최소 터치 영역에 대한 사이즈를 규정하고 있다. 아이콘이 너무 작으면 손가락으로 터치할 때 잘못 터치하게 되는 실수를 할 수가 있다.

▲ 아이폰 4S/4 '계산기' – 손가락 터치 사이즈의 표본 앱이라 불리운다.

▲ 아이폰 5 '계산기' – 더욱 터치하기 편리하도록 버튼 사이즈가 커졌다.

직관적인 터치

 사용자는 스마트폰의 스크린을 보고 바로 터치를 한다. 컴퓨터에서 마우스 커서를 움직여서 대상을 선택하고 클릭하는 방식과 다르다. 그러므로 어떤 것이 터치할 수 있는 것이고 어떤 것이 아닌지에 대해 사용자가 직관적으로 알 수 있도록 디자인하여야 한다.

 모바일 전용 웹 사이트는 작은 사이즈의 모바일 스크린을 대상으로 하여 핵심적인 정보와 버튼 형식으로 디자인되는 반면, 일반 웹 사이트는 컴퓨터에서 사용하는 경우를 기준으로 디자인이 되므로 스마트폰에서는 사용하기 어렵다.

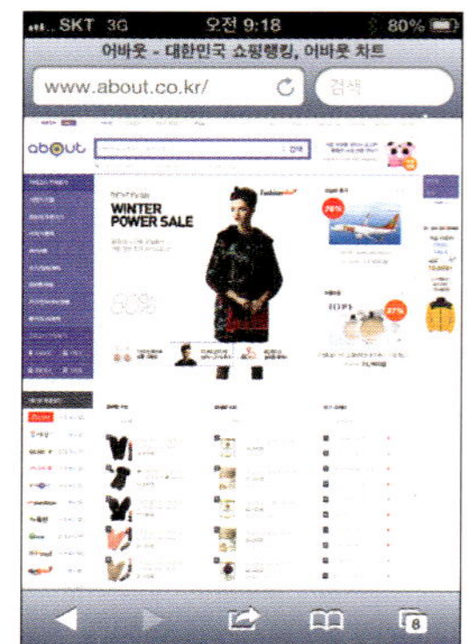

▲ 아이폰 4S 해상도에서 본, 어바웃 웹 사이트(about.co.kr)의 모바일 버전(m.about.co.kr)과 웹
　사이트 버전 비교. 웹 사이트 버전의 경우는 정확히 선택하여 터치하기가 거의 불가능하다.

스크린 회전

 스마트폰은 일반적으로 세로 모드 상태에서 사용하지만, 필요에 따라서는 가로 모드 상태로도 사용이 가능하다.

 뮤직 비디오, '카메라'와 같은 콘텐츠 위주의 앱은, 리스트는 세로 모드로, 콘텐츠는 가로 모드로 보여지는 경우가 일반적이다. 따라서 필요에 따라 적절한 스크린의 방향을 정할 수 있어야 한다.

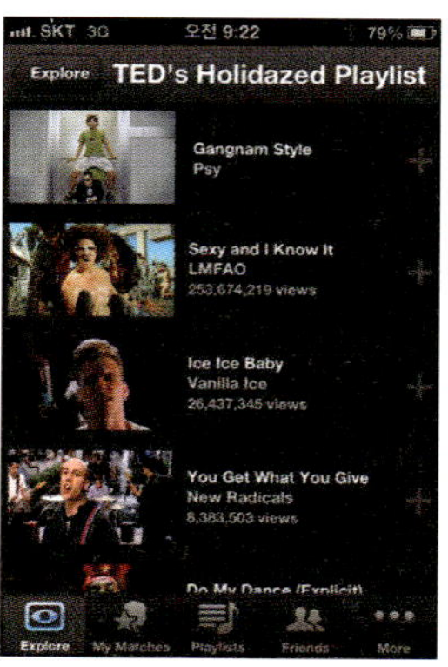

▲ 뮤직비디오 전문 'Vevo'의 세로 모드와 가로 모드

하드웨어의 차이점

 스마트폰의 GPS, 기울기 센서 등 특수 기능을 저공하는 하드웨어 기능들은 이제 일반화되어서 웬만한 스마트폰은 다 제공되지만, 안드로이드폰은 아이폰과 달리 디바이스 자체에 '뒤로가기' 버튼과 '메뉴' 버튼이 존재한다. 아이폰은 '뒤로가기' 버튼이 없다. 따라서 아이폰은 상단의 네비게이션 바에 '뒤로가기' 아이콘을 디자인하여야 하며, 안드로이드폰의 경우는 '뒤로가기' 아이콘을 디자인할 필요가 없다.

 이 외에도 안드로이드폰에는 '메뉴' 버튼이 있으므로 앱 기획 시 해당 버튼에 대한 기능을 기획할 수 있어야 한다.

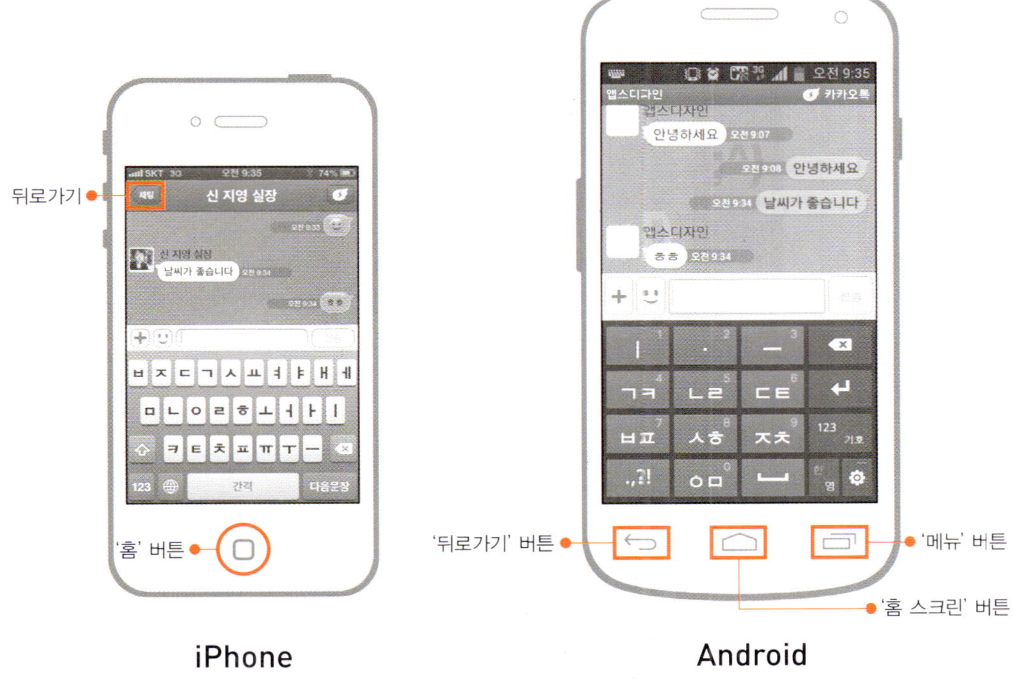

▲ 운영체제별 하드웨어의 차이점

TIP

안드로이드폰의 경우는 디바이스 제조사에 따라 하단의 하드웨어 버튼 배열이 다를 수 있다.

운영체제의 차이점

아이폰은 별도의 '설정' 앱이 존재하여, 이 곳에서 모든 앱에 대한 설정 및 관련된 기능들을 선택할 수 있지만, 안드로이드폰은 각 앱 자체에 설정 기능을 포함하여야 한다. 단, 볼륨 조절, SNS 연계 등과 관련된 간단한 기능들은 앱 내에 포함시켜도 무방하다.

▲ 아이폰의 일반 설정 메뉴

▲ 안드로이드폰의 환경설정 메뉴

아이폰의 경우는 아이콘을 길게 터치하고 있으던 아이콘이 흔들거리기 시작한다. 이때 'x' 아이콘을 누르면 앱이 삭제되는 방식이다. 안드로이드폰은 앱을 삭제하기 위해서 환경설정에 들어가 기능 프로그램을 선택하여 제거해야 한다.

▲ 애니메이션을 활용한 애플 앱의 삭제 방식

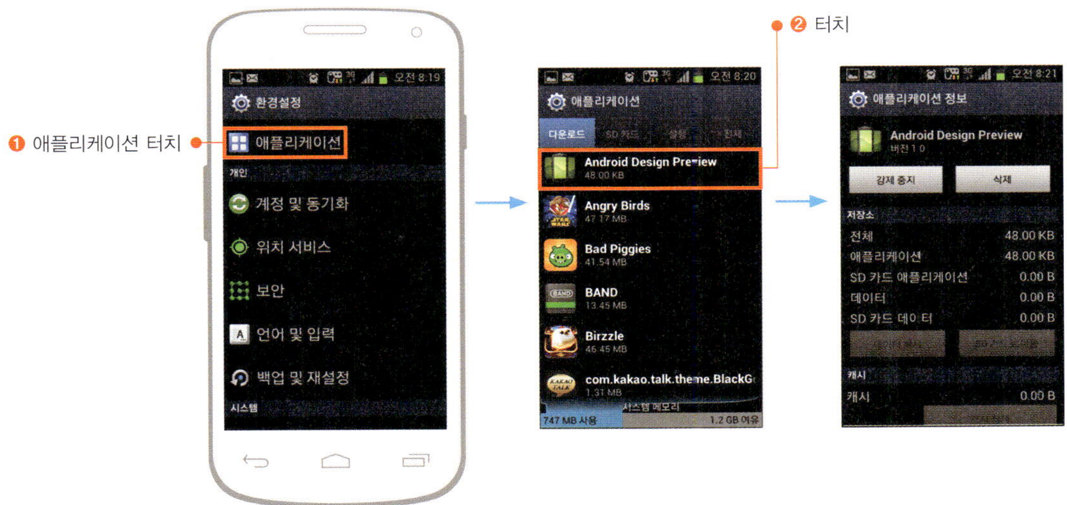

▲ 안드로이드 앱은 [환경설정 〉 애플리케이션] 메뉴에 들어가서 앱을 관리할 수 있다.

이 외에도 운영체제 간에는 실제적으로 사용 방식이 다른 부분이 있으므로 디자인 및 사용성에 대한 고려를 할 때 운영체제 간의 차이점을 명확히 알고 디자인을 하여야 한다.

조작의 유사점 – 터치 제스처, 알림 센터

 안드로이드폰과 아이폰 둘 다 터치 스크린 방식을 사용하고 있으므로 유사한 기능들도 많이 있다. 터치 제스처라고 불리는 이 기능들은, 두 손가락으로 터치하여 손가락을 벌리거나 오므리면 스마트폰의 이미지 화면이 커지거나 작아지는 기능처럼 직관적인 사용 방식을 제공하고 있다. 그리고 스크린의 위에서 아래로 터치하여 손가락을 내리면, 스마트폰 내 활동과 관련된 '알림 센터(Notification)' 화면으로 전환되는 기능은 운영체제에서 유사한 기능이다.

디자인 스타일

 아이폰의 디자인은 실제적인 사물을 디지털 작업을 통해 재구성하는 느낌의 이미지들을 선호한다. 앱 아이콘은 라운드 사각형 형태로 구성되며 필요에 따라 광택 효과 등을 적용한다. 안드로이드폰의 디자인은 정사각형, 배경이 투영되는 형태 등으로 앱 아이콘을 구성할 수 있으며, 아이스크림 샌드위치 업데이트를 통해 Holo 테마를 제공하여 심플하고 간결하면서도 컬러 임팩트가 있는 디자인을 추천하고 있다. 이처럼 각 운영체제들은 그 특징을 발전시켜 가고 있다.

iPhone · Android

▲ 앱 아이콘 스타일도 운영체제에 따라 다르다.

이번에는 앱의 특징에 대해 알아보도록 한다. 앱기 지닌 특징을 충분히 이해할 수 있어야 한다.

앱 마켓을 통한 손 쉬운 앱 구입

컴퓨터 소프트웨어를 구매하려면 일반적으로는 별도로 구매를 해서 설치해야 했으나, 스마트폰 앱의 경우는 자체에 설치되어 있는 앱 마켓에서 손쉽게 구매해서 바로 설치할 수 있다. 애플 앱 스토어, 안드로이드 앱 마켓은 스마트폰에 빌트인 앱으로 탑재되어 있어 손쉽게 앱의 구매와 설치가 가능하다.

업데이트를 통해 진화하고 개선되는 살아있는 생명체, 앱

앱들은 일반적으로 1~2가지의 기능만을 제공하고 있으나 사용자들의 요구, 개발사의 기능 개선, 운영체제 버전 변경, 앱 마켓의 정책 변경 등으로 인해 업데이트가 종종 이루어지며, 사용자와 앱 스토어 및 통신 기능으로 연결되어 있으므로 업데이트 또한 손쉽게 이루어질 수 있다.

애플 '앱 스토어'의 탭 바의 업데이트 메뉴를 통히 손쉽게 앱을 업데이트할 수 있으며, 안드로이드 '구글 플레이' 또한 앱의 업데이트 메뉴를 통해 업데이트를 제공하고 있다.

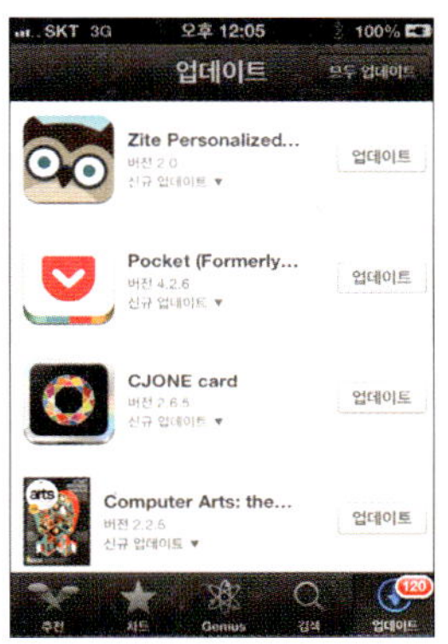

▲ 애플 '앱 스토어'와 안드로이드 '구글 플레이'의 업데이트 화면

다양한 마케팅

무료 앱이지만 앱 내에 광고를 배치하여 사용자가 광고를 터치할 시 수익이 발생하는 광고 탑재 방식, 무료 게임이지만 아이템과 캐시는 판매하는 인-앱 결제 방식 등 앱에는 다양한 마케팅 방식이 적용되고 있으며, 최근에는 SNS와 연동된 방식으로도 다양한 마케팅 방식이 선보여지고 있다.

Halfbrick Studios사의 'JETPACK JOYRIDE'는 무료 앱이지만, 게임 진행과 관련된 다양한 아이템과 코인을 판매하고 있다.

▲ 애플 iOS 게임 'JETPACK JOYRIDE'

'JETPACK JOYRIDE'의 'THE STASH' 메뉴는 아이템 샵 역할을 하며 캐릭터의 옷과 아이템 등을 구매할 수 있는 곳이다.

▲ 'JETPACK JOYRIDE'의 아이템 구매 샵인 'THE STASH' 메뉴에서는 다양한 아이템을 판매하고 있다.

또한 게임을 통해 코인을 모을 수도 있지만 실제로 코인을 구매하여 게임 진행을 원활히 할 수 있도록 하는 마케팅 방식을 채택하고 있다.

한국 사람이면 누구나 사용한다는 '카카오톡(KAKAOTALK)'도 프리-미엄(free-mium) 마케팅을 채택한 방식이다. 사용자 간의 채팅 기능은 무료로 제공하며, 내부에 쇼핑몰, 아이템 스토어, 게임 센터를 운영하며 판매가 이루어질 경우 수수료를 받는 방식을 적용하고 있다.

▲ '카카오톡'의 '더보기' 메뉴에는 '선물하기', '아이템스토어', '게임하기' 등
　다양한 샵을 제공한다.

'카카오톡'의 쇼핑몰과 아이템 스토어는 굉장히 방대한 양의 상품을 판매하고 있다.

▲ 다양한 상품을 판매하고 있는 '카카오톡'의 쇼핑몰과 아이템 스토어

고정되지 않은 장소에서 사용

버스나 자동차 안, 혹은 걸어가면서 스마트폰을 사용하는 경우가 많으므로 이와 관련된 기능들이 필요하다.

'다음 지도'는 사용자의 상황에 따라 자동차, 버스, 그리고 도보로 길을 안내해주는 기능을 탑재하고 있으며, 운전자에게 필요한 도로 교통상황 정보도 알려준다. 또한 동일한 길 안내 기능이나, 사용자의 상황에 따라 다양한 기능을 제공하고 있다.

▲ 자동차 길 찾기

▲ 대중교통 길 찾기

▲ 도보 길 찾기

메모, 간략한 정보 검색, 이메일 확인 등의 보조적 역할

아침 출근 전에 재빨리 날씨를 보고 그 날 입을 옷을 결정한다거나, 버스에서 이메일을 확인한다거나, 마트에 가서 살 물건을 잊지 않기 위해 메모한다거나 하는 수단으로 스마트폰을 사용하는 경우가 많다.

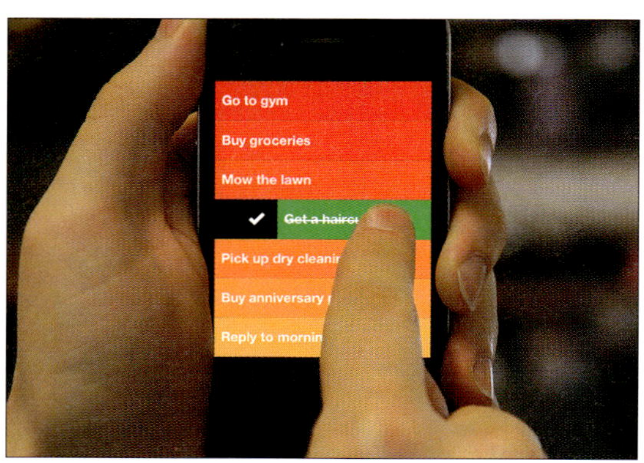

▲ 신속히 할 일을 기록하고 정리할 수 있는 '원더리스트(Wunderlist)'와 '클리어(Clear)'

동일한 '날씨' 정보를 제공하지만, 디자인 스타일과 사용자의 취향에 따라 다양한 날씨 앱을 선택할 수 있다.

▲ 'Weather Neue', 아이폰과 안드로이드폰 빌트인 앱인 '날씨'

어둡거나 밝거나 비오거나

사용자는 이동하며 스마트폰을 사용하므로 다양한 환경에 노출된다. 어떠한 요인에 의해 영향을 받는지 세심하게 관찰하여 사용자가 앱을 사용함에 있어 불편하지 않도록 사용 환경을 고려하여 디자인하여야 한다.

'SK T맵'은 낮 시간과 밤 시간에 따라 지도의 색을 달리하여, 주변 조명에 따른 시인성을 높인 좋은 예이다.

▲ 'SK T맵'

이미지를 먼저 인식한다.

사람은 글로 인식하는 것보다 이미지를 먼저 보고, 아주 짧은 시간에 해당 이미지에 대한 평가를 내린다. 똑같은 내용의 앱이라 하더라도 조금 더 디자인이 잘된 앱을 보게 되는 것은 당연한 것이다. 그러므로 앱 개발 시 시각적인 완성도를 높이도록 노력해야 한다.

이미지의 색상과 위치를 쉽게 기억한다.

사람들은 앱을 설치하고 나서, 앱이 몇 번째 스크린에 어디에 위치해 있는지를 기억할 것이다. 그리고 앱을 찾을 때 앱 이름을 보지 않고 이미지를 먼저 찾을 것이다. 일반적으로 사람은 형태보다는 색상을 먼저 기억한다. 그러므로 앱 디자인을 할 때는 다른 앱들과 구별되는 앱 아이콘을 디자인하여야 하며 내부의 레이아웃은 통일성을 두어서 일관된 디자인을 해야 사용자가 헷갈리지 않을 것이다.

현실의 요소를 차용하면 쉽게 이해할 수 있다.

컴퓨터의 경우는 해당 대상에 마우스 커서를 옮기면 클릭할 수 있는지 없는지 알 수 있다. 그러나 스마트폰은 터치로 직관적인 조작을 하기 때문에, '이것이 버튼이다' 같은 직관성을 사용자가 느낄 수 있어야 터치할 수 있는 것으로 인식할 수 있다. 버튼의 경우도 실제 버튼의 요소를 잘 살려서 디자인을 함으로써, 사용자가 버튼임을 인식해서 직관적으로 터치할 수 있게 된다.

위에서 아래로 읽는다.

사람들은 어린 시절부터 책을 위에서 아래로 읽는 방식에 익숙하다. 이처럼 학습을 통해 위에서 아래로 읽는 방식이 가장 기본적이므로, 중요한 정보를 상단에 놓아 사용자에게 우선 인식하여야 할 정보라는 것을 쉽게 알릴 수 있다.

학습 효과–기대 효과

스마트폰을 사용하다 보면 해당 스마트폰의 운영체제에서 제공하는 기본적인 사용 방식에 익숙해지게 된다. 그러므로 앱을 개발하고자 하는 운영체제에서 지원하는 기본적인 디자인 스타일, 제스처 지원 등에 맞추어 앱을 기획 및 디자인, 개발해야 한다. 사용자들은 초급에서 중급까지의 사용 단계까지는 쉽게 습득할 수 있으므로 앱의 난이도 수준을 적절히 맞출 수 있도록 한다.

연령에 따른 사용 능력

앱의 콘텐츠는 사용자의 연령에 맞추고, 전체적인 구성을 고려하여 디자인되어야 한다. 유아의 경우는 텍스트보다는 이미지와 사운드로 설명되어야 하며 실수에 관대하게 디자인이 되어야 하고, 청소년 혹은 성인의 경우는 텍스트가 많더라도 큰 문제가 되지 않을 수 있다. 그러나 연령이 많은 노인의 경우는 시력에 문제가 있는 경우가 있을 수 있으므로 너무 작은 사이즈의 텍스트를 사용하지 않도록 주의해야 한다.

저연령대 아이들을 위한 앱 전문 개발사 TCCA BOCA사에서 출시한 'TOCA HOUSE'는 게임 안에 텍스트가 전혀 없다. 이미지와 사운드로만 게임이 이루어지며 큰 버튼과 상황을 이미지로 보여주는 것만으로 게임이 진행된다.

▲ 'TOCA HOUSE'

다음은 'TOCA HOUSE' 게임 중 다리미질을 하는 게임 화면이다. 4~5개의 옷을 다리미질하면 성공을 알리는 경쾌한 음악과 함께 형복한 얼굴의 캐릭터가 나타난다. 유아 레벨에 맞는 적합한 난이도와 보상 개념이 명확하다.

▲ 'TOCA HOUSE' 다리미질 게임

다음은 성인 대상으로 만들어진 'Clash of Clans'의 화면이다. 다양한 미션과 수많은 텍스트, 이 앱은 게임에 대한 학습을 거쳐야만 게임을 즐길 수 있다. 텍스트는 굉장히 작게 표현되고 있으나 게임을 즐기는 성인 유저에게는 큰 문제가 되지 않는다.

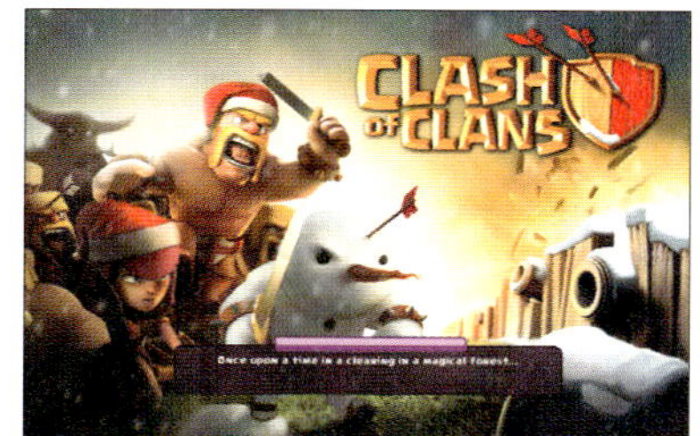  

▲ 'Clash of Clans'

니즈와 솔루션의 원칙

앱을 제작하기 위한 수많은 방법론과 이론이 있다. 모든 방법과 수단을 동원하고 테스트하여 최고의 앱을 만들면 좋겠지만, 실제로는 예산, 기간, 조직과 인력의 역량 등으로 인해 굉장히 벅찬 스케줄로 작업을 하는 경우가 대부분이다. 여러 가지 방법론을 모두 소개하면 좋겠지만, 궁극적으로 이러한 방법론들을 통해서 이루고자 하는 것은, 모두 사용자가 원하는, 사용자가 필요로 하는 기능에 대한 효과적인 솔루션을 제공해주는 것이 목표이다.

01. 운영체제와 앱의 관계

운영체제는 사용자가 스마트폰을 사용하는 모든 부분에 대해 그 기능을 정의하고 스크린에 보여지는 기능을 정의한 것으로 보면 쉽다. 애플은 애플의 방식대로, 안드로이드는 안드로이드의 방식이라는 것이 있는 것이 바로 '운영체제'인 것이다. 기본적으로 디바이스가 돌아가기 위한 기본 원리인 터치 제스처, 기본 화면 이미지 '아이콘 뷰', 기본적인 메일-인터넷-검색-카메라 등을 위한 빌트인 앱 등을 제공하며 사용자들에게 효과적인 사용 방식을 제안하고 있는 것이다. 그러므로 효과적인 앱 디자인, 혹은 앱 개발을 위해서는 이러한 운영체제에 대한 이해는 물론, 주로 사용자 경험 UX-사용자 인터랙션의 측면에서 이러한 부분을 살펴보아야 한다.

그리고 앱은 이러한 운영체제를 바탕으로 하나의 특징적인 기능-솔루션을 제공하는 것으로 이해하면 쉽다. 사용자들에게 운영체제와 동일선상의 일관적인 경험을 제공하기 위해서 개발사들은 운영체제에 맞춘 앱을 개발하고 있는 것이다. 그리고 운영체제 또한 공식 가이드, 개발자 웹 사이트 등을 통해 개발사에 해당 정보를 전해주고 있는 것이다. 이 모든 것은 사용자가 효과적인 경험을 할 수 있도록 함이며 이는 다시 말해, 앱의 판매, 즉 수입과도 연관이 되므로 서로에게 긍정적인 것이다.

02. 니즈와 솔루션의 원칙

"스마트폰 앱은 기본적으로 '사용자 니즈(Customer Needs)'와 '앱 솔루션(App Solution)'으로 이루어져 있다."

저자는 궁극적으로 스마트폰 앱은 하나의 니즈와 그에 대한 효과적인 솔루션이 이루어지면 된다고 생각한다. 그리고 그러한 모든 방법들은 니즈와 솔루션에 근거하여, 목표를 달성하기 위한 정보 수집으로 생각하면 이해가 빠를 것이다.

스마트폰 앱의 장점은 컴퓨터 프로그램처럼 광범위한 사용자에 대한 광범위한 기능을 제공하지 않는데에서 나온다. 그리고 스마트폰은 항시 휴대하고 다니는 디바이스라는 특수성을 지니고 있다. 오히려 다양한 사용환경과 디바이스의 제약으로 인해 심플하면서도 강력한 핵심 기능만을 구현한 앱의 제작이 목표가 되어야 한다.

여러 가지 기능들로 구성된 앱이 있을 수 있지만, 그러한 요소들은 핵심 기능을 보완해주는 역할로 설명을 할 수가 있다. **명확한 기능 제공과 그 핵심 기능을 보완해주는 부가적인 기능들이 적절히 이루어졌을 때, 말 그대로 '명예의 전당'에 오를 수 있는 앱이 될 수 있을 것이다.**

최근 들어 멀티 플랫폼, 멀티 디바이스의 서비스 등 다양한 서비스가 확대되어 대규모의 서비스도 많이 기획되고 이루어지고 있으나, 그 근간은 여전히 '하나의 스마트폰'을 사용하는 '한 사용자에 대한', '1가지 명확한 솔루션'을 제공하는 것이다. 스마트폰 앱은 결코 복잡한 기능을 제공하는 것이 아니다. **명확한 핵심과 솔루션을 지니고 있는 앱이 말 그대로 스마트폰에서의 '스마트(Smart)' 앱이다.**

'니즈와 솔루션의 원칙'은 저자의 경험을 통해 도출해낸 디자인 솔루션이지만, 해외의 개발사들과 인터뷰를 하며, 그들의 성공담, 그리고 앱 개발을 통해 얻은 경험과도 공통된 결과를 보여주고 있다는 것을 알게 되었다.

따라서 어느 정도의 사용자 경험 UX에 대한 이해의 노력과 여러 가지 방법론에 대한 인식도 중요하지만, 궁극적으로 니즈(Needs)를 스마트폰 앱을 통해 해결(Solution)할 수 있도록 하는 '니즈와 솔루션의 원칙'을 프로젝트의 중심에 둔다면, 성공적인 앱을 기획하고 만들 수 있을 것이다.

Part 03
앱 개발의 이해

Part 03에서는 앱 개발을 위해 필요한, 조직 구성 및 제작 프로세스를 이해하고
앱을 제작하는 프로그램에 대해 알아보도록 한다.
이러한 구성은 앱 프로젝트의 규모와 예산, 기간 등에 따라 구성 및 진행에 차이가 있을 수 있으나,
전체적인 조직의 형태와 프로세스에 대한 이해가 있다면 프로젝트의 규모에 상관없이
조직을 구성하고 개발을 진행할 수 있다.

앱 개발의 역할 구분과 조직의 구성

앱 개발은 각각의 역할을 담당하는 사람들이 모여서 진행된다. 필요에 따라 각 파트에 여러 명이 필요하기도 하고, 프로젝트 규모에 따라 소수의 인원만으로 구성되어 진행되기도 한다. 각각의 역할과 그 조직 구성에 대해 알아보도록 한다.

01.
역할 구분하기 : 기획자 / 마케터, 디자이너, 개발자

역할에 따라 기획자/마케터, 디자이너, 개발자로 크게 구분할 수 있다. 각 역할별로 어떤 일을 하는지 확인해본다. 필요에 따라서는 겸직을 하기도 하고 여러 명으로 역할이 세부적으로 나뉠 수도 있다.

기획자 / 마케터

앱 프로젝트의 방향타 역할을 하는 포지션이다. 제작 규모에 따라서는 그 세부 역할이 나뉘기도 하며, 규모가 적을 경우는 디자이너나 개발자가 겸직하기도 한다. 앱의 다양한 조사(시장, 사용자, 트렌드, 기술, 동향 등), 앱의 수익 모델 구성, 마케팅 4P(Price-Product-Promotion-Place) 등을 기획한다. 프로젝트 매니지먼트의 역할로, 앱 제작을 위한 팀 구성도 담당하며 디자인은 물론 기술적인 프로그래밍 인력 등을 구성하여 전체적인 프로젝트 일정에 대한 계획도 할 수 있어야 한다. 아울러 프로젝트의 성공적인 목표 달성을 위한 커뮤니케이터의 역할도 수행하는 등 다재다능한 능력이 필요로 되는 포지션이다.

프로그래밍을 하다가 이 분야의 포지션만 전담을 하거나, 디자인을 하다가 이 포지션을 맡게 되는 경우도 있는데, 이럴 경우 이전에 본인이 전담했던 부분의 특성이 강하게 보여지는 특징이 있다. 이럴 때 디자인이나 프로그래밍 부분의 실무자의 의견보다 본인의 의견을 너무 강하게 주장하거나 필요 이상으로 깊게 관여하는 부정적인 측면이 나오는 경우도 있으므로 적절히 관여할 수 있어야 한다.

항시 앱의 트렌드와 동향, 비즈니스에도 관심을 많이 가져야 하며 국내는 물론 해외에 판매-배포가 이루어지는 경우가 많으므로 기본적으로 영어에 대한 이해도가 높으면 좋다. 프레젠테이션이나 문서 작성 능력은 필수 능력이다.

앱 제작 분야는 프로젝트별로 성격이 크게 다르며, 프로젝트 리더 혹은 프로젝트 매니저, 프로젝트 발주자 등의 성향에 따라서도 구성이 많이 달라지므로 획일화된 프로세스나 정형화된 방법이 존재하지 않는다. 아울러 프로젝트를 진행하는 각 역할의 구성원들의 성향과 경험, 그리고 자신의 역할에 대한 능력 등에 따라서도 많은 부분이 영향을 받을 수 밖에 없으므로 프로젝트 진행 시 최대한 커뮤니케이션을 원활히 갖도록 노력을 하는 것이 중요하다. 아울러 커뮤니케이 션에 대한 기록은 문서로 남기는 것이 프로젝트의 진행 및 리뷰에 유리하므로 번거럽더라도 기록하여 공유하는 습관을 가져야 한다.

디자이너

앱의 시각적으로 보여지는 모든 부분을 담당하는 포지션이다. 디자인의 특성상, 통합적인 사고 방식의 전개가 용이하므로, 개인의 능력에 따라 사용자 경험 UX, UI 부분에 대한 보다 효과적인 답을 내놓을 수 있는 포지 션이기도 하다. 앱 디자인을 위해서는 기본적으로 컴퓨터를 통한 그래픽 작업 및 관련 프로그램에 대해 잘 알아야 하며, 스마트폰의 터치 스크린을 통한 그래픽 이미지 및 스마트폰의 사용자 경험에 대한 이해가 있어야 한다. 아울러 각 운영체계에 대한 이해도는 물론 해당 운영체계의 디자인 스타일에 대해서는 누구보다 잘 알아야 한다. 앱 디자인은 작은 스크린에서 이루어지는 디자인으로써 다양한 사이즈의 모바일 디바이스의 스크린에 대해 이미지-폰트-색상에 대한 편집 및 이미지 작업이 가능하여야 한다.

본 앱 디자인 작업 이외에도, 필요 시 사전 작업으로 와이어 프레임-프로토 타입 제작을 할 수 있어야 하며 디자인 스타일 가이드, 네이밍 룰에 따른 슬라이스 가이드 문서 제작도 할 수 있어야 한다. 편집 디자인에 따른 사용자의 행동 패턴 및 효과, 색상의 구성에 따른 사용자의 감성적 반응, 형태의 구성 등에 대해 높은 이해도를 가지고 있어야 한다. 게임 분야의 경우는 3D, 모델링, 애니메이션 등 전문 영역의 기능이 요구되기도 한다.

특히 디자이너들은 작업 후반기에 있는 문서 작성과 네이밍 리스트, 가이드 작성과 같이 구체적이고 체계적인 내용을 구성하는데 어려움을 많이 겪는데, 후반 작업을 초반에 개발자들과 미리 사전 협의를 해놓는다면 원활한 커뮤니케이션에 도움이 되는 것은 물론 효율적인 작업 진행을 할 수 있다.

큰 프로젝트의 경우는 처음 기획-조사 단계부터 디자인 파트가 같이 참여해서 진행할 수도 있으며, 작은 프로젝트의 경우는 의사 결정이 배제된 상태에서 디자인만 작업하게 될 수도 있다. 진행 시 일부 프로세스 단계를 생략할 수도 있으나 전체적인 진행에 대해 이해를 하고 있다면 프로젝트를 원활히 진행하는데 큰 도움이 된다.

개발자

사용자가 직접적으로 볼 수는 없으나 실제로 구동되는 부분을 작업하는 포지션이다. 각 운영체제에서 지원하는 프로그래밍 언어로 앱을 프로그래밍하며, 서버나 통신과 같은 앱의 외부 서비스, 페이스북이나 트위터와 같은 타 프로그램과의 연동 등 다방면에 대한 프로그램 구현 능력이 필요하다. 필요에 다라서 각 프로그래밍 영역에 다수의 인원을 배치하거나 외주에 발주를 하기도 한다.

디자인의 경우는 앱이 출시 이후의 전면 개편이 아닌 이상 큰 작업이 없는 편이나, 프로그래밍의 경우는 출시 이후에도 유지−보수에 많은 공이 들어간다. 스마트폰은 운영체제의 업그레이드가 정기적으로 이루어지며 안드로이드의 경우는 수많은 제조사들의 디바이스들이 쏟아져 나오고 있으므로 이에 대한 디바이스 지원 작업이 필요할 수 있다. 또한 기능 이상 혹은 개선을 위한 업데이트 등의 작업들도 진행하므로, 앱에 대한 기획을 하는 경우 유지−보수 부분에 대한 부분도 항시 염두에 둘 필요가 있다. 앱 스토어와 앱 마켓에 앱을 등록을 하게 되었다고 앱이 완성−완료가 된 것이 아니다. 출시 이후에도 적극적인 관리 및 개선을 보여주며 앱을 관리하여야 한다.

02. 조직 구성하기

필요 및 예산 등의 조건 등에 따라 구성 인원을 결정하도록 한다. 프로젝트 기간 및 해결 과제에 따라 적절히 인원을 구성하는 것이 조직 구성의 필수 조건이다. 이러한 부분은 역할에 따른 구성과도 밀접하므로 충분히 검토하여 적절히 인원을 구성할 수 있도록 한다.

구성 인원

앱 개발의 인원을 최소한으로 잡는다면, 디자이너 1명, 개발자 1명 만으로도 구성할 수 있다. 경우에 따라서는 기획자가 있는 경우도 있고 개발자가 여러 명일 수도 있고, 영업을 하는 영업자가 있는 경우도 있다. 그렇지만 기본적으로는 앞서 설명한 기획/마케팅, 디자인, 프로그래밍이 기본 구성 단위이다. 필요에 따라서 프로그래밍 파트에서 앱 등록, 판매, 관리 등을 맡거나 디자인 파트가 기획 역할을 맡는 경우도 있지만, 한 분야를 전담하며 전문성을 가지고 업무를 진행하는 것이 이상적이며 효율적이다. 그렇지만 프로젝트의 규모나 예산 등에 따라서 다양한 역할이 요구되는 것이 현실이다. 이럴 경우, 맡은 업무의 성격과 호흡이 달라서 효율저하 및 기간 지체가 생길 수 있으며, 진행상 책임 소재가 불분명하게 되는 경우도 잦으므로 사전에 분명히 그 역할과 책임을 명확히 하고 진행하는 것이 좋다. 만약 문제가 있을 것으로 예상되는 부분이 있을 경우도 대비하여 사전에 미리 분쟁 시 의견 조율 방안도 협의 해놓는 것이 좋다.

디자인팀의 인원이 많을 경우, 디자인 팀장은 일관된 퀄리티와 통일된 스타일의 디자인이 나올 수 있도록 사전 디자인 가이드를 만들고 이를 팀원들에게 교육함은 물론, 중간중간의 결과물의 확인과 프로그램−폰트−색상−이미지 사이즈 등의 디테일한 부분에도 신경을 써야한다. 최종적인 검수 과정은 필수로 진행하여야 한다.

포지션별 구성 팁

기획자의 경우는 마케터의 역할을 필수적으로 포함하는 것이 좋다. 일반적으로 기획과 판매를 나누는 경우가 있으나, 기획−판매−운영−홍보가 일관적으로 충분히 이루어질 경우, 앱이 보다 효과적으로 목적을 달성할 수 있다. 개발 이전 단계에는 기획에 포커스를 많이 맞추어 업무를 진행하고, 앱 등록 시점 전후로는 마켓 운영 및 홍보에 보다 많은 포커스를 두는 것으로 업무 비중을 나눌 경우, 기획 포지션에서 마케터의 역할도 충분히 할 수 있을 것이다.

디자이너와 개발자의 경우는 비록 자신의 포지션이 실제적인 결과물 생산 작업에 맞추어져 있지만, 기획 및 마케팅에 대해서도 이해를 하는 노력을 기울이는 것이 좋다. 결과적으로 성공적인 앱을 만들기 위해서는 마케팅과 기획이 디자인과 프로그램에도 묻어나야 하기 때문이다. 기획자, 마케터는 실무 디자이너와 개발자만큼의 지식과 경험이 없을 수 있으므로 실무적인 경험을 반영하여 기획과 마케팅에 반영이 된다면 보다 성공적인 앱을 만들 수 있을 것이다. 더불어 디자이너는 개발자의 영역을, 개발자는 디자이너의 영역을 존중하고 서로 이해하기 위한 노력을 기울여야 한다. 실제로 디자이너와 개발자 간의 작업 진행에 있어서 서로의 작업 프로세스가 잘 맞지 않는 것을 자주 보아 왔다. 여기에 정답은 없지만, 최대한 서로 관심을 가지고 이해하려고 노력을 해야 한다. 하나의 성공적인 결과물이 나올 수 있도록 뜻을 모을 수 있어야 한다.

이처럼 **팀 구성에 정답은 없다. 프로그램의 규모, 예산, 일정 등 전반적인 사항에 대해 검토해보고 적합한 구성을 할 수 있으면 된다. 무조건적으로 처음의 계획을 고수하기보다는 프로젝트 진행에 맞추어 주기적으로 프로세스를 재검토하며 조율할 수 있는 융통성도 필요하다. 인원이 적을 경우에는 업무의 밸런스를, 인원이 많을 경우에는 인력의 효율적인 활용과 더불어 일관된 작업물이 나올 수 있도록 하는 것이 주안점이다.** 그리고 항시 사전에 문제가 발생할 수 있는 부분에 대해 협의하며 대비하는 자세를 가져야 한다. 앱 개발은 트렌드가 굉장히 빠르며 운영체제 변경 및 새로운 디바이스 출시, 앱 마켓 정책 변경 등의 외부 요소가 많으므로 장기적으로 프로젝트가 운영될 경우, 이에 대한 대비책도 세우며 진행해야 하니 항시 시장을 주시해야 한다.

앱 개발 프로세스

앱은 크게 준비-개발 단계와 앱 마켓 등록 후의 단계로 나눌 수 있다. 이번 Chapter에서는 앱의 개발 프로세스를 알아본다. 각 프로세스를 검토해보며 각 단계별로 필요한 일과 내용을 알아볼 수 있도록 한다.

01. 준비 및 기획 단계

최초의 어떤 '동기(Motivation)'에 의해 앱 개발의 기획이 이루어지면서 앱을 만들기 시작한다. 회사의 신성장 동력으로 앱 비즈니스를 택하거나 기존 서비스에 모바일 앱을 추가하려는 경우이거나, 아니면 단순히 게임을 만들어 히트를 노리는 경우 등 다양한 동기를 바탕으로 한다. 이렇게 1가지 혹은 그 이상의 이유로 모바일 앱을 기획하게 되고 그 조직의 구성과 프로젝트의 규모에 따라 다양한 방식으로 준비 및 기획 단계가 이루어지게 된다. 여러 가지 요인들을 고민해서 기획하고 계획을 해야겠지만, 다음의 사항들은 기본적으로 고민해야 할 부분이다.

목적 / 목표 확정

앱의 목적은 제일 분명해야 한다. 구체적으로 어떠한 앱을 만들 것인지 명확하게 정하지 않았을 경우 작업 중간에 애초 기획보다 좋은 아이디어가 나오면 진행 중이던 작업의 방향이 바뀌거나 나중에 해도 될 것들이 우선시 하는 경우가 생길 수 있다. 이전에 소개한 니즈 & 솔루션을 명확히 하는 것도 목표를 정확히 잡는 부분이다.

사용자 구체화

구체적으로 누가 사용하고 어떠한 혜택을 얻을 수 있는지 명확히 정해야 한다. 만약 사용자 범위가 여럿으로 나오더라도 각각의 사용자에 대해 선을 명확히 그어 두는게 필요하다. 사용자에 대한 정의 역시 앱 개발 도중 항시 참조할 수 있는 나침반과 같은 역할을 하므로 개발 전에 최대한 구체화해야 한다.

수익 모델

수익 모델이 없는 앱은 없다. '카카오톡'처럼 채팅 기능은 무료로 제공하고 앱 내 아이템 판매를 통해 수입을 취할 것인지, 무료로 배포하는 버전에 광고를 붙이고 유료 버전은 광고를 없애는 전략을 택할 것인지 구체적으로 수익 모델을 정하고 앱 개발이 진행되어야 한다. 수익 모델별로 어느 것이 보다 수익 지향적인지 마케팅 결과가 공개되어 있어 기획하는 앱에 따라 적합한 수익 모델을 차용하면 된다. 그리고 수익 모델은 사용자의 트렌드에 따라 수익의 차이가 발생하므로 현재 어떤 방식이 제일 수익 지향적인지 트렌드를 항시 체크해야 한다. 필요하면 현재 수익 모델을 과감히 버리고 새로운 수익 모델을 적용할 수도 있어야 한다. 아울러 앱 내 결제 등 프로그래밍 부분에서 기술적인 판단이 들어갈 수 있는 부분은 실무진과 항시 협의하여 기획에 현실성을 더해야 한다. 만약 대규모 서비스를 계획하고 있다면 사용자의 구매를 유도할 수 있는 사용성 테스트를 실행하여 앱-내 결제 등의 적절성을 평가하는 것을 추천한다.

조직 구성, 일정 설정

기술적으로 검토하여 몇 명의 인력으로 얼마의 기간을 두고 작업할지 정하는 단계이다. 예산과도 직결된 부분이므로 어찌 보면 제일 민감한 부분이다. 필요할 경우 외주 아웃소싱 혹은 프리랜서로 팀을 구성할 수도 있다. 그러나 예산을 아끼려고 무조건 단기 아르바이트 레벨로 인력을 구성하여 진행하면 일정도 늘어지며 중간에 새로 팀을 구성하는 경우도 보았고, 낮은 견적을 제시하는 개발자를 채용하였다가 기술적으로 해결을 하지 못해서 프로젝트가 틀어질 수도 있으니, 예산도 중요하지만 최종적으로 목표한 프로젝트가 제대로 완수할 수 있는 팀을 구성하는 것이 중요하다. 그리고 팀을 구성하게 되면 일정에 대해서도 충분히 팀과 협의하여 효율적인 프로젝트가 진행될 수 있도록 한다.

앱 기획의 구체화

프로젝트에 따라 다르지만, 프로젝트가 작을 경우는 기획자가 앱의 전체적인 구성을 작업하는 경우도 있다. 앱의 구성 요소가 크리에이티브(Creative)한 부분보다 기능성이 강조되거나 단순할 경우는 사용자에 대한 정의를 포함하여 와이어 프레임 구성과 레이아웃 목업에 대한 구성까지 기획자가 작업할 수도 있다. 이럴 경우 디자이너는 그래픽적으로 요소를 작업하는 부분만 진행하게 된다.

마케팅 계획

마케팅은 앱이 등록되기 전의 기획 초기부터 고려해야 한다. 만약 여러 앱을 앱 마켓에 출시(퍼블리싱)한 상황이라면 사전에 기존 사용자와 프레스에 신규 앱에 대한 일정과 간략한 정보를 주어서 기대감을 높일 수도 있다. 기자나 블로거들을 통해서 사전에 앱에 대한 소개와 함께 프로모션을 기획하여 출시일에 많은 관심을 받고 아울러 앱의 다운로드로 많이 끌어낼 수 있으면 좋은 결과를 끌어내기가 수월하므로 마케팅 계획은 반드시 세우는 것이 필요하다. 애플 앱 스토어에서 판매하는 앱의 경우는 앱을 무료로 사용해볼 수 있는 리딤 코드도 발급이 가능하므로 프로모션 사이트나 기자, 블로거들을 대상으로 배포하여 사용기 리뷰를 받는 것은 일반적으로 알려진 기본적인 홍보 방식이다.

운영체제와 디바이스 확정

운영체제는 무엇으로 할 것인지 디바이스는 어느 범위까지 할 것인지 정하는 단계이다. 무조건적인 최다 디바이스를 대상으로 하는 것은 옳지 않다. 디바이스별 보급률은 물론 주 타깃 고객의 운영체제는 무엇인지 등 여러 가지 요소를 고민하여 적절한 범위로 디바이스를 정하는 것이 중요하다.

필요 시 사전에 정확히 디바이스를 확정하고 단계적인 계획을 세워서 접근하는 방식도 한정된 예산과 인력 운영에 효율적이다. 이러한 계획이 불분명할 경우는 개발 중반 시기에 출시되는 모델에도 디바이스를 마구 추가하는 등, 일정과 예산에 무리가 가는 변동을 추가하게 될 수 있으니 주의하여야 한다.

02. 본격적인 제작 단계

제작 단계별로 필요한 업무가 다르므로, 해당 단계에 적합한 업무를 진행할 수 있도록 한다. 아울러 프로젝트 시작 초기 및 중간중간마다 전체적인 단계에 대한 점검을 통해 필요 업무를 점검할 수 있어야 한다.

초기

전 단계인 '준비 및 기획 단계' 부분이 확대된 것으로 보면 된다. 프로젝트가 클 경우에는 사용자에 대한 사용자 조사, 리서치 등을 통해 앱 제작의 틀을 잡아나가는 단계이다. 디자이너는 물론 UX 전문가 리서치 연구 전문가들이 참여하여 와이어 프레임과 페이퍼 스케치 등으로 앱 구조 구성 및 사용성에 대해 연구한다. 디자인의 스타일도 이 단계에서 정하게 된다. 운영체제의 스타일 가이드를 벗어나지 않는 선에서 앱의 스타일, 색상, 콘셉트, 폰트 등 각 디자인 요소를 확정한다. 아직 본격적으로 픽셀 단위의 작업은 이루어지지 않고 수많은 의견 교환과 아이디어가 이루어지는 단계이다. 개발자의 경우는 디자인 레이아웃 확정 등의 작업이 이루어지는 동안 기술적으로 문제가 없는지 확인하고 테스트 해보는 시기이기도 하다.

중기

본격적으로 포토샵을 실행시키고 픽셀 단위의 작업이 이루어지는 단계이다. 이전 단계의 스케치를 기본으로 실제 화면에 앉히는 작업을 하며 기획과 실제 디바이스 간의 간격을 줄인다. 실제 화면에 맞추어 디자인을 할 경우, 그 구성 요소에 따라 느낌과 구성이 달라지게 되므로 적절히 조화되도록 디자인을 하는 것이 중요하다. 프로그램 구현과 관련하여 필요할 경우 더미 이미지 등을 제공하여 개발자의 작업이 원활하게 진행될 수 있도록 커뮤니케이션을 하는 것이 중요하다. 디자인 작업 시 어느 디바이스를 기준으로 디자인을 할 것인지 명확히 하여 기준 디바이스로 작업을 하고 이를 타 해상도로 적용하는 것이 필요하다. 포토샵에서도 벡터 방식의 드로잉과 레이어 관리가 가능하므로 최대한 벡터 방식으로 작업하는 것이 필요하다. 페이지 레이아웃 작업 완료 시 이미지를 실제 모바일 디바이스에서 확인하며 그 스타일을 확립하는 것이 필요하다.

후기

디자인 작업이 끝나고 프로그래밍도 구체화할 단계가 되었다면 이제 후기 작업의 단계에 들어선 것이다. 포토샵은 요소별로 파일을 나누어서 슬라이스 작업을 하고 아울러 개발자가 참조할 수 있도록 네이밍 룰에 맞추어 파일을 만들고 슬라이스 가이드 등의 문서를 작성한다. 실제로 화면에 적용하다 보면 수정 사항 등이 발생하는 경우도 많다.

앱 아이콘이 최종적으로 완료가 되어야 하며 앱 마켓에 등록할 스크린 샷 이미지도 작업한다. 보도자료를 구성할 경우 이에 맞는 인쇄용 해상도 혹은 큰 사이즈의 이미지 파일을 만든다. 필요할 경우 보도 자료용으로 별도의 이미지를 제작하는 경우도 있다.

03.
앱 마켓 :
등록 〉유지 /
보수 / 개선 〉폐기

앱 마켓 등록

내부적으로 프로그램을 빌드하고 테스트를 거친 후 앱을 마켓에 등록하는 단계이다. 각 앱 마켓별로 요구되는 정보와 이미지 사이즈, 보안 방식이 다르기 때문에 각각의 마켓별로 등록 자료를 별도 작성해야 하는 경우가 많다.

안드로이드 앱 마켓은 검증 심사 단계가 없으나, 애플의 앱 스토어는 앱의 검증 심사 단계가 있다. 국내의 SK T Store, KT 올레, LG U+도 검증 심사 단계가 있지만, 실행에 큰 문제가 없고 콘텐츠에 불법-성인-도박과 관련된 부분이 없다면 일반적으로 심사는 통과되는 편이다. 앱 마켓에 따라 검증 문서를 작성해야 해서 올려야 하는 경우도 있으니, 사전에 앱 마켓을 확인하여 검증 가이드 등을 참조함으로 등록에 문제가 없도록 한다.

유지 / 보수 / 개선

앱은 살아있는 생명체와 같다. 한 번 등록하고 끝이 아니다. 사용자의 개선 요청과 불만 사항이 발생할 것이고 버그 리포트도 받게 되므로 보수-개선이 필요하다.

단적으로, 앱 상품의 옆에 노출되어 있는 프로그램의 버전을 통해 앱이 얼마나 잘 관리되고 있는지를 볼 수 있다. 예를 들어, '3.09.03'이란 앱 프로그램의 버전이 있다면 일반적으로 앞의 첫 숫자는 핵심적인 기능이 변경되었다는 것을 의미하며, 이를 통해 대규모의 버전 업데이트가 3회 이루어진 것을 알 수 있다. 뒤의 09는 9번의 마이너 버전 업데이트를 의미하여 그 뒤의 03은 마이너 버전보다 작은 수준의 업데이트가 이루어진 것을 의미한다. 사용자의 개선 요청에 대해 효과적으로 대처하고 다양한 개선이 이루어진다면 사용자들은 해당 개발사를 신뢰하는 모습을 보일 것이다. 반대로 사용자의 목소리에 귀를 기울이지 않는다면 고객의 평가란은 불평과 오류에 대한 불만으로 가득 찰 것이며, 이렇게 될 경우 앱이 마켓에 등록되어 있다고 하더라도 죽은 앱이나 다름 없게 되므로 앱의 보수와 개선은 신경을 써야 하는 부분이다. 효과적인 유지, 보수, 개선을 통해 앱은 기존의 사용자는 물론 신규 사용자들에게도 어필할 수 있는 특징이 있다는 것을 항상 염두에 두어야 한다.

폐기

앱이 저조한 실적을 보이거나 프로모션 기간이 끝났을 경우, 폐기를 하는 것도 고려해야 할 부분이다. 사용자가 프로모션 앱을 다운로드 했는데 내부 내용 업데이트가 이루어지지 않고, 과거 시점의 프로모션에 대한 내용이거나 연결 웹 사이트 링크가 종료된 내용이라면, 고객은 해당 브랜드에 대한 신뢰를 잃을 것이다. 그러므로 관리를 못하는 앱이거나, 기타 어떠한 이유에서라도 앱의 폐기가 필요하다면, 과감히 앱을 마켓에서 내리는 편이 관리가 되지 않는 것보다 낫다.

제작 프로그램

앱은 과연 어떤 프로그램으로 만들어지는 건지 이번 Chapter를 통해 간략히 알아보도록 한다. 앱 개발을 위해서는 해당 운영체제에서 원하는 사항들에 대해서도 잘 알고 있어야 하지만, 기본적으로 무엇으로 어떻게 앱이 만들어지는지에 대해서도 알아야 한다. 따라서 개발자는 디자인을, 디자이너는 프로그래밍에 대해 어느 정도 이해하고 있어야 앱 개발을 원활히 할 수 있다.

01.
운영체제별
앱 개발 프로그램

<u>애플 iOS : 엑스코드, 인터페이스 빌더, 오브젝티브-C</u>

애플의 iOS는 이전에 설명한 바와 같이, 맥 컴퓨터의 운영체제 OS X를 아이폰에 맞추어서 축소한 버전으로써 OS X의 핵심적인 기능만을 가지고 온 것으로 생각하면 된다. 프로그램 언어는 오브젝티브-C(Objective-C)를 사용하고 있다. 그리고 iOS 프로그램 개발은 맥의 엑스코드(Xcode) 프로그램을 통해서 코딩이 이루어진다.

엑스코드(Xcode)는 애플 맥 컴퓨터 전용 앱 마켓인 앱 스토어를 통해서 무료로 다운로드가 가능하며 엑스코드 내의 인터페이스 빌더(Interface Builder)를 통해서 레이아웃 및 디자인 구성 작업을 직접 진행할 수 있다. 버전 업데이트를 통해 인터페이스 빌더가 내재화되고 스토리 보드 기능도 추가되는 등, 앱 페이지 간 연결을 시각적으로 배치하여 개발을 용이하게 해주는 기능으로써 단순하게 코딩뿐만이 아닌 시각적으로도 제작하기 용이할 수 있도록 점차 통합-개선된 업데이트를 보여주고 있다.

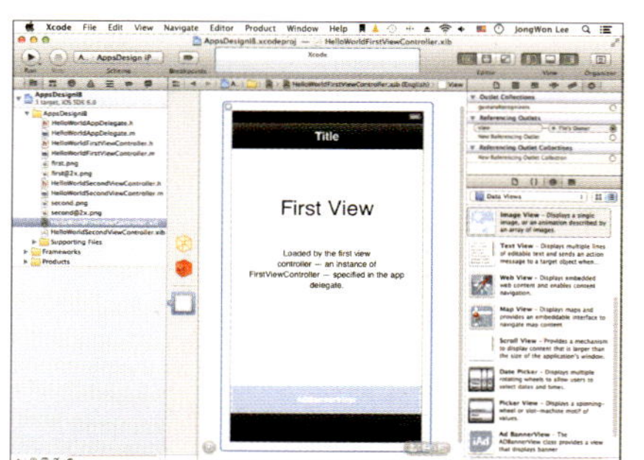
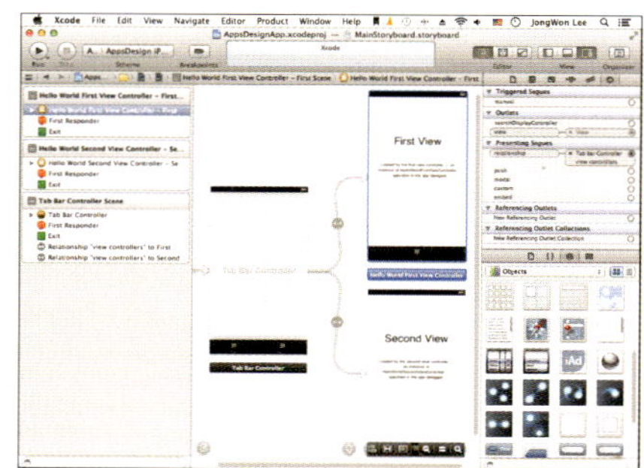

▲ 엑스코드에서 제공되는 인터페이스 빌더와 스토리보드

인터페이스 빌더에는 아이폰의 기본 컴포넌트의 디자인 이미지가 첨부되어 있다. 그러므로 필요에 따라서 디자인 구성 시 기본 인터페이스 컴포넌트 이미지를 사용할 수도 있다. 만약 이렇게 기본 제공 컴포넌트 이미지로 앱을 제작할 경우, iOS의 버전 업데이트가 이루어지면 자동적으로 앱에 탑재한 컴포넌트가 버전에 맞추어 업데이트가 된다는 점도 기억해둔다.

아울러 인터페이스 빌더는 레이아웃 배치 시 스냅 기능과 스마트 가이드 기능이 있어서 시각적으로 좌우상하 균형 및 좌우 여백 맞춤 등이 가능하므로 보다 쉽게 통일된 구성의 앱 레이아웃을 제작할 수 있다. 인터페이스 빌더는 위지위그(What You See Is What You Get /WYSIWYG) 방식이므로 인터페이스 빌더로 편집된 화면이 그대로 레이아웃으로 적용되어 나오는 방식이다.

구글 안드로이드 : 자바, JDK, 이클립스, 안드로이드 SDK, ADT, AVD

안드로이드의 프로그램 언어는 자바(JAVA)이며 일반적으로 자바개발 오픈소스 프로그램인 이클립스(Eclipse)를 통해서 프로그래밍을 한다. 애플의 엑스코드가 한 번의 설치로 개발 프로그래밍의 세팅이 끝나는 반면, 안드로이드 개발을 위해서는 컴퓨터에 필요한 프로그램 및 구성 컴포넌트를 다운로드해 개발 환경을 조합-구축하는 방식이다.

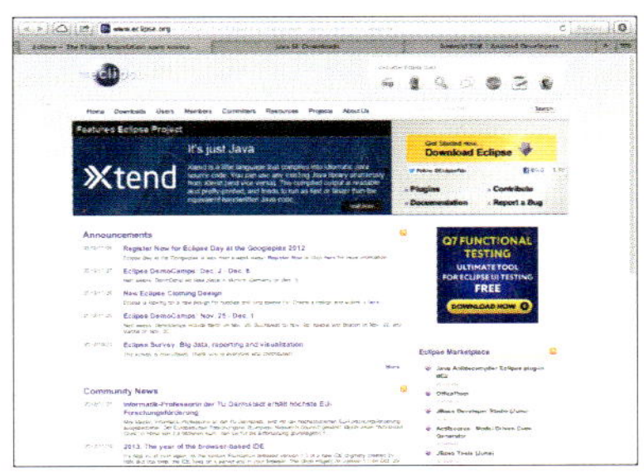

▲ 이클립스 공식 사이트
www.eclipse.org

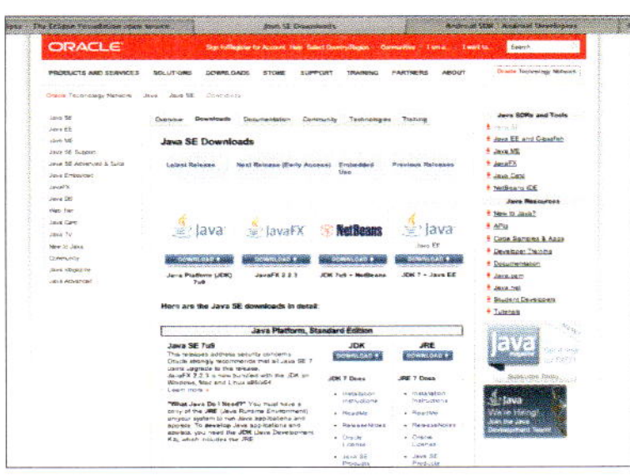

▲ 오라클 자바 다운로드 사이트
www.oracle.com/technetwork/java/javase/
downloads/index.htm

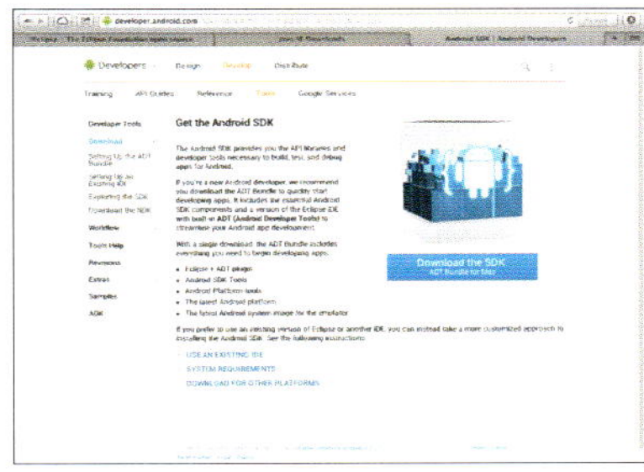

▲ 안드로이드 SDK 다운로드 사이트
developer.android.com/sdk/index.html

02.
디자인 프로그램

안드로이드폰은 아이폰과 달리 다양한 해상도에 대응하는 디자인이 이루어져야 하므로 개발 초기에 개발자와 멀티 디바이스에 대해 긴밀한 협의가 이루어져야 한다. 특히 디자인의 경우는 어느 부분을 이미지로 제작하고 어느 부분을 나인패치로 가지고 갈 것인지를 사전에 정하는 것이 무척 중요하다. 디자이너 혹은 기획자가 멀티 디바이스에 대한 경험이 없을 경우, 개발자와 반드시 협의하여 진행해야 한다. 그렇게 해야 개발 후기 단계에서 큰 문제가 일어나는 것을 막을 수 있다.

앱 디자인은 프로그래밍과 달리 운영체제에 맞는 전용 디자인 프로그램이 있는 것은 아니다. 그렇지만 앱 디자인을 위해서는 다양한 표현은 물론 다양한 이미지를 처리할 수 있는 통합적인 그래픽 프로그램이 필요하다.

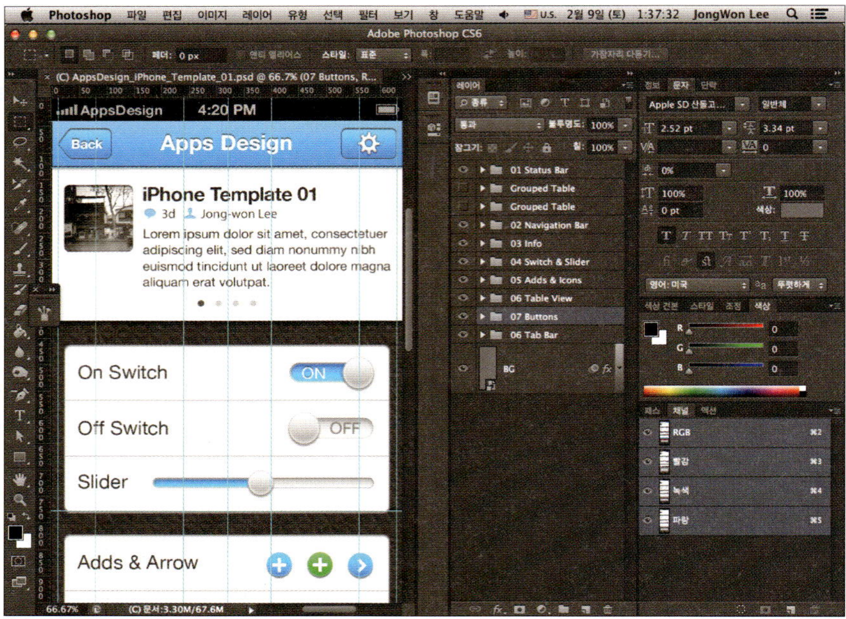

▲ 어도비사의 포토샵 CS6 작업 화면

어도비(Adobe)사의 '포토샵(Photoshop)'이 앱 디자인을 위한 통합 이미지 프로그램으로 적합하다. 2012년 크리에이티브 스위트 6(Creative Suite 6 /CS6)' 버전이 출시되었다. 포토샵은 비트맵 방식을 주로 하는 이미지 프로그램이지만, 포토샵 CS6 버전부터는 벡터 드로잉 기능이 더욱 강화되어, 앱 디자인을 좀 더 원활히 할 수 있게 되었다. 그리고 앱 디자인 실무를 경험하면서 불편했던 세부적인 기능까지 충실히 개선하며, 모바일 디바이스의 완벽한 통합 이미지 디자인 프로그램의 모습을 보여주고 있다.

포토샵 CS6는 Standard 버전과 Extended 버전이 있으며 Extended 버전은 3D 부분에 특화된 기능을 포함하고 있다. 굳이 3D와 관계된 기능이 필요하지 않다면 Standard 버전을 사용해도 충분히 앱 디자인과 관련된 작업을 할 수 있으니, 필요에 따라 적합한 버전을 사용하도록 한다.

여러 프로그램을 합본 형태로 구성한 '크리에이티브 스위트(Creative Suite)' 에디션도 있으니 필요 용도에 맞추어 구매할 수 있도록 한다. 이 중에서 앱 디자인과 관련된 버전은 Creative Suite Design Standard, Creative Suite Design & Web Premium이 있으며 Master Collection은 어도비사의 모든 프로그램이 들어간 에디션이다. 동영상 제작 등이 필요 없다면 앞의 2가지 버전도 큰 무리가 없으며, 만약 주로 포토샵의 기본적인 기능과 일러스트레이터만을 사용한다면 Creative Suite Design Standard도 적합한 선택이 될 수 있다.

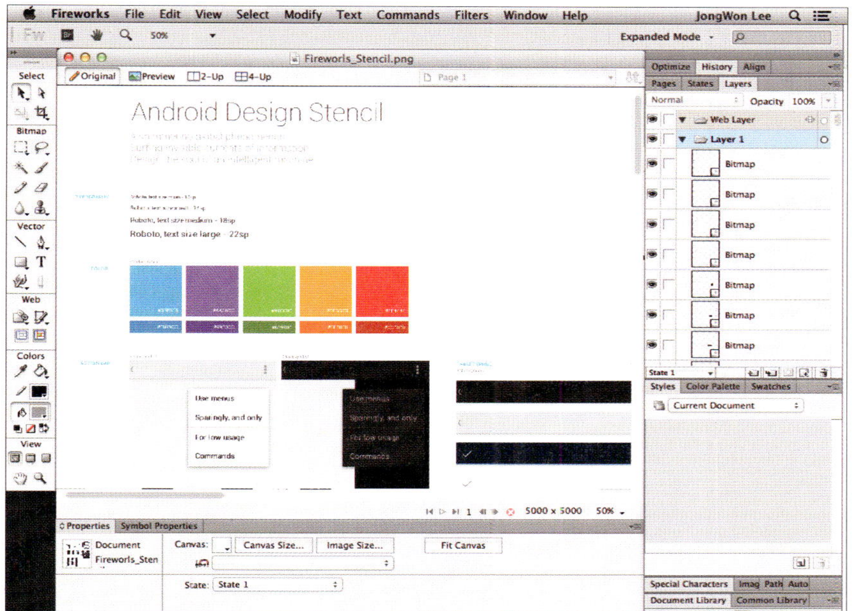

▲ 어도비사의 파이어웍스 CS6 작업 화면

 포토샵 외의 추천 프로그램은 어도비사의 '파이어웍스(Fireworks)'이다. 파이어웍스는 매크로미디어(Macromedia)사의 프로그램을 어드비사에서 인수하여 크리에이티브 스위트에 포함시킨 것으로, 같은 어도비사의 프로그램이긴 하나, 출생이 달라서 인지 사용성이 조금 다른 편이다. 파이어웍스는 처음부터 비트맵과 벡터 방식을 같이 사용할 수 있는 독특한 방식을 적용하고 있으며 포토샵이 한 파일에 1가지 도큐먼트 사이즈만 지정하여 사용할 수 있는데 반해, 한 파일 안에 다양한 사이즈의 도큐먼트 사이즈를 지정하여 '페이지(Page)'로 분류하여 사용할 수 있으므로 다양한 사이즈의 해상도를 통합적으로 제작할 수 있는 장점이 있다. 다만 이전에 언급한 것처럼 사용성이 포토샵과 많이 다르고 그레이디언트의 구현이 포토샵에서 구현해주는 형태와 느낌이 다르다는 점은 사전에 이해하여야 한다. 어도비 크리에이티브 스위트 에디션에는 Design & Web Premium과 Master Collection에서 파이어웍스가 포함 제공되고 있다.

 이 외에도 다양한 앱, 아이폰─아이패드의 개발자─디자이너를 위한 다양한 프로그램들도 존재하므로 적절히 사용한다면 디자인 능력 향상은 물론, 앱 개발에도 큰 도움이 될 것이다.

Part 04
운영체제별 디바이스와 디자인 스타일

Part 04에서는 운영체제별로 디바이스별 특징(하드웨어)과 디자인 특징을 살펴보도록 한다.
본격적으로 애플의 iOS와 구글 안드로이드의 운영체제를 설명하도록 하겠다.
아울러 각 운영체제별 디바이스와 공식 가이드 정보, 지원 터치 제스처는 무엇이며
디자인의 컴포넌트와 구성은 어떻게 되어 있는지 세부적으로 살펴보도록 하겠다.

애플 iOS – 아이폰 시리즈

애플 아이폰의 하드웨어와 그 구성 디자인 컴포넌트를 살펴보도록 한다. 실제로 앱을 구성하는 각 컴포넌트의 종류와 의미, 앱 아이콘 스타일에 대한 이해, 아이폰의 다양한 폰트에 대한 학습을 통해 디자인으로 표현할 수 있는 iOS 아이폰에 대해 알아보도록 한다.

01.
iOS와 아이폰

애플의 모바일 운영체제인 iOS를 기반으로 만들어진 앱은 아이폰–아이패드–아이팟, 모든 디바이스에서 앱을 다운로드 해 사용할 수 있다. 운영체제는 터치 제스처에 관한 정의는 물론 아이콘의 의미, 버튼의 사이즈, 레이아웃의 규칙 등에 대해서도 규칙을 정해놓고 있다.

사용자들은 운영체제에서 기본적으로 제공되는 빌트인 앱들을 사용하며, 무의식 중에 운영체제의 UI와 사용자 경험 UX에 대한 학습을 하게 된다. 그러므로 앱을 기획하고 개발할 때에도 iOS의 기본적인 방식 및 규칙에 맞는 사용성을 제공할 수 있도록 해야 한다. 만약 iOS와 다른 방식을 제공한다면, 사용자들은 사용에 혼란을 느끼거나 불편해 할 것이다. 따라서 앱 디자인 및 개발 시에는, 최대한 iOS 운영체제에서 제공하는 조작 방식과 디자인 스타일 등이 통합적으로 적용된 앱을 제작해야 한다.

▲ 아이폰 5　　　　　▲ 아이팟 터치(5세대)

현재 Active 상태인 스마트폰은 아이폰 5, 아이폰 4S, 아이폰 4이다. 아이폰 5가 출시되면서 이전의 모델인 아이폰 3GS는 생산이 단종되었으며 아이폰 4가 베이직 모델(8GB 용량만 생산)이 되었다. 아울러 아이팟 터치도 iOS 운영체제를 사용하며, 애플 앱 스토어를 통한 앱 구매와 앱의 실행이 아이폰과 동일하다. 앱 개발은 일반적으로 아이폰을 주 타깃으로 하므로, 아이팟 터치를 위한 별도의 내용은 넣지 않았다.

아이폰 사양 및 주요 기능 정리

		아이폰 5	아이폰 4S	아이폰 4
출시일		2012년 9월 (국내 발매 2012년 12월 7일)	2011년 10월	2010년 6월
칩		A6	A5	A4
가로x세로x두께 (mm)		58.6x123.8x7.6	58.6x115.2x9.3	
디스플레이	사이즈	4인치 / 레티나 디스플레이	3.5인치 / 레티나 디스플레이	
	해상도 가로x세로 (Pixel)	640x1136 px	640x960 px	
	ppi	326 ppi(2.54 Cm당 326개 픽셀)		
	명암비	800 : 1		
음성비서(Siri)		지원	지원	미지원
카메라(iSight)		8백만 화소(3264x2448 px) 얼굴 인식 / 파노라마 기능		5백만 화소(2592x1936 px)
동영상 촬영		1080p HD급 / 초당 30 프레임		720p HD급 / 초당 30 프레임
센서		3축 자이로, 가속도계, 근접 센서, 주변광 센서, GPS		

▲ 아이폰5 / 아이폰 4S / 아이폰 4　　　　　　　　　〈출처 : 애플 공식 웹 사이트〉

세부 정보는 다음의 애플 공식 웹 사이트에서 확인해보자.

http://www.apple.com/kr/iphone/specs.html

http://www.apple.com/kr/iphone/compare-iphones

실제적으로 디자이너들에게는 화면의 해상도와 실제 구현 사이즈가 제일 중요한 부분일 것이다. 기획자들에게는 다양한 기능을 어떻게 앱에 포함시킬 수 있을 것인지가 중요한 정보일 것이며, 개발자들은 해당 기능에 대한 프레임워크가 무엇이며 어떠한 기능을 코딩하여 구현할 수 있는지를 중요시 할 것이다. 각기 필요한 정보가 있는지 꼼꼼히 살피며 해당 정보가 기능 구현은 물론 디자인적인 측면으로도 한계가 될 수 있으므로 살펴보도록 한다.

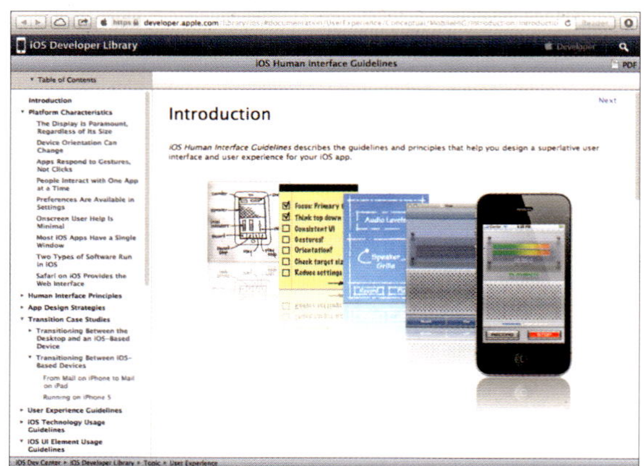

▲ 애플 개발자 웹 사이트 내의 휴먼 인터페이스 가이드라인 문서

애플은 앱 스토어를 오픈하며 개발자들이 참조하여 앱을 개발할 수 있는 개발자 웹 사이트도 운영하고 있다. 개발자 웹 사이트에는 프로그래밍과 관련된 내용뿐만 아니라, 디자인과 관련된 문서도 제공하고 있어 굉장히 유익하다.

공식 디자인 가이드인, 애플 iOS '휴먼 인터페이스 가이드라인(Human Interface Guidelines /HIG)'은 2008년 6월 27일 처음 공개 된 이후로도 OS의 버전 업, 기능 추가 등을 충실히 반영하며 현재에도 꾸준히 업데이트를 통해 그 내용을 보완해 오고 있다. 휴먼 인터페이스 가이드라인은 iOS용 앱을 디자인하기 위한 가이드지만, 디자인 원칙에 대한 내용은 물론, 사용자 경험에 대한 내용도 핵심 내용들도 담고 있어 디자이너는 물론 기획자, 마케터, 개발자들도 읽어 봐야 할 만한 필독 문서로 알려져 있다. 혹은, 개발자 라이브러리 웹 사이트에 방문한 후 검색 창에 'iOS human interface guidelines'를 입력해 검색하면 찾을 수 있다. 웹 사이트에서도 바로 문서를 볼 수 있지만, 사이트 우측 위에 PDF 다운로드도 제공하고 있으므로 필요하면 다운로드 해 읽어 보도록 한다.

▶ **휴먼 인터페이스 가이드 라인 문서** – http://developer.apple.com/library/ios/#documentation/UserExperience/Conceptual/MobileHIG/Introduction/Introduction.html

▶ **개발자 라이브러리 사이트** – http://developer.apple.com/library/ios/navigation/

iOS 아이폰에서 공식적으로 지원하는 터치 제스처 동작은 다음과 같다. 터치 제스처와 명칭에 대해서는 기억해 두어야 하며, 각 제스처에 따라 어떤 반응이 나오는지에 대해서도 정확히 알 수 있도록 한다. 공식 지원 터치 제스처 외에도 '로테이트(Rotate)' 등 다양한 제스처도 있다. 아이패드에서는 아이폰에서 지원하는 터치 제스처보다 더 많은 제스처를 지원하는 점도 기억해 둔다.

제스처	손동작	반응
탭(Tap)	스크린을 한 번 살짝 두드린다.	터치 오브젝트 선택
드래그(Drag)	스크린의 한 부분을 누르면서 옆으로 이동한다.	책의 페이지 넘기기, 화면 넘기기, 오브젝트 이동
플릭(Flick)	누르자마자 빠르게 좌우로 화면을 이동한다.	페이지 넘기기
스와이프(Swipe)	상하좌우 중 한 방향으로 즉시 이동한다.	·앱 콘텐츠 화면의 테이블 뷰에서 상하측 스와이프르 리스트를 위 아래로 이동시킴 ·'메일'의 테이블 뷰에서 우측 스와이프 시 '삭제' 아이콘이 나타남 ·앱 화면의 최상단에서 아래로 스와이프 시 '알림 센터(Notification Center)' 나타남
더블 탭(Double Tap)	화면을 두 번 두드린다.	이미지를 더블 탭할 경우에 줌 인 – 줌 아웃
핀치(Pinch)	엄지와 검지(혹은 두 손가락으로) 화면을 터치한 후 손가락을 오므리거나(Close) 벌린다(Open).	·핀치 오픈 : 이미지 확대 ·핀치 클로스 : 이미지 축소
터치 앤 홀드(Touch & Hold)	화면을 누르고 기다린다.	텍스트 위에서 제스처를 취할 경우, 돋보기 보기가 나타나며 텍스트를 선택해서 수정할 수 있게 한다.

▲ iOS 아이폰에 적용되는 공식 터치 제스처

05.
아이폰 UI 구성의 이해

아이폰의 주요 화면들을 살펴보며 앱과 운영체제가 어떻게 구성되어 있는지 살펴보도록 한다.

앱 아이콘 뷰

제일 많이 접하는 화면으로 모든 앱 아이콘이 정렬되어 있는 화면이다. 앱 아이콘을 터치하면 해당 앱을 실행한다. 구성 화면이 어떤 컴포넌트로 이루어졌는지 확인해본다.

스테이터스 바(Status Bar)

통신 상태, 통신사, 시간, 배터리 충전 정도, 블루투스 등 통신 및 디바이스의 정보를 나타내주는 바(Bar)이다. 앱의 제작 시 필요에 따라 노출되지 않게 할 수도 있으며, 시스템에서 지원되는 색상으로 그 색을 바꿀 수도 있다.

앱 아이콘(App Icons)

아이콘 뷰를 통해 보여지는 아이콘들 하나하나는 앱을 의미한다. 이렇게 보여지는 앱은 마치 간판과도 같으며 앱의 디자인 중 제일 중요한 부분 중의 하나라고 해도 과언이 아니다. 사람들은 앱 아이콘을 통해 앱을 판단하고 기억하기 때문에 무척 중요하다.

아이콘 뷰(Icons View)

아이콘들이 정렬되어 나타난다. 보여지는 앱들은 iOS 기본 앱들이며 기본적으로 어떤 스타일을 추구하는지 확인할 수 있다.

페이지 인디케이터(Page Indicator)

하단의 독 바 아이콘과 위의 아이콘 사이에 점의 형태로 보여지는 것은 총 페이지가 몇 페이지며 현재 위치가 어디인지를 나타낸다.

아이콘 독 바(Icons Doc Bar)

상단의 아이콘 뷰는 좌우 스와이프 시 페이지 이동이 이루어지는 반면, 하단의 아이콘 독 바는 페이지 이동 시에도 움직이지 않는다. 그래서 일반적으로 전화, 메시지, 메일 앱 등 자주 쓰는 앱을 놓는다.

네비게이션 바, 탭 바

 아이폰 앱에서의 이동은 상단의 네비게이션 바와 하단의 탭 바를 통해 주로 이루어진다. 네비게이션 바는 주로 페이지 간의 depth, 즉 전후 페이지로 이동이 이루어지며, 탭 바를 통해서는 내 분류 단위로 이동을 할 수 있다

▲ 앱 스토어 기본 화면

● 네비게이션 바(Navigation Bar)
스테이터스 바의 바로 아래에 표시되며 앱의 이름. 메뉴의 현재 위치 등을 나타내주는 기능을 한다. 버튼 내의 텍스트를 통해 현재 위치를 표시하기도 하며 아이콘을 배치할 수도 있다.
안드로이드폰은 현재 위치에서 '이전'으로 이동하는 버튼이 디바이스의 하단에 위치하고 있으나 아이폰은 상단의 네비게이션 바에 이를 아이콘으로 표시하므로 항상 주의 깊게 디자인을 해야 한다. 가로로 화면 전환이 될 경우, 네비게이션 바는 좌우로 늘어나며, 높이도 변동된다.
네비게이션 바를 통허 앱의 특징을 제일 많이 나타낼 수 있으므로 포인트를 줄 수 있는 곳이기도 하다. 기본 내를 적용하기 싫다면 직접 제작한 이미지로 바꿀 수도 있다.

콘텐츠 뷰(Contents View) ●
중앙 영역에 놓여지는 부분으로 이 곳에 해당 탭 메뉴에 대한 콘텐츠를 디자인한다. 현재 보여지는 콘틴츠는 애플 앱 스토어의 화면으로, 화면 하단에 보여지는 부분이 반만 보여짐으로 하단에 추가적인 콘텐츠가 있음을 알 수 있다.

여러 개의 콘텐츠는 일반적으로 리스트 방식을 통해 정리되고 배열되어 보여진다. 리스트에는 이미지, 텍스트, 버튼 등 다양한 기능과 요소를 넣을 수 있다.

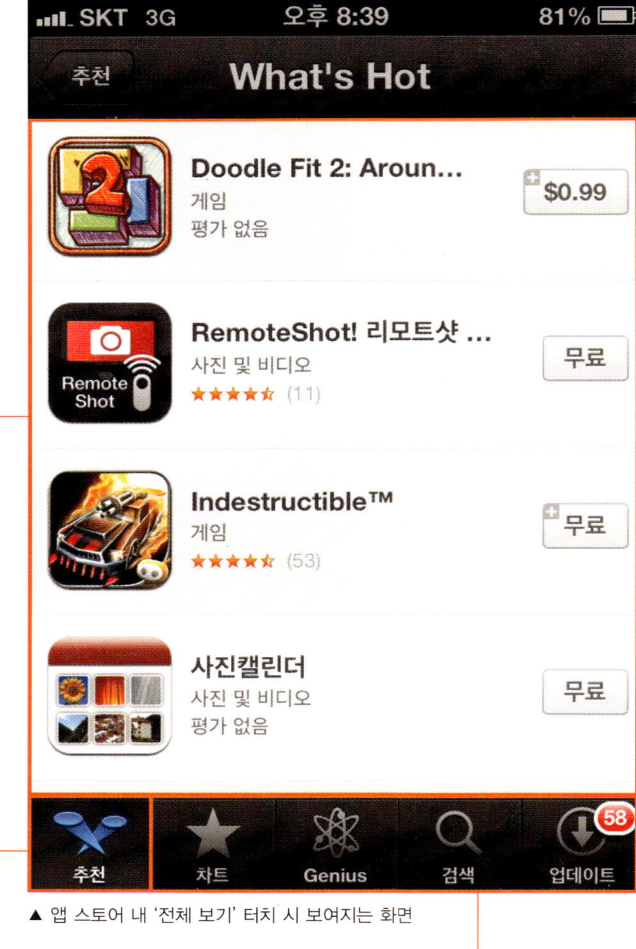

▲ 앱 스토어 내 '전체 보기' 터치 시 보여지는 화면

리스트 뷰(List View)

콘텐츠 뷰에 속하는 내용이나, 그 구성은 하나의 리스트로 이루어져 있다. 리스트 내의 버튼, 화살표 등의 아이콘 등을 통해 추가적인 화면으로 이동하기도 한다.

탭 바 아이콘

탭 바에 적용되는 아이콘의 스타일은 심플하고 평면적인 이미지를 사용한다. 아이콘들마다 고유의 의미가 있으며 사용자들은 애플 iOS의 기본적인 아이콘을 사용하며 그 의미를 기억하게 되므로, 만약 유사한 기능의 아이콘을 디자인한다면 가급적 기본 아이콘을 사용하거나 유사 형태를 띈 아이콘으로 디자인 할 수 있도록 해야 한다.

탭 바(Tap Bar)

탭 바는 화면의 최하단에 위치한다. 앱을 한 손으로 사용하였을 때에도 항상 터치할 수 있는 위치에 배치가 되어 있으며 아이폰의 하드웨어 버튼과도 가까이 배치하여 필요 시 메뉴 이동 및 앱에 대한 조작을 원활히 할 수 있도록 한다.

각 탭은 앱의 기능 혹은 영역별로 구분되어 있다. 기본 설정(Default)은 검정 바탕에 회색 아이콘/회색 텍스트로 표현되며, 선택 시 하이라이트가 들어오는 방식이다. 일반적으로 4개의 탭까지는 화면에 표시되며 5개 이상의 메뉴가 나타날 경우는 more 탭에 나머지 메뉴가 들어간 형태로 변형된다. 이는 메뉴가 많아질 경우 탭이 불가능해지는 점을 감안한 것으로, 앱 기획 시 무리해서 메뉴를 늘리지 않도록 한다. 이 또한 위에 소개한 다른 바와 마찬가지로 원하는 스타일로 디자인을 할 수 있다.

탭 바는 가로 모드가 되더라도 높이가 변하지 않으며, 필요 시 각 탭마다 알림(Notification)을 띄울 수도 있다.

탭 바 아이콘

일반적으로 쓰이는 탭 바 아이콘들은 다음과 같다. 각 아이콘이 의미하는 바를 잘 기억해둔다. 필요에 따라서는 조금씩 다른 의미로 사용되기도 한다.

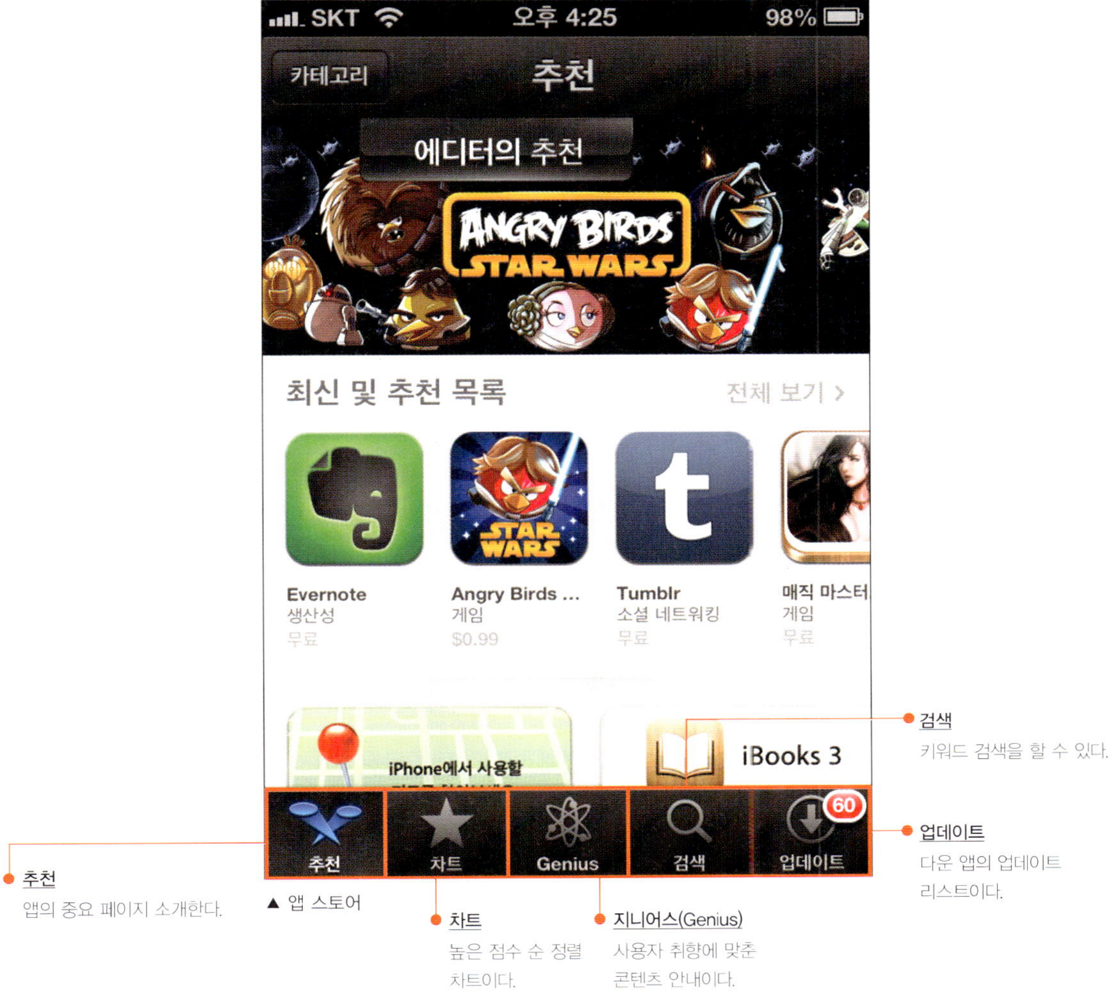

검색
키워드 검색을 할 수 있다.

업데이트
다운 앱의 업데이트 리스트이다.

추천
앱의 중요 페이지 소개한다.

▲ 앱 스토어

차트
높은 점수 순 정렬 차트이다.

지니어스(Genius)
사용자 취향에 맞춘 콘텐츠 안내이다.

▲ '아이북스'

책
아이북스(ibooks)앱의
주요 페이지 소개한다.

인기 저자
인기순 리스트이다.

구입 목록
업데이트가 되지 않는 대상에
대한 리스트 제공한다.

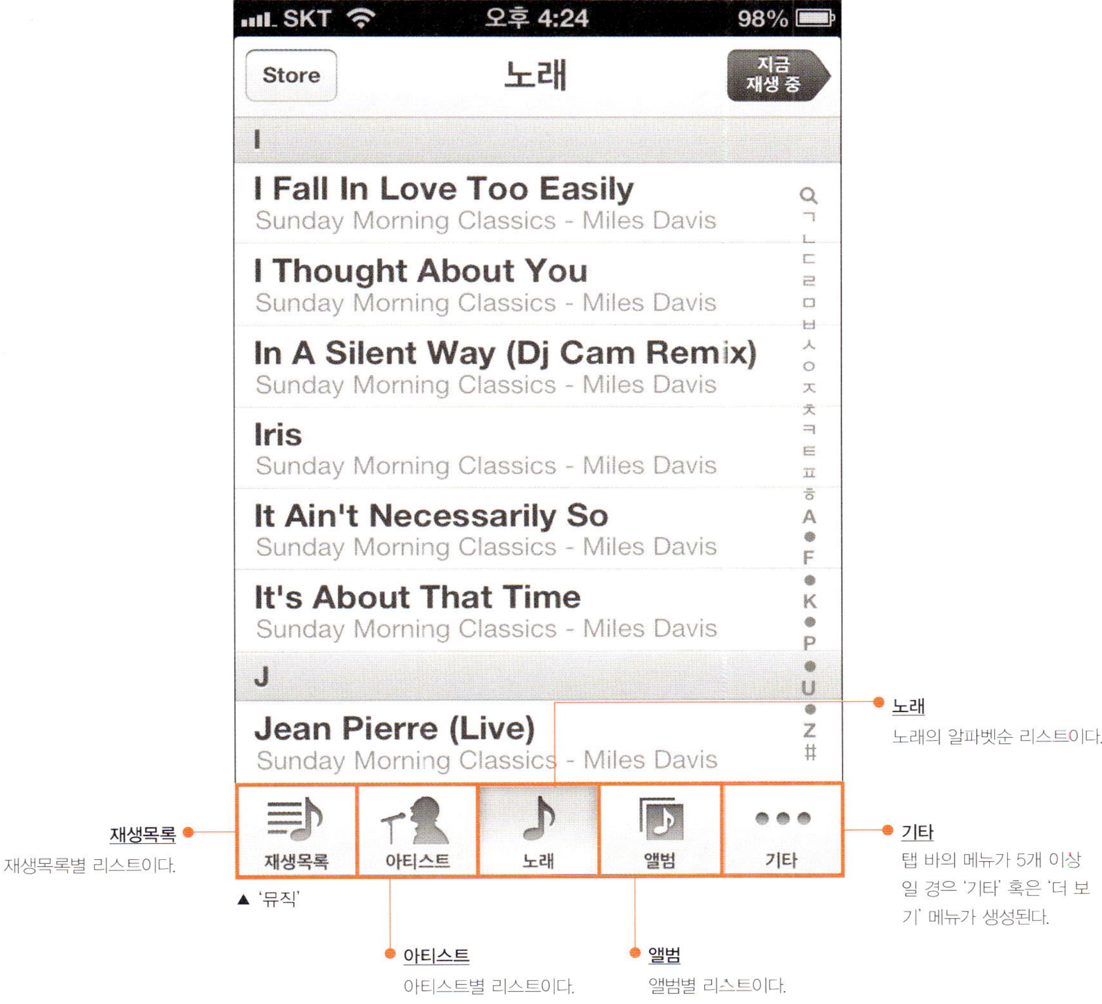

재생목록

재생목록별 리스트이다.

▲ '뮤직'

아티스트

아티스트별 리스트이다.

앨범

앨범별 리스트이다.

노래

노래의 알파벳순 리스트이다.

기타

탭 바의 메뉴가 5개 이상일 경우 '기타' 혹은 '더 보기' 메뉴가 생성된다.

사파리 웹 브라우저의 툴 바

▲ 사파리 웹 브라우저 세로 보기와 가로 보기

툴 바 아이콘

툴 바 아이콘은 탭 바 아이콘처럼 심플한 형태의 아이콘으로 구성되어 있다. 마찬가지로 애플 iOS 지정 기본 아이콘들에 대해 이해를 해야 하며 툴 바에 아이콘 배치할 경우 기본 아이콘과 그 의미가 같도록 기능을 적용해야 사용자가 편리하게 사용할 수 있다.

툴 바 기본 아이콘은 다음과 같다. 각 아이콘이 의미하는 바를 잘 기억해 두도록 하자. '쉐어(Share) – 액션 시트 보기' 아이콘과 '회신' 아이콘은 종종 헷갈려 하는 경우가 있으니 주의 깊게 보아두도록 한다.

· 쉐어(Share) – 액션 시트 보기(⬆) : 액션 시트 혹은 액티비티 뷰 콘트롤러 등 앱에서 실행하는 별도의 기능을 지정한 것으로 이메일 발송, 트위터, 페이스 북 전송과 같은 특수 기능도 실행이 가능하다.
· 회신(↩) : 해당 이메일에 회신한다.
· 새로 고침(↻) : 내용을 새로 고침한다.
· 새 메시지/메일 작성(✎) : 신규 메시지 및 메일을 작성한다.
· 정리(📁) : 해당 아이템을 특정 위치로 이동한다.
· 추가(➕) : 신규 아이템을 생성한다.
· 삭제(🗑) : 해당 아이템을 삭제한다.
· 검색(🔍) : 검색 모드로 들어간다.
· 정지(✖) : 현재 진행 중인 작업을 중지, 취소한다.
· 전체 화면 보기(⛶) : 상–하단의 바를 숨겨서 콘텐츠를 전체 화면으로 볼 수 있게 한다.
· 깃발(🚩) : 중요한 내용을 표시하기 위해 깃발을 표시한다.

'설정' : 콘텐츠 뷰 그룹 정렬 방식

콘텐츠 뷰의 테이블 뷰에는 이전에 설명한 것처럼 하나씩 보여지는 리스트 뷰 방식이 있으며 항목별로 묶어서 보여주는 그룹 정렬 방식이 있다. 그룹 정렬 방식을 통해 원하는 항목을 그룹으로 묶을 수 있으며, 항목의 기능에 따라 버튼과 화살표 등을 배치하여 다양한 기능을 설정할 수 있다.

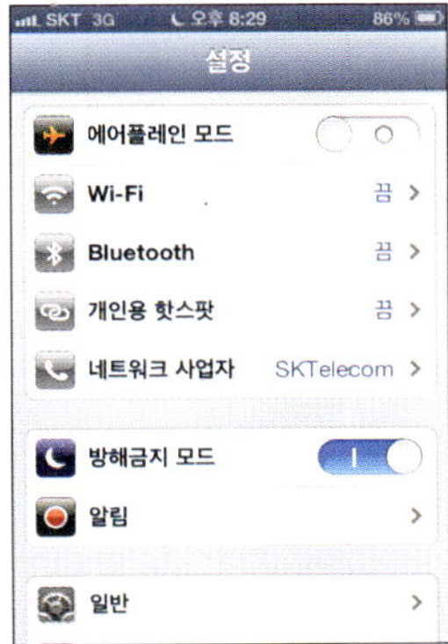

▲ '설정'에서 볼 수 있는 그룹별 정렬 방식

액티비티 뷰 컨트롤러, 액션 시트

▲ '액티비티 뷰 컨트롤러'를 통해 다양한 기능을 아이콘 뷰 형식으로 선택할 수 있는 기능을 제공한다.

액티비티 뷰 컨트롤러는 다양한 선택사항을 선택해야 할 경우에 사용할 수 있으며 앱 기획 시 해당 기능을 지정하여 나올 수 있게 한다. 시스템 제공 기능은 은빛 아이콘으로 표현되며 사용자 지정 아이콘은 86x86 px 사이즈로, 별도의 아이콘 디자인 후 첨부해야 한다.

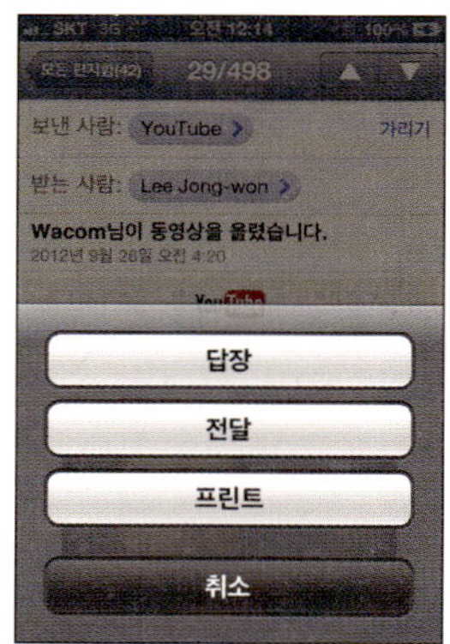

▲ 액션 시트

액션 시트 또한 사용자가 선택을 해야 할 경우에 나오게 할 수 있는 선택지이다. 일반
적인 경우는 밝은 회색 컬러로 나오며 파일의 삭제와 같은 경우는 붉은 색으로 지정하
여 사용자에게 주의를 줄 수 있도록 해야 한다.

피커, 경고 창, '지도'

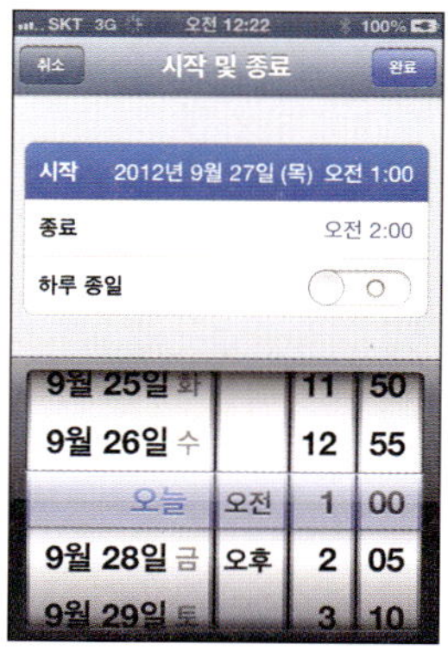

▲ 피커

▲ 경고 창

▲ '지도'

피커는 날짜, 시간 밑 다양한 선택 사항을 고를 수 있는 피커 입력 방식이 있다. 경고
창은 사용자가 주의해서 선택을 하여야 하는 경우 경고 창을 통해 선택지를 제공한
다. '지도'에는 별도로 검색 위치 표시, 자신의 위치 표시, 세부 정보 버튼 등이 표시된
다.

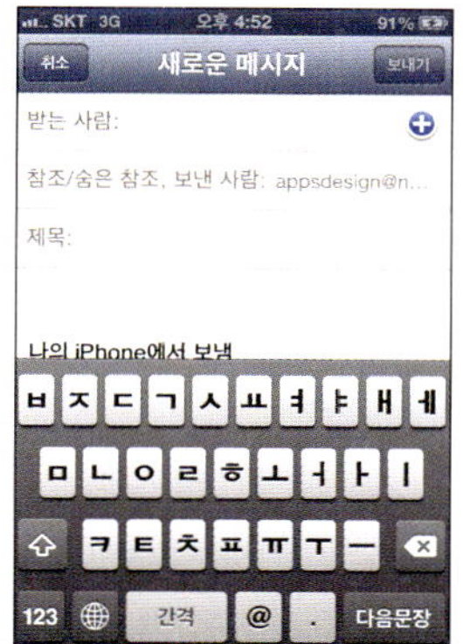

▲ 한글 입력 키보드

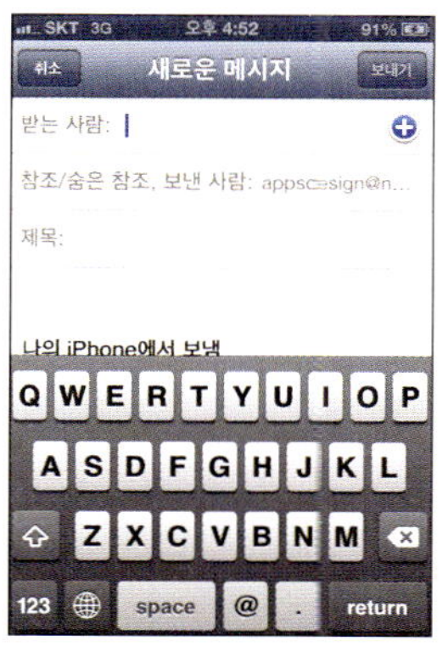

▲ 영문 입력 키보드

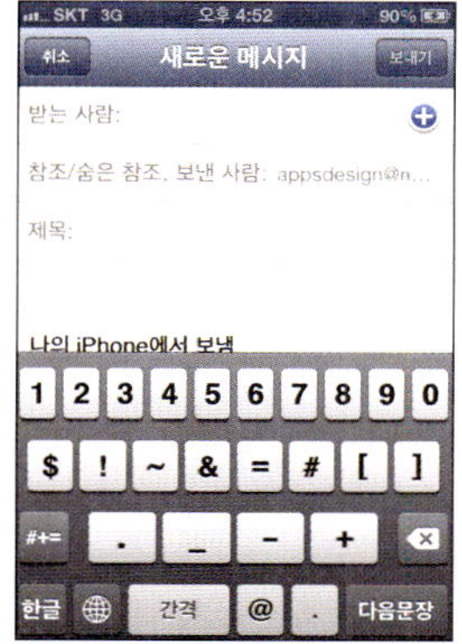

▲ 숫자 · 기호 입력 키보드

텍스트 입력란을 터치하면 키보드가 나타난다. 키보드는 가로 세로 모드를 지원하며, 한글-영문-숫자 키보드가 지원된다. 키보드는 컴퓨터 자판 키보드인 쿼티(QWERTY) 방식으로 나타난다.

06. 아이폰 앱 아이콘 디자인

앱 스토어 등록 시 필요한 앱 아이콘의 종류와 사이즈

기본적으로 앱 아이콘의 제출 최대 사이즈는 1024x1024 px이다. 그렇지만 앱 탑재 아이콘 사이즈는 114x114 px이므로 1024x1024 px의 약 10배에 가까운 차이가 난다. 그러므로 항상 작은 사이즈로 구현되는 것도 염두에 두고 디자인을 해야 한다.

상황별	필수 여부	사이즈		
		아이폰 5 아이폰 터치(5세대)	아이폰 4S/4, 아이폰 터치(레티나)	아이폰3GS/3, 아이폰 터치
앱 스토어 등록 아이콘	필수 제출	1024x1024 px	1024x1024 px	512x512 px
앱 탑재 아이콘	필수 제출	114x114 px	114x114 px	57x57 px
웹용 아이콘 (웹 앱, 웹 사이트용)	선택 사항	114x114 px	114x114 px	57x57 px
'설정', 스포트라이트 (Spotlight) 검색 결과에 나오는 아이콘	선택 사항	58x58 px	58x58 px	29x29 px

〈단위 : px / 파일 저장 포맷 : PNG〉

앱 등록 시 주의 사항

- 파일 저장 시 72 dpi / 24 bit PNG 파일 포맷으로 저장해야 한다(포토샵 [Save for web] 메뉴로 저장 시 자동으로 72 dpi로 맞춰짐).
- 배경이 투영되는 투명한 아이콘은 제작할 수 없다(투명 적용한 부분에는 검정색이 채워짐).
- 앱 제출 시 기본적으로 라운딩이 적용되므로, 제출 시에는 정사각형 이미지로 제출한다.

최소 사이즈로 구현을 해보았을 경우, 아이콘의 식별이 잘 되지 않을 경우가 있다. 이 럴 때에는 해당 사이즈에 맞추어 별도로 디자인을 할 경우도 있다. 그렇지만 가급적이 면 모든 아이콘의 형태가 동일하게 나오는 것이 좋으므로, 처음부터 작은 사이즈에 대 해서도 염두하며 디자인을 할 수 있도록 한다.

특히 텍스트가 포함된 경우는 최소 사이즈로 보았을 때 텍스트의 식별이 거의 불가능 하므로 가급적 제목과 같은 텍스트는 넣지 않도록 한다. 또한 과도한 디테일을 살린 경 우에는 축소 시 안 보일 수 있으므로 이 점도 항상 감안하여 디자인할 수 있도록 한다.

아이콘 디자인 스타일

앱 스토어 등록 아이콘과 앱 탑재 아이콘은 필수 등록 사항이므로 이에 맞추어 앱 아 이콘을 디자인해야 한다. 앱 아이콘은 큰 사이즈에서 디자인을 한 후, 사용 목적에 맞 추어 작게 축소하는 방식으로 디자인 작업을 한다. 처음부터 작은 사이즈로 디자인을 한 것보다 더 많은 디테일을 살리는 디자인이 가능하므로 이 방식으로 작업을 한다.

애플 iOS의 앱 아이콘들은 주로 다양한 질감을 표현한 디지털 이미지의 느낌이며 최 대한 실물과 같은 느낌의 아이콘들이 인기가 많다.

▲ '원더리스트(Wunderlist)' 앱 아이콘 – 확대 이미지와 실제 구현 사이즈 이미지 비교

'원더리스트(Wunderlist)' 앱 아이콘을 얼핏 보면 진짜 같은 느낌이 들 정도로 디테일 하게 작업되어 다양한 질감을 보여주고 있다. 라운딩된 나무 목재가 바탕에 있으며 라 운딩 안쪽에 높이감이 적용되도록 표현이 되어 있는데 그림자와 빛의 표현이 적절하 다. 라운딩된 노트도 여러 장의 종이가 있는 듯한 느낌이 잘 전달되고 있으며 노트 위 의 중요 순위 표시하는 붉은 별 표시 리본의 그림자를 통해 다양한 높이의 입체감이

잘 전달되고 있다. 별 안에도 마치 구멍을 뚫은 것처럼 묘사하며 내부에 그림자 표현을 하여 더욱 입체감이 느껴진다.

▲ '패스(Path)' 앱 아이콘 – 확대 이미지와 실제 구현 사이즈 이디지 비교

'패스(Path)' 앱 아이콘은 심플한 붉은 색 노트로써 린넨 질감이 표현되어 있다. 앱 아이콘 상단에 살짝 들어간 광택 효과의 느낌을 통해 상단으로부터 빛이 들어오는 것을 알 수 있으며 우측 하단을 어둡게 하여 입체감을 느끼게 해준다. 텍스트에도 아주 옅게 외부 획과 내부 그림자 효과가 적용되어 있어 작게 보여지더라도 텍스트와 배경 사이의 구분을 확실히 느낄 수 있다.

▲ '스내피(Snapeee)' 앱 아이콘 – 확대 이미지와 실제 구현 사이즈 이미지 비교

'스내피(Snapeee)' 앱 아이콘은 다양한 요소를 귀엽게 그리고 효과적으로 배치했다. 배경은 가죽 질감이며 주변에 수가 박혀 있고 뜨개질로 만든 천이 감싸고 있는 느낌을 잘 전해주고 있다. 하트 밑에도 그림자가 적용되어 입체감이 느껴진다. 카메라의 그림자는 하트보다 크고 길어서, 카메라 그림자를 통해 깊이감이 느껴진다.

▲ '그리드 렌즈(Grid Lens)' 앱 – 확대 이미지와 실제 구현 사이즈 이미지 비교

'그리드 렌즈(Grid Lens)' 앱 아이콘은 상단의 빛과 렌즈의 빛이 아주 디테일하고 정밀하게 표현되고 있다. 커다란 렌즈 후드와 크게 눈을 뜬 사람의 눈동자 같은 형태의 모습을 구성하여 흥미로운 느낌이 전해진다. 렌즈 후드와 렌즈 몸통의 그림자 및 광택도 굉장히 연하고 부드럽게 들어가 있다. 렌즈 외 다른 부분 또한 디테일을 살려서 디자인되어 있다. 작은 사이즈의 앱 아이콘으로 축소되더라도 디테일을 느낄 수 있는 적절한 사이즈로 구성되어 있다.

위 앱 아이콘들의 공통점을 살펴보면 다음과 같다.

- 모든 부분에 질감이 적용되어 있다.
- 사이즈를 작게 줄여도 동일한 질감이 느껴진다.
- 실물과 같도록 그림자를 적용하여 입체감이 느껴진다.
- 카메라 렌즈의 광택 등이 실제처럼 느껴진다.
- 나무 버튼의 입체감이 느껴질 수 있도록 버튼이 꺾여진 부분에도 광택이 적용되어 있다.

이러한 부분들을 잘 살려서 앱 아이콘을 디자인할 수 있도록 한다. 또한 앱 스토어에 자주 방문하고 카테고리별로 다양한 앱들을 살펴보며 앱 아이콘의 트렌드를 항상 확인할 수 있도록 한다.

기본 제공 기능 : 라운딩, 그림자 효과, 광택 효과

iOS에서는 기본적으로 아이콘에 라운딩이 들어가고 아이폰의 아이콘 뷰에 앱 아이콘들이 보여질 때는 아이콘의 그림자 효과가 자동으로 생성되므로 앱에 미리 이런 효과를 넣지 않도록 한다. 해당 부분은 애플의 프로그램 툴인 엑스코드로 프로그래밍할 때 아이콘에 대한 효과들을 선택해서 적용할 수 있다. 아울러 프로그램에서 광택 효과도 적용 여부도 선택할 수 있다.

앞서 살펴 본, '원더리스트', '패스', '스내피', '그리드 렌즈' 앱 아이콘처럼 라운딩 느낌을 적용해야 하는 앱 아이콘의 경우는 사전에 미리 테스트를 통해서 적절한 이미지로 디자인할 수 있어야 한다.

07. 런치 이미지

일반적으로는 앱의 실행 시 첫 로딩 화면이 나오게 된다. 런치 이미지는 앱 시작 시 매번 보게 되는 첫 이미지이므로 신중히 기획해서 제작을 하도록 한다. 이를 런치 이미지, 스플래시 이미지 혹은 로딩 이미지라고 부른다. 프로그램의 로딩을 다치게 되면 메인 화면으로 이동하게 되는데, 만약 일정 시간 동안 노출하고자 한다면 프로그래밍 상에서 지정 시간만큼 고정 노출되도록 할 수도 있다. 만약 로딩 시간이 길어지게 되면, 사용자가 프로그램 상에 문제가 있다고 생각할 수도 있으므로 이러한 점도 주의해야 한다.

필수 여부	사이즈		
	아이폰 5, 아이팟 터치(5세대)	아이폰 4S/4, 아이팟 터치(고해상도)	아이폰 3GS/3G, 아이팟 터치(저해상도)
필수 첨부	640x1136 px	640x960 px	320x480 px

▲ 아이폰에 탑재하는 로딩 이미지 사이즈 〈단위 : px / 파일 저장 포맷 : PNG〉

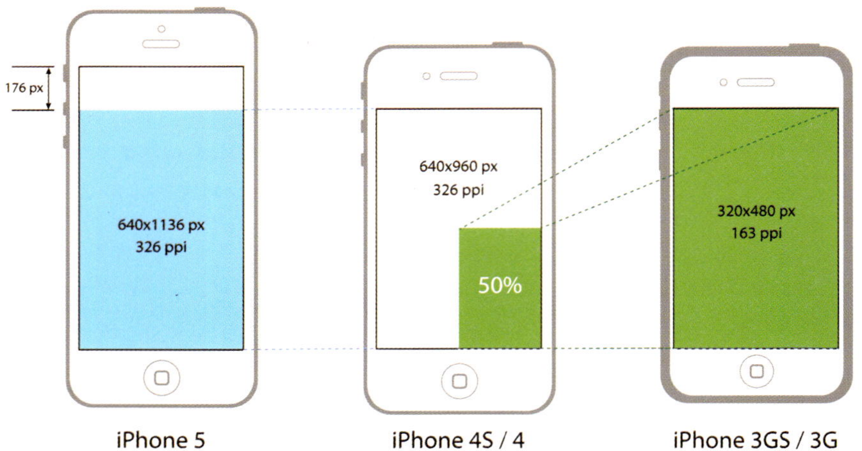

▲ 아이폰 시리즈 해상도

아이폰 5는 640x1136 px의 해상도로, 아이폰 4S/4의 640x960 px 해상도보다 세로의 영역이 176 px만큼만 길다. 이는 아이폰에서 버튼 하나의 최소 규격 사이즈를 88 px로 정하고 있는 것의 2배 사이즈이며, 앱 아이콘 뷰에서 앱을 배치할 수 있는 라인 하나가 더 생긴 것과 같은 사이즈이다.

1인치당 픽셀 수는 나타내는 'ppi(pixels per inch)' 수치도 '326 ppi'로, 동일한 레티나 디스플레이를 사용하고 있다. 따라서, 단지 세로 영역이 길어진 것으로 생각하면 아주 쉽다. 가로 모드로 볼 때는 스크린의 가로 길이가 길어진 것으로 생각하면 된다. 따라서 디바이스 간 폰트 사이즈, 보여지는 이미지 모두 1 : 1의 비율로 보여지게 된다. 그러므로 디자인 작업 시 무척 수월하게 작업을 할 수가 있다.

UI를 구성하는 방식 또한 하나의 iOS를 사용하므로, 아이폰 5와 아이폰 4S/4가 같다. iOS 6가 출시되며 몇 가지 새로운 컴포넌트가 제공되었으나 큰 사용방식의 차이를 가져온 것은 아니다. 그러므로 아이폰 4S/4에서 제공되던 모든 UI 컴포넌트를 아이폰 5에서도 동일하게 사용할 수 있다. 다만, 길어진 세로 길이만큼, 더 많은 콘텐츠를 보여주는 방식을 권장하고 있으므로, 내부에 표현되는 콘텐츠 영역을 각 아이폰 별로 맞추어 제공하면 된다.

만약 아이폰 5를 지원하지 않는 기존의 앱을 아이폰 5에서 실행할 경우, 앱은 정상적으로 작동하지만 상하에 각 88 px 사이즈의 검은 띠가 나타난다. 마찬가지로 가로 모드 시에도 좌우에 각각 88 px 사이즈의 검은 띠가 나타나게 된다.

Q. 아이폰 3GS/3G 디바이스로도 컨버팅을 해야 한다면?

A. 아이폰 3GS/3G 모델에 대한 컨버팅이 필요하다면 다음의 규칙으로 작업을 진행하면 된다. 아이폰 3GS/3G의 해상도는 320x480 px이며 아이폰 4S/4는 640x960 px로 정확히 2배의 사이즈를 가진다. 따라서 아이폰의 디자인 작업 시 아이폰 4S/4의 해상도인 640x960 px로 작업을 한 후에 해당 이미지를 50%로 리사이징을 하면 된다.

작업 파일의 이미지 픽셀의 크기가 0.5가 나오면 안 된다는 점이다. 예를 들어 323x43 px의 파일을 50%로 리사이징하였을 경우, 161.5x21.5 px의 이미지가 나오게 된다. 실제로 0.5 px의 이미지는 1 px로 인식되게 된다. 그러므로 323x43 px의 50% 변환된 이미지는 161x21 px이 아닌 162x22 px의 이미지가 된다. 그러나 실제로 이미지는 소수점을 가질 수 없으므로, 픽셀은 번져 보이게 되고 의도한 이미지의 형태가 아니게 된다.

09. 아이폰 탑재 폰트

현재 iOS 6 버전의 아이폰에 탑재된 폰트는 다음과 같다. 아이폰은 글로벌 버전으로 제작되어 어떤 디바이스를 사용하든, 지원하는 언어별로 세팅이 가능하다. 아이폰은 방대한 양의 고퀄리티 영문 서체가 지원되고 있으며 iOS 6 버전으로 업데이트되면서 뛰어난 완성도의 Apple SD Gothic Neo 폰트가 탑재되었다. 이제 한글드 밸런스가 높은 폰트를 기본 폰트로 탑재하게 되었으니 아이폰 앱 개발 시 적극 활용하도록 한다.

더불어 디바이스에서 지원하는 폰트를 사용할 경우 별도의 라이선스비를 지급하지 않아도 되므로 굉장히 편리하다. 모든 iOS 6 버전이 설치된 아이폰은 Apple SD Gothic Neo 폰트가 설치되어 있다. 맥 컴퓨터 OS X를 Mountain Lion 버전으로 업데이트한다면 Apple SD Gothic Neo를 시스템 콘트로 사용해서 작업을 할 수 있다. 윈도우 OS의 컴퓨터에서 Apple SD Gothic Neo 폰트를 사용하려고 한다면 별도의 구매를 통해 설치할 수 있다.

아이폰(iOS 6) 탑재 폰트 리스트 : 한글

폰트명	예제
Apple Gothic	AppleGothic 애플 고딕체
Apple SD Gothic Neo	AppleSDGothicNeo-Medium 애플 SD 고딕 네오 - 미디움체 AppleSDGothicNeo-Bold 애플 SD 고딕 네오 - 볼드체

폰트명	예제
Academy Engraved LET	AcademyEngravedLetPlain
American Typewriter	AmericanTypewriter-CondensedLight AmericanTypewriter-Condensed **AmericanTypewriter-CondensedBold** AmericanTypewriter-Light AmericanTypewriter **AmericanTypewriter-Bold**
Apple Color Emoji	AppleColorEmoji
Arial	ArialMT *Arial-ItalicMT* **Arial-BoldMT** ***Arial-BoldItalicMT***
Arial Hebrew	ArialHebrew **ArialHebrew-Bold**
Arial Rounded MT Bold	**ArialRoundedMTBold**
Avenir	*Avenir-LightOblique* *Avenir-MediumOblique* Avenir-Medium ***Avenir-HeavyOblique*** ***Avenir-BlackOblique*** *Avenir-Oblique* Avenir-Book Avenir-Roman *Avenir-BookOblique* Avenir-Light **Avenir-Heavy** **Avenir-Black**

폰트명	예제
Avenir Next	**AvenirNext-Heavy** *AvenirNext-DemiBoldItalic* *AvenirNext-UltraLightItalic* ***AvenirNext-HeavyItalic*** *AvenirNext-MediumItalic* AvenirNext-UltraLight ***AvenirNext-BoldItalic*** **AvenirNext-DemiBold** **AvenirNext-Bold** AvenirNext-Regular AvenirNext-Medium *AvenirNext-Italic*
Avenir Next Condensed	***AvenirNextCondensed-HeavyItalic*** **AvenirNextCondensed-DemiBold** *AvenirNextCondensed-Italic* **AvenirNextCondensed-Heavy** ***AvenirNextCondensed-DemiBoldItalic*** AvenirNextCondensed-Medium ***AvenirNextCondensed-BoldItalic*** **AvenirNextCondensed-Bold** *AvenirNextCondensed-UltraLightItalic* AvenirNextCondensed-UltraLight *AvenirNextCondensed-MediumItalic* AvenirNextCondensed-Regular
Bangla Sangam MN	BanglaSangamMN BanglaSangamMN-Bold

폰트명	예제
Baskerville	Baskerville *Baskerville-Italic* **Baskerville-SemiBold** ***Baskerville-SemiBoldItalic*** **Baskerville-Bold** ***Baskerville-BoldItalic***
Bodoni 72	BodoniSvtyTwoITCTT-Book *BodoniSvtyTwoITCTT-BookIta* **BodoniSvtyTwoITCTT-Bold**
Bodoni 72 Oldstyle	BodoniSvtyTwoOSITCTT-Book *BodoniSvtyTwoOSITCTT-BookIta* **BodoniSvtyTwoOSITCTT-Bold**
Bodoni 72 Small Caps	BodoniSvtyTwoSCITCTT-Book
Bodoni Ornaments	
Bradly Hand	BradleyHandITCTT-Bold
Chalkboard SE	ChalkboardSE-Regular **ChalkboardSE-Bold** ChalkboardSE-Light
Chalkduster	Chalkduster
Cochin	Cochin *Cochin-Italic* **Cochin-Bold** ***Cochin-BoldItalic***
Copperplate	COPPERPLATE COPPERPLATE-LIGHT **COPPERPLATE-BOLD**

폰트명	예제
Courier	Courier *Courier-Oblique* **Courier-Bold** ***Courier-BoldOblique***
Courier New	CourierNewPSMT *CourierNewPS-ItalicMT* **CourierNewPS-BoldMT** ***CourierNewPS-BoldItalicMT***
Devanagari Sangam MN	DevanagariSangamMN **DevanagariSangamMN-Bold**
Didot	*Didot-Italic* Didot **Didot-Bold**
Euphemia UCAS	EupheciaUCAS *EupheciaUCAS-Italic* **EuphemiaUCAS-Bold**
Futura	**Futura-Medium** ***Futura-MediumItalic*** Futura-CondensedMedium **Futura-CondensedExtraBold**
Geeza Pro	GeezaPro **GeezaPro-Bold**
Georgia	Georgia *Georgia-Italic* **Georgia-Bold** ***Georgia-BoldItalic***

폰트명	예제
Gill Sans	GillSans *GillSans-Italic* GillSans-Light *GillSans-LightItalic* **GillSans-Bold** ***GillSans-BoldItalic***
Gujarati Sangam MN	GujaratiSangamMN **GujaratiSangamMN-Bold**
Gurmukhi MN	GurmukhiMN **GurmukhiMN-Bold**
Heiti SC	STHeitiSC-Light STHeitiSC-Medium
Heiti TC	STHeitiTC-Light STHeitiTC-Medium
Helvetica	Helvetica Helvetica-Light *Helvetica-Oblique* *Helvetica-LightOblique* **Helvetica-Bold** ***Helvetica-BoldOblique***
Helvetica Neue	HelveticaNeue *HelveticaNeue-Italic* HelveticaNeue-UltraLight *HelveticaNeue-UltraLightItalic* HelveticaNeue-Light *HelveticaNeue-LightItalic* HelveticaNeue-Medium **HelveticaNeue-CondensedBold** **HelveticaNeue-CondensedBlack** **HelveticaNeue-Bold** ***HelveticaNeue-BoldItalic***

폰트명	예제
Hiragino Kaki Gothic ProN	HiraKakuProN-W3 **HiraKakuProN-W6**
Hiragino Mincho ProN	HiraMinProN-W3 **HiraMinProN-W6**
Hoefler Text	HoeflerText-Regular *HoeflerText-Italic* **HoeflerText-Black** ***HoeflerText-BlackItalic***
Kailasa	Kailasa
Kannada Sangam MN	KannadaSangamMN **KannadaSangamMN-Bold**
Malayalam Sangam MN	MalayalamSangamMN **MalayalamSangamMN-Bold**
Marion	Marion-Regular *Marion-Italic* **Marion-Bold**
Market Felt	**MarkerFelt-Thin** **MarkerFelt-Wide**
Noteworthy	Noteworthy-Light **Noteworthy-Bold**
Optima	Optima-Regular *Optima-Italic* **Optima-Bold** ***Optima-BoldItalic*** **Optima-ExtraBlack**
Oriya Sangam MN	OriyaSangamMN **OriyaSangamMN-Bold**

폰트명	예제
Palatino	Palatino-Roman *Palatino-Italic* **Palatino-Bold** ***Palatino-BoldItalic***
Papyrus	Papyrus Papyrus-Condensed
Party LET	*Party Let Plain*
Sinhala Sangam MN	SinhalaSangamMN SinhalaSangamMN-Bold
Snell Roundhand	*SnellRoundhand* ***SnellRoundhand-Bold*** ***SnellRoundhand-Black***
Symbol	Symbol
Tamil Sangam MN	TamilSangamMN **TamilSangamMN-Bold**
Telugu Sangam MN	TeluguSangamMN **TeluguSangamMN-Bold**
Thonburi	Thonburi **Thonburi-Bold**
Times New Roman	TimesNewRomanPSMT *TimesNewRomanPS-ItalicMT* **TimesNewRomanPS-BoldMT** ***TimesNewRomanPS-BoldItalicMT***
Trebuchet MS	TrebuchetMS *TrebuchetMS-Italic* **TrebuchetMS-Bold** ***Trebuchet-BoldItalic***

폰트명	예제
Verdana	Verdana *Verdana-Italic* **Verdana-Bold** ***Verdana-BoldItalic***
Zapf Dingbats	ZapfDingbatsITC
Zapfino	

아이폰 탑재 폰트를 확인해 볼 수 있는 앱

 애플 앱 스토어에서 'Font Gallery Preview', 'Font Sampler'을 검색하면 찾을 수 있다. 아이폰에 탑재된 폰트를 쉽게 확인해볼 수 있는 무료 앱이다.

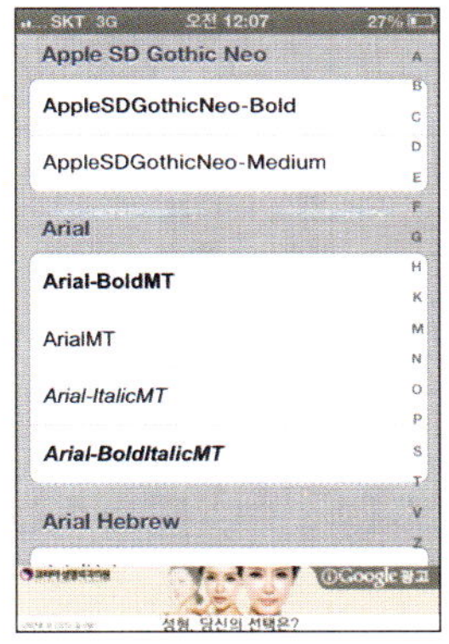

▲ 'Font Gallery Preview'

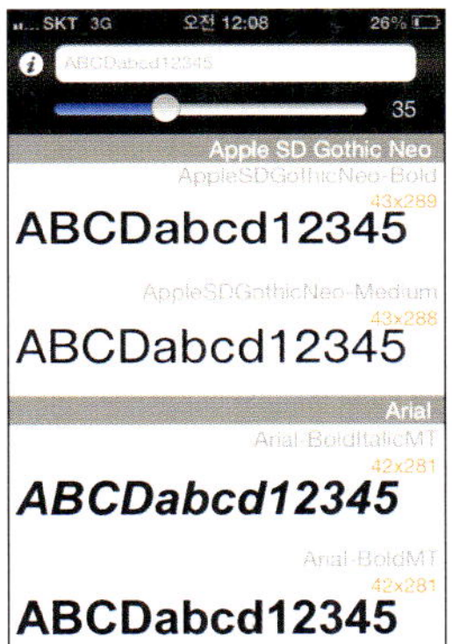

▲ 'Font Sampler'

 'Font Gallery'를 사용하면 빨리 원하는 폰트를 쉽게 찾을 수 있다. 반 페이지 분량의 미리 작성해 높은 영문체로 해당 폰트를 확인할 수 있다.

 'Font Sampler'는 상단에 자신이 원하는 폰트를 입력하면 보여지는 모든 폰트가 해당 폰트로 적용되어 볼 수 있어 편리하다. 특히 특정 스타일의 폰트를 찾을 때 유리하다.

구글 – 안드로이드

이번에는 안드로이드 운영체제의 스마트폰과 안드로이드 디자인 가이드, 앱을 구성하고 있는 다양한 컴포넌트에 대해 알아보도록 한다. 안드로이드는 오픈 소스들이 다양하게 제공되고 있으므로 본 Chapter에서는 해당 자료들을 활용하는 방법에 대해서도 알아 볼 수 있도록 한다.

01.
안드로이드
운영체제
스마트폰의 특징

애플이 하드웨어와 운영체제를 동시에 개발하여 아이폰을 출시하고 있는 것과 달리, 안드로이드의 운영체제는 구글이 개발하고 스마트폰은 각 제조사가 제작하고 있다. 제조사들이 스마트폰을 출시할 경우에 구글의 기본 운영체제만을 탑재하게 되면 차별성 없는 상품을 만들게 되는 것과 같으므로, 안드로이드 운영체제에 제조사 특유의 UI 시스템을 디자인 및 개발하여 적용하고 있다. 삼성은 삼성 터치위즈(TouchWiz), LG는 UI 3.0, 팬텍은 플럭스(Flux)라는 이름으로 UI 시스템을 적용하고 있다.

▲ 삼성 갤럭시 SⅢ. 삼성 터치위즈(5.0)이 적용된 모습

스마트폰 시장의 경쟁은 점점 격화되고 있는 반면, 제조사별로 하드웨어 스펙 외에는 큰 차이점이 없다 보니, 사실상 사용자들은 별 차이점을 느끼지 못하고 있었다. 그러나 최근엔 각 제조사별로 자체 앱들을 개발하여 빌트인 앱으로 스마트폰에 탑재하고 있으며, 점점 빌트인 앱들의 퀄리티도 높아지고 있다.

▲ 삼성 갤럭시 SⅢ에 탑재된 다양한 기능과 빌트인 앱들

삼성 갤럭시 SⅢ 소개 공식 웹 사이트 – http://www.samsung.com/sec/consumer/mobile–phone/
mobile–phone/skt/SHW–M440SMB1SC–features

▲ LG 옵티머스 G에 탑재된 다양한 기능과 빌트인 앱들

LG 옵티머스 G 소개 공식 웹 사이트 – http://www.lgmobi e.co.kr/mobile–phone/F180/LG–F180S/

안드로이드 스마트폰 부분의 선두주자인 삼성 조자는 갤럭시 SⅢ에서 사용자의 편의
성을 높인 다양한 사용성 제공을 통해 그 차별화를 추구하고 있으며, 삼성 갤럭시 노
트 시리즈의 경우는 여기에서 한 단계 더 나아가 터치의 감도까지 인식할 수 있는 터
치 스크린 + 펜의 하드웨어 기능을 추가하고, 자치 소프트웨어를 통해 터치 감도를 인

식하는 드로잉–메모 앱도 탑재하였다. 아울러 개발자들이 이를 활용하여 앱을 개발할 수 있는 API도 공개하여 좋은 평가를 받고 있다.

▲ 삼성 갤럭시 노트 Ⅱ

글로벌 태블릿 회사인 와콤(Wacom)과 협력하여 개발한 펜을 탑재하여 그 사용성을 손가락에서 펜으로 넓혔다. 이렇듯 안드로이드 운영체제를 탑재한 제조사들은 특유의 사용성 경험을 제공하는 자체 UI를 진화시키고 있으며 점점 완성도를 높여가고 있다.

02.
안드로이드
레퍼런스폰

레퍼런스폰이란?

하지만 앱을 개발하고 디자인을 하는 입장에서는 제조사의 UI가 아닌, 기본적인 안드로이드 운영체제의 모습, 사용자 경험과 UI가 필요할 것이다. 이에 구글 안드로이드에서는 레퍼런스폰을 출시하여 이러한 요구에 부응하고 있다.

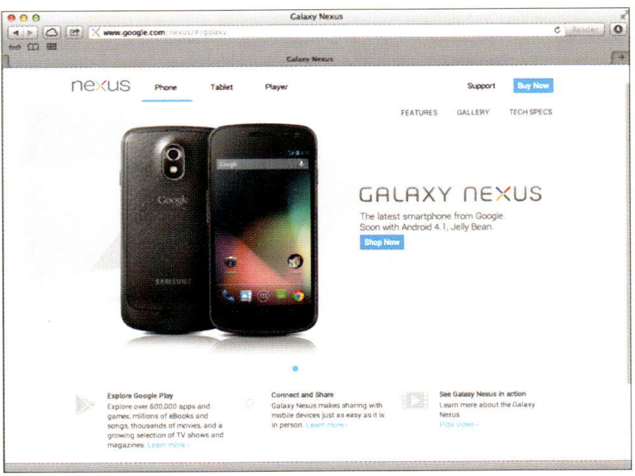

▲ 구글 넥서스 시리즈 소개 공식 웹 사이트 – www.google.com/nexus/#/galaxy

현재 레퍼런스폰인 삼성 갤럭시 넥서스와 태블릿 넥서스 7 등에 대해 소개하고 있다. 최신 안드로이드의 최신 레퍼런스 디바이스에 다해 알고 싶다면 구글 넥서스 공식 웹 사이트에 방문해보도록 한다. 레퍼런스폰이란, 새로운 운영체제의 기준이 되는 스마트 폰으로써 구글의 안드로이드의 새로운 운영체제에 하드웨어를 맞춤 최적화한 것이 특 징이다. 내부에 들어가는 운영체제는 스마트폰 제조사의 UI 시스템이 아니라, 구글에 서 개발한 순수한 운영체제가 그대로 탑재되어 있다. 따라서 스마트폰의 개발을 진행 하는 개발자들이나 개발사들은 이와 같은 레퍼런스폰을 기준으로 다양한 프로그램을 개발한다. 안드로이드폰 디자인을 위해 스마트폰을 장만하려고 하는 디자이너라면 레 퍼런스폰의 구입을 추천한다. 이를 통해 구글 안드로이드 운영체제의 순수 디자인 구 성과 스타일을 파악할 수 있다.

삼성 갤럭시 넥서스 : 안드로이드(Ver.4.0, 4.1) 레퍼런스폰

▲ 삼성 갤럭시 넥서스

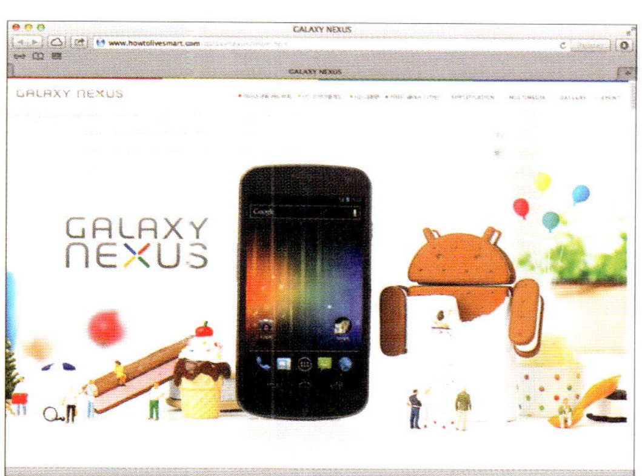

▲ 삼성 갤럭시 넥서스 공식 소개 웹 사이트
www.howtolivesmart.com/galaxynexus/main.html

본 서적에서는 구글 안드로이드 4.0 아이스크림 샌드위치(ICS), 4.1 젤리빈 레퍼런스 폰인 삼성 갤럭시 넥서스를 소개하고자 한다.

갤럭시 넥서스의 다음 레퍼런스폰, '옵티머스 넥서스 4'가 LG에서 출시되었으나, 집필 시점에는 판매가 이루어지지 않고 있으므로, 삼성 갤럭시 넥서스를 기준으로 설명한다.

갤럭시 넥서스의 주요 사양을 알아보고 다양한 기능과 특징에 대해 알아보도록 한다.

▲ 안드로이드 레퍼런스폰인 '갤럭시 넥서스'

제조사		삼성 / 구글
출시일		2011년 11월
OS		Android 4.0 : 아이스크림 샌드위치
CPU		1.2GHz Dual-Core
가로x세로x두께(mm)		69.94x135.55x8.94 mm
디스플레이	사이즈	4.65인치 / HD Super AMOLED
	해상도 가로x세로 (픽셀)	720x1280 px (소프트웨어 버튼 사이즈 96 px 적용 시 = 720x1184 px)
카메라		5백만 화소(2592x1944 px) 얼굴 표정 인식 / 파노라마 기능
동영상 촬영		1080p HD급 / 초당 24 프레임
센서		자이로, 가속도계, 근접 센서, 주변광 센서, GPS

▲ 삼성 갤럭시 넥서스(2011.11월 발매) / 안드로이드 버전 4.0 ICS, 4.2 젤리빈 레퍼런스폰

〈출처 : 삼성 갤럭시 넥서스 공식 웹 사이트〉

TIP

삼성 전자 갤럭시 넥서스 소개 웹 사이트 페이지 – http://www.samsung.com/sec/consumer/
mobile-phone/mobile-phone/skt/SHW-M420STSSC

안드로이드는 4.0 버전으로 업데이트되면서 디자인의 많은 부분에 변화가 생겼다. 안드로이드 개발자 웹 사이트에도 많은 콘텐츠들 추가하였으며, 디자인과 관련된 많은 내용이 추가되었다. 기존의 딱딱한 목차 형식의 개발자 웹 사이트에 접근해서 보기 쉬운 방식으로 변화가 되었으며, 상단의 '디자인(Design)-개발자(Develop)-배포(Distribute)' 탭을 통해 더욱 편리하게 둘러볼 수 있다.

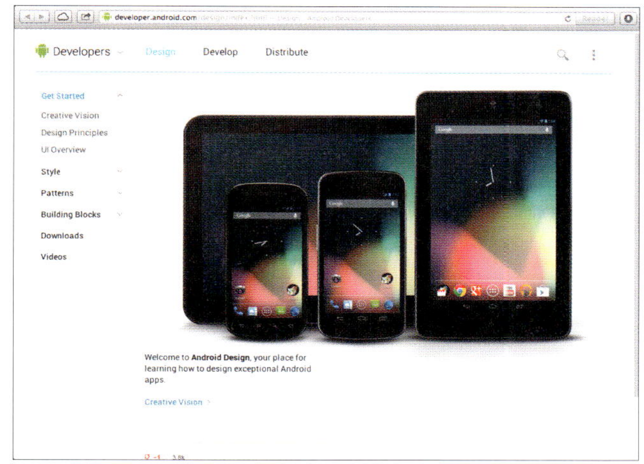

▲ 안드로이드 개발자 웹 사이트 내의 디자인 파트 – developer.android.com/design

이번에는 안드로이드의 디자인 가이드를 살펴보며 각 구성요소는 물론 멀티 디바이스 컨버팅에 관련된 부분도 알아보도록 한다. 안드로이드 개발자 웹 사이트는 오픈 소스로 구성되어 있어 다양한 자료가 공개되어 있으므로 반드시 들어가서 확인해보도록 한다.

안드로이드는 버전 업데이트가 자주 되고 있는 바, 현재 본 서적을 읽고 있는 시점에서 그 이후의 버전이 출시되어 있을 수도 있다. 공식 개발자 웹 사이트에 방문해서 종종 내용을 확인해보고, 필요하면 관련 내용을 검토하는 적극적인 자세를 가진다면, 이후 버전 업데이트에서도 문제없이 디자인과 개발을 진행할 수 있을 것이다. 본 서적에서는 안드로이드 버전 4.1-4.2 젤리빈이 출시된 시점에 집필되었으나, 기본적인 사항을 다루고 있으므로 버전 업데이트가 이루어졌다고 하더라도 디자인 작업 참조에는 문제가 없을 것이다. 본 Chapter의 '04. 안드로이드 디자인 가이드', '06. 터치 제스처', '08. 안드로이드 UI 구성'은 안드로이드 개발자 웹 사이트의 디자인 가이드 부분을 참조하였으며, Creative Commons 2.5 Attribution License에 근거하여 작성하였다. 안드로이드 공식 제공 콘텐츠를 기본으로 한 것이니 안드로이드 앱 디자이너들은 물론, 앱 개발자들에게도 좋은 참조 내용이 될 것이다.

마법을 걸어라(Enchant Me)! 삶을 단순화하라(Simplify My Life)! 놀랍게 하라 (Make Me Amazing)! 안드로이드의 디자인은 3가지의 비전을 제시하고 있다. 더불어 세부적인 디자인 원칙도 같이 소개하고 있으니 확인해 보도록 한다. 구체적이기보다는 조금 형이상학적인 설명이 많이 되어 있는데, 첨부 이미지와 같이 확인해본다면 의도하는 바를 이해할 수 있을 것이다.

비전 1. 마법을 걸어라(Enchant Me).

모든 부분에 있어 세련되고 심미적인 아름다움을 완성할 수 있도록 한다. 앱을 디자인할 때 아름다움과 단순함을 조화시키도록 노력하며, 별다른 노력을 들이지 않고도 강력한 기능을 제공하여 사용자가 마법같은 경험을 할 수 있도록 한다.

원칙 1. 놀라운 방식으로 즐겁게 만든다(Delight me in surprising ways).

▲ 배경 화면에 움직이는 애니메이션을 넣어 디테일한 아름다움을 제공한다.

아름다운 배경과 세밀하게 만들어진 애니메이션, 시기 적절한 아름다운 사운드는 사용자를 즐겁게 한다. 세밀하게 이펙트를 적용시킨다면 사용자는 손쉽고도 강력한 기능을 사용하고 있다고 느낄 것이다.

원칙 2. 메뉴나 버튼보다 실물을 만지는 게 더 즐겁다(Real objects are more fun than buttons and menus).

▲ 앱 아이콘을 터치하여 이동시키면 실제처럼 손가락을 따라 움직인다.

사용자가 앱의 오브젝트들을 직관적으로 만지고 조작할 수 있게 한다. 직관성을 제공함으로 보다 많은 감성적 만족감을 이끌어낼 수 있다.

 내 것으로 만들게 한다(Let me make it mine).

▲ 간단히 배경 화면을 바꿀 수 있는 기능을 통해서라도 사용자는 '나의 것'이라는 인식한다.

사용자가 개인화할 수 있는 기능을 제공하면, 사용자는 앱을 자신의 것으로 느낄 것이다. 기본적으로 감성적이며 아름다운 것, 그러면서 재미있는 기본 사항을 제공해주도록 한다. 주기능에 방해가 되지 않으면서 개인화를 할 수 있는 기능을 제공한다.

 나의 행동을 기억한다(Get to know me).

▲ 자주 검색되는 단어나 이전 검색 단어가 나타나게 함으로써 사용자의 편의성을 높일 수 있다.

검색창에 이전 검색어가 나타나는 것처럼, 사용자의 행동을 기억함으로 불필요한 단순 작업을 반복하지 않게 한다.

비전 2. 삶을 단순화하라(Simplify My Life)

안드로이드 앱은 삶을 쉽고 편하게 만들 수 있어야 하며 사용하기 쉬워야 한다. 사용자가 앱을 시작하자마자, 직관적으로 앱의 주요 기능이 무엇인지 알 수 있어야 한다. 파일 관리나 싱크 같은 기능들은 사용자가 아닌, 앱이 스스로 처리할 수 있게 해야 한다. 결코 복잡한 기능들로 구성하면 안된다. 모든 연령과 다양한 문화의 사람들이 쉽고 간단히 사용할 수 있어야 한다.

원칙 1. 간단 명료하게(Keep it brief)!

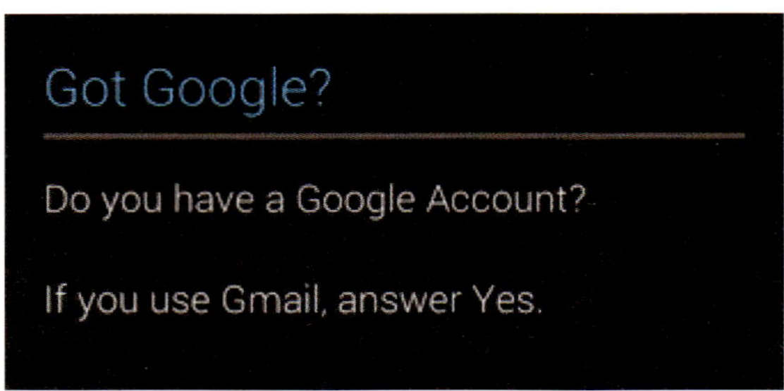

▲ 단순하며 직관적인 사용자의 언어로 커뮤니케이션 해야 한다.

최대한 간단 명료한 문장을 제시하라. 사용자는 내용이 길면 읽지 않는다.

원칙 2. 말보다는 그림이 먼저(Pictures are faster than words)!

▲ 사람은 텍스트보다 이미지를 훨씬 더 빠르게 인식한다.

사진을 사용하면 텍스트보다 훨씬 더 빨리 내용을 전달할 수 있다. 텍스트보다 사진이 훨씬 더 쉽게 사람들의 시선을 끌 수 있다.

 최종 결정은 내가(Decide for me but let me have the final say)!

▲ 넥서스폰의 빔을 통해 다른 사용자에게 이미지를 전달하는 상황이다.

사진을 빔 기능으로 보내기 전에 사용자에게 최종 확인을 요청하는 단계를 도입한 예이다. 먼저 보여주고 사용자가 선택하게 한다. 너무 많은 선택지는 사용자를 괴롭게 한다. 만약 잘못된 것이 있다면 'undo'를 할 수 있게 한다.

 내가 필요할 때, 필요한 것만 보여준다(Only show what I need when I need it).

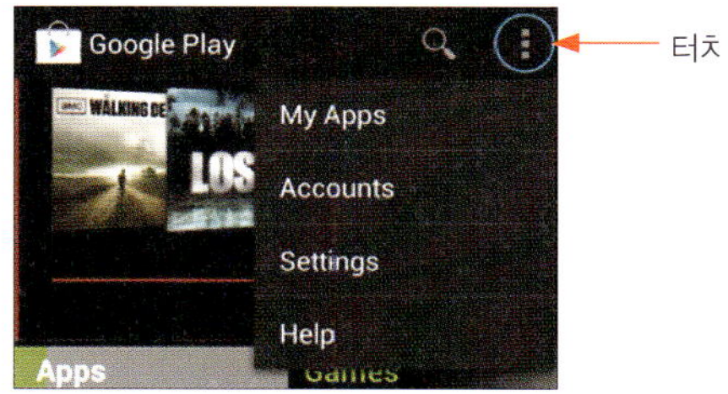

▲ '액션 오버플로우' 아이콘을 터치하면 자주 사용하지 않는 메뉴가 나타난다.

부가적인 기능들은 필요할 때 사용할 수 있도록 모아둔다. 사용자들에게 한 번에 너무 많은 것을 보여주지 말고, 단계적으로 조금씩 보여주며 진행할 수 있도록 한다. 불필요한 정보나 옵션은 숨겨두고 필요할 때마다 보여준다.

 내가 어디에 있는지 알아야 한다(I should always know where I am).

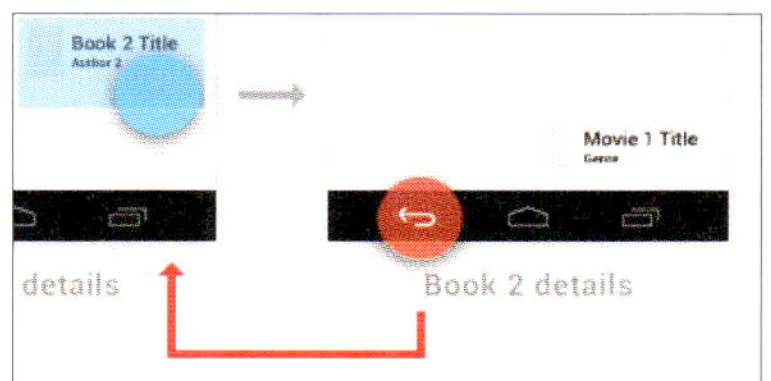

▲ 화면 전환 애니메이션을 적절히 제공하여 사용자가 직관적으로 자신의 위치를 알 수 있게 한다.

사용자들이 현재 어디에 있는지 명확하게 알게 한다. 화면 전환 애니메이션을 통해 현재 화면과 다음 화면 간의 위치를 알게 하거나, 행동에 대한 피드백을 제공하여 사용자의 위치를 파악할 수 있게 한다.

원칙 6. 한 번 작업한 것을 다른 디바이스에서도 가능하게(Never lose my stuff)!

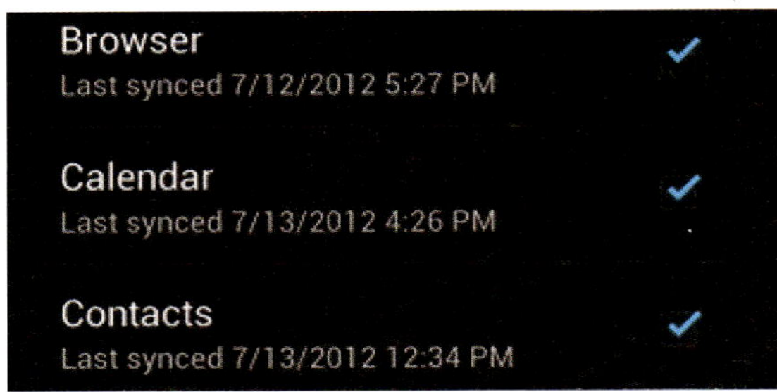

▲ 다른 디바이스와도 동기화할 수 있는 기능은 사용자에게 무척 편리한 기능이다.

'설정'에서 다른 디바이스와 싱크할 수 있는 정보들을 선택할 수 있다. 사용자가 시간을 들여 작성한 것들을 어디에서든 사용할 수 있게 하라. 설정, 개인 정보, 창작물 등을 스마트폰, 태블릿, 그리고 컴퓨터에서도 사용할 수 있게 한다. 그렇게 되면 사용자가 관련 정보를 업데이트하는 것이 정말 쉬운 일이 된다.

원칙 7. 같아 보이는 것끼리는 같게 작용해야 한다(If it look the same, it should act the same).

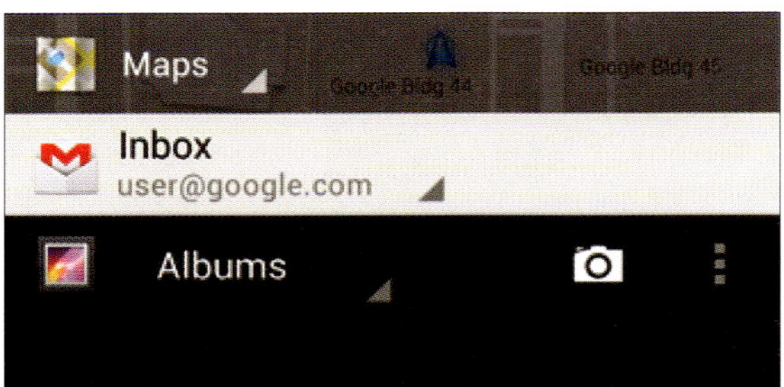

▲ 시각적으로 유사한 형태는 동일 기능을 제공해야 한다.

앱에 따라 조금씩 차이가 나지만 동일한 기능을 제공하고 있다. 시각적으로 차이가 나도록 디자인하여, 사용자가 기능적으로도 다르다는 것을 알 수 있도록 한다. 비슷하게 보이지만 다르게 작동하는 것이 없도록 주의한다.

원칙 8. 중요하지 않다면 방해하지 않는다(Only interrupt if it's important).

▲ 사용자에게 필요한 정보만 알릴 수 있도록 해야 한다.

알림 기능으로 사용자가 지정한 스케줄에 대한 공지를 받을 수 있다. 사용자를 불필요한 것들로부터 차단하라. 불필요한 것들로 사용자들을 번거롭게 한다면 사용자를 괴롭히는 것이다.

비전 3. 놀랍게 하라(Make Me Amazing).

단지 사용하기 쉬운 앱을 만드는 것에 그치지 말고, 사용자들이 안드로이드 앱을 통해 새로운 시도를 하고, 새로운 방식을 개발할 수 있도록 한다. 사용자들이 앱을 적극적으로 활용하여 새로운 방식으로 일을 진행할 수 있도록 한다. 다양한 앱들 간의 멀티 태스킹, 알림 기능, 공유 기능들을 통해 목적하는 바를 이룰 수 있도록 한다. 그러면서도 명확한 방식으로 사용자들이 편하게 사용할 수 있도록 한다.

원칙 1. 안드로이드의 기본 작동 방식을 모든 곳에 사용한다(Give me tricks that work everywhere).

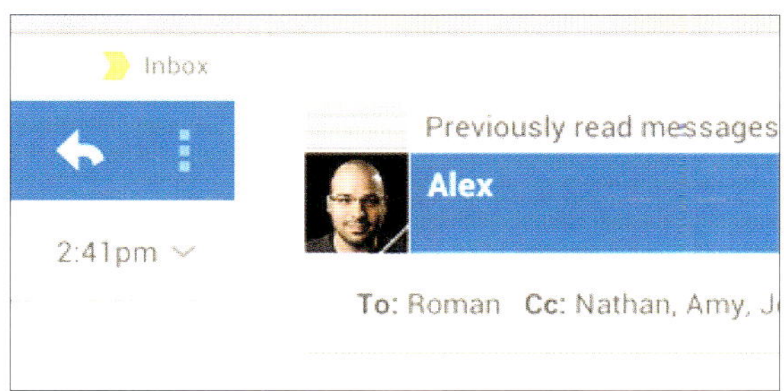

▲ 스와이프 방식으로 페이지 전환 화면 예시. 빌트인 앱이 아니더라도, 스와이프 방식으로 페이지 전환하는 안드로이드의 기본 기능이 적용되어 있으면 사용자는 편리하게 이용할 수 있다.

사용자는 무언가를 스스로 깨달았을 때 기뻐한다. 안드로이드의 기본 작동 방식을 사용하거나 다른 안드로이드 앱에서 널리 쓰이그 있는 방식을 도입하여 사용자가 쉽게 앱을 사용할 수 있도록 한다. 스와이프 제스처로 페이지가 넘어가는 방식은 안드로이드 네비게이션 방식의 좋은 예로 들 수 있다.

▲ 문제에 대한 구체적인 해결 방안 제시로 사용자에게 해결책을 제시해야 한다.

 문제 발생에 대한 구체적인 해결 방안을 제시하면 사용자가 문제를 편리하게 해결할 수 있다. 사용자가 실수하더라도 이를 교정할 수 있는 구체적인 방안을 친절히 제시한다. 앱은 사용하기 쉽게 만들어야 하지만, 만약 무언가 잘못되었다면 이를 해결할 수 있는 방안을 준비하여 구체적으로 제시해주어야 한다.

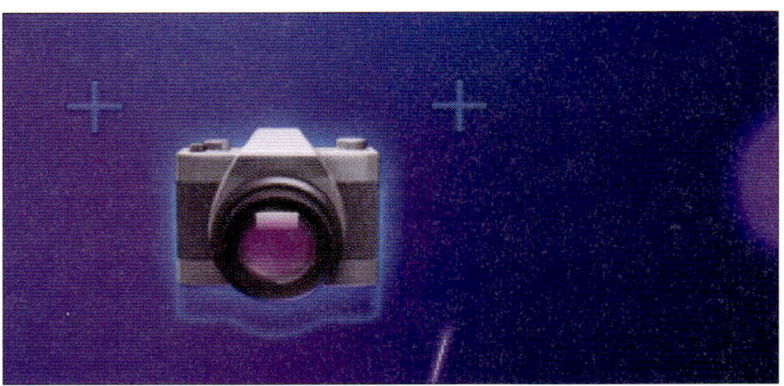

▲ 즉각적인 피드백을 제공해야 한다.

 아이콘을 터치하였을 때 빛이 번지는 효과 등을 제공하여 즉각적인 피드백을 제공한다. 복잡한 일은 하기 쉽도록 작은 일로 나누어서 제공한다. 그리고 사용자의 아주 작은 행동에 대해서도 항상 피드백을 주어야 한다.

원칙 4. 어려운 일은 대신 처리해준다(Do the heavy lifting for me).

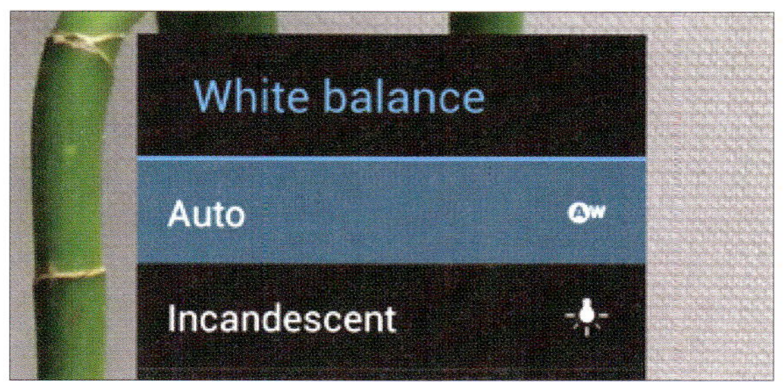

▲ 단 한 번의 기능으로 어려운 기능을 해결할 수 있도록 도와주는 예이다.

 절대 할 수 없을 것이라 생각했던 것들을 할 수 있도록 도와 초보자라도 전문가가 된 것 같은 느낌을 갖게 한다. 예를 들어, 초보자가 할 수 없는 여러 단계의 사진 보정에 대해, 한두 단계 만에 할 수 있는, 단축 실행 기능을 제공하도록 한다. 그러면 사용자는 기뻐할 것이다.

원칙 5. 중요한 일들은 빨리 할 수 있도록(Make important things fast)!

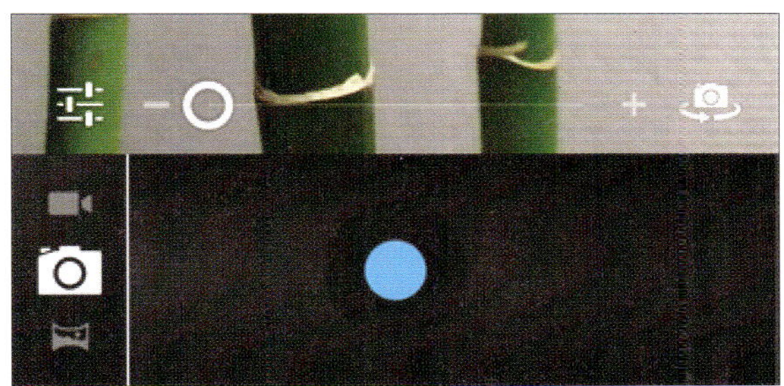

▲ 주변에 여유를 많이 두어 실수 방지를 하는 '카메라'의 촬영 아이콘

 '카메라'의 셔터 버튼이나 '뮤직'의 플레이 버튼처럼, 앱의 제일 중요한 기능을 찾기 쉽고 빨리 사용할 수 있게 한다.

안드로이드에서 공식적으로 지원하는 터치 제스처 동작을 확인해본다. 이와 관련된 용어도 익힐 수 있도록 한다. 같은 터치 제스처임에도 운영체제마다 호칭이 다른 것도 있으니 주의 깊게 살펴보도록 한다.

제스처	손동작	반응
터치(Touch)	누른다 → 뗀다	터치 오브젝트 선택
드래그(Drag)	길게 누른다 → 움직인다 → 뗀다	뷰 안에 있는 데이터를 재구성하거나 폴더, 혹은 홈 스크린으로 이동
롱 프레스(Long Press)	누른다 → 기다린다 → 뗀다	실행 시 데이터 셀렉션 모드로 진입한다. 하나 혹은 그 이상의 아이템을 선택할 수 있음 이 경우 컨텍스추얼 액션 바 (Contextual Action Bar /CAB)가 나타나며, 사용자는 컨텍스추얼 액션 바를 통해 선택 등의 동작을 수행

제스처	손동작	반응
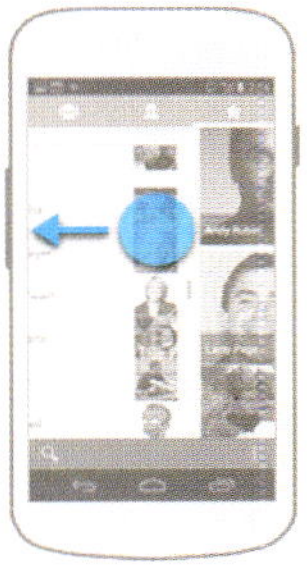 스와이프(Swipe)	누른다 → 움직인다 → 뗀다	콘텐츠 위로 손가락을 누르고 옆으로 이동. 같은 메뉴에 속한 다른 뷰로 이동하는 네비게이션 기능
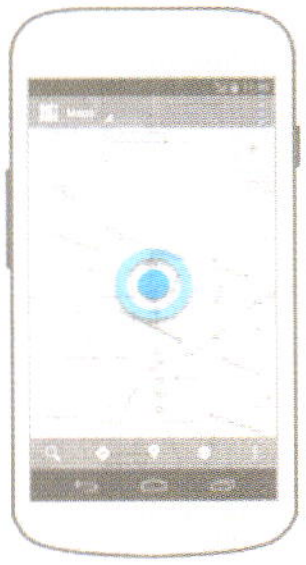 더블 터치(Double Touch)	연속으로 빠르게 두 번 누른다.	이미지를 더블 탭하면 줌 인. 텍스트 선택의 두 번째 제스처 방식으로도 사용
 핀치 오픈(Pinch Open)	2개의 손가락으로 누른다 → 밖으로 벌리는 동작을 한다 → 뗀다	콘텐츠를 줌 인
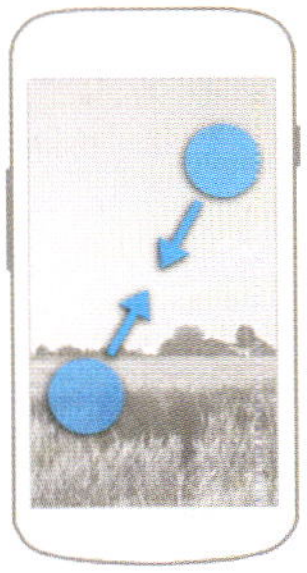 핀치 크로스(Pinch Close)	2개의 손가락으로 누른다 → 안으로 오므리는 동작을 한다 → 뗀다	콘텐츠를 줌 아웃

안드로이드 구성 UI에 대해 알아보기 전에, 안드로이드 공식 다운로드 페이지를 통해 제공되고 있는 안드로이드 Holo 테마와 아이콘들 그리고 폰트, 색상에 대해서도 알아보도록 한다. 템플릿 형태로 제공되고 있어 실제 데이터가 어떻게 구성되었는지 파악해볼 수도 있다. 다운로드 소스는 모두 아파치 라이선스로 제작되어 있으므로, 템플릿을 활용하여 와이어프레임 스케치를 하거나 프로토타입을 만들 수도 있으며 실제 앱을 제작해도 문제가 없으니 다운로드하여 디자인, 개발 시 적극 사용할 수 있다.

안드로이드 공식 오픈 소스 템플릿의 활용

안드로이드는 개발자 웹 사이트에 별도의 다운로드 페이지를 만들어 놓았다. 다운로드 페이지를 통해 아이스크림 샌드위치의 Holo 테마는 물론, 폰트 세트, 사용하고 있는 컬러 스와치, 아이콘 세트를 다운로드 해 사용할 수 있으므로 웹 사이트 페이지를 방문하여 다운로드 하도록 한다.

TIP

안드로이드 공식 웹 사이트 다운로드 – http://developer.android.com/design/downloads/index.html

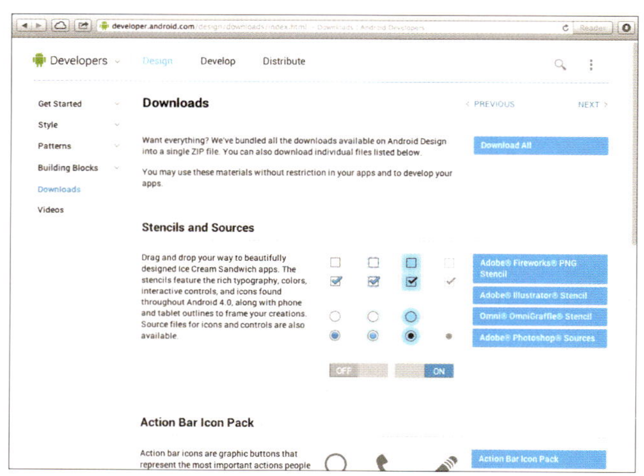

▲ 안드로이드 공식 웹 사이트에서 제공하는 다양한 파일들

안드로이드 공식 웹 사이트에서는 테마 템플릿(스텐실) 다운로드를 제공하고 있다. 포토샵(PSD) 파일은 물론, 일러스트레이터용(AI) 파일, 파이어웍스와 옴니그라플 파일로도 제공하고 있다.

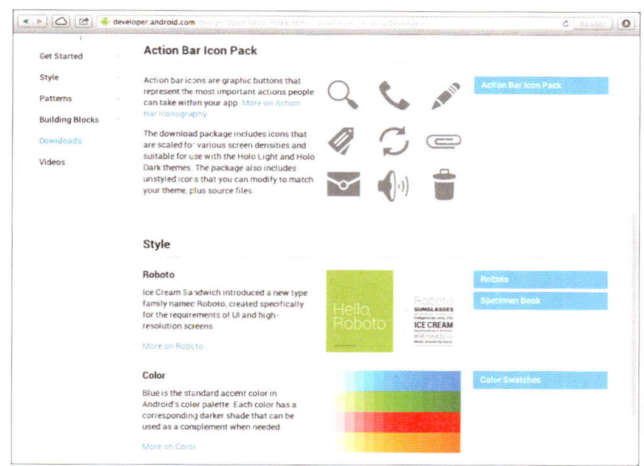

▲ 액션 바 아이콘 세트 및 Roboto 제공

 액션 바 아이콘 세트, 아이스크림 샌드위치 공식 폰트 패밀리인 Roboto도 다운로드 할 수 있다. 활용 예제도 제공하고 있으므로 다양한 폰트의 활용도 확인할 수 있다. 색상 부분에 대해서도 포토샵 스와치 파일로 제공하고 있어 다운로드 해 사용하기 편리하다.

<u>안드로이드 4.0 Holo 테마</u>

 안드로이드는 Holo Light, Holo Dark 그리고 Holo Mixed(콘텐츠 영역은 Light 테마 적용, 액션 바는 Dark 테마를 적용), 총 3가지 테마를 제공하고 있다. 구글 넥서스폰을 제외한 일반 제조사의 안드로이드폰은 이러한 안드로이드 테마를 기준으로 회사 고유의 UI 시스템을 적용한 것이므로, 지메일 등 일부 앱을 제외하고 기본 테마와 완전 별개의 스타일 UI와 UX를 제공하고 있으므로 분별하여 보아야 한다.

▲ Holo Light 테마

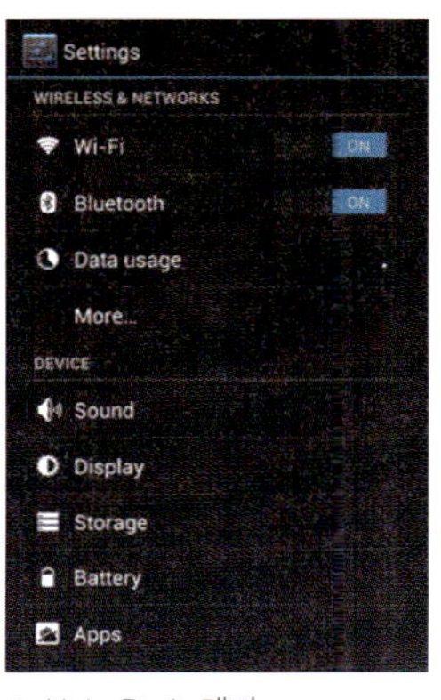

▲ Holo Dark 테마

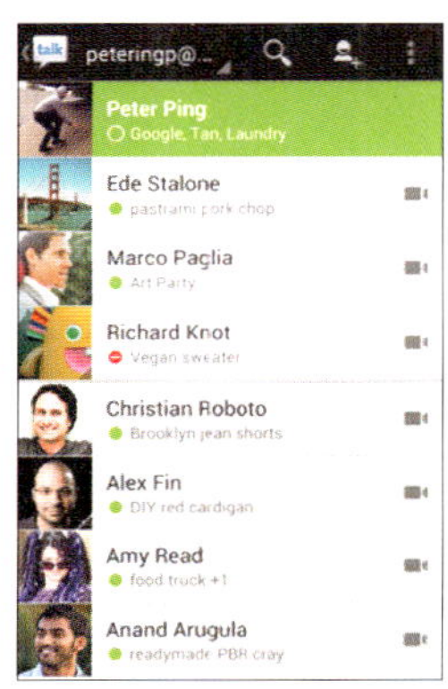

▲ Holo Mixed 테마

제공되는 테마 템플릿을 통해 UI, 컬러, 각 오브젝트들 간의 높이, 간격 그리고 폰트 및 폰트 사이즈에 대한 세부적인 사항을 볼 수 있다. 이를 활용하면 안드로이드 앱을 안드로이드 기준에 맞추어 일관성 있게 구축할 수 있다.

테마 템플릿 확인 – 포토샵 : 파일명 Holo_Widgets.psd

포토샵과 일러스트레이터, 파이어웍스, 옴니그라플 전용 파일이 제공된다. 조금씩 구성이 다르므로 다운로드한 후 확인해보도록 한다. 옴니그라플은 본 서적에서 다루지 않으므로 설명에서 제외하였다.

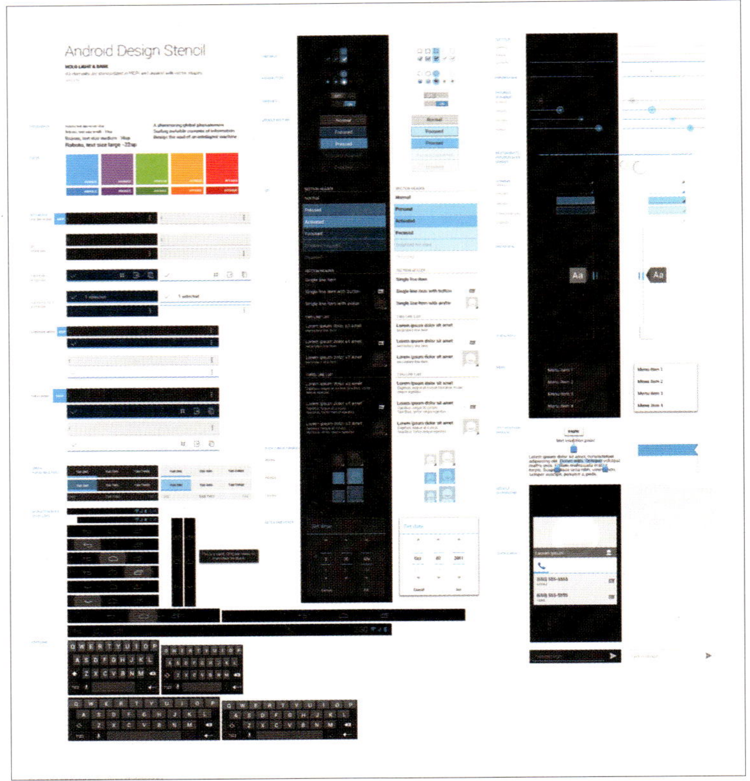

▲ 포토샵에서 사용할 수 있는 안드로이드 4.0 Holo 테마 템플릿

하나의 큰 파일 안에 Holo Light, Holo Dark 테마로 다양한 컴포넌트들이 배치되어 있다. 필요에 따라서 해당 레이어를 찾아 조합하여 목업–프로토타입을 만들어 볼 수 있다. 본 템플릿(스텐실) 파일은 벡터 방식으로 제작이 되어 있으므로 필요에 따라 dpi 를 맞추어서 적용하여도 이미지의 깨짐 없이 사이즈 변환이 가능하다.

색상 부분에 대해서도 코드값까지 입력해서 알려주고 있으며, 별로도 제공되는 포토샵 스와치 파일로 자신의 포토샵 내의 스와치에 색상을 더한다면 더욱 편리하게 이를 활용할 수 있다.

본 소스를 활용하여 앱을 제작해도 문제는 없지간, 만약 다른 스타일로 앱을 디자인하고 싶다고 하면, 본 소스를 기준으로 앱의 디자인을 전개시키는 것도 좋은 방법이다. 전체적인 사이즈와 톤은 유지하면서 자신만의 스타일을 적용하는 것도 좋다.

테마 템플릿 확인 – 일러스트레이터 : 파일명 Illustrator_Vectors.ai

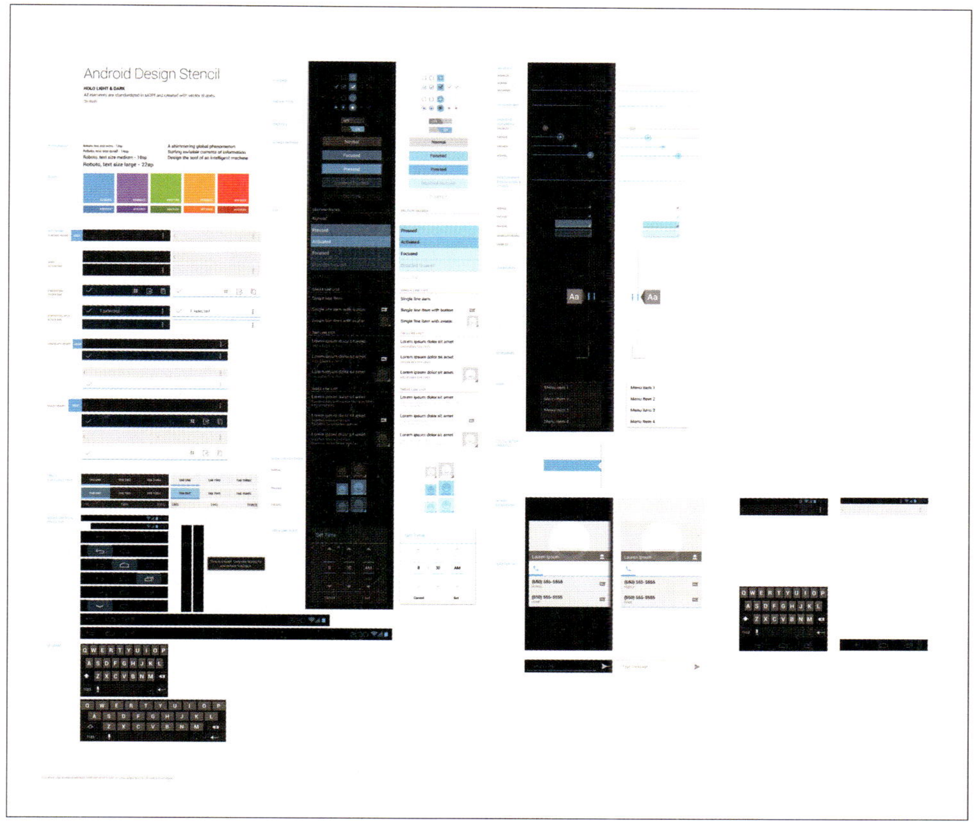

▲ 일러스트레이터에서 사용할 수 있는 안드로이드 4.0 Holo 테마 템플릿

조금 다르긴 하나 포토샵과 큰 차이가 없는 구성으로 제공되고 있다.

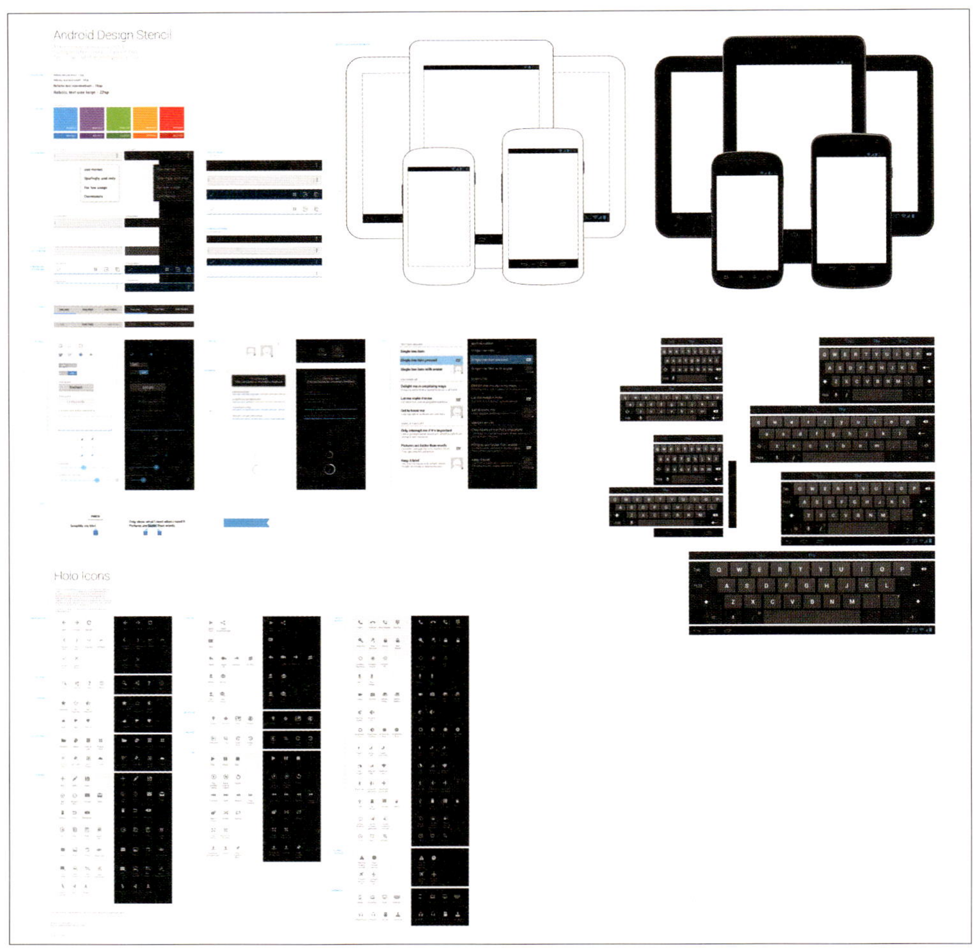

▲ 파이어웍스에서 사용할 수 있는 안드로이드 4.0 Holo 테마 템플릿

파이어웍스는 저장 포맷이 PNG이다. PNG에 레이어도 저장할 수 있는 방식을 취하고 있다. 파이어웍스 파일을 포토샵에서 파일을 열게 되면 레이어가 없는 평면화된 이미지를 불러온다. 파이어웍스에서 해당 템플릿의 요소별로 선택 및 구성이 가능하다. 포토샵 템플릿 파일의 경우는, 액션 바 아이콘을 별도로 다운로드할 수 있게 되어 있으나 파이어웍스에서는 포함되어 있는 점이 차이점이다. 따라서 파이어웍스 사용자들은 목업-프로토타입을 제작 시 좀 더 편하게 작업할 수 있다.

제공 템플릿 사용시 주의 사항

오픈 소스 다운로드 템플릿은 MDPI(일반적으로 320x480 px 해상도의 스마트폰)에 맞추어 제작된 것으로 갤럭시 SⅡ (480x800 px / HDPI), 갤럭시 SⅢ(1280x780 px / XHDPI)에 맞추어 사용하기 우해서는 해당 DPI에 맞게끔 파일의 사이즈를 변환하여 사용하여야 한다. 낮은 해상도에서 높은 해상도로 변환하기 위해서는 제작 소스가 벡터 방식으로 이루어져 있어야 한다는 것이 전제 조건이다.

HDPI는 MDPI의 1.5배, XHDPI는 MDPI의 2배이므로, 포토샵의 상단 메뉴 중 [이미지]−[이미지 크기] 메뉴를 클릭하여 해당 이미지의 크기에 맞추어 수치를 적용하면 된다. 그렇게 해서 변환한 다음, 포토샵에서 해당 해상도의 새로운 문서를 만들고 해당 템플릿을 사용하면 되는 것이다. 변환과 관련된 자세한 내용은 본 서적의 안드로이드의 DPI 관련 부분에 설명이 되어있으니 이를 참조하도록 한다.

Roboto 폰트

▲ Roboto 폰트 시리즈

안드로이드 4.0 업데이트에 제일 많이 신경을 쓴 부분 중 하나가 바로 폰트라고 생각한다. 총 16개란 방대한 양의 Roboto 폰트 시리즈를 제공하고 있다. 다양한 두께와 이탤릭체를 지원하고 있어 하나의 폰트군에서 다양한 표현이 가능하다.

안드로이드 4.2 젤리빈에서는 네이버의 나눔 고딕을 기본 폰트로 탑재하여 전보다 더욱 깔끔해진 한글 폰트로 표현이 가능해졌다. 만약, 별도의 폰트를 사용하고 싶다면 앱에 해당 폰트를 탑재한 후 폰트 지정을 통해 사용이 가능하다. 다만, 폰트 사용시 이와 관련된 라이선스를 구매해야 하므로 저작권에 문제가 없는지 사전에 잘 확인하여 사용하여야 한다.

색상 스와치

▲ Holo 테마에서 기본으로 추천하고 있는 색상 스와치 세트

회색과 블랙으로 이루어진 Holo 테마에 색상값 또한 제공하고 있다. 포토샵 스와치 파일로도 제공하여 편리하게 포토샵에서 색상을 지정할 수 있다. 총 5가지 색상을 제공하고 있는데, 앱의 콘셉트와 스타일 등에 따라, 해당 색상을 맞추어 사용하도록 권장하고 있다. 이 중에서 파란 색상은 안드로이드의 레퍼런스 색상으로 사용되고 있다.

액션 바 아이콘 세트

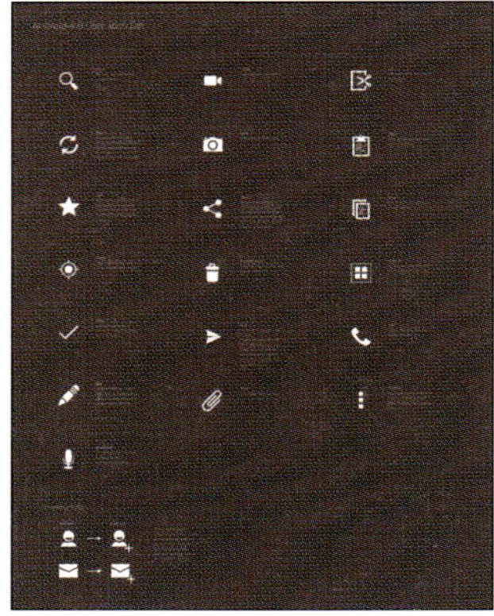

▲ 액션바 아이콘의 의미를 설명해주는 아이콘 세트 AI 파일

일러스트레이터 파일을 통해, 아이콘이 어떤 의미로 어떻게 쓰여지는지를 설명해주고 있다.

다음 장에 소개할 안드로이드 UI 구성 내용 중 '액션 바'에 쓰이는 아이콘 세트로써, 총 142개의 방대한 양의 아이콘을 테마별, 해상도별로 제공하고 있으므로, 필요하면 아이콘 파일을 바로 사용할 수 있어 편리하다. 일러스트레이터 파일로도 제공하고 있으므로 벡터 라인 작업도 가능하다.

08. 안드로이드 UI 구성

이제 안드로이드의 주요 화면들을 살펴보며 디자인이 어떻게 이루어졌는지 살펴보도록 한다.

홈 스크린(Home Screen)

홈 스크린은 아이콘을 사용자의 취향에 맞게 정렬해 놓을 수 있는 공간이며, 앱의 수에 따라 좌우로 화면을 스와이프하여 다른 '패널(Panel, 다른 페이지와 동일한 의미)'을 볼 수 있다. 앱을 롱 프레스하고 있으면 다른 곳으로 아이콘을 이동시키거나 여러 아이콘을 모아서 폴더로 만들 수도 있다.

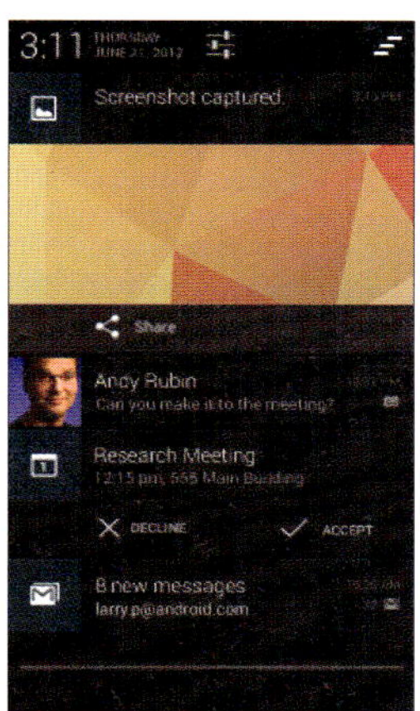

▲ 노티피케이션 패널

스테이터스 바(Status Bar)

시간, 배터리, 통신 상태 등을 보여주는 기능이다. 스테이터스 바를 터치하고 아래로 스와이프를 할 경우 '노티피케이션(Notifications)' 패널이 나타난다. 노티피케이션 패널을 통해 메시지, 다운로드 정보, 이메일 정보 등을 볼 수 있어 편리하다.

홈 스크린(Home Screen)

아이콘과 위젯, 폴더 등을 사용자의 취향에 맞게 정렬하여 사용할 수 있다. 애플의 iOS와 다르게 자동 정렬이 아닌 사용자 정렬을 기준으로 하고 있으므로 원하는 위치에 아이콘을 놓을 수 있다.

앱 아이콘(App Icon)

앱의 아이콘은 하나하나의 기능을 가진 앱을 의미한다. 안드로이드 앱 아이콘은 애플 iOS의 아이콘과 다르게 디자인이 되므로 디자인 가이드를 잘 확인할 수 있도록 한다.

아이콘 트레이(The Favorites Tray)

자주 사용하는 아이콘들을 모아두는 곳으로 홈 스크린 상에서는 어떤 패널로 이동하더라도 고정되어 아이콘을 보여 주는 곳이다. 일반적으로 전화, 메시지, 인터넷 등 자주 사용하는 아이콘들을 놓는다.

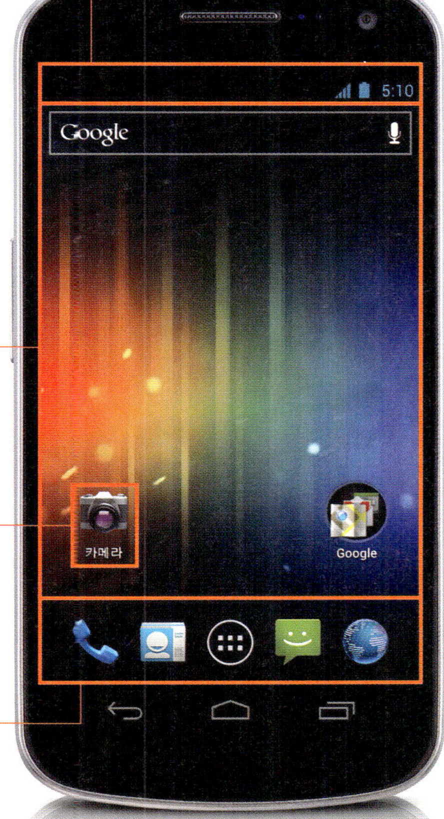

▲ 홈 스크린 구성 요소

올 앱 아이콘(All Apps Button)

아이콘 트레이 중앙에 위치한 아이콘이 '올 앱(All App)' 아이콘이다. 터치하면 '올 앱 스크린(The All Apps screen)'이 나타난다. 올 앱 스크린에서는 스마트폰 상에 설치한 모든 앱과 위젯을 볼 수 있다. 올 앱 스크린의 아이콘을 드래그하여 홈 스크린 상으로 아이콘을 이동시킬 수 있다.

네비게이션 바(Navigation Bar)

안드로이드 4.0 버전부터 지원되는 기능이다. 기존의 하드웨어 버튼들을 터치 스크린 화면 안에 배치하게 되었다. 하드웨어 버튼과 동일한, '뒤로(Back)', '홈(Home)', '최근 사용 앱 보기(Recents)', 3가지 기능을 제공한다. 그러나 필수는 아니여서, 삼성 갤럭시 SⅢ, 갤럭시 노트Ⅱ의 경우도 하드웨어 버튼 방식을 사용하고 있다. 최근 사용 앱 보기 기능은 제조사마다 다르게 지정될 수도 있다.

▲ 올 앱 스크린(The All Apps Screen)

▲ 최근 사용 앱 보기(Recents)

앱 UI : 구글 지메일

Holo Light 테마로 만들어진 구글 지메일 앱을 통해 안드로이드 UI 구성을 알아보도록 한다.

▲ 구글 지메일 구성 요소

콘텐츠 영역(Content Area)

콘텐츠가 보여지는 영역이다. 앱의 특징에 따라서 이미지가 될 수도 있고 리스트 뷰가 될 수도 있다.

스플릿 액션 바(Split Action Bar)

메인 액션 바의 바로 아래 혹은 최하단에 위치하여 보여지는 스플릿 액션 바는 다양한 기능의 아이콘들이 표시되는 영역이다. 상단의 메인 액션 바에도 다양한 기능의 아이콘들을 표시할 수 있다.

메인 액션 바(Main Action Bar)

앱의 제일 중요한 정보를 담고 있는 곳이다. 앱의 위치 및 기타 중요한 정보를 담고 있다.

뷰 컨트롤(View Control)

앱에서 제공하는 다른 뷰로 전환할 수 있는 기능이다. 일반적으로 다른 정렬 순위 등을 제공하여 콘텐츠를 재배치하는 격할을 한다.

▲ 뷰 컨트롤 중 팝업 메뉴 방식을 통해 다른 뷰로 이동시키는 기능의 '스피너(Spinners)'

메인 액션 바(Main Action Bar)

메인 액션 바는 단지 네비게이션의 역할 뿐만 아니라, 앱의 아이콘을 위치시킬 수 있으며, 또한 아이덴티티를 부여하는 역할도 할 수 있는 중요한 부분이다. 메인 액션 바는 어떻게 구성되는지 자세히 살펴보도록 한다.

▲ 메인 액션 바

앱 아이콘(App Icon)

앱 아이콘을 위치 시킬 수 있는 곳이다. 필요에 따라서 보여지는 위치에 따라 다양한 아이콘을 위치 시킬 수도 있다.

뷰 컨트롤(View Control)

앱에서 다른 뷰도 제공을 하고 있다면 드롭 다운 메뉴 등의 방식으로 선택하여 이동할 수 있다. 만약 해당 기능을 제공하지 않는다면 뷰 컨트롤 이미지를 사용지 않고 타이틀을 좀 더 길게 쓰거나 할 수 있다.

액션 버튼(Action Buttons)

앱에서 제일 중요한 액션을 위치시키는 곳이다. 액션의 수가 많으면 액션 오버플로우 위치로 아이콘이 자동으로 이동한다.

액션 오버플로우 (Action Overflow)

액션이 많거나 혹은 자주 쓰지 않는 액션은 이 곳에 모아둘 수 있다.

메인 액션 바의 회전 및 멀티 디바이스 적용

디바이스의 세로-가로 방향 전환 및 다른 해상도의 디바이스에서 앱을 실행시킬 경우 다음의 방식으로 해결할 수 있다.

▲ 다양한 보기 모드

세로 모드 시

상단의 메인 액션 바에 넣지 못한 아이콘을 스플릿 액션 바를 사용하여 하단에 배치시킨다.

가로 모드 시

길어진 메인 액션 바에 일부 아이콘을 노출시키고 나머지 액션 버튼 아이콘은 액션 오버플로우에 위치시킨다.

태블릿

메인 액션 바가 충분히 길기 때문에 바의 우측에 액션 버튼 아이콘을 배치한다.

컨텍스츄얼 액션 바(Contextual Action Bar)

 컨텍스츄얼 액션 바는 한글로 하면 '콘텐츠 액션 바'로 설명할 수 있다. 안드로이드 4.0 이전의 버전에서는 선택한 항목을 롱 프레스할 경우 팝업 창이 나타나면 수행 가능한 선택 사항을 보여줬던 부분이, 4.0 버전부터 바뀌게 된 것이다. 긴 영어를 줄여서 'CAB'라고 칭하기도 한다.

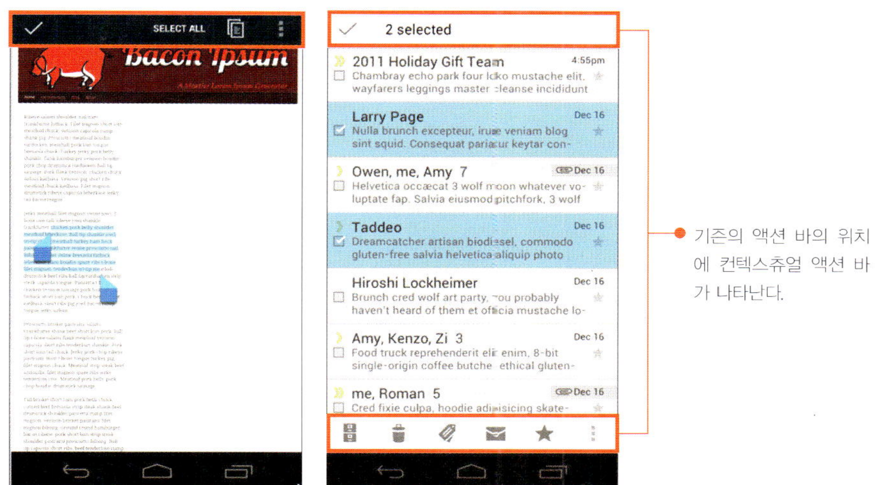

기존의 액션 바의 위치에 컨텍스츄얼 액션 바가 나타난다.

▲ 웹 브라우저의 텍스트 선택 시 나오거나 지메일의 메일 항목을 롱 프레스하면 나타난다.

 메인 액션 바에 위치시키는 스피너 외에도 톱 바 위치에도 별도의 페이지 이동을 제공해주는 여러 형태의 바를 이용할 수 있다.

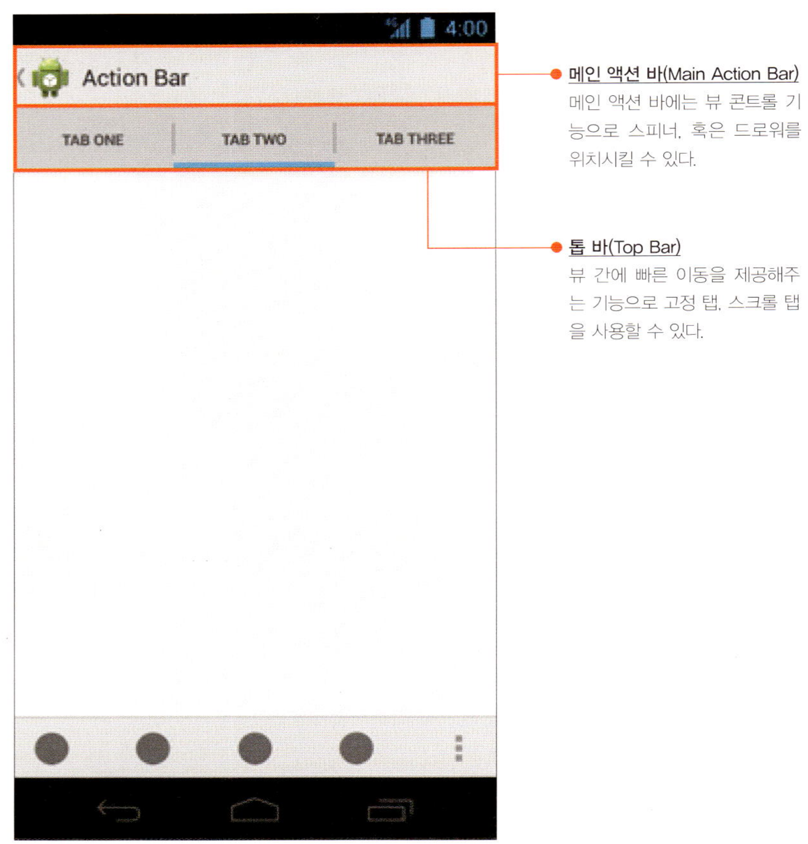

뷰 컨트롤(View Control) – 탭(Tabs)

 톱 바에 위치한 탭을 통해 사용자가 자신이 어디에 있는지, 그리고 전후에 어떤 콘텐츠가 있는지 직관적으로 알려줄 수 있다. 탭은 콘텐츠의 양과 성격에 따라 고정 방식과 스크롤 방식을 사용할 수 있다.

- 고정 탭(Fixed Tabs)

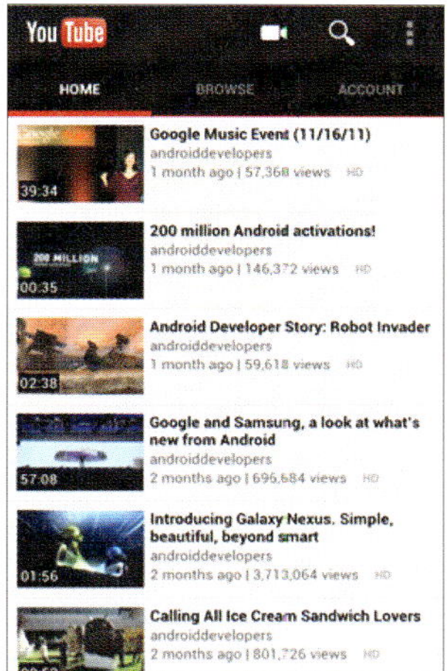

▲ 유튜브의 상단 고정 탭

유튜브 앱의 상단에 있는 고정 탭을 통해 사용자는 직관적으로 이동할 수 있다.

고정 탭은 말 그대로 고정된 위치에서 보여지는 탭을 의미한다. 가로-세로 모드에 따라 메인 액션 바에 포함될 수도 있고 분리가 되어 메인 액션 바 바로 하단에 위치할 수도 있다. 사용자는 콘텐츠 영역의 좌우 스와이프 동작을 통해 탭 이동(화면 전환 이동 방식)을 할 수 있다.

- 스크롤 탭(Scrollable Tabs)

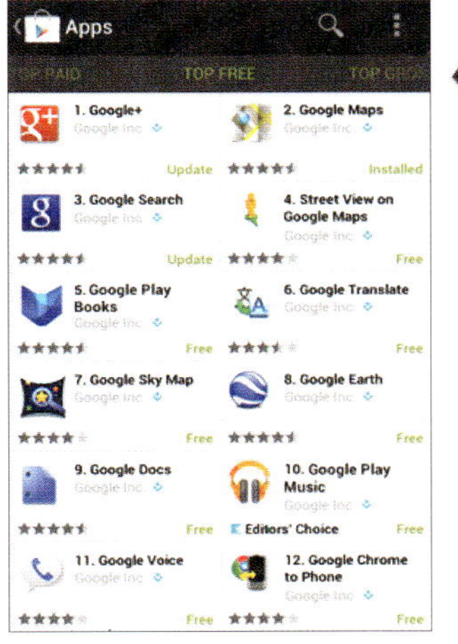

▲ 구글 플레이 카테고리

구글 플레이 상단에는 다양한 카테고리가 제공되고 있어 스크롤 탭 방식이 적합하다.

스크롤 탭은 콘텐츠 영역 혹은 탭 영역을 스와이프를 통해 이동할 수 있는 방식이다. 다수의 뷰 혹은 탭이 있을 경우에 적용할 수 있는 방식이다. 디자인 시 좌우 전체 영역을 차지하는 방식으로 배치가 되어야 한다.

뷰 컨트롤(View Control) – 스피너(Spinners)

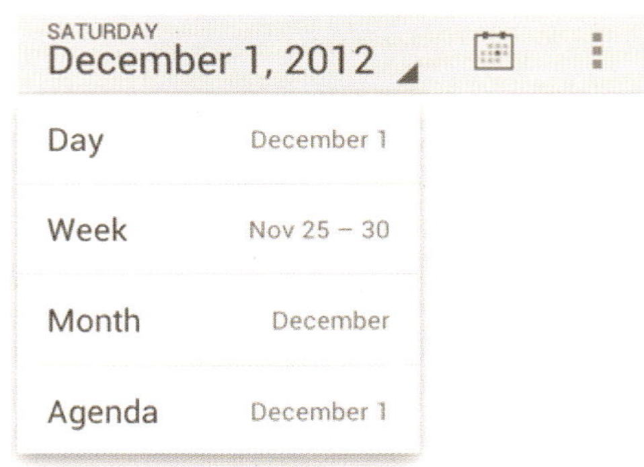

▲ 스피너 기능

스피너는 메인 액션 바에 위치시킬 수 있는 드롭 다운 메뉴로써 앱의 뷰 간에 이동할 수 있는 기능을 제공한다.

뷰 컨트롤(View Control) – 드로워(Drawers)

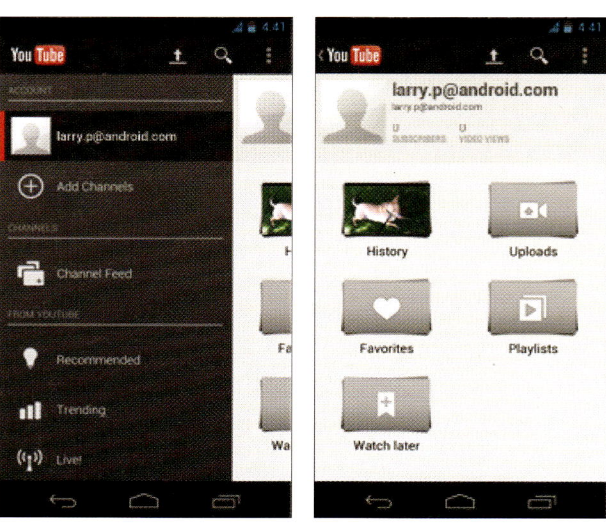

▲ 드로워

드로워는 말 그대로 옆에서 서랍처럼 나오는 별도의 메뉴 뷰를 뜻한다. 앱의 아이콘 옆의 화살표 부분을 터치했을 때 나타나며, 화면의 좌측에서 우측까지 스와이프를 할 경우에도 나타난다. 그렇지만 사용자들은 일반적으로는 아이콘을 터치하는 방식을 주로 사용한다.

액션 바 아이콘(Action Bar Icons)

▲ 액션 바 아이콘

액션 바에 들어가는 액션 버튼 아이콘들은 심플한 형태로 구성되어 있다. 이전에 설명한 공식 다운로드 페이지를 통해 액션 바 아이콘을 다운로드해 확인해보도록 한다.

▲ 액션 버튼 아이콘

아이콘의 디자인 스타일은 픽토그램 형태이며 회색 빛의 Holo Light 테마에서는 색상값 #333333, 투명도 60 %, 검은색의 Holo Dark 테마에서는 색상값 #FFFFFF, 투명도 80 %를 기준값으로 하고 있다.

저장 시에는 반드시 투명도(Transparency)가 적용된 PNG 파일 포맷으로 저장해야 한다.

액션 버튼 아이콘의 해상도별 사이즈는 다음과 같다.

DPI	LDPI(120 DPI)	MDPI(160 DPI)	HDPI(240 DPI)	XHDPI(320 DPI)
사이즈(픽셀)	18x18 px	24x24 px	36x36 px	48x48 px

〈단위 : px / 파일 저장 포맷 : PNG〉

애플 iOS에서는 앱 아이콘을 '애플리케이션 아이콘(Application Icon)', '앱 아이콘(App Icon)'으로 부르는 것과 달리, 안드로이드 앱 아이콘은 '런처 아이콘(Launcher Icon)'으로 명명되어 있다.

애플 iOS의 아이콘 구현 방식과 달리 안드로이드 런처 아이콘의 경우는 작업한 그대로 스마트폰에서 보여지기 때문에, 디자인 작업 시 투명한 부분을 넣거나 각진 모서리를 사용하는 등 원하는 표현을 반영할 수 있으므로 보다 다양한 표현이 가능하다. 그러므로 배경에 아이콘이 묻히지 않고 명확히 보일 수 있도록 디자인에 신경 써야 한다.

▲ 다양한 런처 아이콘

기본적인 런처 아이콘의 스타일은, 딱 떨어지는 외곽선을 유지하며, 정면 위쪽에서 약간 내려다 보이는 구도에서 디자인하는 것을 기본으로 한다. 이 구도를 적용함으로 안드로이드 아이콘들 간의 통일감을 부여할 수 있으며, 사용자는 이를 통해 아이콘에서 깊이감을 느낄 수 있다.

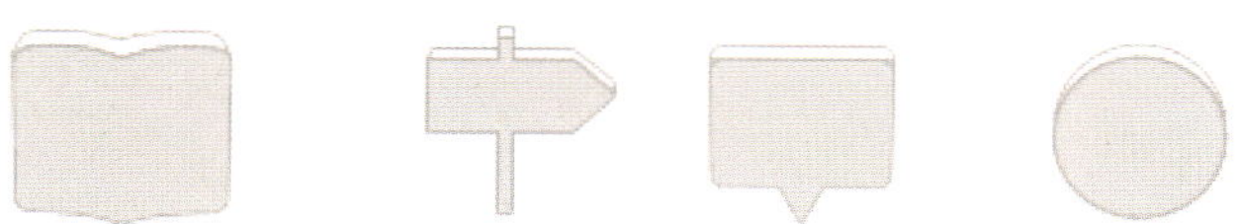

▲ 기본 런처 아이콘 스타일

런처 아이콘 템플릿 및 이와 관련된 다양한 아이콘 템플릿 세트를 안드로이드 개발자 웹 사이트에서 무료로 다운로드할 수 있으므로 다운로드해 사용하도록 한다. 런처 아이콘에 대한 파일은 다양한 질감이 적용된 템플릿 형태로 제공하고 있으므로 아이콘 제작에 대한 노하우를 배우는데 많은 도움이 된다. Android Icon Templates Pack v4.0, 즉 안드로이드 4.0 버전에 대한 아이콘 세트이다.

안드로이드 4.0 버전 아이콘 템플릿 다운로드 링크는 다음과 같다.

http://developer.android.com/shareables/icon_templates-v4.0.zip

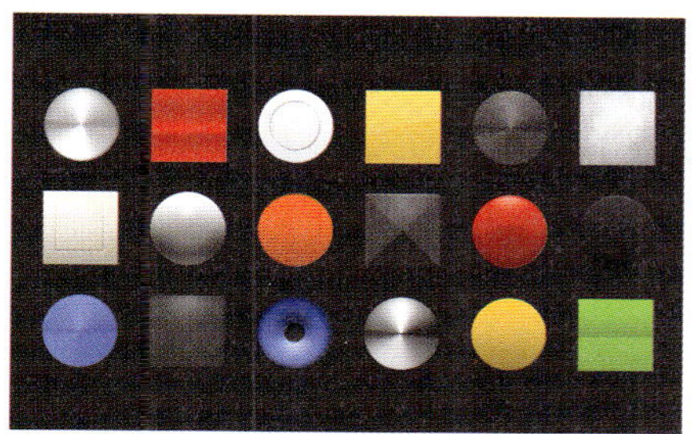

DPI	LDPI(120 DPI)	MDPI(160 DPI)	HDPI(240 DPI)	XHDPI(320 DPI)
사이즈(픽셀)	36x36 px	48x48 px	72x72 px	96x96 px

▲ 런처 아이콘의 해상도별 사이즈　　　　　　　　　　　　　〈단위 : px / 파일 저장 포맷 : PNG〉

런처 아이콘은 애플의 아이콘 제작 방식과 달리 작업한 내용 그대로 등록이 된다. 그러므로 아이콘 제작 시 정확히 해당 사이즈에 맞추지 말고 여백을 적용하여 그림자 효과 등을 주도록 한다. XHDPI로 예를 들면, 96x96 px의 아이콘에서 여백을 각 2 px씩 적용하여 실제 아이콘은 88x88 px로 제작하고 나머지에 그림자를 주는 방식이다. 실제 아이콘을 제작하여 다양한 테스트를 진행해보도록 한다.

런처 아이콘의 크기는 해상도별로 차이가 있으나 구글 플레이 등록 시 512x512 px 사이즈가 필요하므로 최소한 이 정도, 혹은 이보다 큰 사이즈에서 작업한다. 국내 앱 마켓인 SK T Store, KT 올레 앱 마켓 등에 앱을 등록하기 위해서는 각 앱 마켓에서 원하는 사이즈에 맞추어서 올려야 하므로 사전에 확인을 해두도록 한다. SK T Store는 212x212 px, KT 올레 앱 마켓은 246x246 px 사이즈를 필요로 한다.

▲ 안드로이드 운영체제의 다양한 해상도 디바이스들

안드로이드는 굉장히 다양한 디바이스군을 형성하고 있으므로 일일히 이에 맞춘 디자인을 하기란 불가능하다. 해상도도 다 다르고 화면에 보여지는 픽셀의 밀도 또한 다르다. 그렇지만 여기에도 하나의 공식이 있으니 조금 복잡하더라도 알고 넘어가도록 한다. 몇 가지 용어에 대한 이해와 공식을 알면 이를 적용하여 진행을 할 수가 있다.

디자이너의 개념에서는 단순히 DPI별 몇 배수의 차이점인지만 알고 이에 맞추어 리사이징만 하면 되나, 장기적인 안목에서 개발자들과 소통할 수 있는 기준점을 만드는 것도 중요하단 생각에 여기에 설명을 하고자 한다.

dp와 dip 그리고 DPI

밀도 독립 화소라는 다소 어려운 용어는 Density-Indepent Pixel을 의미하며 줄여서 dp, 또는 dip로 불린다. 대문자 DIP로 사용하는 것이 사실상 맞으나 DPI와 헷갈릴 수 있으므로 본 서적에서는 dp와 dip는 소문자, DPI는 대문자로 사용한다.

dp는 실제 물리적인 스마트폰의 스크린에서 보여지는 사이즈를 의미한다. 그리고 1 dp는 160 MDPI 스크린에서 1 px로 보여진다. MDPI는 Medium Density Screen을 의미하며 말 그대로 중간 밀도의 스크린을 의미한다. MDPI가 중간 밀도의 스크린을 의미하지만, 여기의 DPI는 Dots Per Inch의 약자로, 1인치당 몇 개의 도트(점)가 있는지를 의미하는 것이다. MDPI는 160 DPI라 하였으니, 그러므로 1인치에 160개의 도트가 있는 것이다. 160개의 도트에서 1 px이 1 dp와 같다는 것을 잘 기억해둔다.

DPI는 총 4가지가 있다. Low, Medium, High, Extra-High, 이 용어들이 DPI와 합쳐져서 LDPI, MDPI, HDPI, XHDPI가 된다. 이해하기 쉽게 표로 살펴보도록 한다.

	LDPI(120 DPI)	MDPI(160 DPI)기존 해상도	HDPI(240 DPI)	XHDPI(320 DPI)
DPI수	120 DPI	160 DPI	240 DPI	320 DPI
1dp값	0.75 px	1 px	1.5 px	2 px

▲ 안드로이드 운영체제의 DPI 기준표

MDPI가 1 dp = 1 px의 동일 치수로 보이므로 일반적으로 '기준 스크린(Baseline)'으로 칭한다. 이제 이를 기준으로 전후 DPI 스크린에 대한 비율을 알아보도록 한다.

HDPI(240 DPI)는 MDPI(160 DPI)보다 1.5배 더 많은 도트를 가지고 있으므로 1 dp는 1.5 px 값을 가진다. 그러므로 이를 멀티 디바이스 디자인 작업에 적용하면, MDPI 스크린에 맞추어 작업한 이미지를 1.5배 키우면 HDPI에 적용되는 이미지 사이즈가 된다는 뜻이다.

XHDPI(320 DPI)와 MDPI(160 DPI)는 계산이 더 쉽다. XHDPI가 MDPI보다 2배 많으므로 이 또한 멀티 디바이스 디자인 작업에 적용하면, XHDPI에서 1 dp는 2 px이라는 뜻이며 MDPI 스크린에 맞추어 작업한 이미지를 2배 키우면 XHDPI에서도 사용할 수 있는 이미지 사이즈라는 것이다. 기준 스크린에서 큰 사이즈로 가는 경우를 알아보았는데, 반대로 작은 사이즈로 축소하는 경우도 동일하다. XHDPI는 MDPI의 2배 크므로, XHDPI에서 작업한 이미지를 2배 축소하면 MDPI 스크린에 사용할 수 있는 이미지 사이즈가 되는 것이다.

그러므로 디자인 작업 진행 시 타깃 디바이스(앱에서 지원하고자 하는 안드로이드폰의 선정)를 먼저 정한다. 이후, 그에 따른 DPI를 파악하여 작업의 기준 해상도가 되는 기준 디바이스를 선정하게 된다. 그 다음에는 기준 디바이스에서 타깃 디바이스로 변환 시, 각 디바이스들의 DPI 파악하여 이미지 리사이징을 어떻게 할 것인지를 정하면 되는 것이다.

안드로이드의 통용 치수 dp

다시 한 번 설명하자면, 실제 스마트폰의 스크린과 해상도 간에는 차이가 있으므로 픽셀값은 계속 변동할 수 밖에 없다. 그러므로 안드로이드 디자인과 관련된 치수는 dp로 쓰인다. 이전에 설명한 바와 같이 1 dp가 1 px인 것은 MDPI 스크린에서이다. 만약 48x48 dp 사이즈의 박스를 만들어야 한다고 하면 MDPI에서는 48x48 px의 박스를 만들면 되고, XHDPI에서는 2배이므로 96x96 px을 만들면 된다. HDPI는 1.5배이므로 48x1.5=72, 즉 72x72 px의 박스가 되는 것이다.

그리고 dp 수치를 픽셀값으로 전환하는 공식도 있다. 이 공식을 알면 엑셀에 대입하여 필요 시 바로 사용할 수도 있다.

> 공식 : px = dp x(dpi/160)

여기서도 예를 들어본다면, HDPI 스크린에 48 dp 사이즈가 있다고 가정하여 공식에 대입해보자. 여기서 디자이너에게 필요한 정보는 픽셀값인 것이다. 해당 공식에 숫자들을 넣어서 계산해보도록 한다.

> [픽셀값은?] = 48 x(240/160)
> = 48 x 1.5
> = 72

위에서 표를 보며 작업한 숫자와 같다. 이처럼 표를 통해 작업을 진행하여도 좋고 공식을 통해서 진행해도 무방하다. 중요한 것은 DPI의 개념에 대한 이해와 dp를 통해 개발자와 커뮤니케이션을 진행할 수 있는지에 대한 것이다. 수치를 외울 필요까지는 없지만, 필요할 때마다 찾아서 계산을 해볼 수 있도록 한다.

멀티 디바이스에 대한 현실적인 대응 방안

한국에서는 일반적으로 갤럭시 SⅡ와 갤럭시 SⅢ를 타깃 디바이스로 지정하는데, 갤럭시 SⅡ는 HDPI이며 해상도는 480x800 px이고, 갤럭시 SⅢ는 XHDPI이며 1280x780 px이다. 현실적으로 점점 XHDPI급의 스마트폰이 나오고 있는 요즘, MDPI 디바이스를 구해서 작업하고 이에 맞추어 해상도를 적용하는 것은 사실상 어렵다. 따라서 HDPI급을 기준 디바이스로 정해 작업을 진행한 후, 다른 해상도로 변환 작업을 하는 것이 실제 작업의 방향이다.

실제로, 안드로이드의 공식 개발자 웹 사이트에는 이러한 디바이스의 DPI에 대한 최신 업데이트 통계 자료도 공개를 하고 있다. 해당 데이터의 집계 기준은 구글 플레이에 접속한 사용자의 7일 간 집계를 바탕으로 한 것이므로, 실제 사용자와 차이가 있을 수 있으나 앱을 다운로드 해 사용하는 액티브 유저라는 개념으로 보면 되기에 유익한 사용자 정보라고 해석할 수 있다.

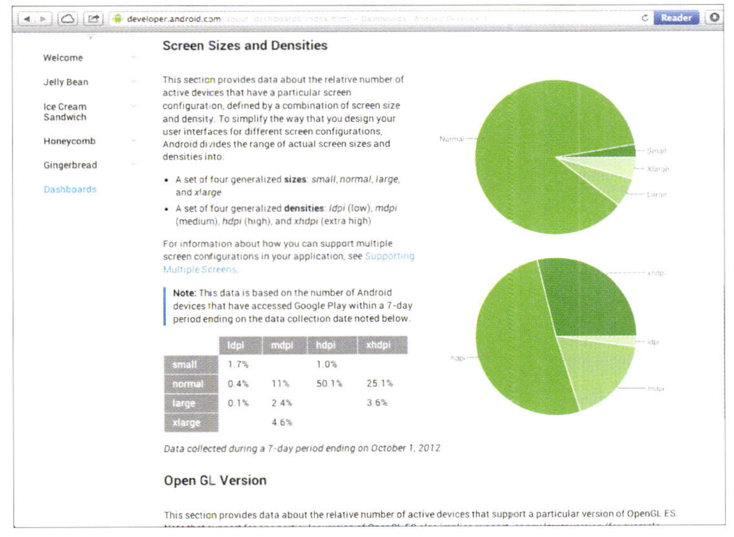

▲ 안드로이드 개발자 웹 사이트 내의 디바이스의 해상도와 DPI 통계치

2012년 10월 1일 집계된 내용을 보면, HDPI 사용자가 약 51%를 차지하여 과반수급을 차지하고 있으며, XHDPI가 약 28%를 차지하여 2위를 보이고 있다. MDPI는 약 18%를 차지하고 있으며 점차 사라질 것으로 판단된다. 따라서 조사 시점의 데이터를 근거로 본다면 MDPI는 개발에 의미가 퇴색되어 가고 있으며 DPI 결정의 1순위는 HDPI(갤럭시 SⅡ), 2순위를 XHDPI(갤럭시 SⅢ)로 하는 것이 옳을 것이다.

Part 05
카테고리별 앱 리뷰

수십만 개의 앱들이 있는 레드 오션, 앱 마켓에서 특유의 '니즈와 솔루션'을 제공하며
입지를 구축하고 있는 다양한 앱들을 리뷰하며 앱의 실제 사례를 알아보도록 한다.
앱 개발사의 인터뷰도 수록하여, 생생한 경험담과 노하우도 배울 수 있는 좋은 기회가 되었으면 한다.

앱 리뷰에 앞서 어떠한 관점에서 본 Part가 구성되었는지 알아보도록 한다.

방대한 수의 앱

 애플 앱 스토어에는 80만 개(2013년 3월 기준) 이상의 방대한 앱이 있다. 안드로이드 구글 플레이 또한 60만 개 이상의 앱이 등록되었다고 한다. 안드로이드 또한, 글로벌 앱 마켓인 구글 플레이는 물론, 각 나라별 마켓별로 수많은 카테고리를 구성하고 있다. 영문권이 아닌 나라들에서도 하나 둘, 글로벌 히트 앱들이 속속 나오고 있으며, 더 이상 새로울 것이 없을 것 같은 유틸리티, 소셜 네트워크 서비스 분야의 앱들도 하루가 멀다하고 매일 새로운 아이디어로 무장한 앱들이 앱 마켓에 나타나고 있다. 수요에 따라 카테고리가 새로 생기기도 한다.

 이렇게 수많은 앱들 속에서 과연 어떻게 해야 할지 막막할 수도 있다. 그런 부분에서 볼 때, 특히나 이러한 레드 오션의 앱 마켓에서 성공적인 포지셔닝을 하고 있는 앱들에 대한 사례를 공부하면 큰 도움이 될 것이다. 실제로 앱을 디자인하기 위해서는 디자인 자체만 알면 안된다. 기획, 마케팅, 트렌드 등은 물론 성공적인 앱, 즉 잘 만들어진 앱에 대해서도 심도 있게 알아야 한다.

Learning insights from the App Pioneers

 본 서적을 통해 성공적인 앱들이 어떻게 구성되고 디자인 요소와 사용성 등을 어떻게 구성하였는지 알아보도록 한다. 일반적인 서적에서는 단순히 앱을 소개하고 있지만, 단순하게 앱에 대해서 소개 받은 수준으로 앱을 아는 것은, 실제 디자인을 하고 앱을 개발하는데 있어서 전혀 도움이 되지 않는다. 하나에 대해서 알더라도 깊이 있게 아는 것이 필요하다. 그래서 본 서적을 기획-저술함에 있어 저자의 사례보다는 이미 각 카테고리에서 니즈와 솔루션을 가지고 자신만의 포지션을 구축한 앱들을 통해, 그리고 그들의 목소리와 경험담을 통해 많은 것들을 나누고자 하였다.

 또한 앱의 스크린 샷을 모아, 직관적으로 앱의 구조를 파악할 수 있는 구조로 구성하였으며, 더불어 앱의 마케팅적 요소인 SNS 링크와 캡처 이미지, 앱 마켓의 이미지와 링크 등도 수록해놓아 깊이 있는 스터디가 될 수 있을 것이다.

 본 Part를 시작하기 전, 바쁜 개발 일정에도 시간을 내주어 긴긴 인터뷰에 응해주신 각 앱 개발사 분들께 다시 한 번 진심으로 감사를 표한다.

게임

게임 앱은 게임의 콘셉트에 맞추어 모든 요소가 디자인되며 스마트폰 터치 스크린 방식의 특성 상 스크린을 터치하는 방식을 사용하거나 기울기 센서를 이용한 컨트롤 등이 주 컨트롤 방식으로 쓰이고 있다. '앵그리 버드(Angry Birds)'에서의 새총을 당기는 직관적인 조작(터치-드래그), 화면 을 넓게 혹은 작게 만들기 위한(핀치 줌 인-아웃) 방식처럼 스마트폰의 사용법과 동일한 직관적인 사용성을 제공할 경우, 사용자에게 보다 쉽고 재미있는 경험을 제공할 수 있다.

01.
버즐 /
Birzzle by
Enfeel Inc.

" 독특한 아이디어로 캐주얼 게임을 한 단계 높인 버즐(Birzzle) "

'버즐'은 국내 앱 개발사인 엔필 주식회사(Enfeel studio)에서 제작한 퍼즐 게임 앱으로 Distimo, TechCrunch에서 '아시아 전체에서 가장 인기 있는 유료 앱 1위'로 선정 되었으며, 최근에는 포털 사이트 네이버와 제휴를 통해 다양한 버전의 버즐 시리즈를 선보이는 등 성공적으로 다양한 버전을 출시하고 있다.

체크 포인트!

- 기존의 3개 매치 블럭 퍼즐 방식과 다른, 터치 스크린을 활용한 직관적인 조작성
- 전체적으로 깔끔하며 완성도 높은 디자인
- 한 게임 내 다양한 게임 모드 제공

앱의 구조 및 페이지별 디자인 리뷰

'버즐 판도라'는 심플하며 직관적인 구조를 보여주고 있다. 메인 화면을 통해 3가지 게임 모드로 바로 진입할 수 있으며, 게임과 관련된 튜토리얼은 각 모드별로 게임 로딩 시에 보여주므로 별도의 메뉴를 만들지 않아도 되어 효과적이다. 판도라 모드는 페이스북을 통해 등록한 친구들과 대전을 할 수 있는 모드로 게임 전 후의 세팅 및 관련 정보를 제공하고 있다.

리뷰 기준 : '버즐 판도라'
아이폰 앱(V.2.0.6)

Classic

Loading

Main Menu

App Icon

Game Mode

Pandora

Option

Rank

Setting

About

Ice Break

Stage Loading

Game Stage

Stage Loading

Facebook Login

Game Stage

Facebook 로그인 시

Stage Loading

Game Stage

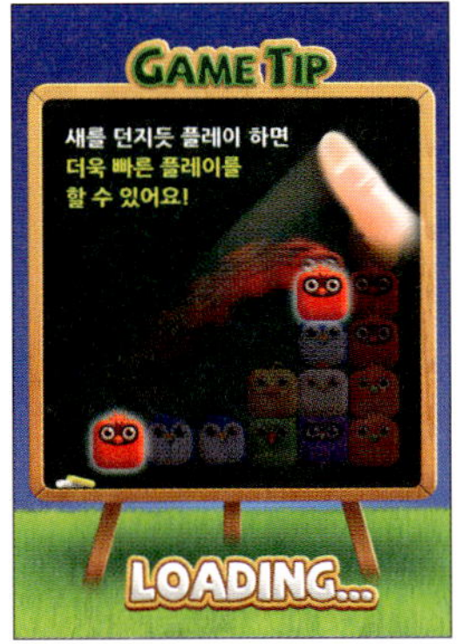

▲ 로딩 페이지

게임 로딩 페이지를 통해 다양한 조작 방법을 소개해주고 있다. 다양하고 귀여운 캐릭터를 색깔별로 3개를 맞추는 간단한 게임 방식을 기본으로 하고 있으며 4개 이상을 맞출 경우에는 다양한 능력을 가진 캐릭터로 변하여 게임의 흥미를 더해준다. 캐릭터를 손가락으로 선택해서 원하는 곳에 올려놓는, 간단하며 직관적인 조작 방식도 사용자들이 쉽게 게임을 시작할 수 있는 장점으로 꼽힌다. 게임 모드 선택 후 나오는 로딩 페이지에 게임의 다양한 팁을 제공하여, 본 게임 시작 전의 기다리는 시간을 효율적으로 사용하고 있다.

◎ 앱 아이콘 및 디자인

▲ '버즐' 앱 아이콘

▲ 다양한 게임 모드를 선택할 수 있는 메인 페이지

애니메이션 방식을 통해 다양한 캐릭터가 나타나며 게임 모드를 효과적으로 소개해주고 있다. 일반적인 캐주얼 게임이 보여주는 그래픽 완성도보다 더욱 높은 수준의 사실감 넘치는 그래픽 작업을 보여주고 있어, 단순한 게임이면서도 굉장히 디테일한 디자인을 통해 고급스러운 느낌을 전달해주고 있다.

기본 클래식(Classic) 모드 외에 다른 방식으로 게임을 즐길 수 있는 2가지 모드를 더하고 있어 하나의 게임이지만 다양한 방식으로 게임 플레이가 가능하다. 판도라(Pandora) 모드는 페이스북을 통해 친구와 스코어 대결을 펼칠 수 있어 또 다른 재미를 느낄 수 있다.

▲ 클래식 모드

가장 기본인 클래식 모드는 시간이 지나면서 점점 빨리 올라오는 버즐 캐릭터들을 맞추어 클리어 하는 것이 목표이다.

▲ 판도라 모드

페이스북의 친구와 스코어 경쟁을 할 수 있는 판도라 모드는 버즐 게임의 핵심 스테이지이다. 다양한 장애물들이 나타나며, 에그샵의 아이템을 사용해 게임을 보다 다이나믹하게 즐길 수 있는 것이 특징이다.

▲ 아이스 브레이크 모드

아이스 브레이크(Ice Break) 모드는 터치하는 부분에 상단의 버즐 캐릭터를 떨어트려 맞추는 게임이다.

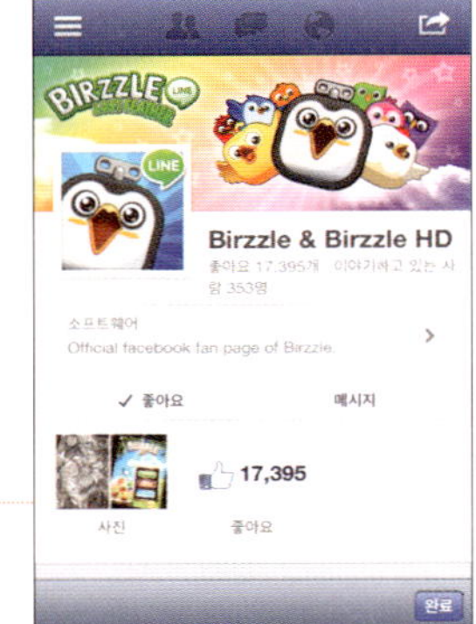

▲ 옵션 메뉴

 옵션 메뉴를 통해 사운드, 진동 조절 및 SNS 연동 여부를 설정할 수 있고 제작사에 대한 소개도 볼 수 있다. 또한 하단의 'OFFICIAL FACEBOOK' 아이콘을 터치하면 앱에서 바로 '버즐'의 페이스북 페이지로 연결된다.

◎ 아이폰 버전 vs 안드로이드폰 버전 차이점

▲ 게임 화면 상단에 광고가 보여지는 안드로이드폰 버전

 아이폰 버전은 유료 앱으로 판매 중인데 비해 안드로이드 버전은 무료 + 광고를 탑재한 버전으로 운영되고 있다. 광고를 없애기 위해서 결제를 하는 구조이다. 앱의 모든 화면에서 광고가 보여진다.

◎ 마케팅 페이지 디자인

기본적으로 브랜드 웹 사이트 및 페이스북 페이지와 트위터를 운영하고 있다.

▲ '버즐'의 브랜드 웹 사이트

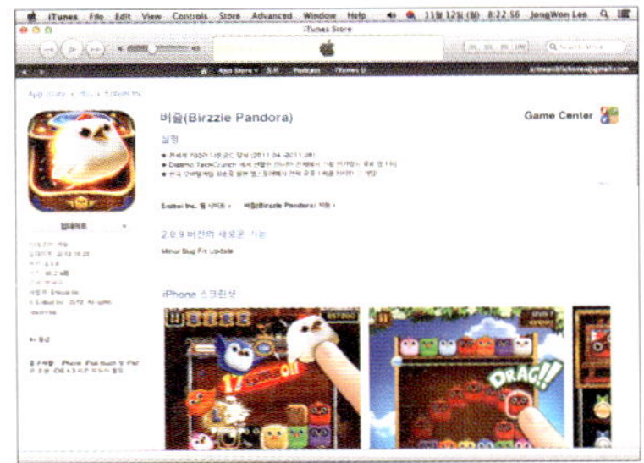

▲ '버즐'의 애플 앱 스토어

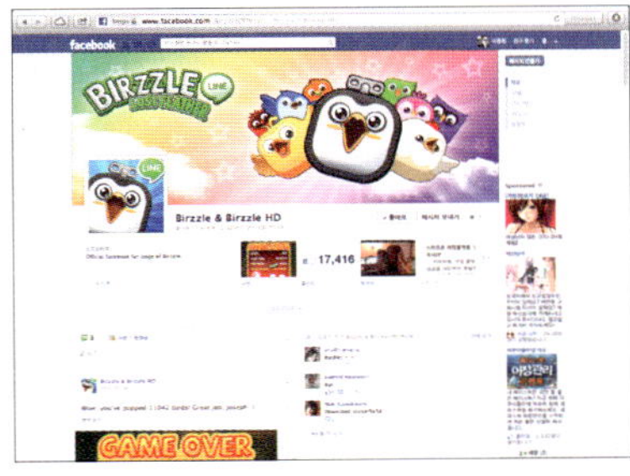

▲ '버즐'의 구글 플레이

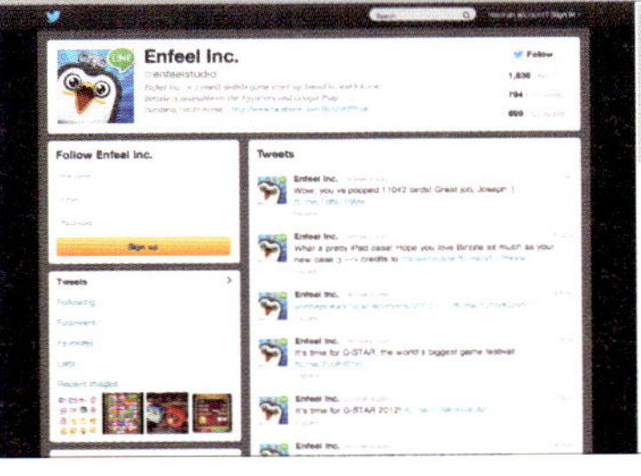

▲ '버즐'의 페이스북

▲ '버즐'의 트위터

잠깐만요!

'버즐'의 브랜드 웹 사이트 – http://birzzle.com

애플 앱 스토어 – http://itunes.apple.com/<r/app/beojeul-birzzle-pandora/id433602128?mt=8

안드로이드 구글 플레이 – http://play.google.com 에서 'birzzle' 검색

'버즐'의 페이스북 – http://www.facebook.com/BirzzleOfficial

'버즐'의 트위터 – http://twitter.com/enfeelstudio

- '모든 이를 위한 재미있고 빠른 페이스의 게임이다. 컨트롤이 심플하고 플레이가 재미있으며 충분한 구매 가치를 가진다.'
  – 미국 : http://appadvice.com
- '눈길을 사로잡는 대단한 그래픽과 심플하고 중독성있는 플레이가 특징이다.' – 미국 : http://theiphoneappreview.com
- '굉장히 귀엽고, 사랑스럽다. 게임 플레이는 간단하지만 잘 짜여져 있는 퍼즐이다.' – 미국 : http://appsafari.com
- '지금, 가장 재미있는 퍼즐은 이 것이다. 손가락에 골수염이 걸릴 때까지 플레이하는 이 중독성은 위험하다.'
  – 일본 : http://appbank.net
- '수동적인 3매치 퍼즐을 훌륭하게 액션 퍼즐로 승화시켰다. 최고다' – 일본 : http://appsjp.com
- Distimo, TechCrunch에서 선정한 〈아시아 전체에서 가장 인기 있는 유료 앱 1위〉 선정
- 방송통신위원회와 머니투데이가 주최하는 〈모바일 앱 어워드 2011〉에서 우수 앱 선정
- 2011년 4월 출시 이후 2012년 9월, 현재까지 공식 누계 약 800만 다운로드 달성

  (iOS + 안드로이드, 비공식 apk 등을 포함하면 약 1,200만 다운로드 이상으로 추정)

◎ 앱 정보

항목	아이폰	안드로이드폰
카테고리	게임	
가격	아이폰 $0.99 아이패드 $1.99	무료
앱 내 결제	없음	결제 시 광고 제거
최초 출시	아이폰 1.0(2011.04.05)	안드로이드 1.0.0(2011.09)
현재 버전	아이폰 2.0.6(2012.04.26)	안드로이드 2.0.2(2012.07.04)
크기	40.4 MB	디바이스에 따라 다름
언어	한국어 / 영어	한국어 / 영어
지원 O/S	iOS 4.0 이상	Android 2.2 이상
개발사	Enfeel Inc.(한국)	

엔필 주식회사

엔필 주식회사 그래픽 디자이너 강진우 주임

Q 최초의 게임에 대한 아이디어 혹은 동기는 무엇인가?

A 기존의 3매치 블럭 퍼즐 게임의 룰을 크게 벗어 나지 않으면서 새로운 스타일의 게임을 만들고자 노력하였고, 어떤 결정적 동기보다는 수많은 프로토타입의 결과물이라고 할 수 있다.

Q '버즐'은 조작 방식이 무척 재미있다. 이러한 조작 방식에 대한 결정은 어떻게 하였는지?

A 초기에는 옆으로 한 칸씩 옮기는 방식도 취하기도 했고, 블록을 밑으로 떨어 트려 쌓는다거나 블록을 직접 좌표에 찍어서 옮기는 등 여러 가지 방식들이 있었다. 그렇게 만들어 본 프로토타입들 중 가장 직관적인 현재의 조작 방식을 선택하여 발전시켰고, 지금의 조작감까지 끌어 올리는데 많은 노력이 들어갔다.

Q 최초 출시의 총 개발 기간은 어느 정도 걸렸나? 이 중 디자인에 걸린 시간과 투입 인원은?

A 프로토타입을 거쳐 실 개발까지 약 6개월 정도의 기간이 걸렸다. 그 중에 한 번은 거의 완성까지 개발을 진행했는데, 내부 검증 후 많이 부족하다는 판단으로 디자인부터 게임성까지 전부 갈아 엎고 다시 개발을 하기도 했다.

모바일 게임(특히 캐주얼 게임)의 특성상 많은 인력이 필요하진 않아서 디자이너 1명, 개발자 1명이 실질적인 작업을 담당하였고 각 파트별 디렉터가 디자인 및 개발의 방향을 도와주는 방식으로 진행되었다.

디자인에 걸린 시간은 '개발 기간 전체'라고 할 수 있다. 소

규모로 팀을 이루어 개발을 진행하기 때문에 디자이너와 개발자 간의 커뮤니케이션과 업무 공유를 필요 시에 즉각 적용하는 방식을 취한다. 그래서 초기 기획부터 앱 스토어에 출시 버전을 등록하기 전까지도 계속해서 UI와 디자인 다듬는 작업을 진행하였다. 덕분에 더 좋은 결과물을 만들어 낼 수 있었던 요인으로 작용하였다.

Q '버즐'의 그래픽 스타일은 무척 깔끔하면서도 완성도가 있는 모습을 보여주고 있다. 지금 보여지고 있는 게임 디자인의 스타일은 어떻게 결정하게 되었나?

A 개발 초기에 '버즐'의 세계관이 세워지지 않았던 시절, 많은 시안 작업으로 인한 고생이 많았다. 게임 그래픽 디자인에 대한 경험이 없어 무턱대고 그림만 그려 나갔던 것이 문제였다는 것을 깨닫고, '버즐'의 세계관과 캐릭터 콘셉트에 대해 고민하기 시작했다. 밝고 아기자기한 느낌을 메인 디자인 콘셉트로 세우고, 나무 밑둥 안에 사는 작은 새들이라는 세계관도 만들고 나니 그럴 듯한 시안들이 나오기 시작했다. 캐릭터도 초기에는 별 콘셉트 없이 둥글게 제작되었다가 블록 느낌이 너무 약하다는 의견을 수용해서 네모난 모양으로 바꾸게 되었고, 그렇게 해서 릴리즈 버전으로 완성하여 출시하게 되었다.

이후에 판도라 모드가 추가되면서 릴리즈 버전보다 한층 더 섬세하고 세련되게 다듬고 디테일을 추가해 현재의 디자인에 이르게 되었다.

Q 디자인 스타일 개발 시 어려웠던 점은?

A 역시나 '새'의 디자인 콘셉트를 잡는 것이 가장 어려웠다. 지금의 버즐 캐릭터들은 정말 수많은 시안 작업을 거쳐 만들어진 결과물이다. 블록 퍼즐 게임의 전형처럼 되어 버린 '보석'에서 벗어나고자 캐릭터를 차용했지만, 사용자로 하여금 옮길 수 있는 '블록' 느낌을 주면서도 캐릭터로서의 귀여운 '새'여야 한다는 점이 가장 어려웠다.

Q 디자인이 게임의 성공에 미친 영향력을 어떻게 평가하나?

A 성공한 게임들 중에 디자인이 엉망인 게임은 없다. 하지만 디자인이 뛰어난데도 성공하지 못한 게임들이 많다는 점을

▲ '버즐 판도라' 이전의 오리지널 버전 앱 아이콘

▲ '버즐 판도라' 이전의 오리지널 스크린샷 이미지들

보여주듯 디자인만으로 게임을 성공시키기는 어렵다. 중요한 건 그림의 퀄리티가 아니라 그 게임의 특성과 포인트를 정확하게 분석하여 가장 잘 어울리는 디자인을 입혀 주어야 한다는 것이다. 그런 의미에서 디자인도 게임성과 앙상블을 잘 이루었고, 결과적으로 '버즐'의 성공에도 기여했다고 생각한다.

Q '버즐'의 사용성에 대해 내부의 평가는 어떠한가?

A 개발 초기부터 가장 신경을 많이 쓴 부분 중 하나가 사용성이라고 할 수 있다. 터치 스크린을 필두로 한 모바일 시장이 활성화되면서 게임을 비롯한 앱들이 보다 직관적이고 단순한 형태로 발전하기 시작했고, '버즐'도 그에 맞추어 직관적인 조작성과 단순한 UI를 넣기 위해 많은 고민들을 하였다. '버즐'의 특장점이 되어 버린 블록을 마음대로 옮기고 쌓는 조작성도 이에 기인하여 탄생하였고, 이는 기존의 블록 퍼즐 게임들과 가장 뚜렷한 차별화 포인트이면서 사람들이 많이 찾는 게임이 될 수 있는 이유였다고 생각한다. 그 밖에도 게임을 바로 시작할 수 있는 원터치 중심의 심플한 UI로 구성하였고, 처음 사용자를 위한 가장 직관적인

형태의 튜토리얼과 로딩 중 볼 수 있는 게임 팁을 제공하는 등 최대한 사용성을 높이기 위해 많은 노력이 들어갔다.

Q '버즐'의 좋은 점과 아쉬운 점은 없는지? 혹은 이후의 개선 예정 내용이 있는지?

A '버즐'이 가장 좋았던 점은 사용자들에게 새로운 방식의 블록 퍼즐 게임이 귀여운 캐릭터들과 더불어 개발사의 의도가 잘 전달되고 공유되었다는 점이다. 그렇지만 그럼에도 불구하고, '버즐'이라는 게임이 가지고 있는 여러 가지의 장점과 가능성을 전부 보여 주지 못한 것 같아 아쉽다(개인적으로 디자인 측면에서는 캐릭터 하나하나의 캐릭터성을 제대로 보여주지 못했던 점이 아쉽다.).

Q 사용자들이 디자인에 대해서 평가하는 부분이 있다면 무엇인가?

A 무엇보다 캐릭터가 '아기자기하다', '귀엽다', '네모틱한 게 신기하다' 등 캐릭터에 대한 좋은 반응들이 특히 많았다. 그 밖에 전체적인 디자인 콘셉트와 UI 편의성에 대해서도 대체로 호평이 많았다.

▲ 현재 '버즐 판도라' 앱 아이콘

▲ 현재 '버즐 판도라' 스크린샷 이미지

하지만 예상하지 못한 혹평과 개선 의견들도 많이 있었는데, 예를 들면 게임의 특성상 불가피하게 높아진 캐릭터들의 채도 때문에 눈이 아프다는 의견, 캐릭터들의 표정이 다양하지 않고 일관적이라 아쉽다는 의견, 각 모드당 배경이 하나밖에 없어 지루하다는 의견 등의 개선할 필요성이 있는 평가와 의견들도 있었다.

Q 현재 '버즐'은 아이폰, 아이패드, 안드로이드 운영체제로 게임이 출시되어 있다. 디자인 작업과 관련하여 각 운영체제별 개발 시 무엇에 주안점을 두고 작업을 해야 하는지 의견을 듣고 싶다.

A 그래픽 디자이너의 입장에서 본다면, 단연 각 디바이스 및 플랫폼의 해상도 대응이라 할 수 있다. 해상도 대응에 좀 더 수월한 3D 게임도 마찬가지겠지만, '버즐' 같은 2D 게임의 경우 해상도 문제는 좀 더 민감할 수 밖에 없다. 처음부터 고해상도 및 와이드 화면에 대한 대응을 할 수 있게 디자인되어 있지 않다면 디바이스별로, 해상도별로 같은 그림을 몇 번씩 그리게 될 경우가 많아질 수 밖에 없기 때문이다. 게임 개발의 초기부터 여러 해상도에 대응할 수 있게 디자인해야 한다는 점이 최고의 주안점이다.

Q '버즐' 이후에 출시된 '라인 버즐', '라인 버즐 Plus'는 iOS 앱의 유니버설 버전으로 출시되어 있다. 그러나 '버즐'은 아이폰과 아이패드별로 버전이 다르다. 그 이유가 있는지?

A '버즐'의 경우, 아이폰 버전이 먼저 나오고 난 후에 아이패드 버전 개발에 들어갔다. 아이패드에 최적화된 시스템과 그래픽에 대한 업그레이드가 있었고, 아이패드용 게임의 시장성에 대한 테스트의 개념도 포함된 결정이었다. 후에 출시한 '라인 버즐'의 경우, 최초 기획이 무료 버전의 배포였다는 점과 유니버설 버전의 마케팅 효과를 기대한 결정이었다.

Q 아이폰 버전과 안드로이드 버전을 관리하는 주안점은 무엇이며, 안드로이드 버전의 경우 무료 제공 후 유료 결제 시 광고 제거 형태의 방식을 도입하였는데 이렇게 적용한 이유가 있는지?

A 2개의 버전을 따로 관리하고 있지는 않다. 모든 업데이트나 리소스들은 동일하게 적용된다. 다만 안드로이드의 경우,

무료 + 광고의 형태로 '버즐'을 제공하고 있는데, 이는 수익을 발생시키기가 힘든 안드로이드 생태계를 고려한 판단이며 마케팅적 효과도 누릴 수 있기 때문에 채용한 정책이다.

Q 아이폰 버전의 경우 한국어 버전과 영어 버전으로 제작이 되어 있다. 이렇게 2개로 나눈 이유가 있는지?

A 가장 큰 이유로는 2011년 4월, 출시 당시에는 한국 앱 스토어에 게임 카테고리가 없었기 때문에 글로벌 버전을 동시에 출시하지 못했다. 이에 한국을 제외한 글로벌 영어 버전을 출시하였고, 이후 한국 팬들의 요청에 의해 게임물 등급 위원회 심의를 거쳐, 엔터테인먼트 카테고리로 한국 앱 스토어에 '버즐'을 출시하였다. 이후 한글화에 대한 이슈와 한국 앱 스토어 게임 카테고리가 열리면서 한국 앱 스토어 버전을 한글화시키면서 게임 카테고리로 옮기는 작업을 하였다. 그래서 현재 한국 앱 스토어의 '버즐'과 글로벌 버전의 '버즐'은 app ID가 다르게 되었다.

Q 귀사 앱에 대해 제일 마음에 들어 하는 부분을 하나만 정한 다면?

A 기존의 블록 퍼즐 게임들이 가지고 있던 친숙한 룰과 게임성을 취하면서 참신한 조작 방식을 성공적으로 도입했다는 점이다. 이는 '엔필'만의 '창의성'과 '참신함'이 돋보인 부분으로 생각한다.

Q 게임 앱 디자인 시 무엇을 제일 중요시 해야 하는지 조언해 준다면?

A 기존 PC나 콘솔 게임에 비해 모바일 게임 시장에는 라이트한 사용자가 많다. 그래서 단순한 캐주얼 게임들이 계속해서 인기 몰이를 하고 있고, 이는 그래픽 디자인 측면에서 단순한 UI와 캐주얼한 디자인에 대한 니즈로 생각된다. 설령 게임 자체가 복잡하고 어렵다 할지라도 최대한 쉽게 게임에 접근할 수 있도록 디자인 차원에서 배려가 많이 되어야 한다는 점이 모바일 게임 디자인에서 가장 중요하다.

Q 귀사 게임 외에 디자인-사용성 부분에서 추천해줄 만한 앱이 있다면 3개만 추천해달라.

A 첫 번째로 '컷더로프(Cut the Rope)'를 추천한다. 아주 직관적이고 쉬운 사용성과 게임성, 그리고 귀엽고 포근한 느낌의 그래픽까지, 완성도가 높은 게임이다. 두 번째는 좀비를 귀엽고 캐주얼하게 풀어낸 '식물 대 좀비(Plants vs Zombies)'를 추천한다. 특히 복잡할 수도 있는 게임 내의 수많은 캐릭터와 요소들을 사용자들이 쉽게 접근할 수 있도록 디자인으로 풀어냈다는 점에서 높은 점수를 주고 싶다. 세 번째로는 '서브웨이서퍼스(Subway Surfers)'라는 게임 앱을 추천한다. '템플런(Temple Run)'과 비슷한 조작성을 가지고 있음에도 전혀 다른 게임성을 보여 주고 있고, 그래픽 또한 아기자기하고 캐주얼하게 디자인되어 있다는 점에서 추천한다.

Q 앞으로 앱 디자인의 미래에 대한 코멘트를 한다면?

A 앞으로 모바일 기기와 게임 엔진은 점점 더 발전할 것이므로 그래픽과 디자인 또한 좋아질 것은 분명하지만 그것의 사용성과 모바일 게임의 캐주얼함은 지금과 크게 다르지 않을 것이라 생각한다. 더욱 단순하고 직관적으로 발전할 UI와 멀티 디바이스에 최적화될 수 있는 디자인이 주를 이룰 것으로 예상한다.

Q 게임에 대한 외부 주요 업체의 평가는?

A '버즐'은 게임이라고는 한 번도 제작해보지 않았던 사람들이 만들었던 첫 번째 게임이다. 하지만 국내의 어떤 모바일 게임사보다도 폴리싱이 잘 된 게임이라는 평가들을 받았다. 또한 게임의 참신함과 플레이 방식의 독창성, 크리에이티브한 디자인 등의 부분들이 국내 외에서 호평을 받았다.

" 단순하지만 멈출 수 없는, 발전하는 게임 메가 점프 "

'메가 점프'는 2009년 5월 출시 이후 현재까지 통합 3,000만 회 이상의 다운로드를 기록한 인기 있는 게임이다. 저자가 스마트폰을 사용하게 되면서 처음으로 재미있게 즐겨본 게임이면서도 몇 년이 지난 지금까지도 종종 게임을 하고 있을 정도로 완성도 있으면서 쉽사리 질리지 않도록 잘 구성된 게임이다.

체크 포인트!

- 스마트폰의 기울기 기능을 활용한 조작 방식
- 단순할 수 있는 쫀프 장르 게임을 장기간 운영하며 다양한 요소를 접목시킨 게임으로 발전시킨 점
- SNS의 적극적인 활용과 다양한 아이템 구매 및 운영 방식
- '메가 점프'의 성공에 이어 '메가 런' 게임도 출시하며 성공을 이어가고 있는 점

앱의 구조 및
페이지별 디자인 리뷰

'메가 점프'는 오랫동안 운영되어 온 앱답게,
다양한 아이템들과 다양한 SNS 및 마케팅 관
련 내용들도 짜여져 있다. 유료 코인 MP 판
매도 있지만, 광고 시청 등을 통해 무료 코인
MP를 제공하는 등의 구성도 눈에 띈다.

리뷰 기준 : '메가 점프'
아이폰 앱(V.17.0.2)

Game Play

Game Over

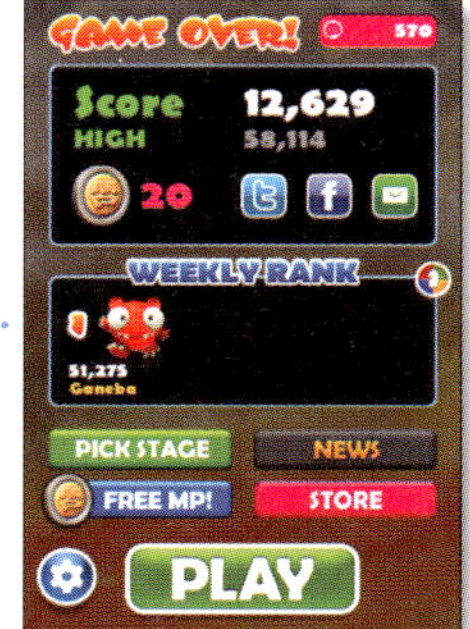

Stage Select

App Icon

Loading

Play

Main Menu

Store

Game Setting

Free MP

Player SNS

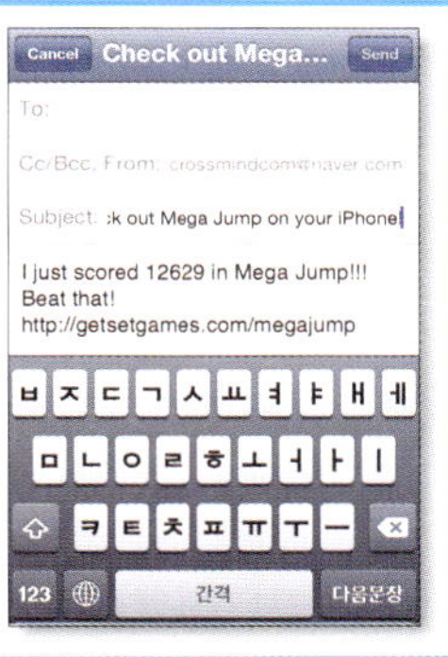

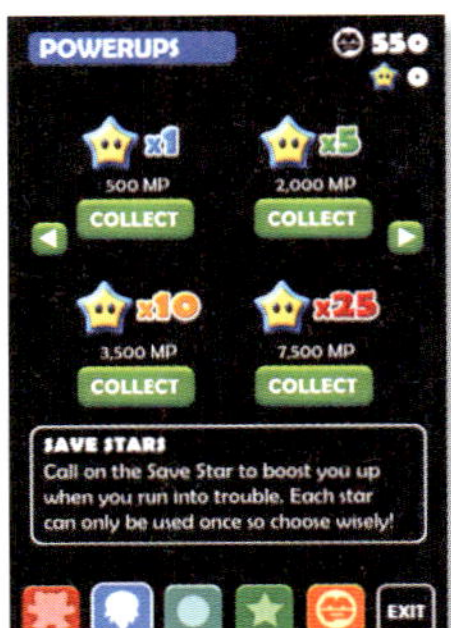

Game Developer SNS + HELP + News

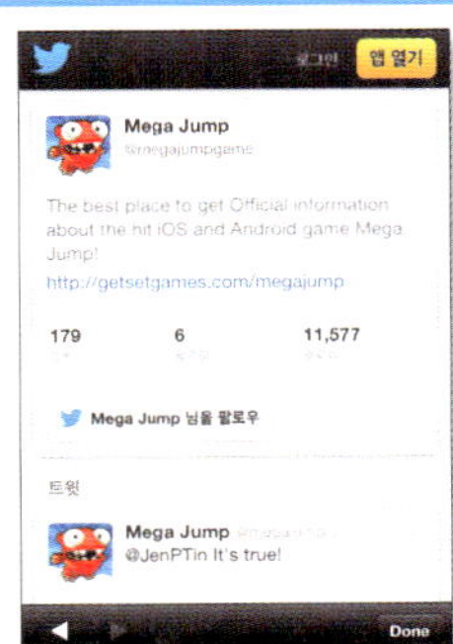

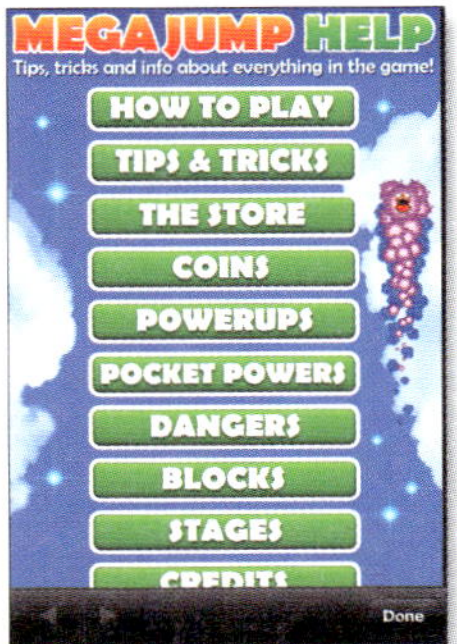

▲ 스마트폰의 기울기 기능만을 이용하여 조작하는 방식 채택

'메가 점프'는 스마트폰의 기울기 기능을 이용하여 아주 간단하게 캐릭터를 좌우로 이동시키는 단순한 조작법을 채택하고 있지만, 가속도가 붙는 느낌으로 조절되므로 생각보다 쉽지가 않다는 점이 재미를 더해준다. 코인을 먹으면서 하늘로 계속 날아올라 가지 않으면 캐릭터가 떨어지며 게임이 끝나므로, 긴장감을 늦출 수 없는 점도 게임의 묘미이다. 특유의 손 맛과 중력감이 본 게임의 장점이다.

◎ **디자인**

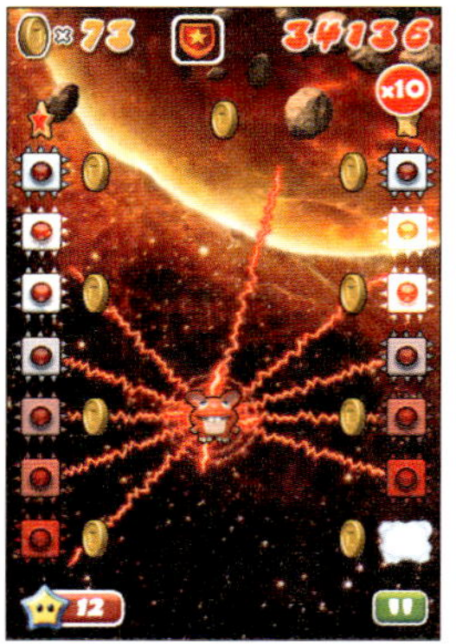

▲ 만화 풍의 캐릭터, 풍성한 텍스처를 사용한 배경 일러스트

캐릭터는 굉장히 단순하며 만화적인 느낌을 전달해주면서도 풍성한 텍스처를 사용한 배경을 두어 무료 게임임에도 완성도가 높은 느낌을 전해준다. 캐릭터는 3D로 제작한 것을 2D화하여 사용함으로 완성도 있는 캐릭터 디자인을 보여준다. 주인공 캐릭터는 기본적으로 제공되지만, 다양한 캐릭터들이 있어 취향에 따라 캐릭터를 선택할 수 있다. 단순히 점프만 하여 코인을 먹는 것 이외에도 다양한 효과를 보여주는 특수 아이템들이 고루 배치되어 있어서 시각적인 만족감과 다이나믹한 느낌을 전해준다.

▲ 다양한 게임 스테이지와 인-앱 결제를 통한 코인 MP의 판매

　'메가 점프'는 굉장히 다양한 스테이지를 제공하고 있으며, 코인 MP를 지불하면 다양한 스테이지 및 파워 업 아이템, 다양한 캐릭터들을 구매할 수 있다. 게임에서 모을 수 있는 코인 MP는 인-앱 결제를 통해 구매할 수 있다. 1가지의 게임 방식만을 제공하고 있지만, 코인과 장애물의 패턴 조절을 통해 난이도가 점점 어려워지는 '스테이지 방식'을 도입하고 있어 스테이지가 올라갈 수록 게임이 어려워지지만, 파워 업 아이텍을 구매·업그레이드하면 게임을 더 쉽게 즐길 수 있는 방식을 제공하고 있다. 게임을 통해 얻은 코인을 사용할 수도 있으며, 인-앱 결제를 통해 코인 MP를 구매하여 사용할 수도 있다.

◎ 다양한 콘텐츠의 지속적인 업데이트

▲ '메가 점프'의 다양한 캐릭터들과 파워 업 아이템들

　초기 버전에는 파워 업 아이템들이 없었으나 이후 업데이트를 통해 다양한 아이템들에 대한 판매가 시작되었다. 스테이지 및 난이도의 지속적인 밸런스 조절 등, 출시 이후에도 꾸준한 업데이트를 통해 콘텐츠를 보강하고 있으며 다양한 소셜 네트워크 마케팅도 적절히 운영하고 있다. 아울러 게임사의 자체 수익을 위한 프리-미엄 전략도 잘 구사하고 있다. 게임 사운드도 중독성 있는 리듬과 멜로디를 들려주어 게임의 또 다른 재미를 더해준다.

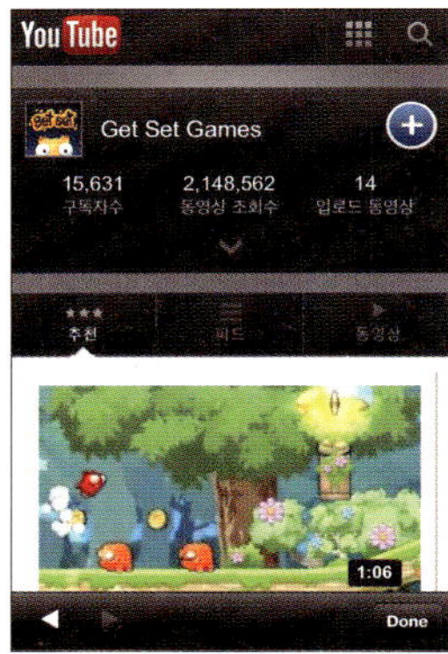

▲ 메인 페이지의 다양한 SNS 링크 버튼들

겟 셋 게임스사의 소셜 네트워크 마케팅은 페이스북, 트위터, 유튜브를 사용하고 있다. 일반적으로 SNS 버튼을 터치했을 경우, 사용자의 페이스북에 관련 스코어나 홍보 메시지를 게시하는데 비해, '메가 점프'의 메인 페이지에서 게임 개발사의 페이스북과 트위터를 보여주는 방식을 사용하여, 사용자가 별도로 찾아가서 접속하지 않아도 새로운 소식을 볼 수 있도록 구성한 점이 눈에 띈다.

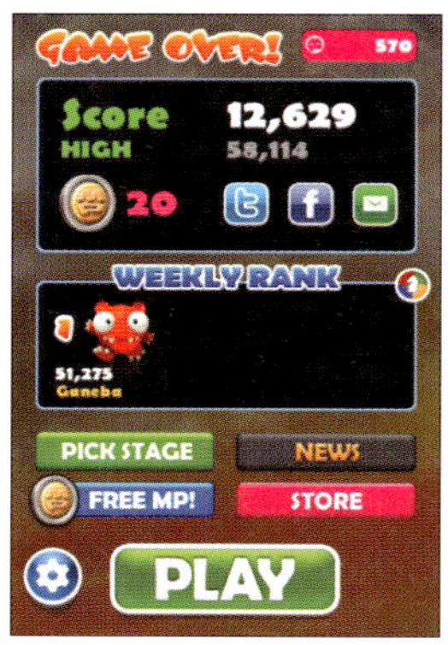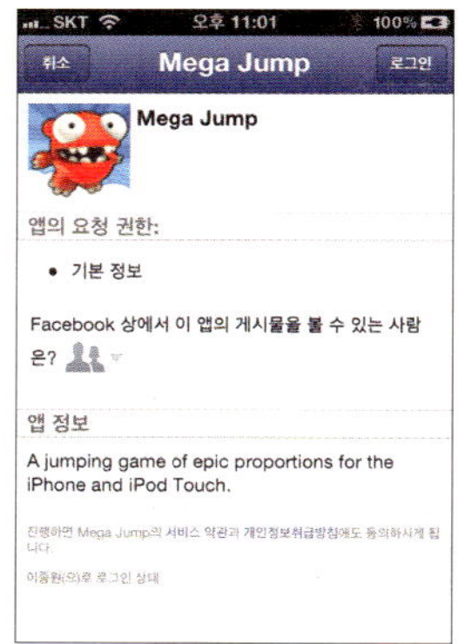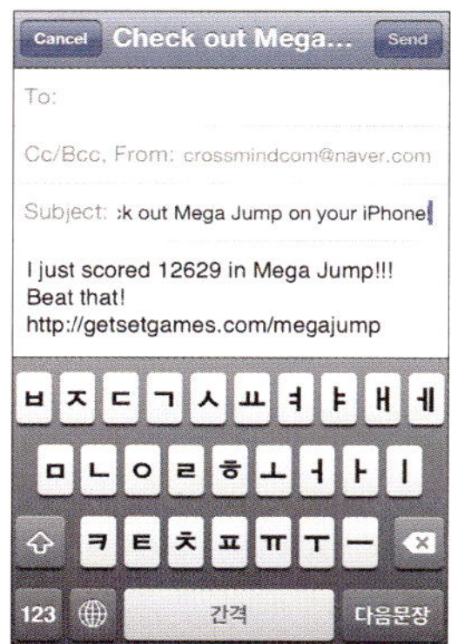

▲ SNS 연동 메뉴

게임 개발사의 다양한 정보를 볼 수 있는 최초 화면의 SNS 메뉴들이 있다. 게임 종료 후 나오는 페이스북과 트위터 버튼을 터치할 경우에는, 사용자의 SNS에 관련 스코어를 올리는 기능으로 작동된다. 사용자가 앱 소문을 내는 기능의 SNS 연동 메뉴들도 구성되어 있다.

▲ 안드로이드폰 버전 '메가 점프'

안드로이드폰과 아이폰의 기능상의 차이로 안드로이드폰 버전에는 '게임 센터'와 'Air Play' 기능은 빠져있으며, 메인 화면은 애니메이션이 아니라 고정 이미지로 되어있다. 안드로이드폰 버전은 게임 스테이지가 1개 세트만 제공되고 있으므로 아이템 스토어에 '게임 스테이지' 구매 메뉴만 빠져있다. 사진에는 안드로이드폰 버전에만 제공되는 안드로이 캐릭터가 보인다.

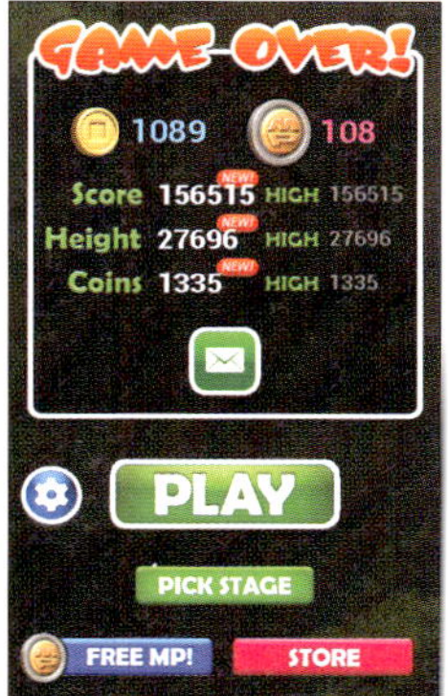

▲ 높은 해상도의 안드로이드폰 버전 '메가 점프'

아이폰 버전은 아이폰 3G(320x480 px)에 맞추어 개발이 된 것으로, 안드로이드폰 버전은 그보다 높은 해상도로 작업이 되어 훨씬 또렷한 이미지를 볼 수 있다. 게임 오버 후 앱에 대해 친구에게 알리는 기능은 이메일을 통한 것만 제공된다.

'메가 점프' 내에서도 페이스북, 트위터, 유튜브와 연동이 잘 되어 있으며 브랜드 웹 사이트를 통해서도 SNS와 연동이 될 수 있게 잘 연결시켜두었다.

▲ '메가 점프'의 브랜드 웹 사이트

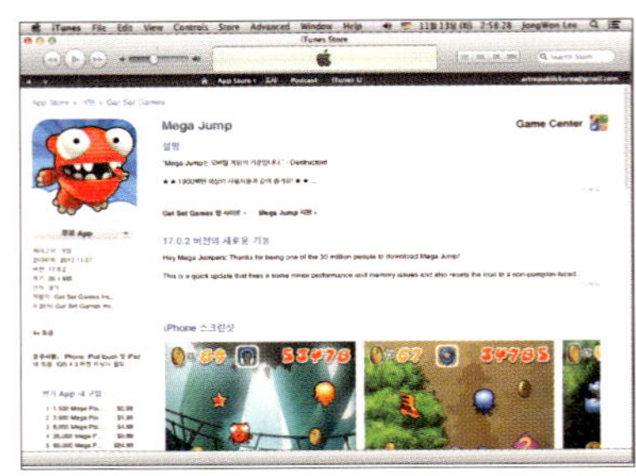

▲ '메가 점프'의 애플 앱 스토어

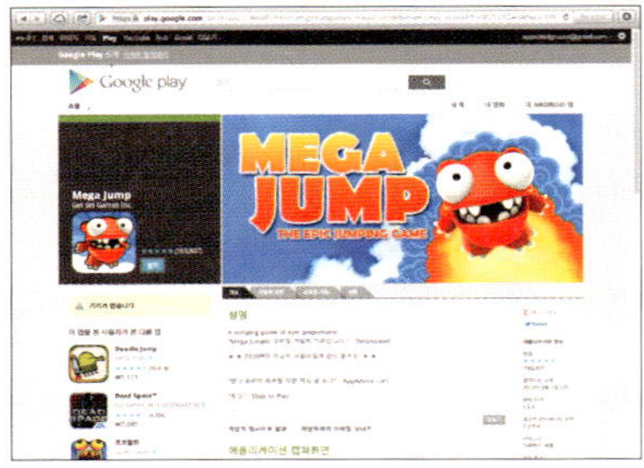

▲ '메가 점프'의 구글 플레이

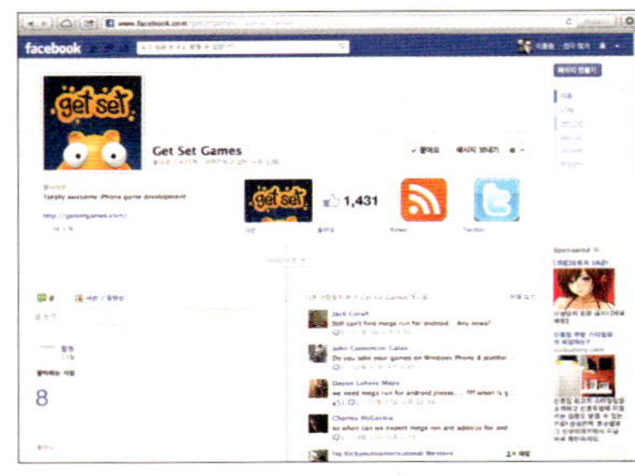

▲ '메가 점프'의 페이스북

▲ '메가 점프'의 트위터

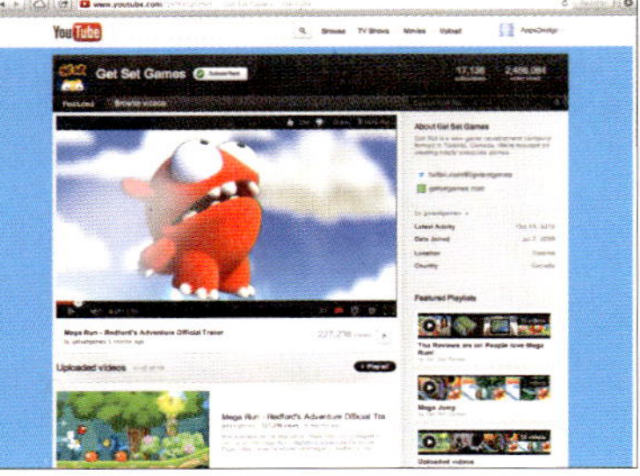

▲ '메가 점프'의 유튜브

'메가 점프' 브랜드 웹 사이트 – http://getsetgames.com/games/mega-jump/

애플 앱 스토어 – https://itunes.apple.com/kr/app/mega-jump/id370398167?mt=8

안드로이드 구글 플레이 – http://play.google.com에서 'mega jump' 검색

'메가 점프'의 페이스북 – http://www.facebook.com/getsetgames

'메가 점프'의 트위터 – https://twitter.com/getsetgames

'메가 점프'의 유튜브 – http://www.youtube.com/getsetgames

- '메가 점프'는 앱 스토어의 베스트 캐주얼 게임이다.' – App Advice
- '메가 점프'는 굉장히 잘 만들어져서 충분히 관심을 가질만하다.' – Slide To Play
- '두들 점프가 마리오라면 메가 점프는 소닉과도 같다.' – AppSlappy
- '엄청나게 중독성이 강하다.' – Gamezebo
- '굉장히 잘 만들어져서 계속 플레이하게 만든다.' – Gamezebo
- '뛰어난 그래픽 디자인이 돋보인다.' – Pocket Gamer
- 구글 안드로이드, 애플 iOS 통합 3,000만 번 이상의 다운로드 달성
- 한 달만에 만들어진 최초 출시 버전, 매월 업데이트되는 콘텐츠
- 새로운 캐릭터, 업그레이드, 도전 과제 등을 추가하며 총 17번의 업데이트가 이루어짐
- 미국과 세계 최대 규모의 나라들을 포함한 총 31개국에서 무료 앱 1위 달성
- 11개국에서 유료 앱 Top 10위권 달성, 미국을 포함한 24개국에서 유료 앱 Top 25위권 달성
- 독일을 포함한 6개국에서 유료 앱 1위 달성
- 현재 94,000명 이상의 페이스북 팬을 보유하고 있으며 9,000명 이상의 트위터 팔로워 보유

◎ 앱 정보

항목	아이폰	안드로이드폰
카테고리	게임	
가격	무료	
앱 내 결제	인–앱 결제로 코인 'MP' 구매($0.99 ~$94.99)	
최초 출시	아이폰 1.0(2009.05)	–
현재 버전	아이폰 1.7.0.2(2012.11.07)	안드로이드 1.5.3(2012.09.07)
크기	26.1 MB	22 MB
언어	영어	
지원 O/S	iOS 4.3 이상	Android 2.2 이상
개발사	Get Set Games Inc.(캐나다)	

get set Games

니콜라스 쿰 Nicholas Coombe
겟 셋 게임스 아트디렉터이자 공동 설립자
Co–Founder and Art Director at Get Set Games

Q 게임을 개발하게 된 최초 동기는 무엇인가?

A 겟 셋 게임스사는 2009년에 시작된 게임사로써, 수학 퍼즐 게임인 '에디쿠스(Addicus)', 트위터를 기반으로한 연예인 알아맞추기 게임 '팝트위츠(Poptweets)'라는 게임 앱을 출시한 경험이 있다. 두 게임 모두 좋은 평가를 받았지만 유명한 게임이 되지는 못하였다. 각 게임들마다 완성까지는 수개월이 걸렸지만 좋은 결과들을 달성하지 못하여 다음 개발 시에는 개발 사이클에 속도를 높이기로 결심하였다.

당시에는 심플한 게임을 연속으로 출시할 계획이었고 각각 1개월 안에 개발을 완료하는 것이 목표였다. 원래는 솔리테어 카드 게임처럼 몇 가지 간단한 게임들을 출시하려고 하였으나, 결국 처음으로 개발 들어간 프로젝트는 점핑 게임 스타일의 '메가 점프(Mega Jump)'가 되었다.

당시 애플 앱 스토어에서 꽤 유명했었던 '두들 점프 (Doodle Jump)' 같은 게임 앱을 즐겨하고 있었는데, 똑같은 게임을 만드는 것이 아니라, 재미있는 파워 업 아이템과 스페셜 아이템 같은게 있는, '버블 보블(Bubble Bobble)', '슈퍼 마리오 브라더스(Super Mario Brothers)', '디그 더 그(Dig Dug)'와 같이 오락실에서 동전을 넣는, 어렸을 때 재미있게 하던 과거 16bit 게임같은 느낌을 더하고 싶었다.

그렇게 해서 탄생한 '메가 점프'는 5주만에 완성되었고, 출시 즉시 히트 앱이 되었다. 그 덕분에 겟 셋 게임스에서 전업으로 일을 할 수 있게 되었다. 현재까지 3,000만 다운로드가 이루어졌고 아직도 하루에 수천 건의 다운로드가 이루어지고 있다.

Q '메가 점프'의 첫 버전 출시가 정말 5주만에 이루어졌나?

A 그렇다. '메가 점프'의 첫 출시 버전은 정말 5주만에 완성되어 출시되었다! 그리고 지금까지 만든 게임 중 가장 짧은 기간에 완성한 게임이기도 하다.

Q 왜 게임의 타이틀은 '메가 점프'로 결정하였는지?

A 우선, 게임의 제목에 '점프'라는 단어를 꼭 넣어야 겠다고 생각했다. '두들 점프'나 '파피 점프(Papi Jump)' 처럼 제목에 '점프' 단어가 들어가면 사용자들이 쉽게 점핑 게임 장르라고 알 수 있기 때문이었다.

게임은 다양한 파워 업 아이템과 콜렉트 아이템들을 배치하여 미친듯이 게임을 플레이를 해야 하는 스타일로 구성하였고, 메인 캐릭터 레드포드는 조그마한 숲에서 출발하여 저 멀리 우주까지 날아가는 여행이 게임의 주된 내용이므로, 거대한 서사시와 같으면서도 게임 자체가 왠지 미친 듯한 느낌을 전해주어야 한다고 생각했다. 그 중에 '메가'라는 단어가 굉장히 잘 맞는다고 생각해서, 최종적으로 '메가 점프'로 결정하게 되었다.

Q 어떻게 해서 특유의 좌우로 기울이는 조작법을 선택하게 되었는지?

A '두들 점프'를 좋아해서, 그 게임에서 첫 아이디어를 얻게

되었다. 스마트폰의 좌우 기울임 인식 센서는 게임 조작하기에 굉장히 좋은 새로운 방식이었지만, 점핑 게임 장르는 당시에 출시 초기여서 조작 방식이 많이 단순하였다. 그래서 우리는 점핑 게임 스타일에 몇 가지 새로운 아이디어를 더하였다. 어려웠던 점은, 기울이는 조작 방식만으로 게임을 흥미롭게 만들어야 한다는 점이었다.

Q 어떻게 캐릭터, 스테이지, 아이템들과 같은 디자인 스타일을 결정하게 되었는지?

A 우리는, 우리를 웃게 만드는 캐릭터를 만드는 것을 좋아한다. '메가 점프'의 주인공 캐릭터인 빨간색 꼬마 몬스터 '레드포드(Redford)'는, 캐나다 토론토에서 '투 잼(To Jam)'이라는 이름으로 매년 열리는 3일 간의 '게임 잼(Game Jam)' 이벤트를 위해 만들어진 캐릭터였다. 게임 잼 이벤트는 수백 명이 사람들이 참여하는 세계에서 제일 큰 행사 중 하나이다.

이 게임 잼의 목표는 3일 만에 게임을 처음부터 끝까지 만드는 것이다! 우리는 이 이벤트에서 간단한 멀티 플레이어 게임을 만들게 되었다. 플레이어가 작은 몬스터들을 먹어 치우면서 몸집을 키우다가 제일 큰 몬스터가 되면 이기는 게임이었다. 그 때 만들어진 게임은 '러브 앤 헤이트(Love and Hate)'라는 이름의 게임이 되었는데, 결국 같은 디자인으로 '메가 점프'의 레드포드 캐릭터가 되었다. 우리는 그 캐릭터를 정말 좋아했다. 레드포드는 굉장히 심플하게 생겼고 작은 사이즈임에도 굉장히 잘 보였다. 그러면서도

▲ '러브 & 헤이트'의 로딩 이미지

다른 비디오 게임 캐릭터들과 닮지 않아서 좋았다. 이런 캐릭터 스타일을 '못생겼지만 귀여운(Ugly Cute)' 스타일이라고 불렀고, 이후로도 무척 좋아하게 되었다.

'투 잼(To Jam)' 이벤트에서 3일 만에 만든 게임 '러브 & 헤이트'이다. 이 게임을 통해 레드포드가 처음 세상에 선을 보였다. 당시에는 '레드포드'란 이름조차 없었다.

▲ 레드포드 오리지널 콘셉트 이미지

레드포드의 최초 첫 드로잉이다. '메가 점프'의 메인 캐릭터인 레드포드는 원래 '러브 & 헤이트' 게임 앱을 위해 만들어 졌었다.

▲ '메가 점프'에 맞추어 완성된 레드포드의 이미지 1과 2

우리는 '메가 점프'를 기획하면서, 게임을 하는 플레이어가 광대한 모험을 하는 것처럼 느끼길 원했기 때문에, 판타지 풍의 배경을 선택하게 되었다. 그렇게 하여 배경은 페인터-회화풍의 스타일로 가기로 결정하였고, 메인 오브젝트들은 레드포드 캐릭터와 동일 선상으로 하여 만화 스타일로 기획하게 되었다. 이는 꽤 재미있는 조합이었다고 생각하며, 플레이어들의 반응도 좋았다고 생각한다. 그리하여 전면의 스프라이트 이미지들은 무척 심플하고 두꺼운 외곽라인을 가진데 비해, 배경은 풍성하며 소프트한 컬러를 사용한 회화풍으로 구현도 게 되었다.

Q 앱 아이콘 디자인, 캐릭터 디자인의 초기 프로토 타입을 보여줄 수 있는지? 그리고 최종 출시본은 어떻게 결정하게 되었는지?

A 매우 빠르게 개발을 진행하고 있던 터라, 결정 또한 매우 빠르게 내렸다. '메가 점프'의 콘셉트 이미지를 구성하기 위해 재미있는 아트 스타일을 시도해보았다. 배경은 자연환경으로 해보았고 캐릭터는 '러브 앤 헤이트'의 주인공인 레드 포드를 조합해보았는데, 결국 최초의 콘셉트 이미지와 매우 유사한 스타일로 최종 출시 버전이 정해지게 되었다.

▲ '메가 점프' 오리지널 콘셉트 이미지

'매튜 쿰(Matthew Coombe)'이 디자인 한 '메가 점프'의 첫 콘셉트 이미지이다. 작업 시 인터넷에서 찾은 템포러리 아트워크를 배경에 사용했다. 그리고 최종 출시본의 배경 이미지에는 오리지널 아트워크를 제작하여 사용했다.

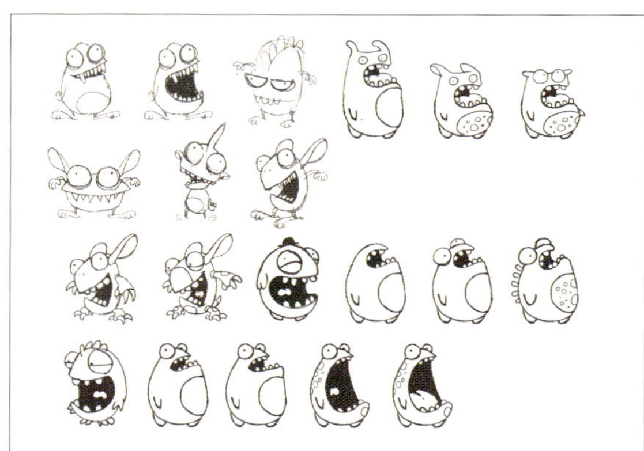

▲ '러브 & 헤이트'의 캐릭터 콘셉트 스케치

'러브 & 헤이트'에 사용하려고 디자인한 오리지널 캐릭터 중 일부는 '메가 점프' 캐릭터로 사용되었다.

모든 사람들이 맨 처음으로 보게 되는 것이 앱 아이콘이며, 아이콘 디자인이 굉장히 중요하다는 것을 이미 알고 있었다. 아이콘을 어글리하게 만들게 되면 수많은 고객들을 잃는 것과 같다. 눈에 확 띄는 앱 아이콘을 만들게 되면 수많은 고객들이 게임과 관련된 링크를 터치하고 싶어할 것이다. 그래서 우리는 아이콘을 굉장히 심플하게 만들면서도 메인 캐릭터를 보여줌으로써 고객들과 연결점을 만들고 싶었다. 메인 캐릭터인 레드포드는 또한 매우 밝은 붉은 색을 띄고 있어서 앱 스토어의 다른 앱 아이콘들보다 눈에 더 띄었다.

▲ 탈락한 프로토타입 앱 아이콘

결국 사용하지 않은, 개발 기간 중 처음 작업한 아이콘을 보면, 행복해 보이지 않는 캐릭터의 표정과 다크한 컬러, 그리고 무슨 이미지인지 바로 파악이 되지 않았기에 자체적으로 탈락시켰었다.

▲ 첫 오리지널 앱 아이콘

'메가 점프' 첫 출시 때 사용된 오리지널 앱 아이콘을 보면, 심플하고 깔끔하며 눈에 확 띈다. 즐거운 표정의 메인 캐릭터이다. 그래서 초창기 프로토타입 디자인보다 과감한 색으로 대비를 강조하고 캐릭터의 실루엣을 잘 살려주는 방향으로 좀 더 단순화하여, 고객들이 보다 이해하기 쉽게 하고자 하였다.

우리는 최근에 이미지를 환기시키고자 앱 아이콘을 새롭게 디자인하였으며, 좀 더 볼륨감 있게 캐릭터를 놓고 구름 요소를 배치하여 하늘을 점프해서 나는 듯한 느낌을 표현하였다. 또한 레드포드의 시선을 정면으로 향하도록 함으로써 플레이어들과 긴밀한 유대감을 형성할 수 있도록 하였다.

▲ 개선된 현재의 아이콘 형태

최근의 아이콘 디자인을 보면 좀 더 3D 느낌이 들며 캐릭터가 개발자를 바라보고 있다는 점이 특징이다. 점핑 게임이라는 느낌을 주기 위해 구름을 차용했다.

Q 디자인 스타일을 개발하는데 있어서 제일 어려웠던 점은?

A 제일 어려웠던 점은 배경이었다. 배경을 굉장히 디테일하게 표현하기 위해 많은 시간이 들었다. 오히려 메인 게임 스프라이트 작업보다 시간이 더 들었다. 배경을 통해 심플한 메인 캐릭터가 오히려 부각될 수 있도록 디테일과 현실적인 표현 사이에서 밸런스를 잡도록 많은 시간과 공을 들였던 부분이 어려웠던 부분이다.

Q 게임 개발에 있어서 무엇이 제일 도전적인 과제였나?

A 제일 어려웠던 개발 과제는 아무래도 파워 업이 재미있어야 하고 게임에서 문제 없이 돌아가게 해야 한다는 점이었다. 그래서 개발하면서 파워 업과 관련해 수많은 교정 작업을 수행하였으며 밸런스를 맞추는 데 많은 공을 들였다. 또한 캐주얼 게임을 좋아하는 사람들은 게임을 즐길 수 있도록, 좀 더 어려운 게임을 잘하는 사람들은 쉽게 만족감을 줄 수 있도록 난이도 조정에 많은 시간을 들였다.

Q 게임 디자인이 앱의 성공에 어떤 영향을 미쳤는지?

A 우리는 모든 디자인에 있어 '심플함이 최고(Simplicity is best)'라고 믿고 있다. 어떤 사람들은 좀 더 나은 디자인을 위해서 무언가를 더 해야 한다고 하지만, 우리는 반대라고 생각한다. 디자이너 Antoine de St-Expurey는 다음과 같이 말했습니다. "완벽이란 무언가를 더할 것이 없을 때가 아니라, 무언가를 뺄 게 없을 때이다."

5주 안에 게임을 만들어야 한다고 하니 우리는 게임을 좋게 만드는 것 이외의 나머지 것들을 모두 제거해야만 했다. 혹은 너무 긴 시간을 들여서 개발해야 하는 부분도 제외시켜야 했다. 이렇게 함으로써 '메가 점프'는 굉장히 '심플한' 게임이 되었다. '메가 점프'는 굉장히 간단히 게임을 할 수 있고 이해하기도 쉽고 즐기기도 쉽다. 이것이 바로 우리가 큰 교훈을 얻게 된 부분이다. 마찬가지로 '게임 잼(Game Jam)' 이벤트처럼 3일 안에 게임을 만들어야 할 때와도 같은 경우이다. 이런 경험을 통해, 무엇에 가장 중요한 시간을 들여서 개발해야 하며 무엇을 빼야 하는지에 대해 알게 되었다.

이렇게 이야기를 했지만, 우리의 다음 출시작인 '메가 런(Mega Run)'은 8개월의 작업 기간이 걸렸다. 아직도 우리는 '메가 점프'를 통해 배운 교훈들을 '메가 런'을 개발하는 데 반영하고 있다.

Q '메가 점프'의 사용성은? 무엇이 좋고 무엇이 나쁜가? 아직도 개선해야 할 점이 남아있는지?

A '메가 점프'의 최대 장점은 굉장히 심플하면서도 매우 몰입도가 높다는 점이다. 우리는 더 이상 게임 조작 방식을 심플하게 할 수 없다. 그 부분은 우리도 긍정적으로 보고 있지만, 게임 내의 장애물, 적군, 특수 아이템 부분들은 아직도 개선의 여지가 많이 있어 보인다. 아직도 플레이어들을 즐겁게 해줄 수 있는, 좀 더 다양하고 재미있는 퍼즐적 요소들을 제공할 수 있는 기회가 많이 있다고 생각한다.

우리는 파워 업 시스템이 좀 복잡하고, 사용 시 너무 강한 능력을 제공하는 게 아닌가 하고 느끼고 있다. 이미 수차례의 업데이트를 통해 파워 업 아이템을 더 제공하고 업그레이드도 실시하였다. 물론 파워 업 아이템들이 재미있기는 하지만, 게임 초기부터 이러한 시스템이 적용되어 왔었더라면 아마 지금쯤 다른 방식으로 변화되지 않았을까.

Q 게임을 플레이 해본 사용자들은 '메가 점프'에 대해 어떤 평을 하는가? 그리고 당신은 이에 대해 어떻게 생각하는가?

A 플레이어들은 '메가 점프'에 대해 열광적이며 열성적인 태도를 보여주고 있으며, 출시 이후 2년이 넘은 지금까지도 즐겨 하고 있다. 이처럼 '메가 점프'의 변천사를 같이 겪고 있는 플레이어들도 있다. 그리고 처음 게임을 접해본 사용자들이 아직까지도 친구들에게 소개해주는 등, 새로운 사용자들도 계속 나타나고 있다. '메가 점프'은 3,000만 번 이상의 다운로드가 이루어졌으며 아직까지도 애플 앱 스토어에서는 상당히 높은 4 Star 평점을 유지하고 있고 안드로이드에서는 4.5 Star 평점을 유지하고 있다. 레티나 디스플레이 해상도 지원하지 않고 아이패드도 지원하지 않는, 2년 전에 출시한 앱치곤 좋은 성과라고 생각한다. 우리는 '메가 점프'를 통해, 게임으로 이만한 성과를 이루어 낸 것과 우리가 세운 회사가 이러한 성과를 이룬 것에 대해 굉장한 자부심을 느끼고 있다. 우리는 '메가 점프'를 통해 월급을 받고 있으며, 같이 일하는 뛰어난 동료들도 같이 월급을 받게 되어 기쁘다. 아울러 저희를 많이 믿어주는 열성 팬들에게도 고마움을 느낀다.

Q 게임 디자인, 캐릭터 디자인에 무슨 그래픽 프로그램을 사용하는지? 그리고 왜 그 프로그램을 사용하는지?

A 캐릭터 작업에는 3D Studio Max를 사용한다. 캐릭터는 실제로 모두 3D 렌더링으로 제작한다. 만화 스타일로 렌더링을 하고 아웃라인을 추가하여 좀 더 만화같은 느낌을 더한다. 3D로 제작하면 일반적으로 평면으로 느껴지는 만화 스타일과 달리 깊이감과 완성도를 더해줄 수 있다.

2D 작업은 어도비 포토샵과 어도비 일러스트레이터를 사용한다. 포토샵용 스크립트를 별도로 제작하여, 포토샵을 레벨 디자인 툴로 사용 가능하게 되었다. 이를 통해 워크플로우를 심플하게 만들었다.

게임 엔진으로는 코코스 2D Cocos 2D 엔진을 사용하였다. 사용하기 매우 쉽고 빠른데다가 오픈 소스여서 별도의 비용이 들지 않는다. 지속적으로 코코스 2D를 사용하여

개발을 하고 있는데 프로그램의 유연성과 처리 속도가 정말 마음에 든다. '리카르도 쿼세다(Ricardo Quesada)'는 코코스 2D를 만든 사람으로써 매우 친절하며, 코코스 2D 커뮤니티를 통해서도 많은 도움을 주고 있다.

Q 게임 스테이지의 동전 패턴들은 무작위로 재현되는 건지? 아니라면 젯 셋 게임스사에서 수많은 스테이지들을 디자인한 후 무작위로 제공되는 건지?

A 매 스테이지들은 코인 패턴들의 조합으로 구성되어 있다. 이러한 코인 패턴들은 각 스테이지에서 무작위로 배치되어, 매 순간 플레이를 할 때마다 다른 게임을 할 수 있다. 각 스테이지들은 새롭고 조금 어려운 패턴들로 구성되어 있으며 나타나는 순서는 완전히 무작위로 재현된다.

Q 최초 출시일은 언제인가? 그리고 얼마나 자주 게임 업데이트를 실시하는지?

A '메가 점프'는 2009년 5월에 첫 출시되었다. 그리고 출시 초기부터 2개월 주기로 업데이트를 하고 있다. 이제는, 가능하다면 최소 4-6개월을 주기로 업데이트를 진행하고자 한다.

Q 정말 수많은 업데이트가 있었다. 주로 무엇에 관한 것인가?

A 처음으로 '메가 점프'가 성공했다는 것을 알고 나서, 굉장히 빠르게 대규모 업데이트를 진행하였고, 처음에는 새로운 캐릭터들만 추가하였다.

'메가 점프'는 최초 출시 때에는 유료로 판매하였고, 순조롭게 잘 팔려나갔다. 초창기에 우리는 '오픈페인트(Openfeint)'와 프로모션을 진행하였고 이를 통해 '메가 점프'를 일주일 간 무료로 제공하기로 하였다. '메가 점프'를 유료 앱으로 하였을 때는 하루에 수백 개의 다운로드가 발생하였으나, 주말동안 무료로 제공하자 100만 다운로드가 이루어진 것을 보게 되었다. 이처럼 수많은 다운로드가 이루어진 것에 대해 엄청나게 놀랐다. 그리고 이를 계기로 앱 스토어를 다시 생각하게 되었다.

마침 그 때 애플이 처음으로 '인-앱 결제'를 제공하기 시작하여, 이 방식을 사용하여 캐릭터를 판매하기로 결정하였다. 그리고 이러한 기회에 앱을 다시 무료로 전환하며 인-앱 결제 방식을 테스트해 보았다. 그런데 유료 앱을 판

매할 때보다 인-앱 결제 방식을 통해서 더 많은 수익을 벌어들이게 되어, 최종적으로 완전 무료로 전환하게 되었다.

최대 규모의 업데이트는 업그레이드가 되는 파워 업 아이템을 소개할 때였다. 처음 '메가 점프'를 출시할 당시에는 단지 3개의 파워 업 아이템만이 존재하였고 업그레이드도 되지 않았다. 이후에 4개를 추가하고 각 파워 업 아이템마다 4개의 업그레이드를 제공하게 되어, 총 28개의 파워 업 옵션이 생겨나게 되었다. 그리고 현재의 최종 파워 업 세트에 도달할 때까지 수차례의 업데이트를 통해 새로운 파워 업 아이템들을 소개하였다. 이를 적용하며 사용성 개선과 모든 캐릭터와 파워 업 아이템을 수용하기 위한 유저 인터페이스 개선 작업도 진행하였다.

Q 게임의 난이도가 전보다 쉬워지고, 스테이지의 코인 패턴 및 아이템들이 전보다 훨씬 다양해진 것 같다. 내 게임 실력이 늘었기 때문인가? 아니면 게임을 쉽고 다양하게 구성하여서 인가?

A 아마 둘 다 맞는 얘기 같다. 우리는 게임의 초창기 버전부터 분석 시스템을 탑재하여 플레이어들이 게임을 어떻게 경험하는지에 대해서 알 수 있었다. 그러한 분석을 통해서 단지 20%의 사용자만이 스테이지 3에 도달할 수 있다는 사실을 알게 되었다. 게임이 10개의 스테이지로 구성되어 있는데 이 정도의 사용자만이 스테이지 3에 겨우 도달한다는 사실이 너무 충격적이었다. 그래서 초기 스테이지들은 조금 쉽게 게임의 난이도를 조정하고 길이도 짧게 만들었다. 모든 스테이지는 2분 안에 돌파할 수 있도록 구성하였다. 최신 버전에서는 스테이지 1을 단지 30초 만에 돌파할 수 있다. 스테이지 1은 굉장히 쉽고 장애물도 없게 만들었다. 이를 통해 플레이어들에게 스테이지 클리어를 통한 만족감을 제공할 수 있다. 그리고 다음 스테이지부터는 난이도가 조금씩 높아지게 하였다. 그렇게 해서 스테이지 4, 5에 가면 평균 2분의 클리어 시간이 적용되며 꽤 많은 장애물들이 등장한다.

Q '메가 점프'는 꽤 오래 전에 출시되었는데도 아직도 많은 게임 플레이어들이 존재하고 또 수많은 다운로드가 이루어진다. 이와 같은 게임 플레이어의 수를 유지하고 다운로드 수도 유지하는 비결이 있는지?

A 우선 '메가 점프'가 무료 앱이라는 게 제일 큰 원인으로 보인다. **무료 앱은 구전 효과를 쉽게 이끌어낼 수 있다.** 돈을 지불하지 않고 게임을 해볼 수 있다는 점은 굉장히 큰 잇점이다. 만약 게임이 유료 앱이라면 '메가 점프'를 통해 이 정도의 많은 수익을 얻을 수는 없었을 것이며 지금의 이 단계까지 오지도 못했을 것이다. 무료 앱이지만 인-앱 결제를 통해 iOS와 안드로이드를 통해 많은 수익이 창출되고 있다. 또한 페이스북 커뮤니티를 운영하며 '메가 점프'를 쉽게 알릴 수 있도록 하고 있다. 그리고 매일 '메가 점프'가 언급될 수 있도록 트위터도 운영하고 있다.

Q 어떻게 해야 앱 다운로더들로 부터 좋은 앱 평점을 이끌어낼 수 있는가?

A 초창기에 우리는 수많은 크로스 프로모션을 진행하였다. 주로 오픈페인트사와 진행하였는데, 이를 통해 '메가 점프'를 널리 알릴 수 있었다. 또한 '메가 점프'가 앱 스토어의 '추천 앱(Featured App)'으로도 여러 번 소개되어, 다운로드 수도 상대적으로 높게 올라갔다. 아울러 수백만 다운로드가 이루어진다면 이를 통해 자연스럽게 다운로드의 수가 높게 유지되는 것으로 보인다. 그리고 사람들이 '메가 점프'에 대해 이야기를 하면 새로운 사용자들이 이를 다운로드하고 다시 새로운 사람들에게 소개하고 있는 자연스러운 흐름이 생겨나게 된다. 그리고 이러한 흐름은 '메가 점프' 앱이 유료 앱이라면 불가능했을 것으로 보인다.

Q 안드로이드 버전과 iOS 버전의 차이점은 무엇인지? 왜 그렇게 결정하였는지?

A iOS 버전은 더 많은 콘텐츠가 있다. 그리고 이것은 오픈페인트사와 같이 하게 되어 가능하게 된 일이다. 안드로이드 버전에는 오픈페이트가 아직 적용되지 않으므로 어쩔 수 없이 적은 콘텐츠로 구성하게 되었다. 반면에 안드로이드 버전은 고해상도로 제공되며 태블릿에서도 게임 플레이가

가능하다. iOS 버전은 사실 아직도 레티나 디스플레이 미지원에 아이패드도 지원하지 않는다.

아직도 각 운영체제에 대해 업데이트 작업을 하고 있으며 조만간 안드로이드 버전에도 많은 콘텐츠를 제공하고 싶다. 그리고 곧 대대적인 UI 업데이트를 몇 달 안에 진행할 예정이다.

Q 혹시 아이폰 버전이 아이폰 3GS용인 320x480 px로 만들어 진 건 아닌지? 조금 이미지가 번져 보인다. 만약 그렇다면 왜 아직도 320x480 px 해상도만 제공하고 있는지?

A '메가 점프'가 제작될 당시에는 320x480 px이 유일한 해상도였다. 그리고 아이패드가 막 출시될 때였다. 주로 320x480 px가 쓰였으며 레티나 디스플레이 해상도를 사용하는 사람은 소수였기에, 우선순위를 새로운 기능 소개, 캐릭터 디자인에 중점을 두게 되었다. 지금은 레티나 디스플레이 해상도가 대세가 되었고, 게임이 조금 오래된 것처럼 보이지만, 놀랍게도 이 부분에 대한 컴플레인은 별로 없다. 우리는 언젠가는 '메가 점프'의 레티나 버전을 만들기를 고대하고 있다. 언젠가는 그 날이 올 것이다!

Q '메가 점프'에서 제일 좋아하는 것은 무엇인지 하나만 고른다면?

A '쉬운 조작성'이다. '메가 점프'는 조작이 간편하고 이해하기 쉬워서 아이부터 할아버지 할머니까지 즐길 수 있는 게임이다!

Q 게임 디자인에 있어 제일 중요한 것이 무엇인지 하나만 고른다면?

A 게임에 있어 무엇이 '30초의 재미(30 seconds of fun)'인지 알아내라. 나머지는 그 재미를 보완해주는 역할일 뿐이다. 게임에는 반드시 강력하고 심플한 핵심 디자인이 있어야 한다. 그리고 그 것이 바로 당신이 집중해서 초점을 맞추어야 하는 부분이다. 진정한 테스트란 개발의 초기 단계에서 그래픽 없이 게임을 플레이하는 것이다. 단지 박스 형태의 블록만으로 이루어졌다 하더라도 게임은 재미있어야 한다. 나머지 게임의 구성 요소 및 디자인은 이 핵심 디자인과 핵심 게임 플레이를 강화해주는 역할을 해야 한다.

또한, 사용자들이 게임을 시작한지 몇 초만에 플레이할 수 있게 만들어야 한다. 너무 많은 지시사항과 스토리를 전달하려고 하지 말아야 한다. 우선 사용자들이 게임을 경험하고 난 다음에 튜토리얼, 팁 혹은 스토리를 제공하라. 이러한 부분은 반드시 게임을 맛보고 난 다음에 제공해야 한다.

Q 디자인과 사용성 부분에서 좋은 게임으로 생각하는 게임이 있다면 3개만 추천해달라.

A • '젯 팩 조이라이드(Jet Pack Joyride)'

　굉장히 간단하며 직관적이며 반복적인 게임

• '다크 네브라(Dark Nebula)' / '다크 네브라(Dark Nebula) 2'

　멋진 비주얼과 효율적인 UI 디자인

• '셔플퍽 캔티나(Shufflepuck Cantina)'

　게임 세계와 통합되어 있는 우아한 UI 디자인

Q 모바일 게임의 다음은 과연 무엇이 될까?

A 모바일 플랫폼에 높은 퀄리티의 게임들이 대거 출시되고 있는데, 리스크 또한 커지고 있는 상황이다. '레이맨 런(Rayman Run)', '인피니티 블레이드 던전스(Infinity Blade Dungeons), 그리고 '바스천(Bastion)'과 같은 게임 앱들이 출시되고 있는데, 이러한 게임들의 출시로 인해 소규모 개발사, 디자인 스튜디오는 이와 같은 게임들로 게임 수준을 높여야 한다는 압박감을 많이 느끼고 있다. 이렇게 되면 지금 막 시작하는 개발사, 디자인 스튜디오는 게임을 만들기가 점점 어려워질 것이다. 그렇지만 이런 경쟁 속에서도 소규모 개발사들은 고객들이 찾는, 잘 만들어진 심플한 게임을 만들 수 있을 것이라 생각한다.

소셜 네트워크 서비스

소셜 네트워크 서비스(Social Network Service /SNS) 업 또한 트렌드에 굉장히 민감한 카테고리에 속한다. 최근에는 서로 등록한 사람들만 사용할 수 있는 '대상 선택형(일반적으로는 '폐쇄형'이라 부른다.)'이다. SNS 앱들이 다수 나오고 있으며, 각 업들마다 특유의 지향점을 가지고 사용자들을 불러모으고 있다. 본 Chapter에서는 여성 취향의 디자인과 아이템으로 아시아 지역에서 사진 SNS로 많은 인기를 끌고 있는 '스내피(Snapeee)'를 살펴보도록 하겠다.

01.
스내피 /
Snapeee
by Mind Palette
Co., Ltd.

" 소녀 감성 충만, 사진을 찍고 꾸미고 자랑하기, 스내피 "

'인스타그램(Instagram)'이 사진과 관련된 SNS라면, '스내피'는 좀 더 여성 취향 + 다양한 데커레이션 아이템으로 무장한 앱이다. 사진을 바로 촬영해서 다양한 아이템으로 사진을 꾸미고 바로 업로드(포스팅)하여 다른 사용자들과 공유하는 방식은 똑같지만, 여성 사용자 중심의 콘텐츠와 디자인으로 효과적인 차별성을 보여주고 있다. 2011년 11월, GREE와 Itochu Venture Technologies로부터 1억엔 대규모의 투자를 받으며 그 가능성을 인정받고 있다.

체크 포인트!

- 일본 소녀 감성의 앱 디자인과 아이템 디자인이 아시아 지역에서 인기를 끌었다는 사실
- 다양한 아이템들과 아이템 구매로 연결하도록 하는 앱 내의 다양한 이벤트 및 포인트 제도
- 매주 목요일 업데이트되는 아이템과 '카테고리' 메뉴의 다양한 콘텐츠 구성
- 페이스북, 트위터는 기본, 아시아권의 다양한 SNS 가입 아이디를 사용하여 가입 및 공유가 가능

앱의 구조 및
페이지별 디자인 리뷰

'스내피'는 전체적으로 마케팅 기획이 굉장히 잘 되었다고 평가할 수 있다. 일반적인 탭 바 구성의 화면이나, 모든 탭 바 메뉴의 좌측 상단에 아이템 스토어로 가는 아이콘을 배치한 마케팅 기획 부분이 돋보인다. 유료-무료-포인트 아이템의 밸런스를 잘 맞추어서 아이템 샵을 운영하고 있는 모습이 보인다. 아이템이 매주 목요일마다 업데이트되는 점도 좋은 점으로 평가할 수 있다.

카테고리를 통해서는 제휴 업체, 인물을 볼 수 있으며 다양한 프로모션과 인기 사용자, 태그에 대한 정보도 제공하고 있다. 사진 업로드 및 검색은 태그를 통해서 이루어지므로 태그를 잘 관리하는 것 또한 스내피의 활용 방안으로 볼 수 있다.

Shop

리뷰 기준 : '스내피'
아이폰 앱(V.2.0.3)

App Icon

Loading

Timeline

Notice

Category

Snap

Help

Settings

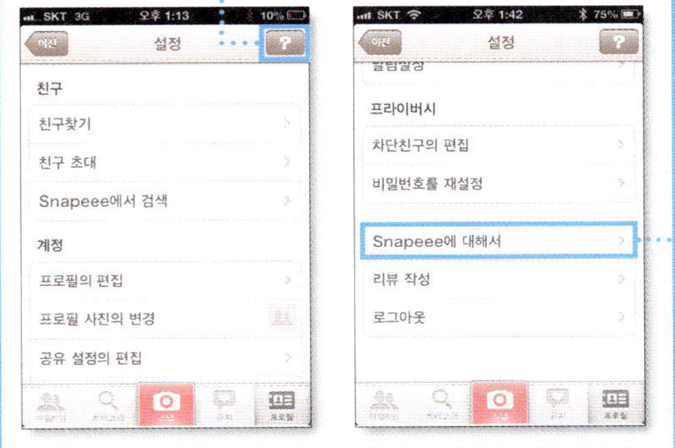

About Snapeeer SMS

Facebook

Profile

Twitter

About Snapeee

▲ '스내피' 앱 아이콘

사진 + 소녀 취향의 앱임을 잘 알 수 있는 앱의 아이콘 형태를 띄고 있다. 주요 시즌에 맞추어 테마도 변경된다.

◎ 타임라인

▲ '스내피'의 메인 페이지인 '타임라인'을 통해 다른 사용자들과 소통할 수 있다.

로딩 이후 주요 페이지인 타임라인 메뉴를 로딩 페이지로 하여 팔로우하고 있는 사람들의 사진을 바로 볼 수 있다. 또한 타임라인의 각 이미지 아래에는 이미지 및 이모티콘 아이콘을 크게 배치하고 있어 팔로우하고 있는 사람들의 사진을 보고 댓글을 달거나, 이모티콘을 달거나, 프로필을 터치해서 팔로우를 할 수 있다.

◎ 아이템 스토어

▲ 다양한 데커레이션 아이템이 가득한 아이템 스토어

모든 메뉴의 페이지 좌측 상단에는 아이템 스토어 아이콘이 항상 배치되어 있다. 해당 아이템 스토어를 통해 사진을 꾸밀 수 있는 다양한 아이템들을 구매할 수 있다. 마치 애플 앱 스토어처럼 다양한 프로모션 배너, 인기 아이템, 신규 아이템 등의 소개가 이루어지고 있으며, 포인트, 현금, 무료 아이템 등 다양한 방식으로 아이템 구매가 가능하다.

◎ 카테고리

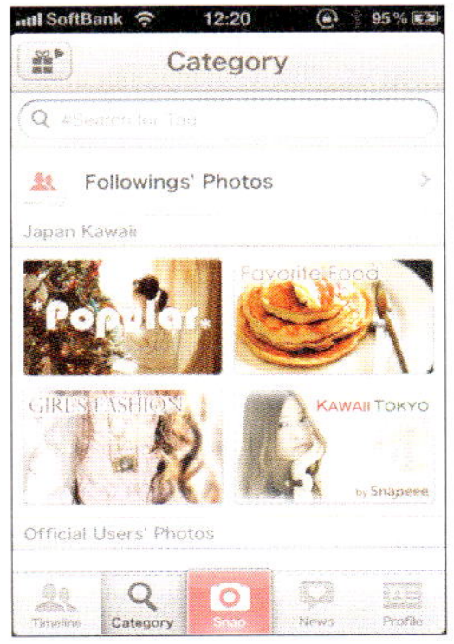

▲ 카테고리 메뉴를 통해 팔로우 하지 않은 다른 사용자들의 사진과 인기 콘텐츠를 볼 수 있다.

꽁장히 다양한 콘텐츠와 제휴, 프로모션, 마케팅이 이루어지고 있는 메뉴이다. 태그 검색을 통해서 관계 이미지를 찾을 수도 있고 인기 유저, 연예인, 이벤트 등의 다양한 콘텐츠를 팔로우해서 정보를 받을 수 있다.

◎ 스냅(사진 촬영)

▲ 스냅 메뉴를 통한 다양한 기능

스냅 메뉴는 사진 촬영 혹은 갤러리에서 이미지를 불러와 업로드하는 메뉴이다. 사진을 스티커로 꾸미기, 필터 적용, 밝기 조정의 총 3가지 기능을 제공한다.

▲ SNS 공유 기능

▲공지

  사진 촬영 후, 다양한 설정을 입력하여 포스팅을 할 수 있다. 다양한 SNS 공유가 가능한 점이 눈에 띈다. '스내피'
는 태그로 사진 검색이 되므로, 사진 업로드 시 관련 태그를 입력하는 것이 좋다. 또한 공지를 통해 사용자의 활동
및 다양한 공지 사항, 푸시 정보를 볼 수 있다.

◎ **프로필**

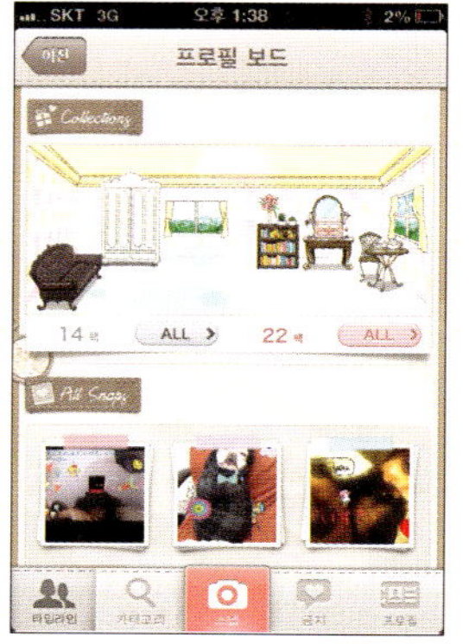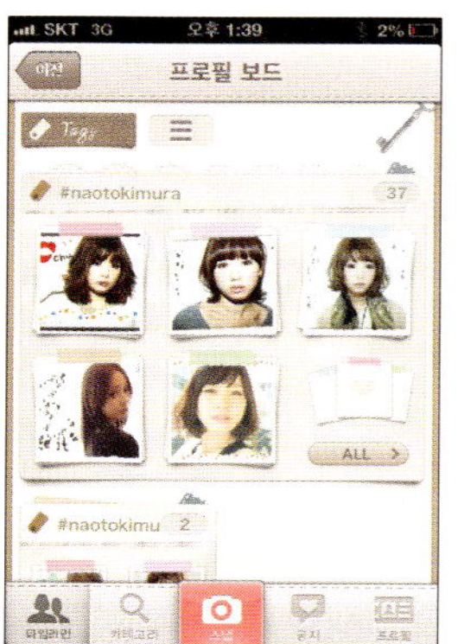
▲여성 취향적으로 보기 좋게 꾸며 놓은 '프로필 보드'를 통해 자신과 다른 사용자들의 활동을 모아서 볼 수 있다.

  자신의 정보를 수록하는 프로필 메뉴도 다이어리를 꾸미는 것처럼 디테일하게 꾸며 놓았으며, 이 중에 아이템 콜렉
션 페이지를 별도로 두어 아이템을 모을수록 책장과 방을 채워나갈 수 있도록 디자인되어 있다.

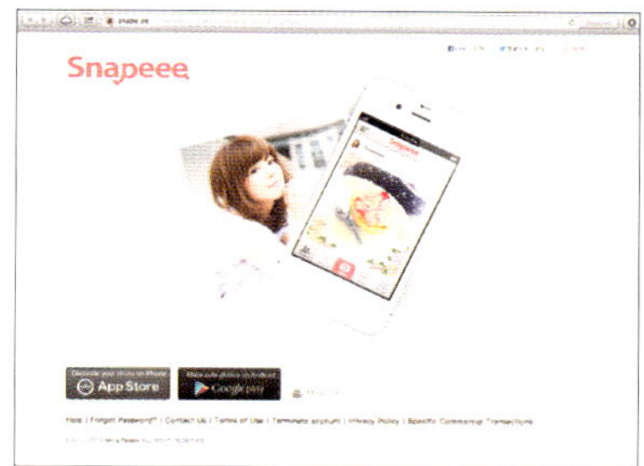

▲ '스내피'의 브랜드 웹 사이트

▲ '스내피'의 애플 앱 스토어

▲ '스내피'의 구글 플레이

▲ '스내피'의 페이스북

▲ '스내피'의 트위터

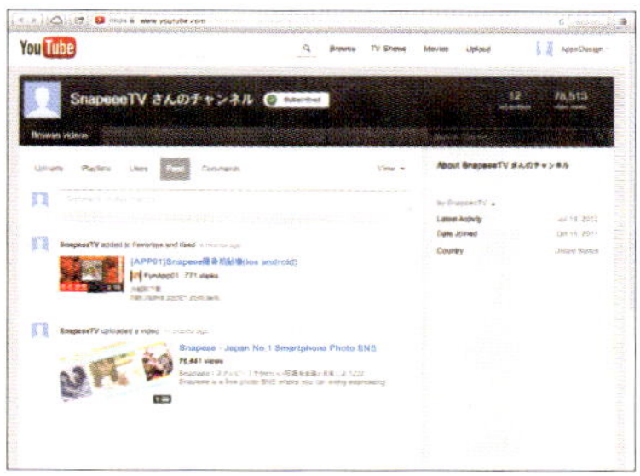

▲ '스내피'의 유튜브

'스내피'의 브랜드 웹 사이트 – http://snape.ee

애플 앱 스토어 – https://itunes.apple.com/kr/app/seuneopi-snapeee/id434364551?mt=8

안드로이드 구글 플레이 – https://play.gcogle.com에서 'snapeee' 검색

'스내피'의 페이스북 – http://www.facebook.com/Snapeee

'스내피'의 트위터 – https://twitter.com/Snapeee_com

'스내피'의 유튜브 – https://www.youtube.com/snapeeetv

항목	아이폰	안드로이드폰
카테고리	사진 및 비디오	
가격	무료	
앱 내 결제	아이템 판매(무료~1.99$)	안드로이드(무료~1.99$)
최초 출시	아이폰 1.0.0(2011.05.12)	안드로이드 1.0.0(2012.11)
현재 버전	아이폰 2.0.3(2012.11.1)	안드로이드 2.0.11(2012.11.09)
크기	22.4 MB	19.0 MB
언어	한국어 / 영어 / 중국어 / 일본어	
지원 O/S	iOS 4.3 이상	Android 2.1 이상
개발사	Mind Palette Co., Ltd. (일본)	

Mind Palette co., Ltd.

테츠야 이토 Tetsuya Itoh
마인드 팔레트 프로젝트 매니저
Project Manager at Mind Palette co., Ltd.

Q 앱을 개발하게 된 최초의 아이디어는? 그리고 어떻게 해서 시작하게 되었는지?

A 회사의 설립자들이 시장 조사를 통해 2~3년 뒤에 굉장히 유명해질 것으로 예상되는 것이 무엇일지에 대해 알아보았다. 그 결과로, 우선 '스마트폰'이 선택되었고, 다음은 '트렌드 리더, 여성', 마지막으로 '글로벌 마켓'이란 결과가 나왔다. 그리고 이러한 조사를 통해 '사진'이 글로벌 마켓으로 갈 수 있는 아이템이란 결론을 내리게 되었다.

Q 다른 사진 관련 앱들과 비교해서 '스내피'가 가지고 있는 강점은 무엇인가?

A 앱들마다 지향점이 다른 것처럼, '스내피' 또한 특유의 지향점을 가지고 있다는 것을 강점으로 들 수 있다.

Q 앱 이름으로 '스내피'를 선택하게 된 이유는?

A 사실, 단순히 '스내피'의 이름이 멋지기 때문이고 기억하기도 쉽기 때문이다. 또한 'p' 텍스트가 이름의 정중앙에 위치함으로 텍스트의 밸런스가 맞아 보이기 때문에 좋다고 생각했다.

Q 앱 개발에 있어서 제일 어려웠던 점은 무엇인가?

A '스내피'의 주요 타깃 층이 18~25세의 여성이지만, 앱을 출시할 당시에는 팀에 여자가 없었다. 실제로 앱을 개발한 사람은 30대 남성들이었다. 팀이 남자로만 구성되어 있어서, 최대한 열린 사고를 하려고 노력했다. 그리고 여성들이 어떻게 생각하는지, 팀에서 많은 연구를 했다.

Q 디자인 스타일 – 특성, 레이아웃, 이미지 등은 어떻게 결정하게 되었는지?

A 주요 타깃 사용자들이 디지털 디바이스와 친숙하지 않기 때문에, 심플하면서도 이해하기 쉽고 텍스트가 적은 디자인을 만들려고 하였다.

Q 디자인 스타일 개발에 있어 제일 어려웠던 점은?

A 팀원 중 누구도 앱 관련 업종에 근무한 적이 없었다는 점이었다. 디자이너도 웹 디자인 경험은 있었지만, 앱 디자인 경험은 없었다. 그래서 모든 작업이 새로운 경험이 될 수밖에 없었다.

또한, 우리가 여성 사용자들을 대상으로 모니터링 테스트를 시행할 때조차 프로토타입 디자인이 완전한 디자인 형태를 갖추지 못한 상태였다. 설립자들과 디자이너 또한, 여성들이 원하는 것이 무엇인지 알지 못했다. 그래서 여성의 취향에 대해서 심도 있게 연구하고, 초기 출시 이전에 전체적인 인터페이스 디자인을 그에 맞추어 변경하였다.

Q 앱을 디자인할 때 제일 중요한 점이 무엇인지?

A '스내피'의 콘셉트는 '사진을 사용한 캐주얼 커뮤니케이션'이다. 우리는 앱을 디자인할 때 User-Friendly, Easy-to-use, 이 2가지를 반영할 수 있도록 노력하였다. 앱이 얼마나 예쁘게 만들어 졌는지는 중요하지 않다. 이 2가지가 훨씬 더 중요하다.

Q 앱 디자인에 대해 사용자들이 어떻게 평가하고 있는지?

A 2.0 버전 출시 이후, 사용자들은 앱이 더욱 패셔너블해졌다고 평가해주고 있다.

Q '스내피'의 디자인 스타일을 설명한다면?

A 우리의 디자인 스타일은, 정말 '일본인의 스타일'이라고 생각한다. 어느 나라의 그 누구도 이런 스타일의 디자인을 할 수 없을 것이다. 그러므로 어느 누구도 '스내피'의 디자인을 흉내내지 못할 거라 생각한다.

Q 어떻게 사용성 혹은 UX를 결정하게 되었는지?

A '스내피' 앱 디자이너는 항상 스마트폰을 '사용'해보고 '터치'하려고 노력한다. 전화 기능은 물론, 스마트폰을 사용하면서 느끼는 모든 부분을 '어떻게 느끼는지' 이해하고자 노력한다. 그리고는 왜 그렇게 느끼는지에 대해 파악해보는 방식을 취하고 있다. 이런 방식을 반복하며 '스내피'의 디자인 사용성을 결정하게 되었다.

Q 앱의 사용성과 관련하여 장단점을 설명한다면?

A 장점 : 심플하다. 우아하다. 트렌디하다.
단점 : 사진 로딩 타임을 줄여야 한다.

Q 사용자들과 어떻게 커뮤니케이션을 하는지? 사용자들은 '스내피'에 대해 무엇이라 말하는지?

A 팀원 중 몇 명은 '스내피'을 사용하는 '공식 유저'이다. 이전에 언급한 바와 같이, '캐주얼 커뮤니케이션'에 초점을 맞추고 있다. 예를 들어, 내가 가끔 사진을 올려서 새로운 데커레이션 아이템이 판매 시작된 것을 알리기도 한다. 사용자들은 이렇게 해서 올린 사진들을 보고 '추천'을 한다. 이런 방식으로 '스내피'를 통해 사용자들과 소통하고 있으며, 사용자들을 통해 영감을 받고 동시에 서비스를 개선하고자 노력한다.

Q 주로 어떤 사용자들이 '스내피'를 사용하는지? 특정 나이, 성별 그리고 나라별 특징처럼 분류할 수 있는지?

A '스내피'는 12개 나라에서, 앱 스토어 '포토&비디오' 카테고리 부분 1위를 차지한 적이 있다. 80%의 사용자들은 18세에서 30세의 여성이다.

Q 그러한 결과가 최초 출시할 당시에 기획-계획했던 목표인지?

A '절대 아니다.' 우리도 아시아권에서 이렇게 빅 히트를 치게 되어 놀랐다. 사실 우리가 기대한 것보다 훨씬 좋은 성과를 이루었다. 최초 출시 이후 일주일만에 100만 다운로드를 기록하였다.

Q 미디어 혹은 유사한 매체를 통한 프로모션을 진행하는 게 있는지?

A 2011년 5월 13일에 앱을 최초 출시하였다. 이후 6개월 동안은 어떠한 종류의 유료 프로모션은 진행하지 않았다. 일부 유명 Tech Web 미디어에 인터뷰를 하고 앱 소개를 한 적은 있다.

Q 첫 버전 출시까지 얼마만큼의 기간이 걸렸는지?

A 2010년부터 설립자들이 모여서 앱 개발을 시작하였으며, 2011년 5월에 첫 버전을 출시하였으니, 약 반 년의 시간이 걸렸다고 할 수 있다.

Q 지금까지의 다운로드 수는 어떻게 되는지?

A 2012년 12월까지 300만 이상의 다운로드를 달성하였다.

Q 굉장히 많은 아이템을 판매하고 있는데, 아이템 디자인은 어떻게 하고 있는지?

A 지금 팀에 2명의 디자이너가 있다. 1명은 앱 출시 이전부터 참여하여 '스내피'의 전체적인 디자인을 관장하고 있으며, 다른 1명은 실무적으로 실제 아이템을 디자인하는 작업을 하고 있다. 또한, 임시 서포트 멤버들을 두고 있어, 필요시 아이템을 제작해주고 있다. 사용자가 무엇을 원하고 어떤 아이템을 원하는지에 대해 멤버와 디자이너 간에 편하게 아이디어를 공유하고 있다.

Q 어떤 아이템이 인기가 많은지?

A 'Hello', 'Love', 'Cute' 같은 메시지 아이템들이 자주 쓰이고 있으며, 캐릭터 아이템들도 인기가 많다.

Q 지금 버전에서 보여지는 것이 아닌, 다른 마케팅 계획이 있는지?

A 그렇다. 우리는 '스내피'를 대규모 플랫폼 미디어로 만들고자 한다. 지금 '스내피'는 단지 사진으로 커뮤니케이션을 하는 스마트폰 앱이지만, 2년 안에 e-커머스 기능을 탑재할 예정이다.

Q 처음에 iOS 버전이 나오고 나중에 안드로이드 버전이 나온 것으로 알고 있다. 그렇게 한 이유가 있는지?

A 안드로이드 버전은 2011년 12월 구글 플레이에 출시되었다. 이는 iOS가 출시된 지 반 년 뒤에 출시된 것이다. 안드로이드는 아시아 지역에서 높은 점유율을 보이는 OS이며, '스내피'의 주요 타깃 또한 아시아 지역이다.

Q 다른 OS로 동일한 앱을 출시하는 데 있어 제일 중요하게 생각하는 점은?

A iOS와 안드로이드는 완전히 다른 기능과 인터페이스를 가지고 있다. 그리고 각 OS에 맞는 'User-Frendly'를 달성하고자 노력하였다.

Q '스내피'의 다음 계획은?

A 미디어 플랫폼이 되어야 한다. 아시아 지역을 중심으로 전 세계로 사용자들을 늘려나갈 것이며 그들에게 더 많은 가치를 전해주어야 한다.

Q 디자인과 사용성 부분에서 추천해줄만한 앱이 있는지? 3개만 선택해달라.

A Chief Designer : 'Clear', 'Path', 'Pinterest'
Tetsuya Itoh : 'Kinderpan'

Q 모바일 앱의 다음은 무엇이 될 것인가? 그리고 앱 디자인의 다음 트렌드는 무엇이 될 것으로 생각하나?

A 주요 키워드 : '사진'

Q 그렇다면 카메라 앱과 SNS 앱의 다음 트렌드는 무엇이 될 것으로 생각하는지?

A 카메라 앱 : 주요 키워드는 Easy-to-use, High-Quality. 수많은 카메라 앱이 있지만 2가지 요소를 갖춘 카메라 앱은 없었다.
SNS 앱 : 위치 스타일기반의 포스퀘어(Foursquare) 같은 앱들은 쓸모없어 질 것이다.

유틸리티

스마트폰의 유틸리티는 사용자의 모바일 환경에서 이동하는 오피스를 구현해줄 만큼, 다양한 앱을 볼 수 있는 곳이다. 항상 휴대하고 다니는 스마트폰의 특성상, 다이어리처럼 할 일을 관리해주는 앱과 카메라 앱은 필수 앱이 아닐까 한다. 이번 Chapter에서는 모바일 앱이지만, 다양한 운영체제를 지원하는 '원더리스트(Wunderlist)'와 레드오션 카메라 앱 시장에서 분할 촬영이란 기능을 특유의 사용성과 디자인으로 보여주는 '그리드 렌즈(Grid Lens)'를 리뷰하였다.

01.
원더리스트 /
Wunderlist by
6Wunderkinder

" 언제 어디서든지, 디바이스에 상관없이 할 일을 관리한다. 원더리스트 "

'원더리스트'는 단순한 '체크 리스트'를 효과적으로 관리하고, 클라우드 동기화 Sync 기능을 제공하며 멀티 디바이스에서 사용할 수 있는 환경을 제공하므로 스마트폰에 기록한 내용을 사무실에서, 집에서도, 그리고 인터넷이 되는 어떤 장소에서도 바로 확인이 가능하다. 같은 앱을 사용하는 사용자들과도 리스트를 공유할 수 있어 그 활용 폭을 훨씬 넓혔다. 클라우드 동기화로 문서를 관리한다고 보면 '에버노트'와도 비교가 될 수 있겠으나, '원더리스트'는 그 지향점 자체가 다르다. 사진, 동영상 공유나 기록이 아닌, 체크 리스트—개별 항목—메모 관리에 좀 더 무게를 두어 개발이 된 앱이다.

사실 기존에도 수많은 체크 리스트 앱들이 있었다. 그러나 클라우드 기능이 결여되고 멀티 디바이스 지원이 되지 않았다. 그래서 스마트폰에 기록한 내용도 다시 컴퓨터에 기록해야 하고 필요할 경우 수첩에도 기록해야 했었다. 다양한 디자인과 편리성을 내

세운 수많은 체크 리스트 관리 앱들을 사용해 코았지만 결과적으로 스마트폰의 굴레를 벗어나지 못하는 단점이 있었다. 스마트폰은 항상 가지고 다니지만 컴퓨터에서 작업하다가 스마트폰을 꺼내서 할 일을 정리하는 것은 생각보다 어렵다. 특히 타이핑을 빠르게 쳐서 재빠르게 아이디어를 정리하고 할 일을 추가해야 하는데 그렇지 못하기 때문에 스마트폰의 체크 리스트 대신 자신도 모르게 스케줄러에 할 일을 적게 되는 것이었다.

'원더리스트'는 클라우드 동기화 Sync를 제공하고 PC와 Mac 전용 프로그램도 제공하고, 심지어는 웹 브라우저에서도 사용할 수 있도록 함으로써 본 앱이 다른 앱과의 효과적인 차별화를 달성할 수 있도록 해주었다. 게다가 사용자 입장에서 유용한 프린터 출력, 이메일 발송, 리스트 공유 기능도 제공하고 있어 그 활용도가 뛰어나고 세심한 기획력이 보여진다. 더욱이 모든 서비스는 무료로 제공되고 있어 더욱 놀랍다.

2012년 11월, '원더리스트'는 550만 다운로드 수를 기록하고 300만 유저를 보유하고 있으며, 1조의 싱크 Sync 수를 기록하고 1억 사용자 'to Do Task'를 갱신했다고 한다. '원더리스트'는 Mac, PC 앱은 물론, 웹 사이트를 통한 공유와 아이폰, 아이패드, 안드로이드, 블랙베리, 윈도우폰의 운영체제, 거의 혼존하는 모든 운영체제를 지원하고 있다. 처음에는 조그맣게 친구들끼리 모여서 시작했다고 하는 6원더킨더사는, 2012년 12월 원더리스트 2를 출시하였으며, 예상보다 더욱 편리하고 실용적인 기능의 새로운 모습을 보여주었다. 출시 즉시 애플 앱 스토어의 추천 앱에 소개되는 등 이전보다 더욱 많은 관심과 언론의 주목을 받고 있으며, 한국어 지원 등 다양한 현지화 작업도 진행하고 있다.

체크 포인트!

- 아이폰, 안드로이드, 윈도우폰, 웹 브라우저, PC, Mac 등 대부분의 운영체제를 지원하는 점
- 핵심 기능만 제공하는 굉장히 심플한 구조의 앱
- 6원더킨더사의 브랜드 관리 및 고객 커뮤니케이션 방식

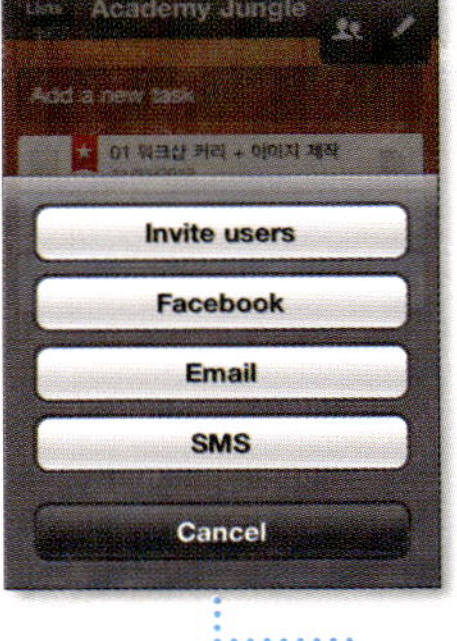

<u>앱의 구조 및 페이지별 디자인 리뷰</u>

App Icon

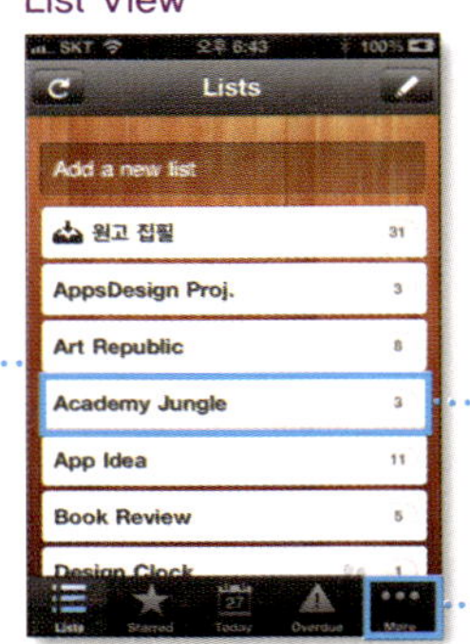

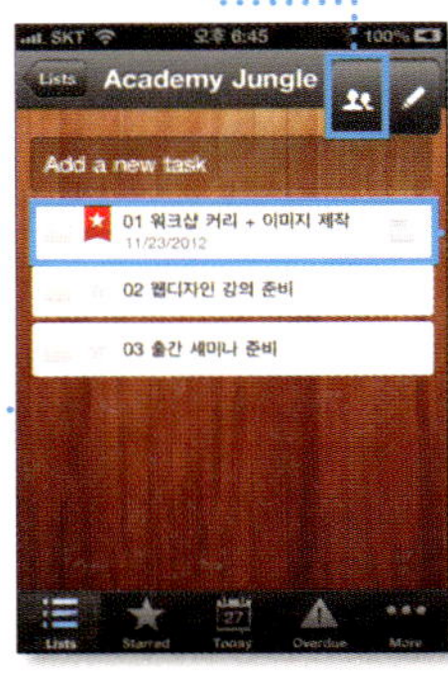

리뷰 기준 : '원더리스트'
아이폰 앱(v.1.2.3)

'원더리스트'는 체크 리스트의 관리에 중점을 두어 구성이 되어있다. 하단의 5개 탭 바 메뉴 중 4개는 중요도에 따라 체크 리스트를 분류해서 보여준다. 맨 우측의 더보기(More) 메뉴 또한 체크 리스트의 분류를 볼 수 있는 다양한 분류 항목을 제시하고 있으며 설정(Settings) 메뉴를 통해서, 사용자는 배경 이미지, 언어 등을 수정할 수 있으며, 이 곳에서 제작사 관련 정보를 볼 수 있다. 정리하자면, 리스트, 리스트 세부 사항(노트), 사용자 설정 외에 아무런 기능도 없이 심플하게 구성되어 있다.

Detail View

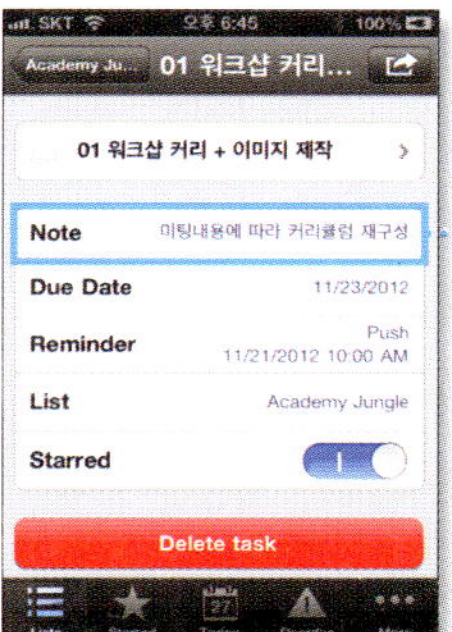

Edit Mode

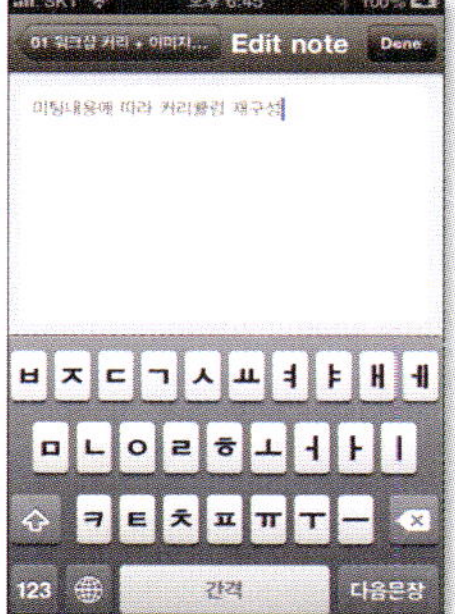

Settings

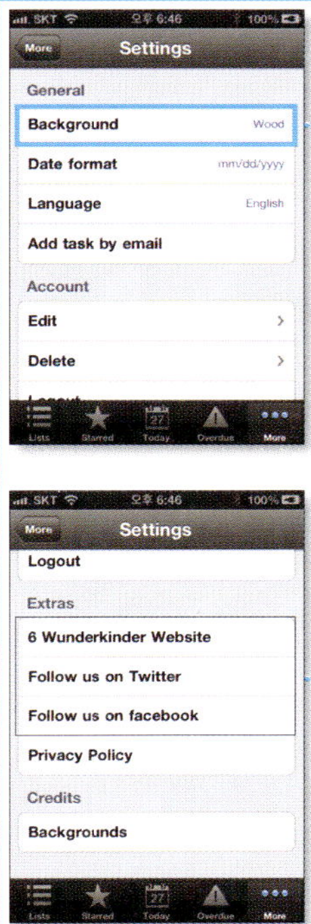

Background

Wunderlist SNS

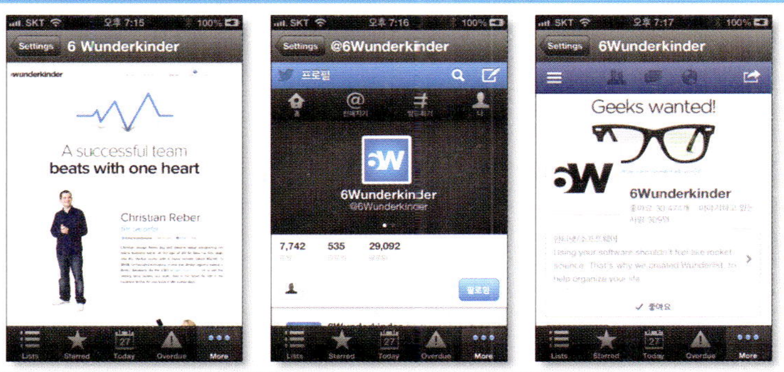

▲ '원더리스트' 앱 아이콘

체크 리스트 종이와 우선 순위를 의미하는 별 모양으로 꾸며진 앱 아이콘이다.

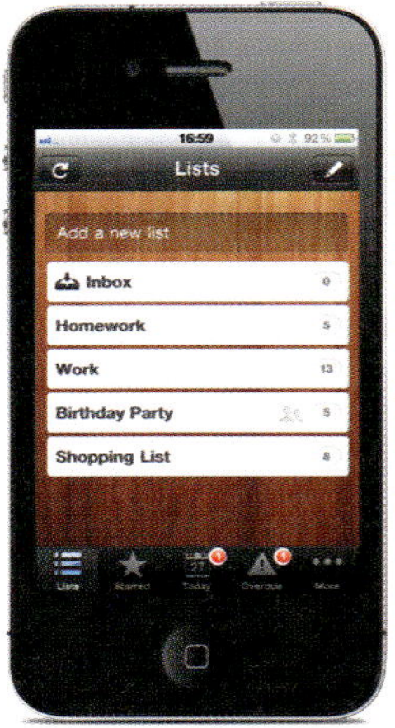

▲ 아이폰 버전 '원더리스트'

우드 무늬가 바탕에 깔려있어 고급스러운 느낌을 전해준다.

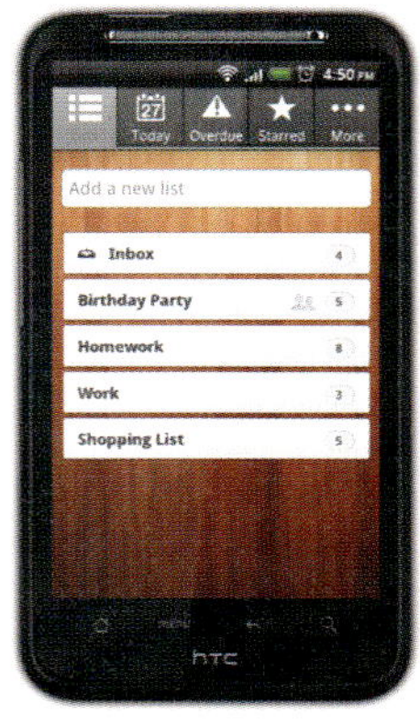
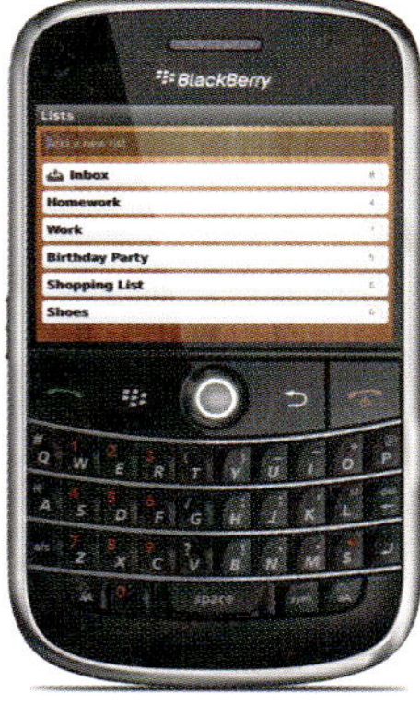
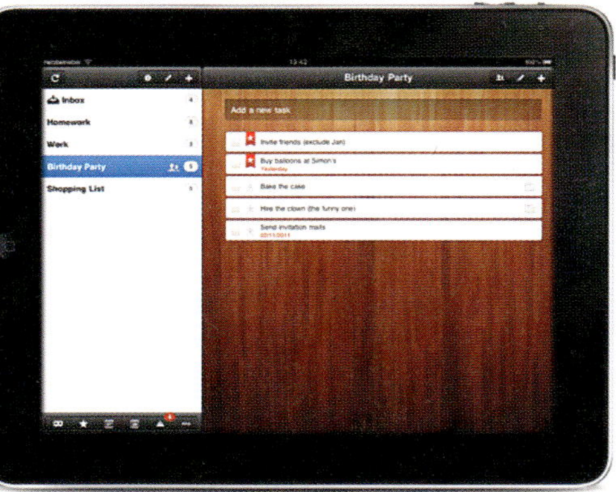

▲ '원더리스트'는 안드로이드, 블랙베리, 아이패드 지원 버전으로도 출시되어 있어 사용자는 플랫폼에 구애 받지 않고 앱 사용이 가능하다.

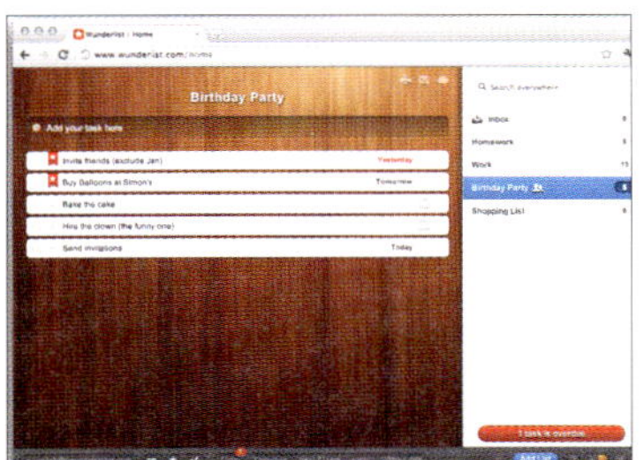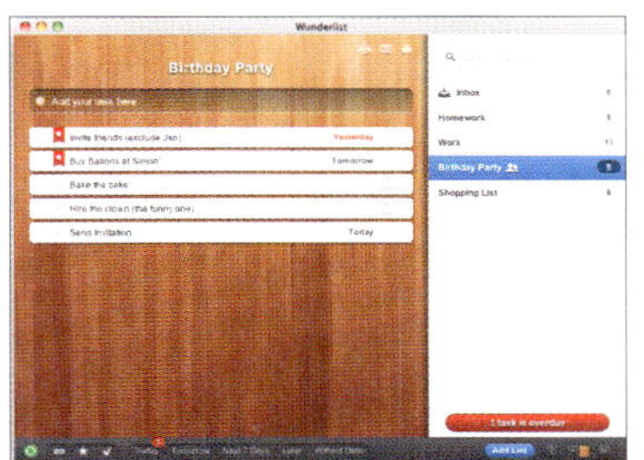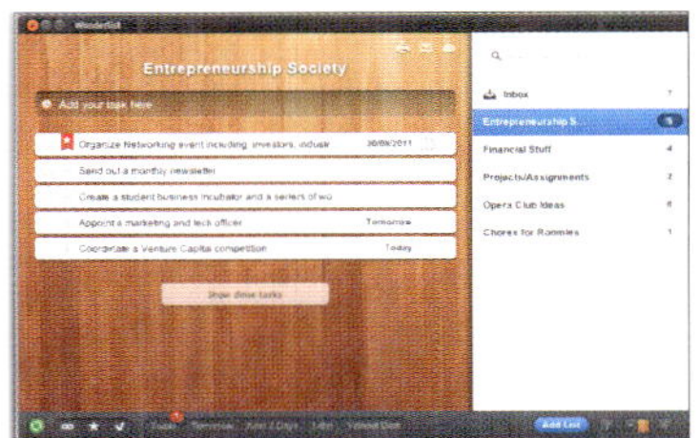

▲ 윈도우즈, 맥 OS X, 리눅스 데스크톱용 프로그램도 개발되어 제공되고 있어 웹 브라우저로도 이용이 가능하다.

◎ 체크 리스트 & 탭 바

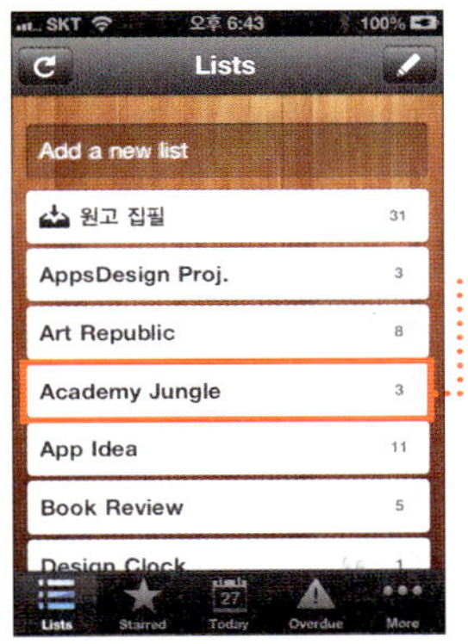
▲ 체크 리스트

▲ 체크리스트 세부 항목 리스트

할 일을 적어서 관리하는 심플한 리스트와 리스트를 구성하는 세부 항목 리스트로 구성된다. 다양한 탭 바 메뉴를 통해 체크 리스트의 중요도 및 설정 기간에 따라 다양하게 분류해서 리스트를 돋 수 있다.

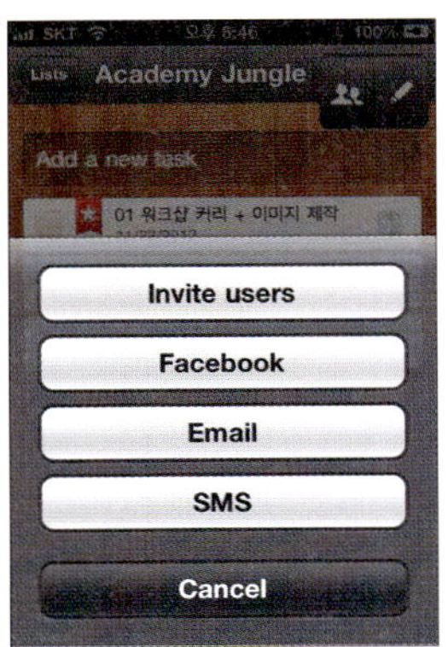
▲ SNS 공유

각 리스트는 사용자에게 이메일을 보내거나, 메시지, 페이스북을 통해서 공유 요청을 할 수 있다.

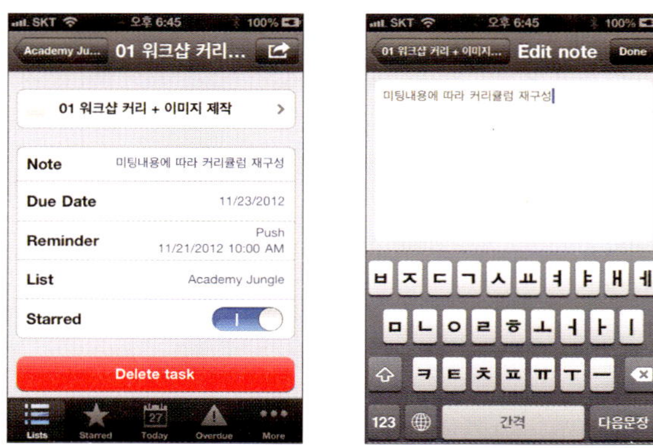

▲ 각 세부 항목별로 다양한 기능을 설정할 수 있다.

세부 항목 리스트 안에 노트와 기간 설정, 리마인더 등을 통해 디테일하게 체크 리스트를 관리할 수 있다.

◎ 설정 메뉴

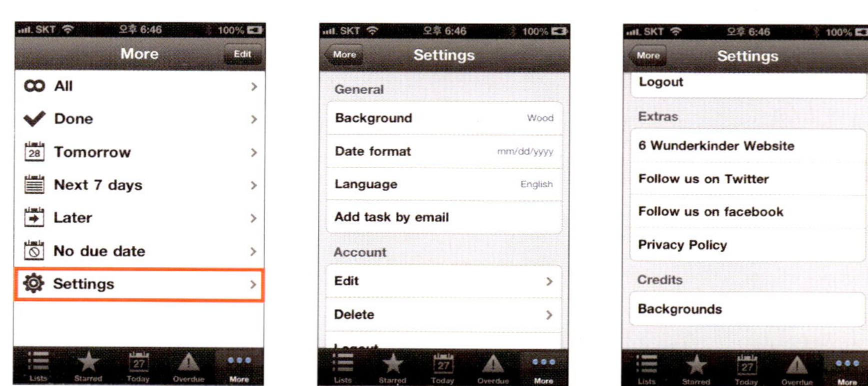

▲ More 메뉴에는 체크리스트를 기간별로 확인할 수 있는 기능과 함께 설정(Setting) 메뉴도 제공한다.

구석에 숨겨진 설정 메뉴를 통해 사용자 정보 설정 및 제작사 관련 정보를 볼 수 있다.

아이폰과 달리 안드로이드폰은 설정 메뉴가 밖에 노출되어 있다. 그리고 안드로이드폰은 아이폰의 '화면을 내려서 새로 고침' 기능이 적용되지 않으므로, 메뉴의 '새로 고침' 아이콘을 터치해야만 동기화가 된다. 아이폰과 달리 리스트의 순서를 바꿀 수는 없다. 아이폰에서 설정한 리스트의 순서와 다르게 배치되는 모습이 보였다. 그렇지만 작성한 콘텐츠는 동일하므로 사용에 문제는 없다.

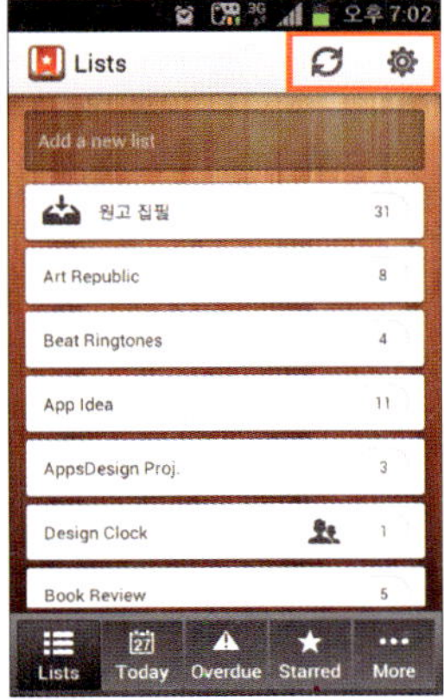

▲ 안드로이드폰 버전 '원더리스트'

화면 상단에 '새로 고침' 아이콘과 '설정' 아이콘이 위치해 있다. 리스트의 순서는 아이폰과 다르게 보여진다. 안드로이드폰 버전에는 순서를 바꾸는 기능이 제공되지 않는다.

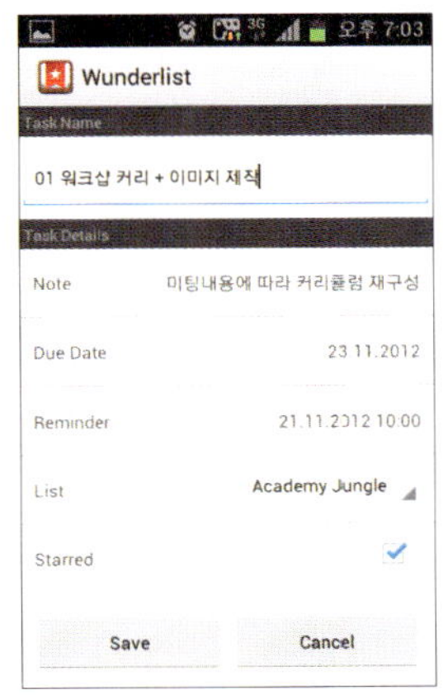
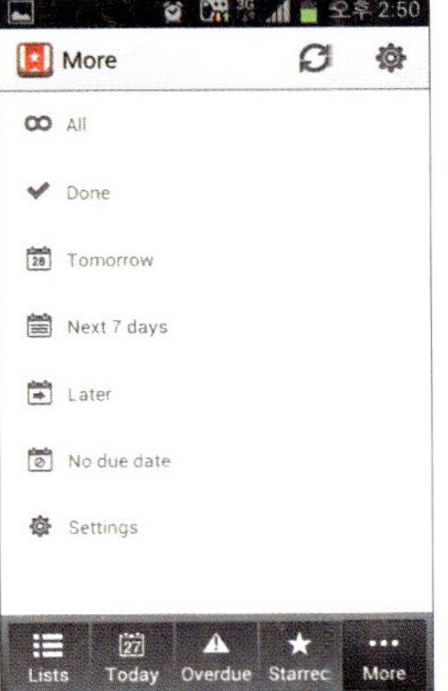

▲ 세부 항목 리스트와 More 메뉴

리스트의 단계, 작업 내용의 순서 등은 아이폰 버전과 동일하게 제공된다.

▲ '원더리스트'의 브랜드 웹 사이트

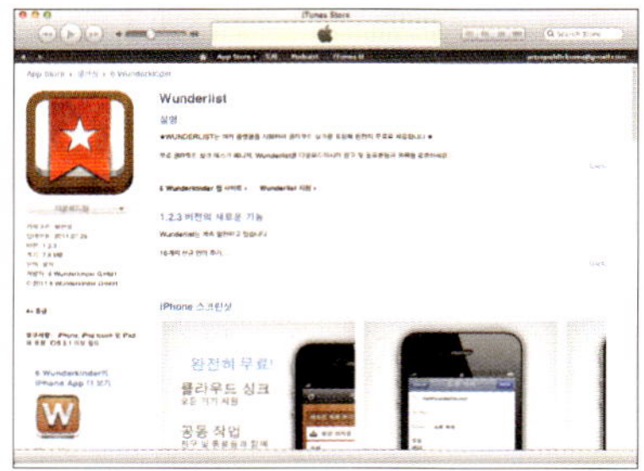

▲ '원더리스트'의 애플 앱 스토어

▲ '원더리스트'의 구글 플레이

▲ '원더리스트'의 페이스북

▲ '원더리스트'의 트위터

▲ '원더리스트'의 텀블러

'원더리스트'의 브랜드 웹 사이트 – http://www.6wunderkinder.com/wunderlist
애플 앱 스토어 – https://itunes.apple.com/kr/app/wunderlist/id406644151?mt=8
안드로이드 구글 플레이 – http://play.google.com에서 'wunderlist' 검색
'원더리스트'의 페이스북 – http://www.facebook.com/6Wunderkinder
'원더리스트'의 트위터 – https://twitter.com/6Wunderkinder
'원더리스트'의 텀블러 – http://www.6wunderkinder.com/blog

◎ **Marketing Data**

 굉장히 많은 매체에서 매월 리뷰를 작성해주고 있으므로 본 서적에 소개하는 대신, 6원더킨더사의 프레스 페이지 링크를 수록하니 관심있는 분들은 해당 링크를 참조하기 바란다.

http://www.6wunderkinder.com/press-coverage

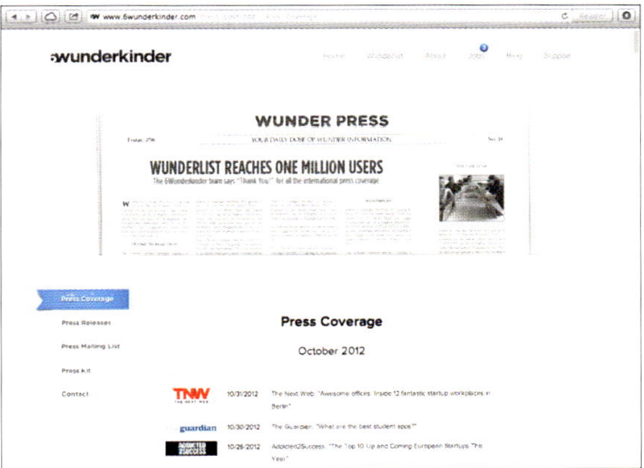

◎ **앱 정보**

항목	아이폰	안드로이드폰
카테고리	생산성	
가격	없음	
앱 내 결제	없음	
최초 출시	아이폰 1.0.0 (2012.08.08)	–
현재 버전	아이폰 1.2.3 (2011.07.25)	안드로이드 1.2.0 (2012.06.19)
크기	7.8 MB	디바이스에 따라 다름
언어	영어 외 16개국 이상 지원	
지원 O/S	iOS 4.3 이상	Android 2.2 이상
개발사	6 Wunderkinder GmbH(독일)	

6Wunderkinder

베네딕트 레너드 Benedikt Lehnert
6원더킨더 CMO(앱 디자인–마케팅팀 운영)

Q 어떻게 '원더리스트'가 개발되었으며, 개발사인 6원더킨더사가 구성되었는지?

A 6원더킨더사는 독일 베를린을 근거지로 두고, 2010년 8월에 6명의 친구들끼리 모여서 설립하였다. 주로 중소기업과 소비자를 대상으로 멀티 플랫폼 소프트웨어 솔루션을 만들다 당시 저희가 사용하는 모든 디바이스에서 일관성있고 심플한 솔루션이 필요했었기에, 수많은 생산성 앱들을 사용해 보았지만 실제로 필요에 대한 요구를 채워주는 것이 하나도 없다는 것을 깨닫게 되었다. 모든 도구들은 단지 비즈니스 툴로 느껴졌고, 매일 사용하기엔 너무 재미가 없다는 느낌을 받았다. 그래서 이러한 부분들을 우리가 바꾸자고 생각하게 되었다.

'재미'는 일하는데 있어 불필요한 요소가 아니라고 6원더킨더는 믿고 있다. 우리의 사명은 사람들이 사용하기 무척 좋아하는 소프트웨어 제품을 창조하는 것이다. 그렇게 해서 탄생한 '원더리스트'는 거의 2년 전에 만들었고, 현재는 11개의 플랫폼을 제공하고 있으며 수백만의 사용자들이 사용하고 있다. '원더리스트'는 사람들이 할 일을 정리하고, 하려고 한 일을 확인하고, 사람들과도 공유할 수 있도록 도와준다.

Q 앱 개발을 하게 된 최초의 아이디어는 무엇인지?

A 우리는 사용자들이 어떤 플랫폼을 사용하는지에 대한 생각 없이 단순히 할 일 관리 리스트와 할 일에만 집중할 수 있는 앱을 만들고 싶었다. 어떤 스마트폰을 쓰고 어떤 OS를 쓰던, 이와 상관없이 유니크, 심플, 그리고 사용하면서 재미있는 경험을 만드는 것을 목표로 개발하게 되었다.

Q 앱 이름으로 '원더리스트'를 정하게 된 이유는?

A 우리는 회사명으로 사용할 독일어 단어를 고르는 것과 관련하여 많은 피드백을 받아보았다. 그리고 영어로 쓰이는데도 아무런 문제가 없어야 하는 단어가 필요했다. 그래서 우리는 '원더(Wunder)'라는 단어를 브랜드로 하여 우리의 첫 소프트웨어 제품에 사용하고 싶었다. 두 번째로, 우리는 제품의 이름을 통해 제품의 목적이 무엇인지를 정확히 파악할 수 있도록 하고 싶었다. 그렇게 해서 선택된, '원더리스트(Wunderlist)'는, '할 일 리스트에 관한 모든 것'에 대한 느낌을 전달할 수 있으며, 동시에 지루한 비즈니스 툴 같은 느낌이 들지 않았다.

Q 저자도 '원더리스트'를 오랫동안 사용하고 있다. 굉장히 '콘텐츠 중심'으로 구성되어 있음에도, 럭셔리한 디자인 스타일이 느껴져서 좋다. 앱 디자인에 있어 무엇을 가장 중요한 요소로 고려하였는지? 사용자들이 '원더리스트'의 디자인에서 무엇을 느끼도록 의도하였는지?

A 이전에 말씀드린 바와 같이, 전체 사용자 경험에 있어 콘텐츠를 제일 중요한 것으로 생각하였다. 사용자가 만드는 리스트와 할 일들이 사용자들에게 있어 제일 중요한 요소이며, 최대한 단순하게 이러한 리스트와 할 일들을 관리하는 제품을 만들고자 하였다. 그리고 사용자들이 어떠한 스마트폰 혹은 디바이스를 사용하는지는 고민하지 않도록 하고 싶었다. 목표를 달성하기 위해 이와 같은 기본적인 원칙을 마음에 두고, 사용자가 더 쉽게 사용할 수 있는 또 다른 방법들이 없는지 계속 질문을 던졌다.

답은 아름다운 UI 디자인이었다. 저희에게 사용자들이 무엇을 느끼도록 앱을 디자인하였는지에 대해 물어본 것에 대한 답변은 '단순함', 그리고 '터치로 이루어진 편리한 조작 방식'이었다. '원더리스트'는 차가운 느낌이 드는 소프트웨어 제품이 절대 아니다. 그 것보다는 오히려 매일 만나는 절친한 친구 같은 존재와 같다고 할 수 있다. 이번에 이루어질 '원더리스트 2(버전 2.0)'를 통해 저희는 기존의 것을 완전히 새로운 단계로 끌어올릴 것이다. 유감스럽지만, '원더리스트 2'에 관한 부분은 대외비라서 나중에 출시되면 보기를 바란다.

Q 그렇다면 현재 사용하고 있는 앱 디자인 스타일 – 특성, 레이아웃, 이미지는 어떻게 결정하게 되었는지?

A 우리의 제일 큰 경쟁사는 처음부터 지금까지, '종이와 펜'이다. 이것이 바로 '원더리스트'의 특성을 결정하는데 있어 제일 중요한 요소가 되어왔다. '단순'한 경험을 제공하기 위해서, 사람이 종이에 리스트를 적어나가는 것과 같은 사람의 일반적인 행동 패턴을 고려해야 했다. 그리고 사용자가 리스트를 전 세계의 친구들과 공유하거나 다른 디바이스로 확장을 해야 할 때, 저희는 최신의 기술을 적용–제공함으로 '종이와 펜' 방식을 이길 수 있도록 하였다.

그래서 한 편으로는 제품의 유니크한 측면을 만들어내는 디자인 랭귀지를 정의해야 했으며, 다른 한 편으로는 다른 디바이스들에서도 고유의 경험을 제공해야 했다. 그리고 이와 같은 경험을 제공하는 데 있어, 단지 몇 개의 강력한 디자인 요소들만이 필요하다는 사실을 발견하게 되었다. 그렇게 해서 '별이 표현된 원더리스트 리본과 나무 배경을 둔 특징적인 형태의 할 일 리스트' 아이콘이 만들어지지 되었다. 이러한 부분은 '원더리스트 2'를 통해서 디테일과 퀄리티의 또 다른 기준점을 제시하게 될 것이다.

Q 앱 디자인 시 주로 무슨 디자인 프로그램을 사용하는지? 그리고 왜 그 프로그램들을 사용하는지?

A 우리는 많은 다양한 툴을 상황에 맞게 단계별로 사용하였다. 처음에 스텝들은 화이트 보드나 종이에 작업을 했다. 이것은 매우 빠르게 스케치할 수 있으며 처음의 아이디어를 디자인팀과 개발자들과 상의할 때도 유용했다. 애플의 키노트를 이용하여 '인터랙션 플로어 차트(Interaction flow chart)'와 실행 가능한 프로토타입을 빌드하였다.

Q 디자인 스타일 개발에 있어 제일 어려웠던 점이 무엇인지?

A '원더리스트'의 모든 것들을 단순화하고 핵심 가치만을 유지하려고 하는 부분이 제일 어려웠다. 그 중에서도 기능과 버튼, 인터랙션 기능 등을 최소화하기로 결정하는 것이 제일 어려웠다.

Q 앱 디자인이 성공에 얼마나 많은 영향을 주었는지에 대해서 어떻게 생각하는지?

A '원더리스트'의 디자인과 6원더킨더사의 브랜드 마케팅을 제일 큰 성공의 요소로 꼽을 수 있다. 저희는 UI만을 디자인이라고 생각하지 않는다. 디자인 프로세스가 중요합니다. 이러한 점이 바로 6원더킨더사의 DNA이며, 엔지니어들도 사용자 중심의 디자인이 무엇인지 잘 이해하고 있다. 만약, 회사의 모든 사람들이 사용자들에 대해서 생각하고, 어떻게 해야 더 단순하고 더 아름답게 만들 수 있는지를 알게 된다면, 진정으로 위대한 경험을 할 수 있는 제품을 만들 수 있을 것이다.

Q 앱의 사용성에 대해서 설명한다면? 장점과 단점은? 아직도 개선할 사항들이 남아있는지?

A 항상 개선의 여지는 남아있다. 수백만의 사용자들이 활발히 저희 '원더리스트'를 사용하고 있으며, 개선 사항에 대해 수많은 피드백과 아이디어들을 전해주고 있기 때문에 더욱 그렇다.

우리는 지금 주요 업데이트를 목전에 두고 있다. '원더리스트 2'는 '원더리스트'를 성공으로 이끈 고유의 핵심을 잃지 않으면서도 큰 도약을 할 수 있는 제품이 될 것이다. 우리는 모든 부분에서 개선을 이끌어 냈다. 서버 설계에서부터 UI의 모든 픽셀 하나하나까지 세심하게 검토하였다. 솔직히 이제서야 좀 더 '원더리스트'의 근본적인 형태에 가까워진 것 같다. 우리는 심플함을 유지하면서도 많은 사람들이 원하는 일부 기능을 추가하였으며, 전보다 더욱 빠르면서도 안정적일 수 있도록 하였다.

Q 실제로 사용자들이 앱에 대해서 뭐라고 평하는지? 그리고 이 부분에 대해서 어떻게 생각하는지?

A 전 세계의 수백만 사용자들이 매일 '원더리스트'를 즐겁게 사용하고 있고, 매우 운이 좋다고 생각한다. 더욱이, 수많은 사람들이 우리 회사와 커뮤니케이션을 하고 있으며, 개선 희망 부분과 희망 기능에 대해 정말 뛰어난 피드백을 주고 있다. 그러면서 동시에 그러한 개선 부분이 보여지길 원하고 있다. 이러한 점들을 통해 대부분의 사용자들이 우리 제품을 진정으로 좋아한다는 것을 느꼈으며 일부 사용자들은 우리 제품 없는 삶은 생각할 수도 없다고 하는 사람들도 있었다.

우리는 이렇게 많은 사람들의 생활에 큰 도움을 주는 제품을 만들었다는 점에 대해 무한한 행복감을 느낀다. 그래서 더욱더 '원더리스트'를 최고의 제품으로 만들기 위해 하루하루, 매일, 열정과 노력을 다하고 있다. 우리가 핵심 가치를 유지하며 전 세계의 수백만의 사람들에게 유용한 제품을 제공한다면 미래는 밝을 것이라 믿고 있다.

Q 그렇다면 최초의 버전을 출시하는 데에는 얼마의 기간이 걸렸는지? 최초 버전의 '원더리스트'는 무슨 OS를 지원하였는지?

A 2010년 말에 윈도우와 Mac OS 지원하는 최초 버전을 출시하였다. 개발은 2개월이 소요되었다.

Q '원더리스트'는 대부분의 모바일 OS와 데스크톱 OS를 지원하고 있다. 대단하긴 한데, 꼭 그렇게 해야 하는 이유가 있는가? 왜 그리고 무엇 때문에 모든 OS를 지원하게 되었는가? iOS, 안드로이드, 그리고 웹 사이트 접속만을 통해서 '원더리스트'가 제공되더라도 충분히 훌륭한 서비스가 될 것으로 생각한다. 그렇지만 왜 별도의 윈도우용 앱과 Mac용 앱, 그리고 왜 블랙베리 앱도 개발하였는지?

A 처음에 설명하였듯, '원더리스트'와 같은 서비스는, OS나 어떤 디바이스를 쓰느냐에 대해 생각하기 보다는 유니크한 경험을 만들어 내는 것에 초점을 맞추는 것이 필요하다고 믿는다. 모든 주요 플랫폼에 심플하며 끊김 없는 서비스를 제공함으로 우리가 굉장히 빠르게 성장할 수 있었다. 그리고 지금에 와서는 이러한 점들이 진정으로 강력한 경쟁력이 되었다. 실제로 지금 어디를 보더라도 모든 플랫폼에 더 나은 솔루션을 제공하는 서비스가 없다. **우리에게 있어 사용자들이 어떤 디바이스를 사용하고 어떤 OS를 쓰는지에 대해 고민하게 하지 않는 점이 굉장히 중요한 포인트이다.** 사용자들은 그냥 '원더리스트'를 다운로드해 계정을 만들고 리스트를 만들어 사용하기만 하면 된다. 나머지는 '원더리스트'가 알아서 한다.

Q 그렇지만 그렇게 된다면, 실제로 버전 관리나 업데이트가 굉장히 어려워 질 것이다. 이렇게 수많은 OS를 지원하는 상황 속에서 무엇을 가장 중점으로 하여 관리를 하고 있는지?

A 굉장히 정확히 보았다. 각 플랫폼에 맞추어 버전 업데이트 및 관리하는 점은 정말 어렵다. 그렇지만 일부 플랫폼은 다른 플랫폼보다 더 많은 사용자가 있다. 필요할 경우 이렇게 사용자가 많은 쪽의 플랫폼을 먼저 집중해서 처리하고 있다. 그렇지만 대부분의 경우 동시에 모든 플랫폼에 개선 사항 및 업데이트를 적용하기 위해 노력하고 있다.

Q 앱 개발 시 제일 어려웠던 점은 무언인지?

A 다양한 플랫폼에 일관적인 경험을 제공할 수 있는 방법에 대해 잘 이해하고 있는, 굉장히 기술적으로 유능한 팀이 필요하다. 그 팀은 디자이너와 엔지니어들로 구성되어 있어야 한다. 각 플랫폼별 고유의 UI/UX 이론을 어느 때에 적용해야 하는지 알고 있어야 한다. 제품 개발의 원칙에 언제 집중해야 하고 언제 원칙의 틀을 벗어나야 하는지에 대해서도 알아야 한다. 더욱이, '일관성'이 똑같은 외형만을 유지하는 것이 아니라, '동일한 원칙을 적용해야 한다'는 점을 의미한다는 것을 이해해야 한다. 이 것이 제일 중요하다.

Q 일반적으로 사용자들과 어떻게 커뮤니케이션을 하는지? 대부분의 사용자들이 앱에 대해 뭐라고 하는지? 사용자들의 코멘트를 어느 정도로 비중 있게 생각하는지?

A 이전에 언급했듯이 사용자들을 위한 제품을 만들고 있으므로 당연히 사용자들의 코멘트를 굉장히 중요하게 생각한다. 우리가 제품을 만들거나 사업적인 결정을 내려야 할 때 사용자들의 코멘트와 피드백을 중심으로, 이에 대한 고려를 한다. 출시 초기부터 우리는 서포트팀을 통해 이러한 정보를 구축하여 왔으며, SNS를 통해서 들어오는 피드백도 신경을 많이 쓰고 있다. 심지어 일부 사람들은 유럽을 여행하다가 베를린을 들리게 되면 사무실에 방문하는 경우도 있다.

Q 개인적으로 수많은 체크리스트 앱들을 사용해보았지만, 지금은 '원더리스트'만 일 년 넘게 사용을 하고 있다. 일 년 넘은 지금도 매우 만족해 하며 사용하고 있다. 무엇이 사용자들로부터 이러한 느낌을 갖게 하는 것 같은지? 이러한 점이 의도된 것인지, 아니면 단지 자연스럽게 따라오게 된 것인지?

A 칭찬해주어 진심으로 감사하다. 사실, 6원더킨더팀의 대다수 직원들도, 최근 비슷한 경험을 하고 있다. 이들 또한 수많은 체크 리스트 앱들 중에서 '원더리스트'를 첫 번째 앱으로 사용하고 있다. 이러한 점들을 반영하고 분석하여 '원더리스트 2'를 개발하게 된 것이다. 수많은 사람들이 심플함과 뛰어난 디자인 그리고 모든 디바이스에서 무료로 제공되는 장점들이 너무 좋다고 한다. 본인도 개인적으로, 이러한 요소들이 모여서 하나의 의미있는 콘셉트를 만들어낸다고 생각한다. '즐거운 사용성(Joy of Use)'라고 이 콘셉트를 명명하고 있으며, 이 것 때문에 사람들이 우리의 제품을 사용한다고 생각한다.

또한 우리는 마일 즐겁게 사용할 수 있는 제품을 만드는 것을 목표로 하고 있다. 그렇지만 실제로 출시하기 이전에는 이와 같은 부분에 대해 확답할 수는 없다. 그렇기 때문에라도, 여지껏 '원더리스트'가 이루어 낸 성과에 대해 대우 만족해 하고 있다. 그리고 '원더리스트 2'를 통해 더 높은 기대치를 만족시킬 수 있을 것으로 생각한다.

Q '에버노트(Evernote)'는 어떻게 보면 '원더리스트'와 유사하다고 할 수 있다. 더욱이 '에버노트'는 이미지, 음악, 영화 등도 저장할 수 있는 기능이 있다. '에버노트'는, 혹은 타 유사 앱들과 비교하여 '원더리스트'가 가진 차별화 포인트는 무엇인가? 무엇을 통해 '원더리스트'를 차별화할 수 있는가?

A '에버노트'는 사용자의 '버추얼 브레인(Virtual Brain)'을 목표로 하고 있으며 '당신을 위해 모든 것을 저장한다. (Store everything for you)'를 명제로 하고 있다. 이것은 '원더리스트'가 좀 더 능동적인 접근을 취하는 방식과 달리, 좀 더 수동적인 측면에서의 접근을 의미한다. '원더리스트'는 사람들이 하고 싶거나 해야 하는 것들을 기억하기 위해서 '리스트'를 만드는 부분에 초점을 맞추고 있다. 사용

자들이 개인적인 목적을 위해서 만드는 리스트와 친구 혹
은 직장 동료들과 공유하기 위해 만드는 리스트는 다르다.
사람들은 우리 제품을 강의실이나 슈퍼마켓에서 그리고 사
무실의 업무 용도 등, 매우 다른 상황에 사용한다. 이 모든
사람들이 '원더리스트'의 심플함과 일관성을 굉장히 좋아한
다. 이런 점이 바로 '휴먼 터치(the human touch)'이다. 우
리가 생각하는 우리 제품의 차별화 포인트는 바로 이것이
라고 생각한다.

Q '원더리스트'의 모든 서비스는 무료로 제공된다. 그리고 내
부에는 어떠한 광고나 유료 결제 시 제공되는 프로 버전, 무
료 사용자에 대한 제약 사항이 없다. 사용자 입장에서는 굉
장히 좋지만, 도대체 수익은 어디에서 발생하는가?

A 현재 '원더리스트'는 무료로 제공되고 있으나, 추가 요금을
제공하면 사용할 수 있는 '프로' 버전을 제공할 예정이다.
그렇지만 핵심 제품, 핵심 기능은 여전히 무료로 제공될 것
이다.

Q 앱을 디자인함에 있어 무엇이 제일 중요한지?

A 당신이 해결하고자 하는 문제에 대한 해답과, 앱을 사용할
잠재 사용자들의 상황에 대해 완벽할 정도로 정확히 알아
야 한다는 점이다. 이것이 바탕이 되어, 모든 디자인 작업
의 근간이 된다.

Q 모바일 앱의 다음은 무엇이 될 것으로 전망하는지? 앱 디자
인의 다음 트렌드는 무엇이 될 것인지?

A 우선, 작년 한 해동안 살펴본 바로는, 수많은 사용자들이
모바일 디바이스로 이동하는 모습을 보았다는 점이다. 대
다수의 컴퓨터를 통한 작업이 스마트폰과 태블릿으로 옮
겨갔다. 이것이 의미하는 것은 단지 SNS 앱들을 사용하
는 측면이 아니라, 실제적인 유틸리티들(워드, 엑셀, 등)이
모바일 디바이스로 이식되어지고 있다는 점이다. 디자인의
측면에서 본다면, 이러한 프로그램들이 마우스와 같은 실
제적인 물리 인터페이스를 통해 입력하는 것이 아니게 되
므로, 이에 맞추어 UI/UX의 이론을 상당히 수정해야 하
는 것을 의미한다. 또한 앱이 스마트폰에만 국한되는 것이
아니라, 현실의 다양한 사물-디바이스-하드웨어들과도 상

호작용을 하게 될 것이므로 이와 관련된 수많은 디바이스
등이 그 컨텍스트를 앱에 맞추어 가는 모습도 보여질 것으
로 기대한다.

일반화된 테크놀로지의 개발 수준이 이제는 상당히 놀라
운 수준이 되었다고 생각한다. 이제는 더 이상 어떤 플랫
폼이냐가 중요한게 아니라, '경험'에 대해서 더 많이 생각하
고 있다. 우리는 하나로 연결된 세상에서 살고 있고 하루를
살아가는데 있어서 수많은 디바이스들을 접하기 때문이다.
그러므로, 사용자들의 입장에서는 기술은 중요한 문제가
아니게 될 것이며, 디자이너와 엔지니어들이 만들어 낼 수
있는 유니크한 경험이 제일 중요한 요소가 될 것이다.

그리드 렌즈 /
Grid Lens
by Bucket Labs

" 격화되는 카메라 앱 시장에 디자인과 사용성으로 도전, 그리드 렌즈 "

앱 마켓에는 정말 무수히도 많은 카메라 앱들이 존재하고 있다. 그리고 최근에도 정말 다양한 카메라 앱들이 나오고 있다. 사진을 촬영해 공유하는 '인스타그램'은 물론, '핀터레스트', '페이스북 카메라(Facebook Camera)' 등 다양한 앱들이 특유의 기능과 사용성을 제시하며 출시되고 있다. 그 중에서 감각적인 디자인과 특이한 사용성으로 저자의 주목을 끈 앱이 있어서 본 서적에 소개하고자 한다. 점차 격화되는 앱 시장에서 디자인과 특유의 사용성을 보여주고 있는 앱이다.

아이폰 버전은 유니버셜로 개발되어 아이패드에서도 앱의 사용이 가능하다. 안드로이드폰 버전은 출시 예정이다. 아이패드에서 사용할 경우 좀 더 넓은 화면에서 다양하게 화면을 분할할 수 있어 더욱 재미있게 사용할 수도 있다.

체크 포인트!

- 감각적인 디자인과 특유의 사용성
- 단계별로 제공되는 다양한 기능
- 레드 오션인 카메라 앱 카테고리 내에서 특유의 포지셔닝을 잘 구축한 점

앱의 구조 및 페이지별 디자인 리뷰

'그리드 렌즈'는 한 장의 사진 안에 다양하게 칸을 나누어 촬영을 할 수 있는 기능을 제공하고 있다. 사용자는 제공된 프레임을 선택하거나 자신이 직접 프레임을 만들어서 촬영할 수도 있고 원치 않으면 아예 프레임을 없애고 사진 촬영을 할 수도 있다.

촬영 이후 우선 앱의 저장소에 사진을 보관하고, 사용자는 촬영된 사진을 보며 그 사진을 폰에 저장할 것인지, 더 꾸밀 것인지, 공유할 것인지를 선택할 수 있다. 일반적으로 보여지는 카메라 앱의 유사한 사용성과 달리 자체적으로 세심히 기획을 한 흔적이 보이며 군데군데 위트 있는 이미지를 배치하여 사용하면서도 재미를 전해준다. 공유는 페이스북, 트위터는 물론 '플리커(flickr)', '인스타그램', 이메일도 제공하고 있다. 최근 업데이트를 통해 말칸 등의 다양한 스티커로 꾸미는 기능도 추가되었다. 단계적으로 다양한 기능을 제공하여 사용하는 재미도 있다.

사실, 사진 촬영 후 다양한 효과를 주거나 화면의 가로-세로의 한 방향으로 4연속 분할, 2개 연속 분할 기능은 다른 앱에서도 흔히 볼 수 있는 기능이다. 그러나 '그리드 렌즈'는 여기에서 한 단계 더 나아가, 화면을 원하는 대로 다양하게 분할하며 촬영할 수 있는 기능을 효과적으로 제공하고, 특유의 사용성과 디자인을 제공함으로 그 차별화를 추구하고 있다.

리뷰 기준 : '그리드 렌즈'
아이폰 앱(V.1.0.0)

App Icon

Loading

Gallery

Option

Settings

About

Main View

Image View

Grid Setting

Create Grid

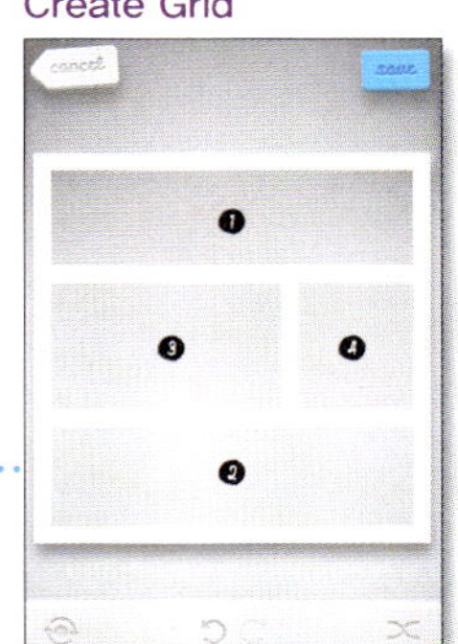

Share

Filters

Stickers

▲ '그리드 렌즈' 앱 아이콘

놀란 사람의 눈동자 느낌이 드는 '그리드 렌즈' 앱 아이콘이다.

▲ 로딩 페이지

여타 다른 앱과 다른 스타일의 장난기 가득한 로딩 페이지이다.

▲ 기능 소개 튜토리얼

앱 기능을 소개하는 이미지로 해당 페이지를 최초 사용할 경우 나타난다.

◎ 촬영

▲ 메인 페이지인 '촬영'. 우측 하단의 아이콘을 터치해 그리드별 촬영이 가능하다.

 우측 하단 '눈 모양' 아이콘을 통해 전체 분할, 영역별 분할 촬영이 가능하다. 하당 분할 영역을 터치하거나, 촬영 버튼 옆의 스위치를 바꾸어 연속 촬영이 가능하다.

◎ 그리드 편집

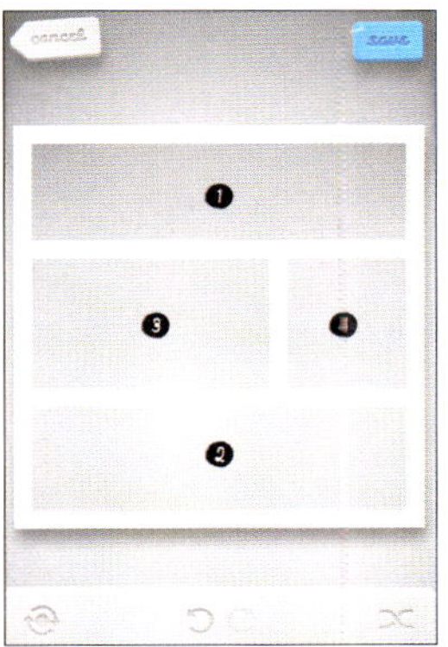

▲ 사용자가 원하는 형태로 그리드를 변경할 수도 있다.

 화면 좌측 하단의 '그리드' 아이콘을 터치하면 촬영 그리드를 변경하거나 수정할 수 있다. 사용자가 읜하는 대로 그리드 설정도 가능하다. 분할 화면과 그리드가 싫다면 아예 없앨 수도 있다.

▲ 자신이 촬영한 이미지를 볼 수 있는 갤러리 뷰

촬영 후 갤러리 뷰에 들어가면 사진을 선택해서 '폰에 저장', '공유', '필터', '스티커', '삭제' 작업을 할 수 있다.

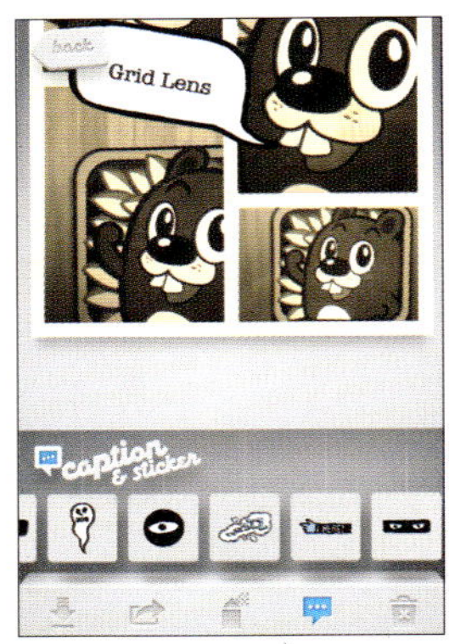

▲ 공유, 필터, 스티커 작업 이미지

하단이 열리며 아이콘이 나오는 모습이 신선하다. '그리드 렌즈'의 독특한 스타일의 아이템들을 볼 수 있다. 선택한 아이템에 'YES!'라는 말풍선이 붙는 것도 재미있다.

▲ 옵션 메뉴

 촬영 페이지 상단(메인 페이지)의 'OPTION' 아이콘을 터치하면 나오는 옵션 메뉴이다. 분할 영역 구획의 색, 두께, 자동 촬영 타이머, 화면 촬영 비율에 대한 설정을 할 수 있다.

◎ ABOUT

▲ 옵션 메뉴 상단의 톱니 바퀴 아이콘을 터치하면 볼 수 있는 세팅 페이지

개발사와 관련된 정보를 볼 수 있는 페이지들과 연결되어 있다.

▲ '그리드 렌즈'의 브랜드 웹 사이트

▲ '그리드 렌즈'의 애플 앱 스토어

▲ '그리드 렌즈'의 페이스북

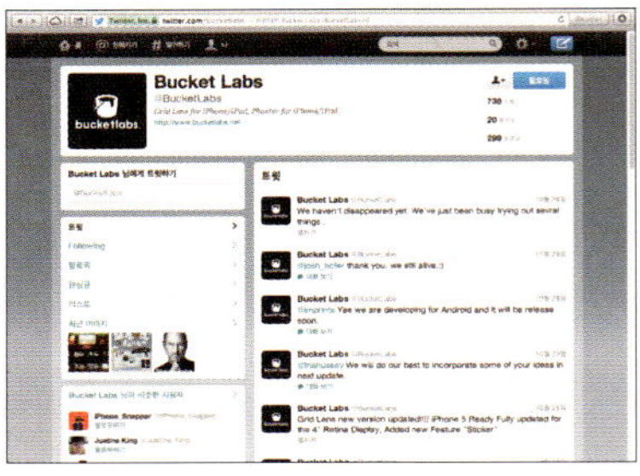

▲ '그리드 렌즈'의 트위터

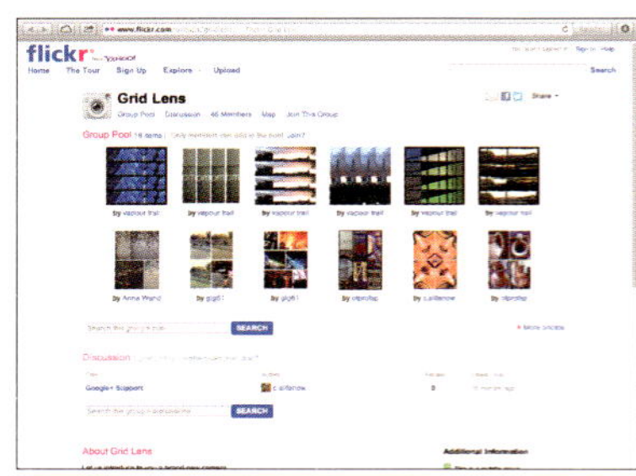

▲ '그리드 렌즈'의 플리커

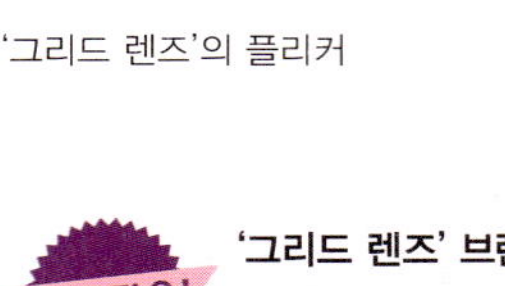

'그리드 렌즈' 브랜드 웹 사이트 – http://gridlens.bucketlabs.net

애플 앱 스토어 – https://itunes.apple.com/kr/app/grid-lens/id490495120?mt=8

'그리드 렌즈'의 페이스북 – http://www.facebook.com/bucketlabs

'그리드 렌즈'의 트위터 – https://twitter.com/bucketlabs

'그리드 렌즈'의 플리커 – http://www.flickr.com/groups/gridlens/

항목	아이폰	안드로이드폰
카테고리	사진 및 비디오	
가격	$0.99(유니버셜)	출시 예정
앱 내 결제	없음	
최초 출시	아이폰 1.0.0(2012.08.08)	
현재 버전	아이폰 1.0.0(2011.12.21)	
크기	7.8 MB(유니버셜)	
언어	영어	
지원 O/S	iOS 4.3 이상	
개발사	Bucket Labs (한국)	

Bucket Labs

김정운, 심찬용

Co-founders of Bucket Labs / 버켓랩스 공동 설립자

Q 최초의 앱 제작에 대한 아이디어 혹은 동기는 무엇인가?

A 곤충 겹눈처럼 보이는 화면을 시간차를 두고 촬영하면 어떨까 하는 생각에서부터 출발하였다.

Q UX 혹은 사용성 대한 결정은 어떻게 하였는지?

A UX에 대한 결정은 작업하면서 그때그때 결정하는 경우가 많았다. **프로토타입 개발을 하면서 '이렇게 하는게 더 쉽거나 좋겠는데 어떨까?' '그 방법이 좋은 것 같다. 그렇게 가자.' 같은 대화가 많았다.** 사용성에 대한 스터디나 R&D는 하지 않는다. 개발자의 센스를 신뢰하는 편이다. 상상한 것을 만들어 보고 어떤지 이야기한다.

Q 최초 출시의 총 개발 기간은 어느 정도 걸렸는지?

A 프로토타입 개발에 1주일 정도 소요. UI 디자인 작업에 1개월, 디자인 적용 및 출시 준비 1개월이 소요되었다.

Q 지금 보여지고 있는 앱 디자인의 스타일은 어떻게 결정하게 되었나?

A 디자인팀에서 다양한 디자인 스타일의 콘셉트 디자인을 전달해왔다. 비슷한 기능의 다른 앱들과 차별화가 되는 디자인이면서 아이폰의 기본 UI 가이드라인을 크게 벗어나지 않는 스타일을 결정하게 되었다.

Q 최초의 스케치 단계에 대한 공개가 가능한지? 아울러 이후에 어떻게 디자인이 확정되게 되었는지?

A 스케치 단계 디자인 공개는 불가능하다. 디자인 확정은 디자인팀의 예술적이고 독창적인 디자인 방향과 개발팀의 무난하지만 달라보일 수 있는 정도의 디자인 방향의 중간 정도로 결정되었다.

Q 디자인 스타일 개발 시 어려웠던 점은?

A 많은 이미지 파일을 필요로 한 디자인이어서 이미지 파일 정리에 많은 시간이 걸렸다. 그림자가 포함된 PNG 이미지도 상당히 많아서 앱 구현 속도에도 문제가 있었다.

Q 앱 개발 및 운영에 있어서 어려웠던 점은?

A 재현되지 않는 오류 리포트를 받을 때, 새로운 디바이스가 출시될 때 한국에서는 디바이스를 빨리 구할 수 없어서 대응이 늦을 때 어려움을 겪었다.

Q 디자인이 앱의 성공에 미친 영향력을 어떻게 평가하나?

A 독특한 디자인 스타일은 앱 스토어에 알려지는 데에 큰 영향이 있었다. 리뷰들도 앱 디자인이 예쁘다는 의견이 많았다. 소비자들에게 앱이 갖고 있는 기능만으로 이 앱이 매력적인 앱이라고 어필하는데 한계가 있는 것은 분명하다.

Q 사용성에 대해 평가를 해달라. 좋은 점과 아쉬운 점 혹은 개선 예정 내용이 잇다면?

A 많은 요소를 한 화면에 넣음으로써 버튼 사이즈가 작아짐에 따라서 터치 유효 범위가 줄어든 부분이 있고, 요소의 증가에 따라 구 디바이스에서 속도의 저하가 있을 수 있다.

Q 사용자들이 디자인에 대해서 평가하는 부분이 있다면 무엇인가?

A 기존 앱들에는 없었던 독특한 디자인, 애니메이션이 좋다고 하는 평가가 많이 있었다.

Q 주로 사용자들과 어떤 방식으로 커뮤니케이션을 하는지? 주로 어떤 내용을 사용자들이 문의하거나 의견을 제시하는지?

A 사용자들이 이메일로 의견을 보내준다. '오류가 발생한다', '이런 기능을 추가해줬으면 한다' 같은 내용을 주로 보내오고, 때로는 '이 앱 너무 좋다', '잘 쓰고 있다'는 이메일을 보내온다.

Q 앱 이름으로 'Grid Lens'가 선정된 이유는?

A 이 앱의 기능 중에 가장 중요한 기능은 'Grid'로 된 화면 위에서 터치하는 부분은 바로 촬영이 되거나 타이머로 연속 촬영이 되기도 하는 것이었다. 이로 인해 독특한 사진을 촬영할 수 있는 앱이 되었는데, 여러 가지 은유적이거나 합성어로 된 타이틀도 고민해 보았다. 하지만 앱 타이틀만으로도 이 앱이 무엇을 하는 앱인지 아는 게 좋겠다고 의견을 모으게 되어, 'Grid Lens'라는 타이틀이 결정되었다.

Q 주로 무슨 그래픽 프로그램으로 작업을 하였는가?

A 포토샵, 일러스트레이터, 3ds Max이다.

Q 현재 아이폰, 아이패드를 지원하는 유니버설 버전을 제공하고 있는데 왜 유니버설 버전으로 결정하였는지? 그리고 안드로이드 버전은 왜 출시를 하지 않았는지?

A 처음에는 아이폰 전용으로 프로토타입을 개발했었으나 아이패드에서도 동작시켜 보니 더 작은 Grid를 생성해서 재미있는 사진을 촬영할 수 있었다. 아이패드에서도 매력적으로 보이는 앱이라 판단했고 유니버설 앱으로 출시하였다. 안드로이드 버전은 곧 출시할 예정이다.

Q 개발사 입장에서 자사 앱에 대해 제일 마음에 들어하는 부분을 하나만 정해달라.

A Grid로 나뉘어진 카메라 화면을 터치하면 바로바로 촬영이 되는 부분이다.

Q 앱 디자인 시 무엇을 제일 중요시 해야하는지?

A 어떤 기능을 하는 앱이냐에 따라 중요시 해야 하는 것이 달라지지만, '그리드 렌즈'의 경우에는 비슷한 기능을 갖고 있는 앱이 이미 많았다. 이럴 때엔 기존 앱들과는 차별화가 되는 독특한 디자인이 필요하다고 생각한다.

Q 귀사의 앱 외에 디자인-사용성 부분에서 추천해줄 만한 앱이 있다면? 최대 3개까지 말해 달라.

A • 'Paper by FiftyThree'
　 • 'Snapseed'
　 • 'Clear'

Q 앞으로 앱 디자인의 미래에 대한 코멘트를 한다면?

A 디자인에 대한 경쟁이 점점 더 심해질 것 같다. 앱 스토어 초기에는 개발자가 직접 디자인하거나 아예 디자인을 하지 않은 앱도 상위권에서 높은 판매량을 보여줬으나 이제는 그런 앱을 찾아보기 힘들어졌다. **앱 기능 못지 않게 중요한 부분이 디자인이다.**

Part 06
앱 디자인 실전 프로세스

이번 Part에서는 실제 프로세스를 통해 앱 디자인의 실전을 배워보도록 한다.
이전에 앱 개발 프로세스에 대한 이론을 배웠다면, 이번에는 실제 진행 프로세스와
그에 필요한 내용을 정리해보는 단계이다. 모든 부분에서의 작업 파일이 부록으로 제공되니
하나씩 열어서 살펴보면서 작업할 수 있도록 구성하였다.
실제 작업 시에도 적극 활용해서 작업을 진행할 수 있도록 한다.

1단계 – 기획

앱을 기획하면서 다양한 아이디어와 의견을 모으고 전체적인 구조를 구성해간다. 이번 Chapter 에서는 아이디어를 모아서 체계적으로 정리하고, 프로젝트 진행에 맞는 통합 커뮤니케이션 문서를 작성하며 체계적으로 프로젝트의 커뮤니케이션을 시작한다.

01.
사전 준비 및
아이디어 클라우드
노트 활용

프로젝트의 성격에 따라 사전에 준비해야 할 부분이 다르다. 개발하고자 하는 앱의 특성에 따라 초기 아이디어 수집 단계가 길어지거나 짧아질 수 있다. 만약 외주로 개발할 경우라면, 클라이언트의 요청 사항을 확인하고 정리하는 단계로 볼 수 있겠다. 자체 프로젝트 혹은 유사한 앱을 개발할 경우에는 필요에 따라 고객 조사 등의 마케팅 단계가 사전에 들어갈 수도 있다.

따라서 제작하고자 하는 앱에 따라 관련 사항을 적어서 일목 요연하게 정리할 필요가 있다. 자체 개발의 앱이거나 기존의 앱을 리뉴얼하는 경우 등, 떠오르는 아이디어를 조금은 체계적으로 정리할 필요가 있다.

저자는 아이디어 클라우드라는 명칭으로 아이디어를 기록하는 노트를 만들어서 사용하고 있다. 사용 방식은 마인드 맵과 동일하다. 노트에 있는 원형 중 하나를 기준으로 아이디어나 키워드를 적고 주변에 하나씩 구름 모양으로 연관되어 연상되는 내용들을 적어나가는 것이다. 마인드 맵이라는 명칭은 왠지 모르게 딱딱한 느낌이 전해져서, 새로운 명칭으로 부르고 있다. 하나의 양식을 통해 기록 일자를 입력하며 아이디어를 모을 수 있으므로, 빈 A4 용지에 적어가는 것보다는 집중력 있게 작업할 수 있다.

아이디어 클라우드 노트를 사용해서 다양한 요청 사항, 아이디어, 특징 등을 기록하여 하나씩 정리하도록 한다. 아이디어 클라우드 노트는 3종의 스케치 노트 중 하나로써, 빈 공간으로 구성된 화이트 노트, 격자가 그려진 가이드 라인 노트를 포함한, 하나의 세트로 구성되어 있다. 서류 양식 형태를 띄고 있으므로 필요에 따라 프로젝트명과 날짜를 입력하여 정리할 수 있도록 한다.

Plus ➕ -

부록 CD 안에 스케치 노트 PDF 템플릿이 있으므로 출력해서 사용한다.
🔵 **파일명** : Sketch Template\SketchTemplate_01SketchNote.pdf

- -

<u>**CD 포함 템플릿 소개**</u>

본 서적의 CD 스케치 노트 안에 포함된 템플릿은 다음과 같다.

• 클라우드 노트

중앙의 구름 모양을 기준으로 일반적으로 알고 있는 마인드 맵의 형식으로 아이디어를 적어나가면 된다.

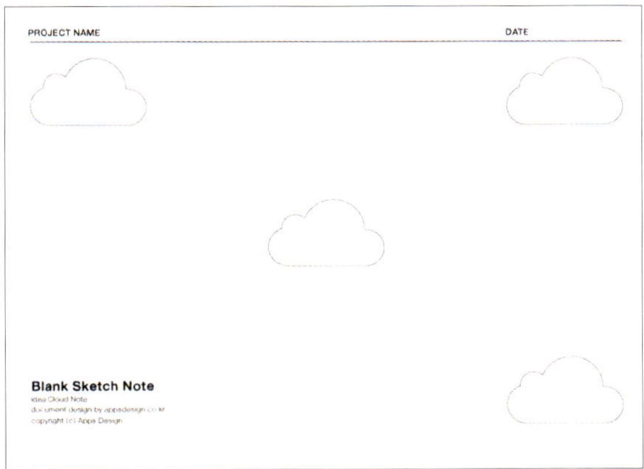

▲ 다양한 아이디어를 정리하며 사용할 수 있는 클라우드 노트

• 화이트 노트

일반 A4 용지에 프로젝트명과 날짜 등을 입력할 수 있도록 해두어, 문서의 관리가 용이하다.

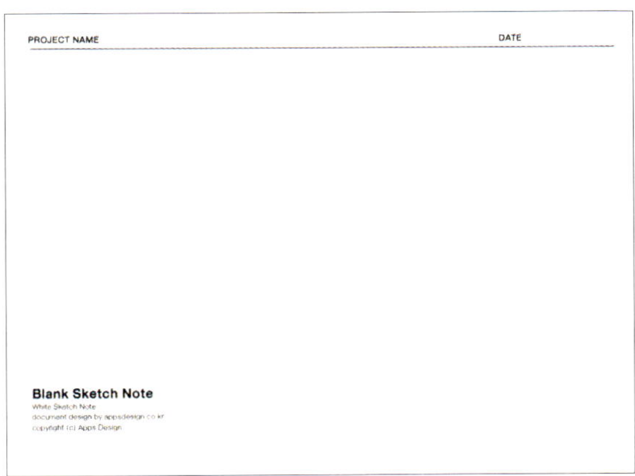

▲ 형식을 갖춘 용지가 필요할 경우 사용한다.

- 가이드 라인 노트

가이드 라인이 그려진 노트로써 필요에 따라 다양한 스케치를 할 수 있는 노트이다.

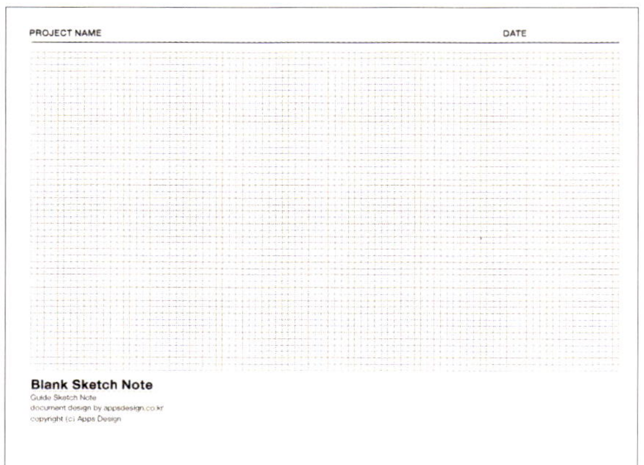

▲ 옅게 그려진 선을 활용하여 편하게 선작업을 할 수 있는 가이드 라인 노트

02. 통합 커뮤니케이션 문서 활용

파워포인트 혹은 키노트(KeyNote) 같은 프레젠테이션 프로그램을 통해 협의 사항들을 정리해서 하나의 통합 커뮤니케이션 문서를 제작한다. 앱 제작과 관련된 모든 내용이 포함되어 있는 문서이다. 필요에 따라 디자인 문서를 추후에 첨부하기도 하고, 별도로 작성 및 관리하기도 한다.

초기 기획 단계를 통해 대략적인 앱의 구조 및 구성이 되었다면, 이제 실제적인 업무 협의를 진행한다. 기획-마케팅의 경우는 앱의 수익 구조를 어떻게 정해서 프로그램으로 구현하고 디자인으로 표현할 것인지를 협의하게 되고, 디자인의 경우는 콘텐츠의 구성과 시각적으로 보여지는 부분에 대해 주로 협의할 것이며, 개발자는 실제 개발해야 하는 기능을 중심으로 커뮤니케이션을 진행할 것이다. 이러한 내용들은 정리하여 커뮤니케이션 문서에 하나씩 첨부하게 된다.

통합 커뮤니케이션 문서에는 문서 관리(버전 히스토리), 앱 기능 설명, 사용하는 제스처의 방식 등, 앱과 관련된 모든 내용을 입력한다. 필요에 따라 프로젝트 스케줄과 관련된 팀별 업무 목표 등을 포함하거나, 일부 요소는 포함하지 않을 수도 있으므로, 진행하는 팀 내에서 초반에 무엇을 입력할 것인지 합리적으로 협의하여 정리하도록 한다.

문서는 프로젝트가 시작되는 순간부터, 끝나고 나서도 계속해서 관리가 이루어지며 업데이트도 계속 이루어지므로 항상 문서의 버전 관리 및 업데이트에 신경을 써야 한다.

통합 커뮤니케이션 문서는 개발사의 필요에 따라 그 형태나 구조, 구성 등이 달라지므로 표준 통합 커뮤니케이션 문서 같은 것은 없다. 하지만 일반적으로 다음과 같은 내용들을 담고 있으므로, 참조하여 앱 개발 시 해당 부분에 대해 기획 및 정리 작업을 진행할 수 있도록 한다.

CD 포함 템플릿 소개

본 서적에서는 저자가 사용하고 있는 통합 커뮤니케이션 문서를 기준으로 설명하도록 한다. 부록으로도 제공되고 있으니 참조하며 확인하도록 한다.

Plus ➕

부록 CD 안에 통합 커뮤니케이션 문서 PPT, Keynote 템플릿이 있으므로 출력해서 사용한다.

🔹 **파일명** : Communication Documents\CommDocu_BlankTemplate.ppt, CommDocu_BlankTemplate. keynote

- 표지

프로젝트명과 개발사명, 최종 수정일, 최종 버전 등에 대한 표기를 하는 곳이다.

▲ 표지에는 프로젝트의 성격 및 진행 상황을 알 수 있는 내용을 입력한다.

- 목차

간략하게 구성하고 있는 내용에 대한 목차를 입력한다. 페이지가 길다면 해당 페이지에 대한 넘버링을 넣어도 좋다.

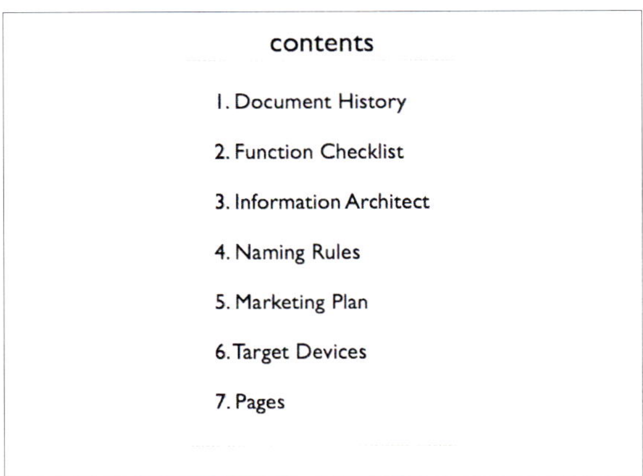

▲ 내용이 많을 경우 목차를 입력하면 관리 및 참조하기 편리하다.

- 문서 관리(버전 히스토리)

일반적으로 커뮤니케이션 문서의 첫 장에는 문서 버전 관리 페이지가 삽입되며 문서의 업데이트 및 관련 내용이 어떻게 진행되고 있는지에 대한 내용을 볼 수 있다. 귀찮다고 생략하다가는 나중에 리뷰하기 어려운 상황이 닥칠 수 있으므로 항상 철저히 관리할 수 있어야 한다. 문서 자체에도 버전을 설정하여, 구현 단계 수준인 1.0이 되기 전에 0.7, 0.8 등의 단계를 거쳐 1.0 버전을 만들게 된다. 문서는 항상 업데이트가 될 수 있도록 공유 폴더에서 사용하거나 수정 시 팀원들과도 항상 공유할 수 있어야 한다.

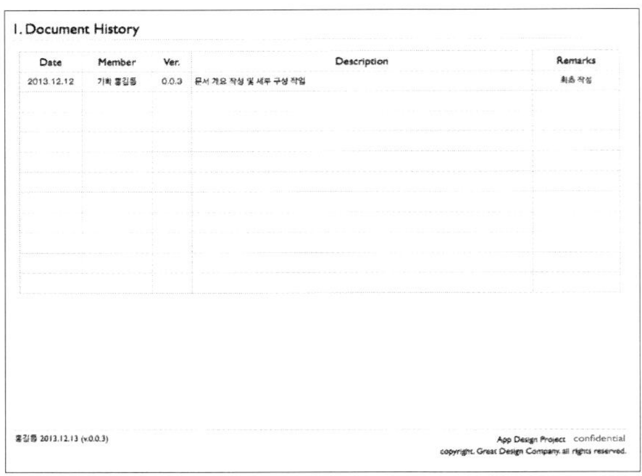

1. Document History

Date	Member	Ver.	Description	Remarks
2013.12.12	기획 홍길동	0.0.3	문서 개요 작성 및 세부 구성 작업	최초 작성

홍길동 2013.12.13 (v.0.0.3) App Design Project confidential
copyright. Great Design Company. all rights reserved.

▲ 문서의 버전 관리 및 업데이트는 필수 요소이다.

- 기능 구현 리스트

구체적으로 어떠한 기능이 있으며 프로그램 구현 가능 여부 등을 파악하는 리스트이다. 디자인의 경우와 다르게, 프로그램은 세부 기능들이 모여서 이루어 진다. 디자이너 및 기획팀에서 UX, UI에 대해서 고민하는 동안 개발자팀은 이러한 세부 기능들의 작업 스케줄 및 진행 가능 여부에 대해 판단하게 된다.

2. Function Checklist

No	Date	Name	Function	Description	Possibility
1.1	2013.12.12.	개발 김철수	동영상 재생	화면 전환 후 즉시 동영상 재생	가능
2.1	2013.12.12.	서버 박종수	사진 촬영 후 서버 전송	촬영 후 1초 이내 서버 전송	12/20까지 확인 필요

홍길동 2013.12.13 (v.0.0.3) App Design Project confidential
copyright. Great Design Company. all rights reserved.

▲ 구체적인 기능이 필요할 경우 프로젝트 시작 전에 점검하는 것은 필수이다.

- IA(Information Architecture)

앱의 논리적 진행 구조도이다. 기능별로 화면의 구성을 다이어그램을 통해 설명하는 방식으로, 구체적인 앱의 구조를 파악할 수 있는 페이지이다. 디자인 페이지를 통해 해당 내용을 설명하기도 하나, 다이어그램을 통해 앱 구조를 파악하는 것이 훨씬 효과적이며 한 눈에 쉽게 볼 수 있다. 필요에 따라 '플로우 차트(Flow Chart)'를 포함하기도 한다.

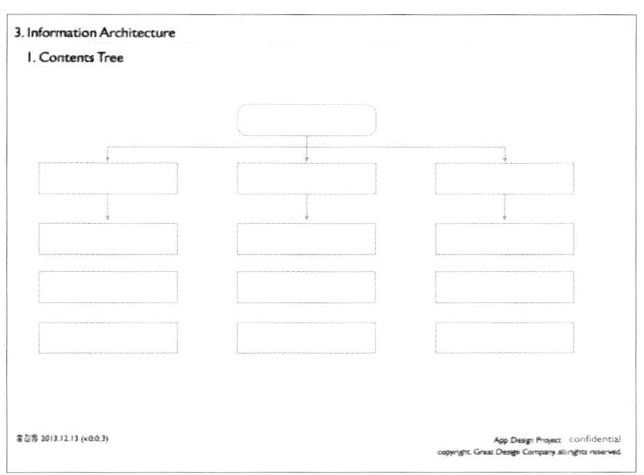

▲ 페이지 및 세부 사항에 대한 구조도를 통해 논리적인 구성을 할 수 있다.

반드시 작업하여 해당 페이지의 위치를 알 수 있도록 한다. 각 페이지별 '디자인 페이지' 상단에 항상 구조도 내의 위치를 표시하여, 필요 시 참조할 수 있도록 한다.

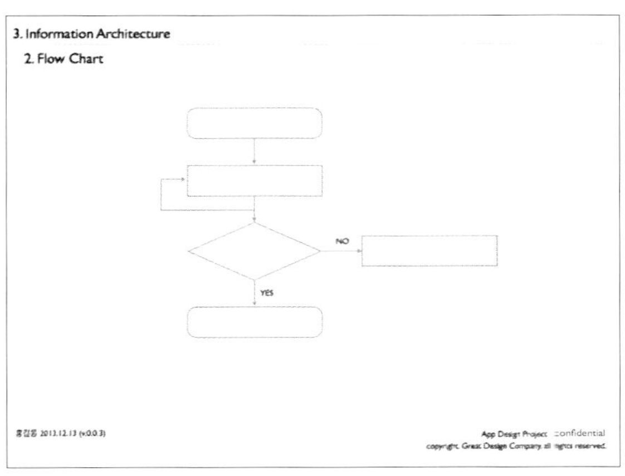

▲ 플로우 차트를 통해 다른 관점에서 앱의 구성을 진행할 수도 있다.

플로우 차트는 앱의 기능 위주의 구성을 나타낼 수 있으므로, 논리적인 구성을 통해 굉장히 유용히 사용할 수 있다.

- 네이밍 룰(Naming Rules)

 디자인 결과물인 세부 이미지 파일명 저장 규칙을 정하는 것이다. 초기 미팅 시 네이밍 룰을 정해놓아 이미지 파일 관리에도 신경을 써야한다. 특히 여러 명으로 팀이 구성되어 장기적으로 이미지 소스를 관리해야 할 필요가 있을 경우는 반드시 네이밍 룰을 지켜야 한다.

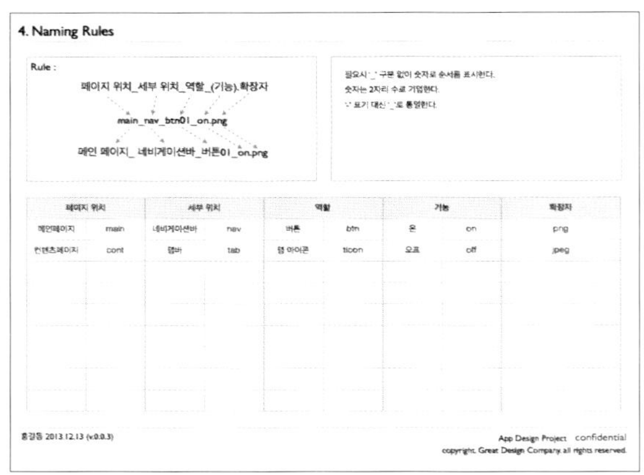

▲ 좌측 상단에는 네이밍 룰과 그 예제 및 설명을 해두어 알아보기 쉽게 한다.

 우측 상단에는 네이밍 룰과 관련된 세부 사항을 입력해 두어, 다양한 상황에 대해 적용하는 방법을 설명한다. 하단 리스트에는 실제 페이지별로 적용되는 용어를 정리하여 필요시 보고 바로 적용할 수 있도록 한다.

- 마케팅 기획(Marketing Plan)

 진행 프로젝트의 마케팅에 대해 간략하게라도 입력한다. 일반적으로 통합 커뮤니케이션 문서에 별도로 공간을 할애하고 있지 않지만, 마케팅 기획 부분에 대해 개발자팀 전체가 이해하고 있다면 보다 합목적인 앱 개발이 이루어질 수 있다.

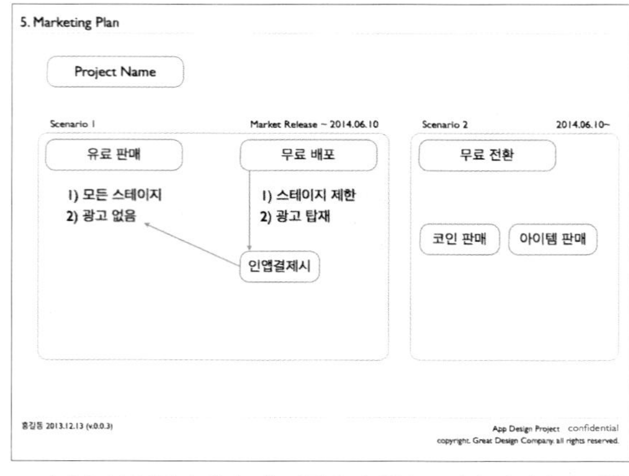

▲ 마케팅과 관련하여 앱의 기능적인 측면 위주로, 시기 및 시나리오 형식으로 작성하면 알아보기 쉽다.

- 타깃 디바이스(Target Devices)

 일반적으로는 하나의 운영체제를 먼저 작업한 후, 다른 운영체제-다른 해상도에 대한 작업을 진행한다. 앱 디자인 및 개발 시 타이트한 스케줄에, 중간 수정이 자주 이루어지는 편이므로 우선적으로 하나의 운영체제, 하나의 기준 디바이스에 맞추어 작업을 진행을 한다. 그 이후 해당 운영체제와 디바이스에 맞추어 재작업을 하는 방식으로 디자인 및 개발을 한다. 통합 커뮤니케이션 문서에도 관련 사항을 입력하여야 하며, 이에 맞추어 디자인 작업 방식을 비트맵 방식이 아닌 벡터 방식으로 최대한 작업을 하여야 리사이징에도 큰 문제가 없다. 만약 비트맵 방식으로만 작업해야 하는 경우라면 실제 사용 사이즈보다 크게 작업을 하여, 리사이징 시 퀄리티의 문제가 생기지 않도록 한다.

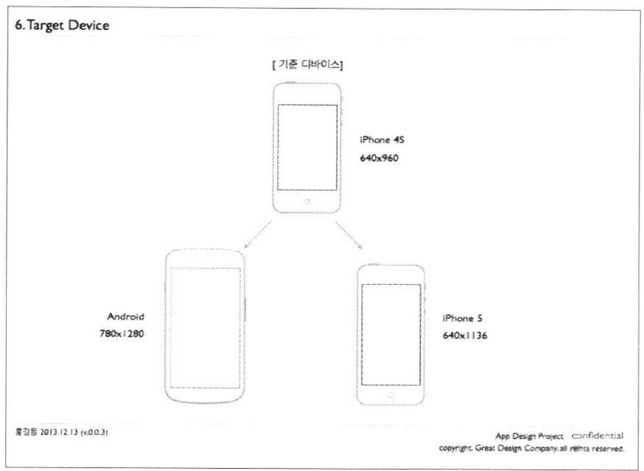

▲ 기준 디바이스 및 타깃 디바이스들의 해상도를 표기하고 디바이스의 이미지를 문서에 포함하면 쉽게 이해할 수 있다. 필요할 경우 작업 기간 등을 명시하여도 좋다.

- 페이지별 구성

 스토리보드, 스크린 디자인, 페이지 디자인 등 다양한 경칭으로 불리는 본 초기에는 페이지가 적고 해당 내용들도 부실하게 입력이 될 것이다. 단순하게 스케치나 와이어프레임으로 구성한 페이지들이 들어갈 것이다. 이후 내용을 확정하고 디자인을 진행하면서 하나씩 페이지들을 구체화하며 형체를 갖추게 된다. 필요에 따라 앱 아이콘 디자인과 관련된 페이지도 구성하여 지속적으로 앱 아이콘에 대한 히스토리 관리도 진행한다. 필요에 따라 디자인 슬라이스 가이드를 포함시키기도 하고 별도의 파일로 관리하기도 한다.

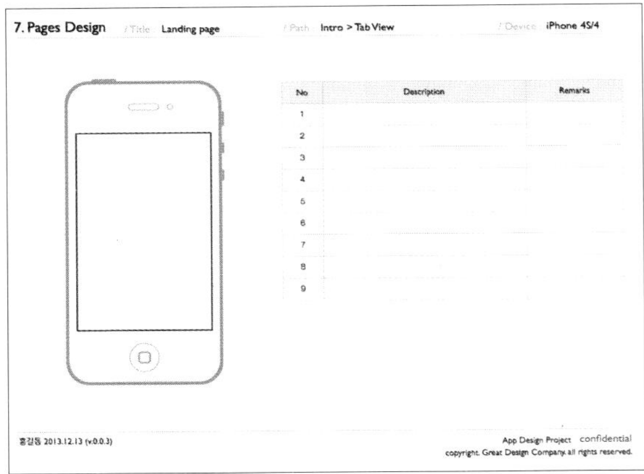

▲ 기준 디바이스 및 타깃 디바이스들의 해상도를 표기하고 디바이스의 이미지를 문서에 포함하면 쉽게 이해할 수 있다. 필요할 경우 작업 기간 등을 입력하여도 좋다.

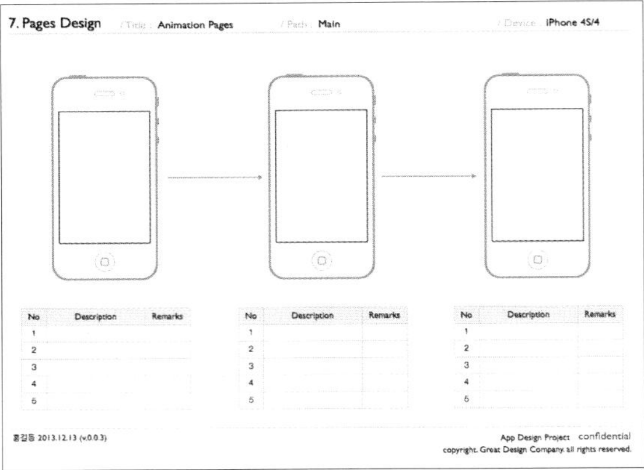

▲ 필요에 따라 다양하게 내용을 구성하며 페이지 디자인과 관련된 기능을 입력한다.

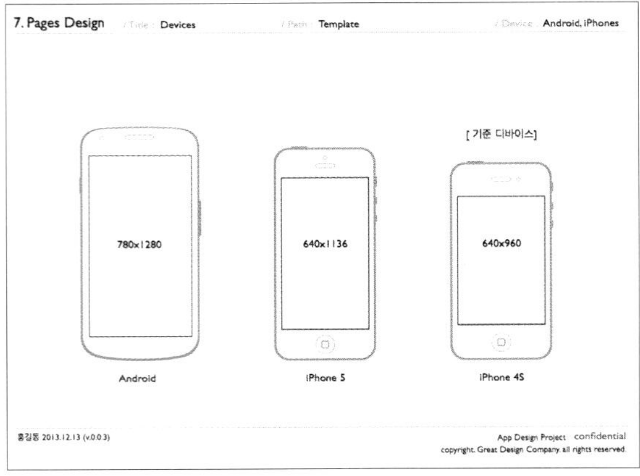

▲ 문서 말미에 다양한 디바이스의 이미지를 첨부하여 문서 제작 시 활용할 수 있도록 하였다.

2단계 – 디자인 구체화

이전 단계가 앱의 전체적인 방향과 구성을 정하는 것이었다면, 지금부터는 직접 펜과 종이를 들고 앱의 페이지 구성을 스케치하는 단계이다. 하나의 화면을 일반적으로 한 페이지라고 칭하는데, 가급적 타깃 디바이스에 맞춘 실제 사이즈 & 비율의 스케치 노트를 사용하면 좋다. 기획 목적에 맞추어 레이아웃을 그릴 수 있도록 한다.

01. 레이아웃 스케치 : 앱 디자인 노트의 활용

컴퓨터로 작업하기 전에 우선적으로 노트에 해당 레이아웃을 러프(Rough)하게 작업해보도록 하자. 상단의 네비게이션 바, 하단의 탭 바 등 기획 요소를 전부 반영하여 활용해보도록 한다. 부록 CD의 스케치 노트 PDF에는 '앱 디자인 노트'가 있으므로, 이를 활용하여 레이아웃에 따른 앱의 구조도 재구성해본다. 앱 구조 스케치 노트는 별도의 시작 지점을 정해두지 않았으므로 편의에 따라 시작 부분을 정해서 구조를 구성해보도록 한다.

처음 로딩 페이지부터 각 페이지들의 배치까지, 앱 디자인 노트를 활용하여 앱의 구조까지 구성해보도록 한다. 배치를 해보면서 빠트린 기능이 없는지 새로 추가하고 싶은 기능이 없는지도 확인해본다.

스케치는 손으로 그려서 형태를 잡는 방식으로, 빠르게 작업이 가능하나, 아무래도 정확한 컴포넌트의 사이즈를 맞추기는 어렵다. 그리고 펜으로 스케치하는 것이므로 최종 완성물에 스케치의 느낌을 똑같이 표현할 수는 없는 단점이 있으므로, 실습을 통해 스케치와 실제 작업 간의 차이를 좁혀나갈 수 있도록 노력해야 한다.

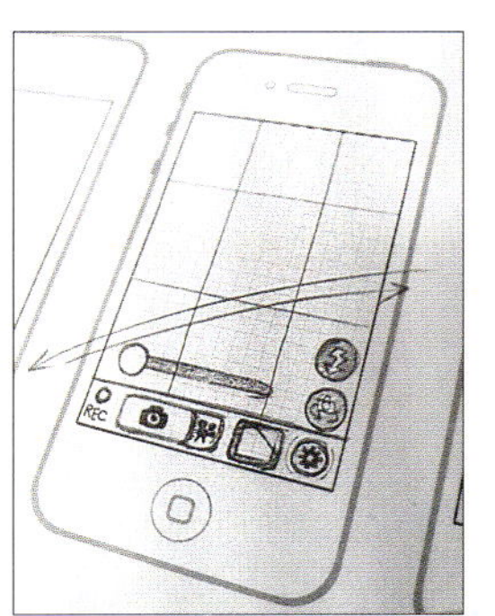

▲ 손 스케치를 통해 1차적으로 앱의 레이아웃을 디자인할 수 있다.

▲ 손 스케치로 작업한 캐릭터를 기준으로 캐릭터를 완성한다.

스케치 노트는, 다양한 디바이스의 실제 스크린 사이즈를 기준으로 제작되어 있어 효과적으로 스케치를 할 수 있다. 세로 모드는 물론 가로 모드의 템플릿도 제공되며, 스테이터스 바와 탭 바가 표시된 템플릿도 있으므로 필요에 따라 사용하면 된다.

CD 포함 템플릿 소개

본 서적의 CD 스케치 노트 안에 포함된 템플릿은 다음과 같다.

Plus ➕

부록 CD 안에 스케치 노트 PDF 템플릿이 있으므로 출력해서 사용한다.

🔵 **파일명** : Sketch Templates\SketchTemplate_02PhoneSketch.pdf

- 갤럭시 넥서스 1 : 1 – 세로 모드 + 스테이터스 바 + 네비게이션 바

▲ 스테이터스 바와 네비게이션 바의 위치가 들어간 템플릿

- 갤럭시 넥서스 1 : 1 – 세로 모드

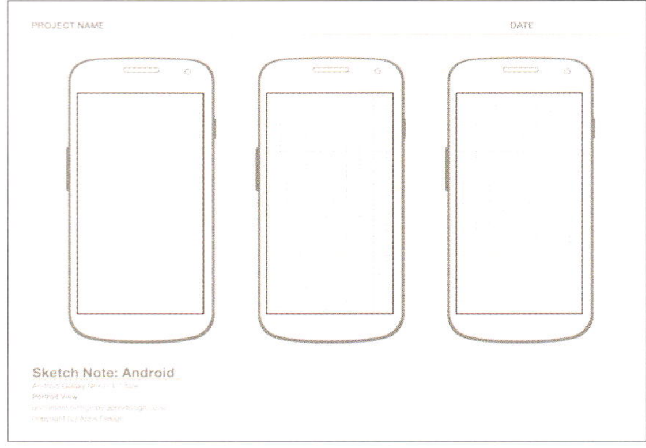

▲ 아무런 컴포넌트도 들어가 있지 않은 블랭크 템플릿

- 갤럭시 넥서스 1 : 1 – 가로 모드 + 네비게이션 바

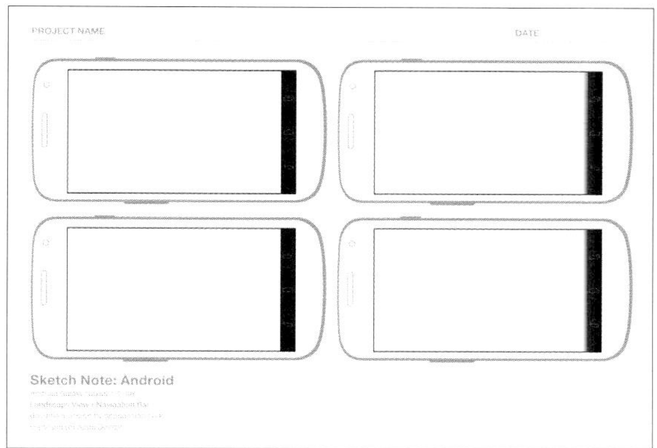

▲ 스테이터스 바가 제외된 상태의 가로 모드 템플릿

- 갤럭시 넥서스 1 : 1 – 가로 모드

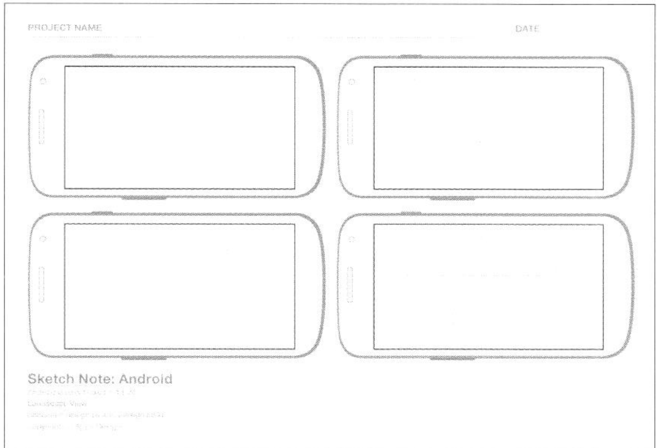

▲ 가로 모드의 블랭크 템플릿

- 아이폰 5 1 : 1 – 세로 모드 + 네비게이션 바 + 탭 바

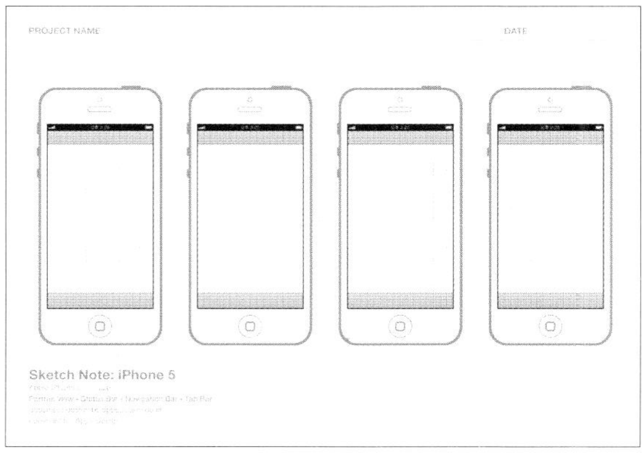

▲ 기본적인 네비게이션 컴포넌트 위치가 표시된 세로 모드 템플릿

• 아이폰 5 1 : 1 – 세로 모드

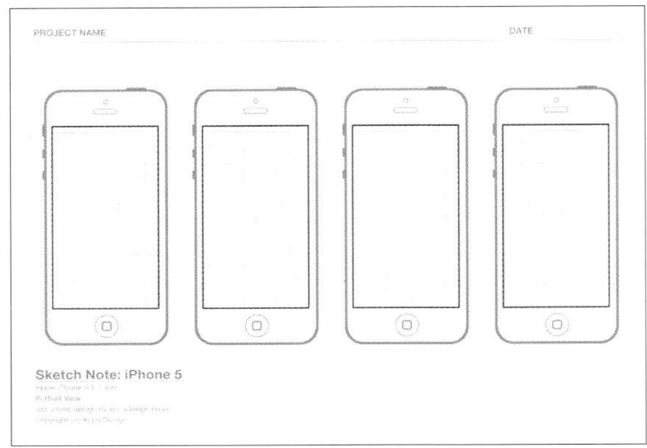

▲ 세로 모드 블랭크 템플릿

• 아이폰 5 1 : 1 – 가로 모드

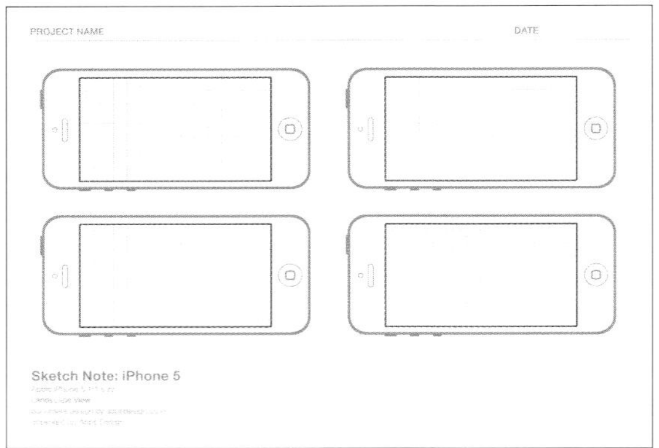

▲ 가로 모드 블랭크 템플릿

•아이폰 4S/4 1 : 1 – 세로 모드 + 네비게이션 바 + 탭 바

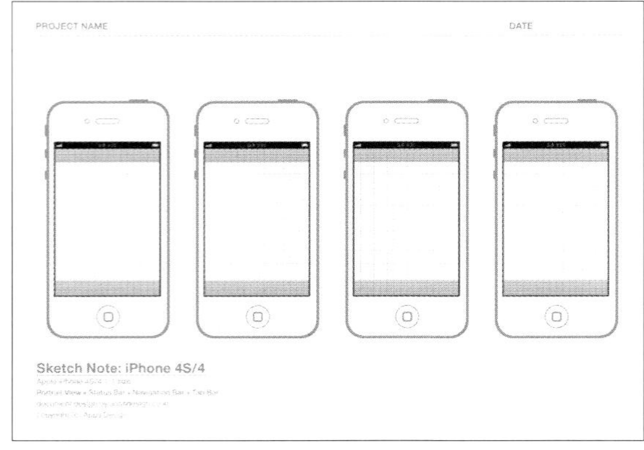

▲ 기본적인 네비게이션 컴포넌트 위치가 표시된 세로 모드 템플릿

• 아이폰 4S/4 1 : 1 – 세로 모드

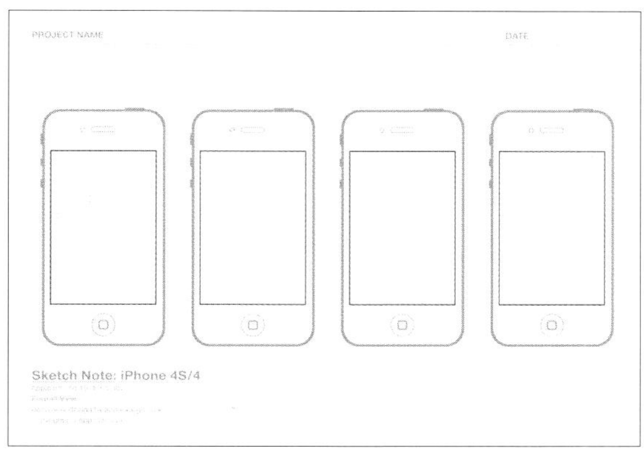

▲ 세로 모드 블랭크 템플릿

• 아이폰 4S/4 1 : 1 – 가로 모드

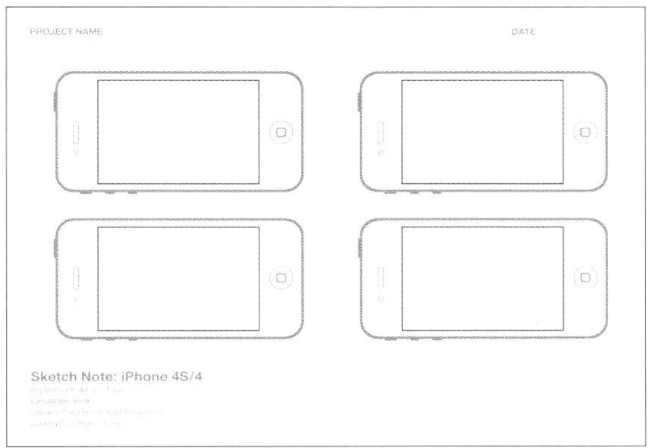

▲ 가로 모드 블랭크 템플릿

• 안드로이드 넥서스, 아이폰 5, 아이폰 4S/4 1 : 1 : 1 – 세로 모드 + 네비게이션 바 + 탭 바

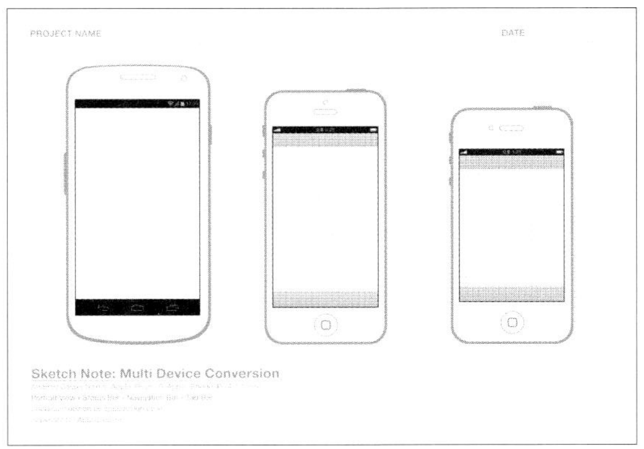

▲ 한 페이지에 여러 디바이스를 두어 편리하게 스케치를 할 수 있는 템플릿

- 안드로이드 넥서스, 아이폰 5, 아이폰 4S/4 1 : 1 : 1 – 세로 모드

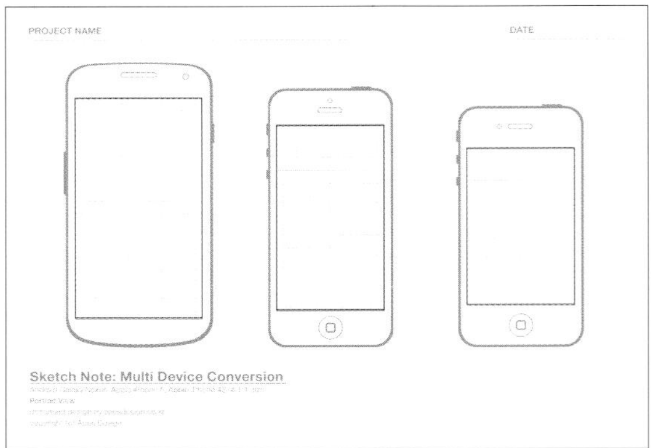

▲ 여러 디바이스들을 배치한 블랭크 템플릿

- 안드로이드 넥서스, 아이폰 5, 아이폰 4S/4 1 : 1 : 1 – 가로 모드

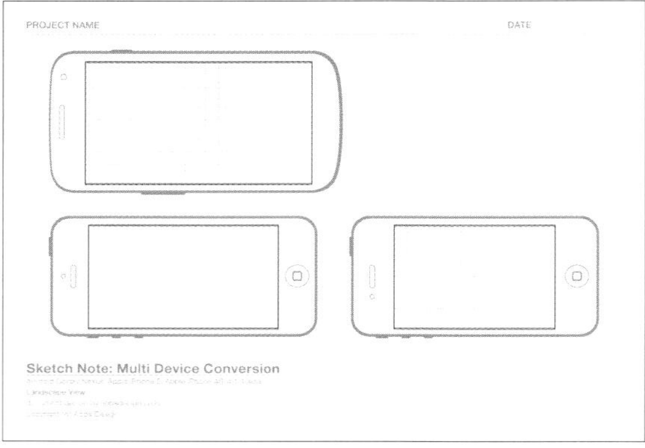

▲ 여러 디바이스들의 가로 모드 블랭크 템플릿

- 앱 구조 스케치 노트(App Structure Sketch)

▲ 원하는 지점에서 시작해서 앱의 구조 및 연결–흐름을 스케치할 수 있는 템플릿

이전 단계에서 어느 정도 앱 페이지 레이아웃 및 구성 요소를 구체화하였다면, 이번에는 작업한 스케치를 바탕으로 와이어프레임을 구성해보도록 한다.

와이어프레임이란?

와이어프레임은 대략적인 설계도와 비슷하며, 일반적으로는 컴퓨터를 사용하여 사전에 준비해놓은 요소(PSD, AI 파일 포맷에서 작업)들을 조합해서 만드는 형식이다. 사용자에 따라서는 손으로 스케치를 하지 않고 컴퓨터에서 와이어프레임 템플릿으로 구성을 하는 경우도 있다. 반대의 경우로, 스케치만 하고 와이어프레임을 생략하는 경우도 있으나, 스케치와 와이어프레임 둘 중 하나는 반드시 진행하는 편이다.

와이어프레임은 일반적으로 디자인 레이아웃과 컴포넌트들의 기능적인 측면을 위주로 빠르게 구성하여 테스트하는 것을 목적으로 하고 있으므로, 대략적인 형태만 알아볼 수 있는 이미지로 구성된다. 스케치와 달리 ㅅ-이즈를 최대한 실제 사이즈와 같도록 함으로 스케치보다 조금 더 완성도를 높일 수 있으나, 필요에 따라 사전에 제작해야 하는 노력이 필요하다. 너무 디테일을 살리다 보면 본연의 목적을 잃을 수 있으니 사진 이미지 같은 경우는 정사각형 박스 안에 X를 표시하는 이미지로 대체하는 등의 방식으로 진행한다.

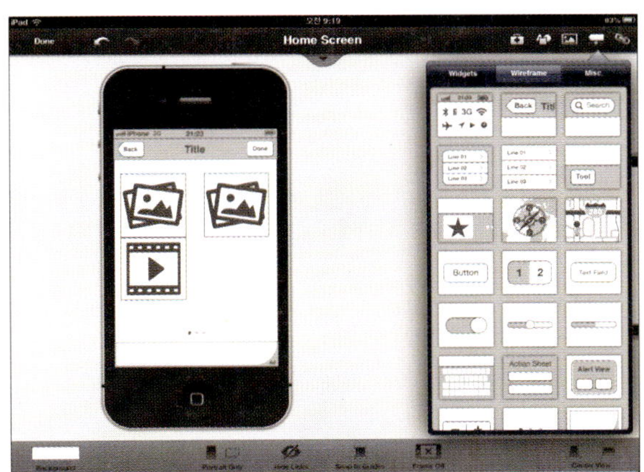

▲ '앱 쿠커(App Cooker)'를 활용한 와이어프레임 디자인 구성

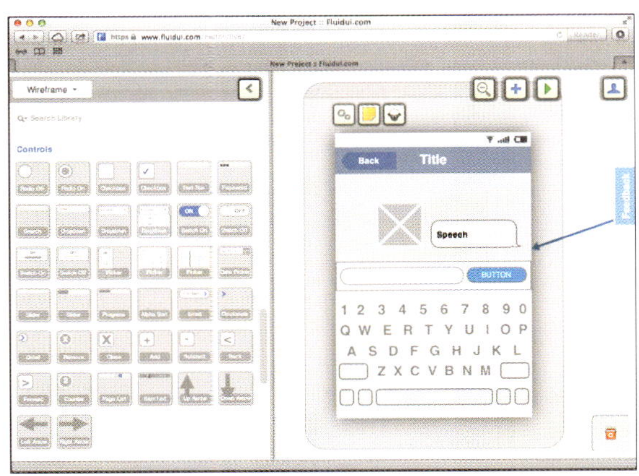

▲ 웹 서비스 '플루이드 UI'를 활용한 와이어프레임 디자인 구성

Plus➕

본 서적 'Part 08'에서는 작업 중인 디자인 내용을 스마트폰에서 실시간으로 확인하는 방법과 프로토타입 툴에 대한 소개를 하고 있으니 참조하도록 한다.

스케치의 경우는 종이에 적어가는 방식이라 작업하기는 쉬우나 그 형태와 사이즈 등에서 실제 구현 이미지와 상당한 차이를 보이는 경우가 많기 때문에, 처음부터 와이어프레임을 하는 경우도 있다. 그렇지만 전에도 설명하였듯이, 작업의 프로세스에는 정답이 없기 때문에 자신이 선호하는 방식으로 진행하면 된다.

와이어프레임은 사전에 최소한의 의미만으로 구성하는 것이며 와이어프레임 단계를 통해 프로토타입을 제작하여 그 위치나 사용성 등을 실제 테스트해 보는데 그 목적이 있다. 스케치와 달리 그래픽 파일로 작업을 한 것이므로, 레이아웃 작업물을 이미지로 저장하여 타깃 디바이스에서 확인함으로 대략적인 실제 구성을 파악할 수 있는 점도 장점이다. 이를 통해 최종 직전 단계까지의 레이아웃과 요소를 확정할 수 있다. 그러나 만약 스케치 단계만으로도 문제가 없다거나 수정 사항이 없을 것으로 보여진다면, 이 단계를 생략하는 경우도 있다. 그러므로 프로젝트의 성격과 진행에 따라 와이어프레임 진행 여부를 결정하도록 한다.

'스텐실(Stencil)'과 '템플릿(Template)'

스텐실은 템플릿과 같은 개념이다. 둘 다 일정 요소, 사전에 제작해 놓은 소스, 틀 등을 조합하여 형태를 구성할 수 있는 특징을 지니고 있다. 와이어프레임 템플릿, 목업 템플릿, 테마 템플릿 등 용도에 따라 다양하게 사용된다.

와이어프레임 키트 PSD 템플릿 활용

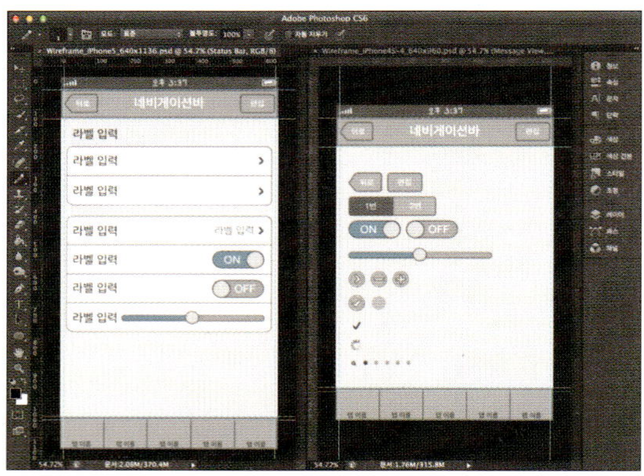

▲ 아이폰 디자인을 구성하는 다양한 컴포넌트를 폴더별, 항목별로 정리해서 PSD 파일로 제공하고 있으므로, 이를 사용하여 와이어프레임을 손쉽게 구성할 수 있다.

Plus ➕

부록 CD 안에 와이어프레임 키트 PSD 템플릿이 있으므로 출력해서 사용할 수 있다.

안드로이드 운영체제의 PSD 템플릿은 공식 안드로이드 개발자 웹 사이트의 다운로드 페이지에서 다운로드해 사용할 수 있다.

🔵 **폴더명** : Wireframe Kits

PSD 와이어프레임 키트 : 애플 iOS 아이폰 5[파일명 : Wireframe_iPhone5_640x1136.psd]

PSD 와이어프레임 키트 : 애플 iOS 아이폰 4S/4[파일명 : Wireframe_iPhone4S-4_640x960.psd]

PSD 아이폰 5 해상도 블랭크 템플릿[파일명 : Template_iPhone5_640x1136.psd]

PSD 아이폰 4S/4 해상도 블랭크 템플릿[파일명 : Template_iPhone4S-4_640x960.psd]

PSD 안드로이드 480x800 px 해상도(갤럭시 SⅡ) 블랭크 템플릿[파일명 : Template_Android_480x800.psd]

PSD 안드로이드 780x1280 px 해상도(갤럭시 SⅢ, 갤럭시 넥서스) 블랭크 템플릿[파일명 : Template_Android_780x1280.psd]

* 제공하는 와이어프레임 키트는, 애플 iOS 아이폰을 기준으로 만들어 졌으며 아이폰 5와 아이폰 4S/4 해상도의 PSD 파일도 제공하고 있다.

부록 CD로 제공되는 파일을 효과적으로 사용하기 위해서는, 포토샵의 메뉴에서 [창(Window)]-[정돈(Arrange)]-[2단 세로(2-up Vertical)]를 선택하면, 포토샵 창이 2개로 나뉜다. 한 쪽 창에는 와이어프레임 키트를 놓고 다른 한 쪽에는 타깃 스마트폰 해상도 파일(부록 제공 : 안드로이드 해상도 2개, 아이폰 해상도 2개)을 둔다. 그 다음 필요에 따라 와이어프레임 키트 쪽의 컴포넌트를 다른 창으로 옮겨 놓으면서 이미지 파일을 구성하면 된다. 구성이 다되면 이미지를 [웹용으로 저장(save for web)]을 선택해 저장한 후 해당 디바이스로 확인을 해보아도 좋다.

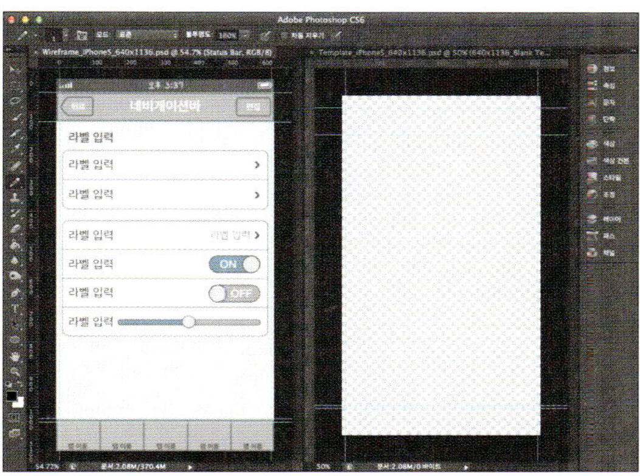

▲ 포토샵에서 창 정렬 방식을 통해, 좌측에는 와이어프레임 키트를, 우측에는 동일 해상도의 블랭크 템플릿을 두어 드래그 & 드롭 방식으로 와이어프레임을 디자인할 수 있다.

안드로이드 템플릿 파일 활용

안드로이드의 경우는, 공식 개발자 웹 사이트에서 안드로이드 스텐실(템플릿) 파일을 다운로드해 사용할 수 있으며 와이어프레임 키트가 아닌 공식 디자인 세트가 제공되고 있으므로, 이를 활용하여 와이어프레임 디자인을 진행할 수 있다. 다만, 스텐실 파일은 MDPI 해상도로 제작되었으므로 480x800 px(갤럭시 SⅡ 해상도), 780x1280 px(갤럭시 SⅢ 해상도) 작업을 위해서는 다운로드한 파일을 1.5배, 2배 확대해서 사용하여야 적합한 사이즈가 된다.

안드로이드폰 버전도 480x800 px, 780x1280 px의 블랭크 템플릿 PSD 파일을 첨부하였으니 필요에 따라 포토샵에서 안드로이드 스텐실 파일과 블랭크 템플릿 PSD 파일을 배치하여 바로 사용할 수 있도록 한다.

3단계 – 앱 프로토타이핑

앱 프로토타이핑을 통해 앱의 구조와 구성, 흐름을 확인할 수 있다. 앱 프로토타이핑이 무엇인지, 어떠한 방식으로 앱 프로토타이핑이 진행되는지 알아보도록 한다.

01. 앱 프로토타이핑

앱 프로토타이핑은 이전에 설명한 바와 같이, '디자인의 완성도가 아니라 기능적인 측면에서 앱의 사용성을 테스트하는 행위'로 설명할 수 있다.

개발자의 도움이 있다면 페이지들을 실제 앱으로 빌드하여 사용해보면 좋겠으나, 대부분의 작업 진행상 거의 불가능한 경우가 많다. 그래서 대부분은 앱을 빌드하고 나서야 수정하게 되는 경우가 생기기도 하고, 프로토타이핑 단계를 생략하고 바로 개발을 진행하는 경우도 많다. 그렇지만 대규모 비즈니스를 목표로 하고 있거나 상업적인 목표를 두고 있다면, 급한 상황이더라도 프로토타이핑은 진행해야 한다. 사용자는 한 번 사용해보고 불편하다면 불평을 하거나 다음에 다시 사용을 하지 않는 경향이 있기 때문이다. 일부 요소는 추가 업데이트를 통해 개선될 수 있겠지만 사용성과 관련된 부분은 최선을 다해서 최고의 사용성을 제공해주어야 한다고 생각한다.

따라서 와이어프레임으로 작업한 페이지들을 출력하여 테이블에 펼쳐놓거나 벽에 붙여 놓고 진행 순서를 머릿속으로 그려보거나, 페이지를 타깃 디바이스 사이즈로 잘라서 실제처럼 사용하는 모의 테스트로 프로토타이핑을 진행하는 경우가 많다.

프로토타이핑 디자인을 구성에서 가장 일반적인 것은 이전에 설명한, 와이어프레임 형태이다. 와이어프레임은 해당 페이지의 레이아웃 요소만을 보여주는 것이므로 레이아웃이 아닌 콘텐츠로 눈이 가는 것을 막아주는 장점이 있으나, 와이어프레임에 대해 익숙하지 않은 클라이언트의 경우는 와이어프레임 자체를 통해 디자이너의 퀄리티가 낮다고 평가를 하거나, 이를 통한 커뮤니케이션이 힘들어질 수도 있는 단점이 있다.

따라서 와이어프레임 형태가 아닌 실제 운영체제의 디자인 스타일을 그대로 가져다 쓸 수 있는 컴포넌트를 사용해서 프로토타이핑 테스트를 진행할 수도 있다.

사전에 해당 운영체제의 컴포넌트를 미리 구축해두어, 윈도우의 파워포인트, 맥의 키노트의 프레젠테이션 기능을 이용해서 디지털 앱 프로토타이핑을 진행할 수도 있고, 프로토타이핑을 위한 아이패드 앱이나 웹 서비스를 사용해서 디자인을 할 수도 있다.

그렇지만 약간의 비용을 지불하거나 혹은 프리 트라이얼 등의 방식으로 다양한 디지털 앱 프로토타이핑이 가능하며, 윈도우의 파워포인트, 맥의 키노트를 이용해서 만드는 것보다 훨씬 용이하다. 이러한 상용 서비스의 특징은 실제로 스마트폰에서 사용성을 직접 테스트해볼 수 있는 기능이 제공된다는 점이다.

따라서 본 Chapter를 통해 디지털 앱 프로토타이핑 툴인 '앱 쿠커(App Cooker)'와 '플루이드 UI(Fluid UI)'를 추천한다.

아이패드용 앱인 '앱 쿠커'는 아이패드를 통해 iOS 프로토타이핑 앱을 만들 수 있으며 실제 iOS 앱과 거의 동일한 사용성을 아이폰, 아이패드에서 직접 테스트해볼 수 있다.

웹 브라우저를 통해 프로토타이핑 앱을 만들 수 있는 '플루이드 UI'를 통해서는 iOS, 안드로이드폰, 윈도우폰의 프로토타이핑을 만들어 볼 수 있어 그 사용 범위가 더욱 넓다.

TIP

본 서적의 'Part 08'에서 디지털 프로토타이핑 툴인 아이패드 앱, '앱 쿠커(App Cooker)', 웹 서비스 '플루이드UI(Fluid UI)'에 대해 세부적으로 설명하고 있으므로 필요 시 해당 부분을 우선 참조하도록 한다.

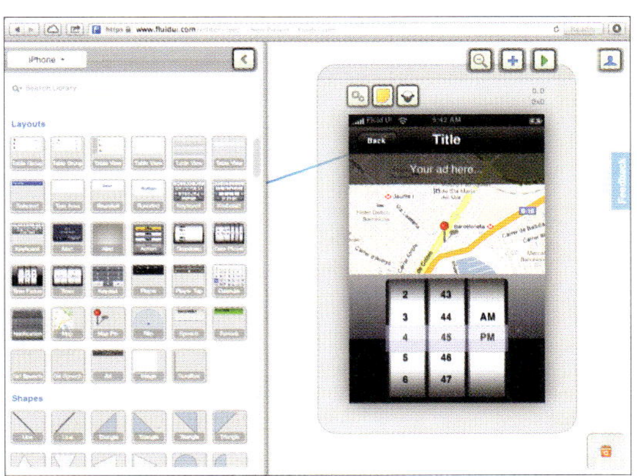

▲ 웹 브라우저를 통해 '플루이드 UI'의 디지털 프로토타이핑 툴을 사용할 수 있다.

'플루이드 UI' 웹 서비스에서 제공하는 iOS 아이폰 컴포넌트로 실제와 유사한 컴포넌트를 제공하여 실제와 같은 느낌의 프로토타이핑을 할 수 있다. 이외에도 아이패드, 안드로이드폰, 안드로이드 태블릿 등에 대한 서비스도 제공하고 있다.

필요에 따라 앞서 소개한 아이패드용 앱과 웹 서비스를 적절히 사용하여 효과적인 앱 프로토타이핑을 진행할 수 있다.

운영체제 디자인 스타일의 이미지 프로토타이핑의 장점은 실제와 흡사한 디자인 형태를 보여줄 수 있다는 점이지만, 프로토타이핑 테스트임에도 디자인 컴포넌트와 디자인 퀄리티를 맞추기 위해 별도로 디자인 작업을 해야 하는 경우가 종종 발생하여, 빠르게 사용성을 테스트 해야 하는 경우에 있어, 추가 디자인 작업이 속도를 늦추게 만드는 경우가 생길 수 있다. 그러므로 필요에 따라, 그리고 프로젝트의 클라이언트의 성격에 따라 사전에 협의하여, 와이어프레임 혹은 운영체제 UI 스타일 컴포넌트를 활용하여 프로토타이핑 레이아웃을 구성하여 테스트를 진행하도록 한다.

프로토타이핑을 통해, 앱이 얼마나 사용자 중심으로 이루어졌는지, 실제 기획 의도가 얼마나 반영되었는지, 네비게이션이 얼마나 효과적이고 효율적인지 등, 앱의 목적과 사용자의 특성 등의 요소들을 고려하여 테스트를 실시한다. 테스트 실시 후에는 해당 사항을 반영하여 수정을 한 후 다시 테스트를 진행하는 것을 반복하며, 앱의 사용성 및 완성도를 높여갈 수 있도록 한다. 그리고 어느 정도 진행이 되었다면 프로토타이핑 단계를 마무리하고 다음 작업으로 빠르게 넘어갈 수 있어야 한다.

'프로토타입(Prototype)'과 '목업(Mockup)' : 프로토타입과 목업도 유사한 뜻으로 쓰인다. 그러나 프로토타입은 '동작'과 관련하여 본격적인 제작 전 테스트 목적의 제작물을 의미하며, 목업의 경우는 '실제 물건-사물-외형에 관해 형태적'으로 제작 전 테스트 목적의 제작물을 의미한다. 그렇지만 프로토타입과 목업 또한 유사한 의미로 많이 쓰이고 있으므로, 프로젝트 내에서 용어 사용 시 구체적인 의미를 정하고 진행하는 것을 추천한다.

'프로토타입(Prototype)'과 '프로토타이핑(Prototyping)' : 프로토타입은 만들어진 대상 자체를 의미하며, 프로토타이핑은 '프로토타입을 만들어 테스트를 하는 행위'를 칭한다. 그렇지만 경우에 따라서는 혼용되기도 한다.

4단계 – 앱 디자인

앱이 과연 어떠한 요소들로 구성되어 있는지 다시 한 번 살펴보며, 실제 예를 통해 이해를 넓힐 수 있도록 한다. 구성 페이지들을 살펴보며 자신의 프르젝트, 앱 디자인과 유사점 혹은 참조 사항이 있는지 확인하며 본 Chapter를 진행한다.

01.
런치 이미지
= 스플래시 이미지
= 로딩 이미지

'런치(Launch)' 이미지, '스플래시(Splash)' 이미지, '로딩(Loading)' 이미지 모두 같은 뜻이다. 앱 실행 시 처음에 로딩되는 동안 나오는 이미지로써 앱의 첫 인상을 주는 페이지이다. 타깃 디바이스 및 운영체제별로 정해진 규격에 맞추어 해당 이미지를 디자인하도록 한다.

게임의 경우, 일반적으로는 회사의 로고가 나오는 반면, 유틸리티–SNS 앱류는 빠른 실행이 필요하므로 사용자에게 메인 페이지를 살짝 보여주는 방식의 로딩 이미지를 보여주는 특징이 있다. 유틸리티의 경우는 로딩 이미지가 없는 경우도 많다. 이처럼 다양한 앱들을 살펴보고 로딩 이미지가 어떻게 ㄷ자인되어 있는지 살펴보면 유익하다. 앱의 특성에 맞추어 로딩 이미지를 결정할 수 있도록 한다.

▲ 페이스북 앱의 로딩 이미지는 실제 메인 콘텐츠 이미지와 흡사하여 사용자들은 콘텐츠가 로딩된다는 사실을 모르게 한다.

일반적으로 SNS 앱은 로딩 시 바로 사용자의 콘텐츠를 보여주는 것을 목적으로 하고 있어서, 사용자가 로딩 이미지를 통해 바로 접속되고 있다는 인상을 주고 있다.

▲ '트위터' 또한 '페이스북'처럼 로딩 이미지에 메인 페이지의 프레임 형태를 보여주고 있다.

▲ '메가점프'의 로딩 이미지와 메인 페이지

게임 앱의 경우는 일반적으로 제작사의 로고를 보여준 뒤, 메인 페이지로 이동한다.

02. 레이아웃 디자인

앱은 한정된 스크린에 모든 요소를 표현해야 하므로, 웹과 달리 운영체제의 규칙성이 굉장히 강하고 사용자 또한 이러한 사용성에 익숙해져 있다. 따라서 운영체제의 규칙에 따른 버튼의 위치, 바의 위치 및 기본적인 사이즈 등이 거의 결정되어 있는 것이나 다름 없으므로, 최대한 이를 유지하는 디자인을 진행해야 한다. 손가락 터치 사이즈 또한 최소 사이즈를 추천하고 있으므로 버튼의 사이즈, 컴포넌트의 조작 버튼 사이즈 등 또한 신경 써서 디자인을 해야 한다.

일반적으로 상단에 통신사, 시간, 배터리의 양을 알려주는 스테이터스 바가 위치한다. 스테이터스 바의 아래에는 네비게이션 기능과 타이틀 표시가 들어가는 바가 위치한다. 최하단부에는 탭 바 등이 위치한다. 콘텐츠는 일반적으로 칸이 나열되는 테이블 뷰 방식을 사용하며, 게임이나 유틸리티의 경우는 한 화면에 하나의 내용을 담는 것이 특징이다. 최근 들어서는 점차 다양한 스타일의 시도가 이루어지고 있으니 최신 앱들에 대한 리뷰를 할 필요가 있다.

항상 앱 마켓에 들러 다양한 카테고리의 다양한 앱들을 둘러보며 콘텐츠의 레이아웃은 어떻게 구성되는지 살펴보고, 트렌드를 익히도록 한다. 각 앱 마켓의 추천 리스트를 참조하고 최다 다운로드 앱에 대한 분석을 통해 어떤 요소들이 효과적인 사용성을 제공하고 사용자의 관심을 끄는지도 알아보도록 한다.

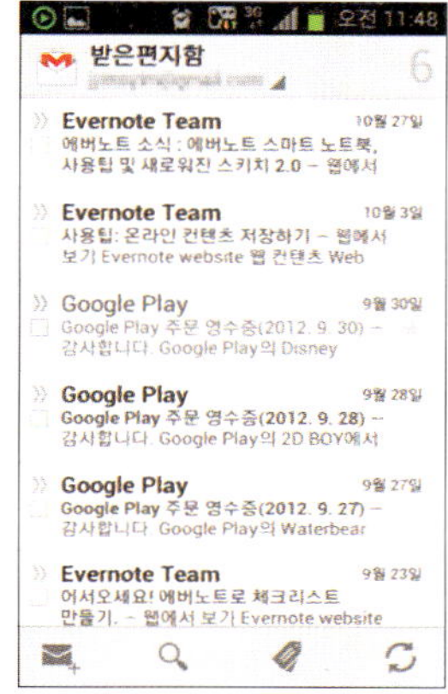
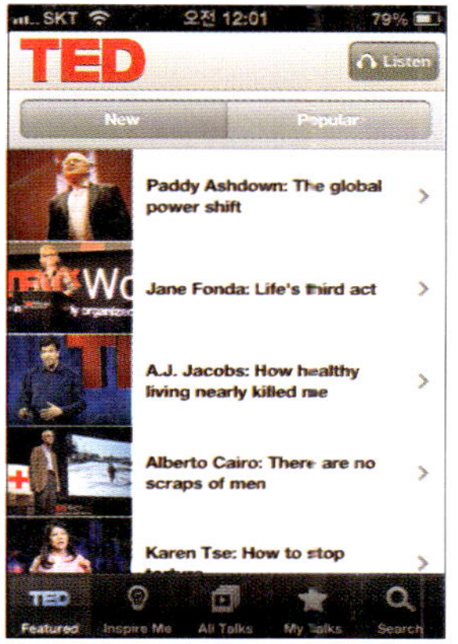

▲ 안드로이드폰 버전의 'Gmail'과 아이폰 버전의 'TED'의 모습

아이폰 앱에서도 좌측에 로고를 넣는 경향이 생겨나고 있다. 다른 운영체제에, 다른 성격의 앱이지만 실제적으로 조작하는 곳의 위치와 콘텐츠 나열 방식은 유사하다. 아이폰 앱에서는 네비게이션 바의 중앙에 항상 앱의 로고가 위치하였으나, 최근에는 안드로이드폰과 유사하게 로고가 좌측에 오는 경향도 생겨나고 있다.

어느 정도 규칙성이 존재하지만, 콘텐츠의 특성에 따라 다양하게 디자인을 할 수도 있으므로 기존의 룰을 따르면서도 앱의 콘텐츠에 맞는 특유의 사용성을 제공할 수 있도록 노력하는 시도가 중요하다.

▲ 사진 중심의 콘텐츠를 재미있는 방식으로 나열하며, 쉬운 공유 방식을 통해 많은 인기를 끌고 있는 '핀터레스트'

아울러 안드로이드폰의 네비게이션 방식이 아이폰에도 도입되는 등, 운영체제 간에 유사한 점도 늘어나고 있는 점도 최근의 특징이다.

▲ 안드로이드폰 버전 'Youtube' – 상단의 로고를 터치할 경우, 좌측으로 화면이 이동하며 추가 메뉴를 보여준다.

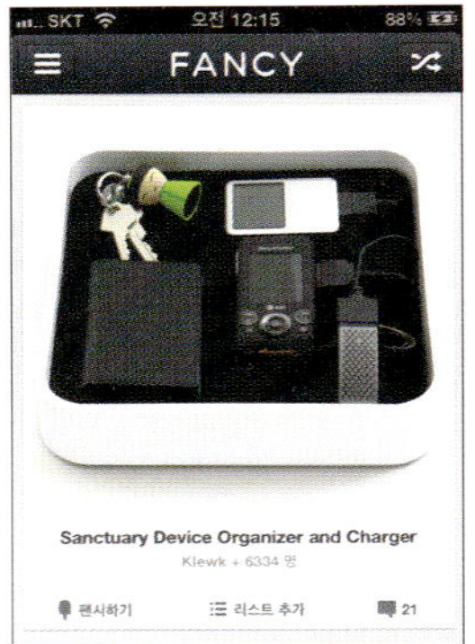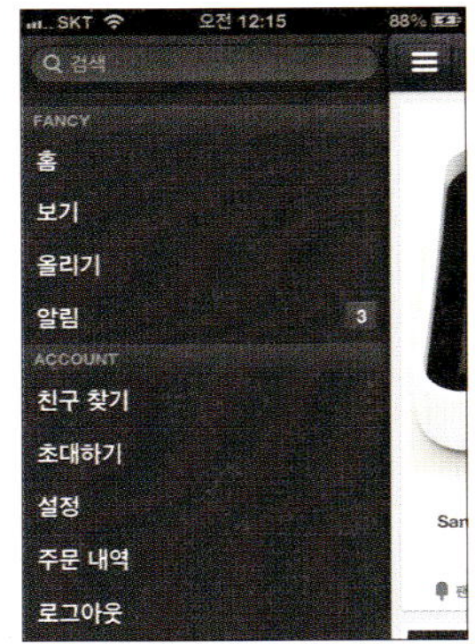

▲ 아이폰 버전 'Fancy' – '유튜브'와 동일한 방식으로 추가 메뉴를 보여준다.

최근에는 하나의 운영체제가 아니라, 안드로이드와 iOS, 이 두 운영체제에 대해 앱을 출시하고 있으므로, 개발 초기부터 최대한 일관된 형태의 레이아웃을 유지하는 노력을 하고 있다. 그러나 계속되는 버전 업그레이드를 통해서 매출이 더 잘 나오는 운영체제 쪽으로 노력이 기울거나, 운영체제별로 지원되는 기능에 제한 때문에 조금씩 다른 형태로 변화하기도 한다. 그러므로 각 운영체제별로 지원 가능 및 정책 등에 대해서도 알아야 할 필요가 있다.

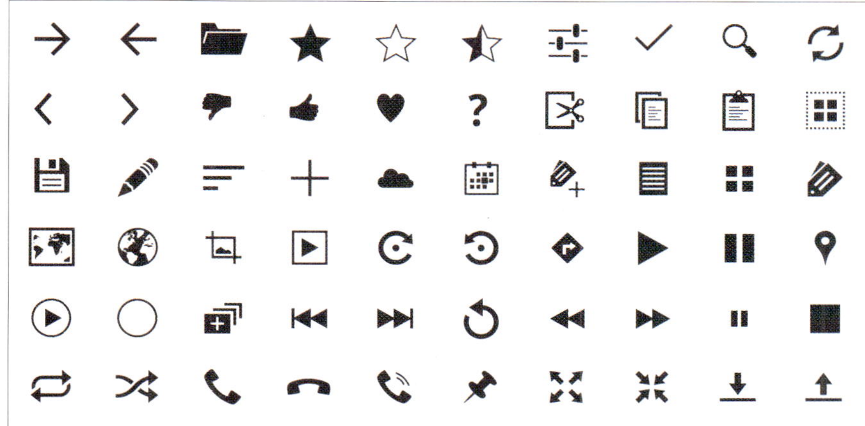

▲ 안드로이드에서 공식 제공되는 수많은 아이콘들의 모습

탭 바, 네비게이션 바, 액션 바 등, 용도에 따라 다양한 아이콘이 필요하다. 각 운영체제에서 지정하는 의미를 내포하는 아이콘으로 제작해야 하며, 사이즈 또한 정해진 치수가 있으니 참조하도록 한다.

TIP

아이콘의 형태와 의미에 관련된 자세한 내용은 해당 운영체제에 대한 설명 및 사이즈 표를 참조한다.

따라서 아이콘 디자인을 위해서는 기존에 사용되는 아이콘의 형태 및 의미를 충분히 이해하고 있어야 하며, 제작하는 앱의 테마에 맞추어 디자인을 할 경우에도 그러한 형태 및 의미를 최대한 존중하는 형태로 디자인이 되어야 한다. 그렇지 않을 경우 사용자가 혼동하거나 잘못 사용할 수 있다.

필요에 따라서는 기본적으로 제공되는 기본 아이콘을 사용하는 것도 효과적인 대안이 될 수 있다. 안드로이드의 경우는 이전에 설명한 바와 같이 수많은 아이콘의 디자인 파일을 제공하고 있으므로 필요에 따라 사용할 수 있다.

아이폰 버전 앱을 개발할 경우에는 맥의 통합 개발 도구인 엑스코드의 인터페이스 빌더에서 제공하는 컴포넌트를 사용하면 된다. 인터페이스 빌더에서 제공하는 컴포넌트로 앱을 구성할 경우는, iOS의 버전 업그레이드를 통해 컴포넌트 디자인이 변경되면서 자동으로 해당 컴포넌트가 바뀌는 특징이 있으므로 적절히 사용한다면 추가 작업을 줄일 수도 있으므로 참조할 수 있도록 한다.

아이폰의 경우는 본 서적에서 부록으로 제공하는 아이폰 탭 바 아이콘 세트를 활용하여 자신의 디자인에 적용할 수 있도록 한다.

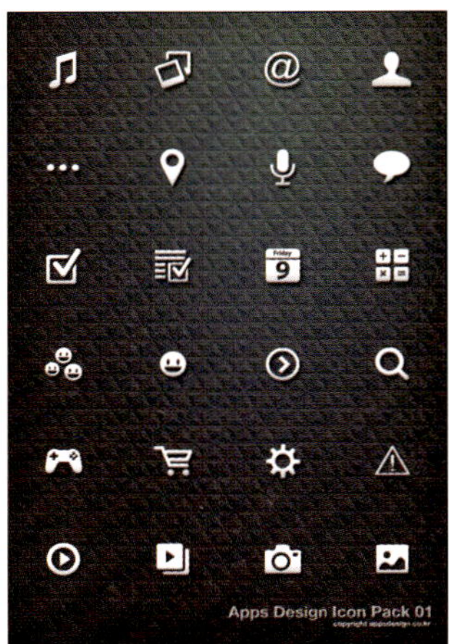

▲ 부록으로 제공되는 아이폰 탭 바 아이콘 세트 PSD 파일 – 필요에 따라 응용하거나 수정하여 사용할 수 있다.

Plus ➕

부록 CD 안의 아이폰 탭 바 아이콘 세트 PSD 파일이 제공된다.
⚙ **파일명** : AppsDesign Templates\AppsDesign_iPhone_TabBar_Icons_01.psd

04.
컴포넌트 디자인

본 서적의 'Part 04'에서 배운 내용을 토대로 앱의 각 구성 요소를 디자인할 수 있도록 한다.

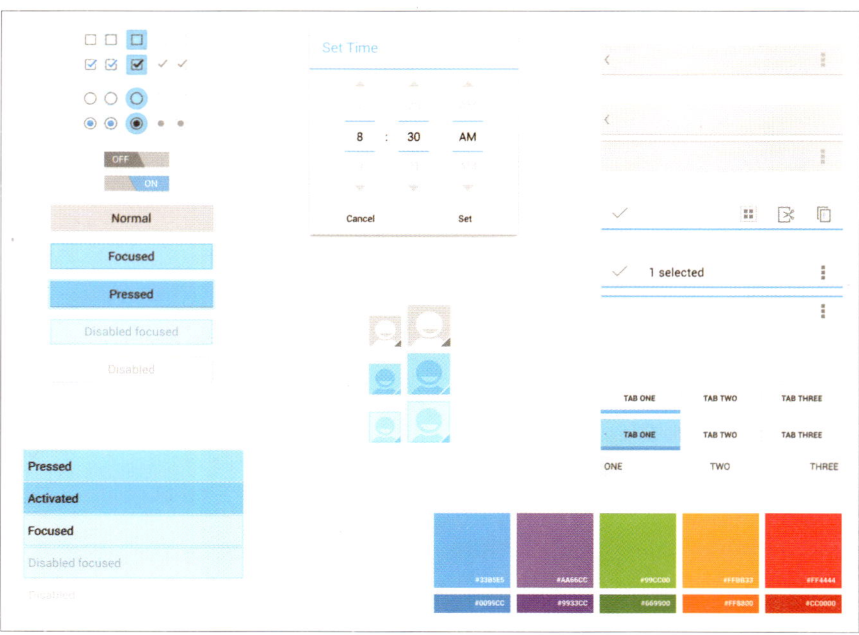

▲ 안드로이드 공식 다운로드를 통해 제공되는 다양한 형태의 컴포넌트들

　아이폰의 경우는 본 서적에서 부록으로 제공하는 아이폰 템플릿을 활용하여 자신의 디자인에 적용할 수 있도록 한다. 레이어 및 모든 레이어 스타일이 활성화되어 있으므로 필요에 맞추어 해당 부분을 수정하여 사용하면 된다.

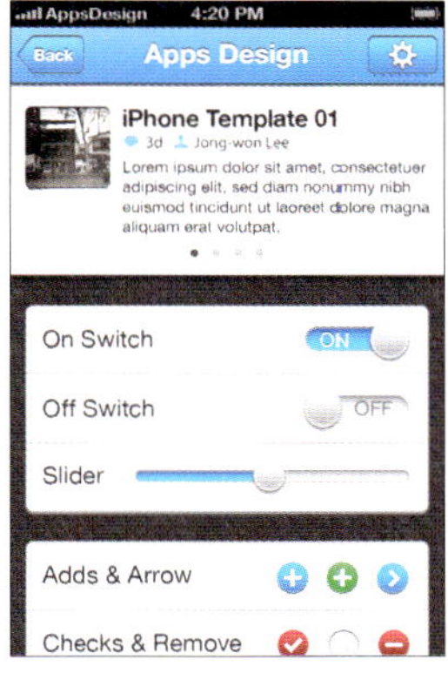
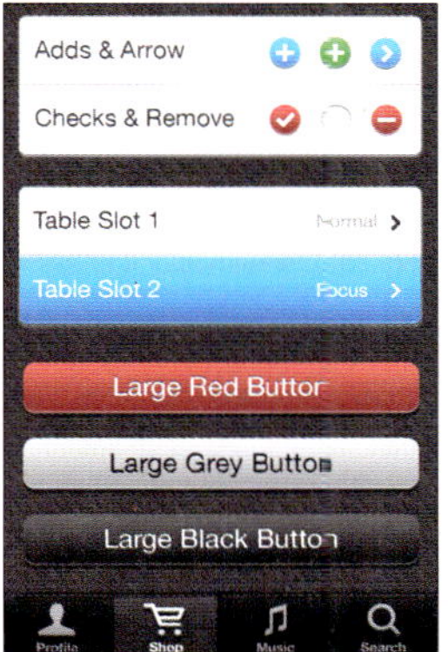

▲ 부록으로 제공되는 아이폰 템플릿 PSD 파일 – 아이폰에서 쓰이는 기본적인 컴포넌트들이 제공된다.

Plus ➕

부록 CD 안의 아이폰 템플릿 PSD 파일이 제공된다.

🔵 **파일명** : AppsDesign Templates\AppsDesign_iPhone_Template_01.psd

　아이폰 템플릿 PSD 파일은 640x3000 px 해상도로 만들어 졌으며 필요에 따라 작업 중인 PSD로 해당 컴포넌트를 이동시키는 방식 등으로 활용할 수 있다.

　또한 아이폰은 엑스코드에서 기본적으로 제공되는 인터페이스 빌더의 기본 컴포넌트를 활용하여 아이폰의 UI를 구성할 수도 있다.

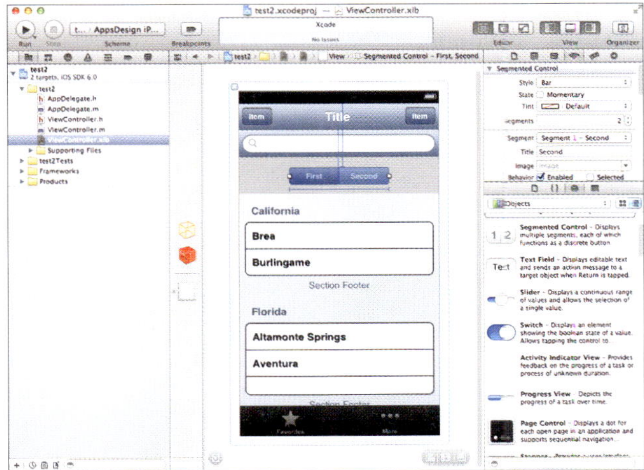

▲ iOS 통합 개발 프로그램인 엑스코드에서는 iOS를 디자인할 수 있는 기본 컴포넌트가 제공된다.

스마트폰 앱은 다양한 터치를 통해 화면의 전환 및 이동이 이루어진다. 기본 페이지 레이아웃과 네비게이션 바, 탭 바를 제외하고서도 다양한 버튼, 바, 아이콘 등이 존재한다. 이를 통해 화면 상의 다양한 정보와 이동, 기능을 실행할 수 있다. 운영체제별로 조작 방식 및 구성에 차이가 있으므로 해당 운영체제의 컴포넌트 스타일과 사용 방법을 충분히 이해할 수 있도록 한다.

05.
앱 아이콘 디자인

앱 아이콘은 앱 디자인 초기부터 논의가 되지만, 대부분 마지막 단계에서 완성이 되는 경우가 많다. 앱 아이콘은 앱의 대표 이미지로써, 앱의 특성을 나타내며 간판 역할을 하는 제일 중요한 디자인이다.

따라서 초기부터 다양한 스타일 및 요소를 포함한 스케치 작업을 진행하며, 앱이 어느 정도 그 형태와 디자인 스타일을 갖추었을 때 구체화하는 것이 바람직하며, 개발 초기부터 디자인의 완성도를 높이는 노력을 기울이는 것은 효율적이지 못하다. 앱 아이콘 디자인과 관련된 자세한 설명은 해당 운영체제의 내용을 참조하도록 한다.

Plus ➕

부록 CD 안에 앱 아이콘 디자인 PDF 템플릿이 있으므로 출력해서 사용한다.

💠 **파일명** : Sketch Templates\SketchTemplate_03IconSketch.pdf

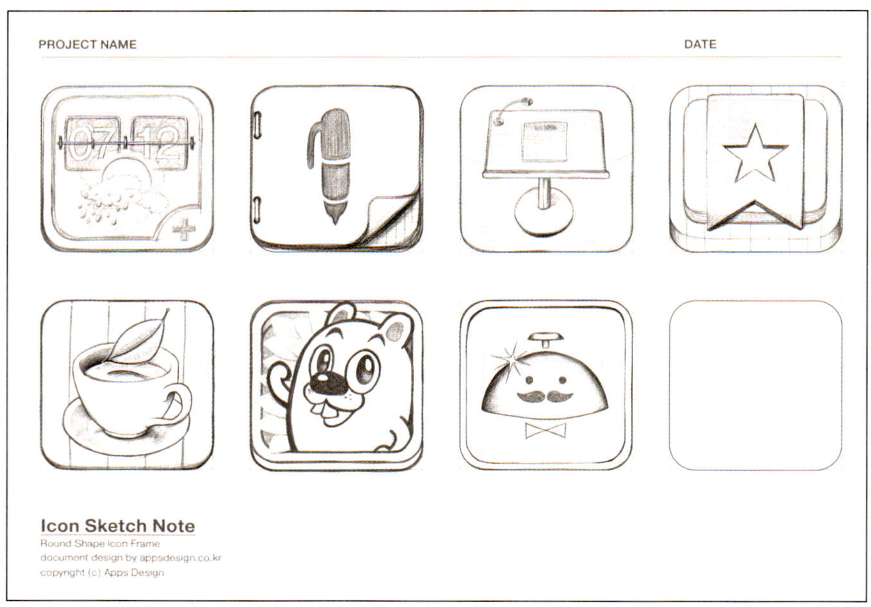

▲ 아이콘 스케치 노트를 활용하여 다양한 앱 아이콘 스케치를 연습하고 스타일을 배워본다.

다양한 앱들의 앱 아이콘을 스케치해보며 그 스타일을 분석하고, 진행 중인 프로젝트의 앱 아이콘을 스케치를 통해 구체화하는 작업을 진행한다. 이를 통해 많은 것을 배우고 많은 시행착오를 줄일 수 있다.

Plus ➕

앱 아이콘 디자인 PDF 템플릿 안에 포함된 템플릿은 다음과 같다.

1. 아이콘 스케치 : 라운딩 스타일

아이폰 1024x1024 px / 114x114 px / 58x58 px,
안드로이드폰 512x512 px / 96x96 px / 72x72 px / 48x48 px

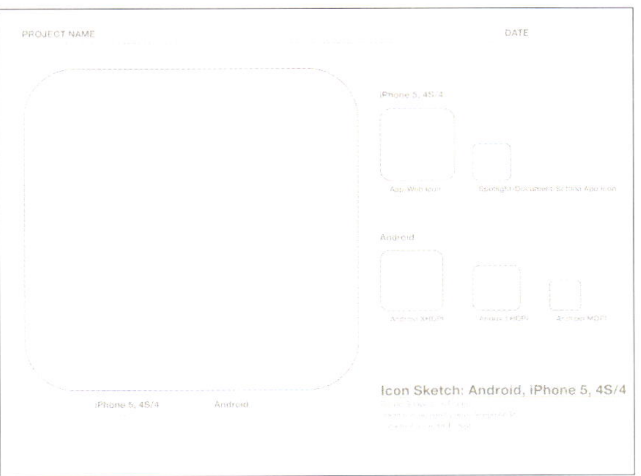

3. 아이콘 스케치 : 라운딩 스타일

8개 아이콘 스케치 박스로 구성

2. 아이콘 스케치 : 박스 스타일

아이폰 1024x1024 px / 114x114 px / 58x58 px
안드로이드폰 512x512 px / 96x96 px / 72x72 px / 48x48 px

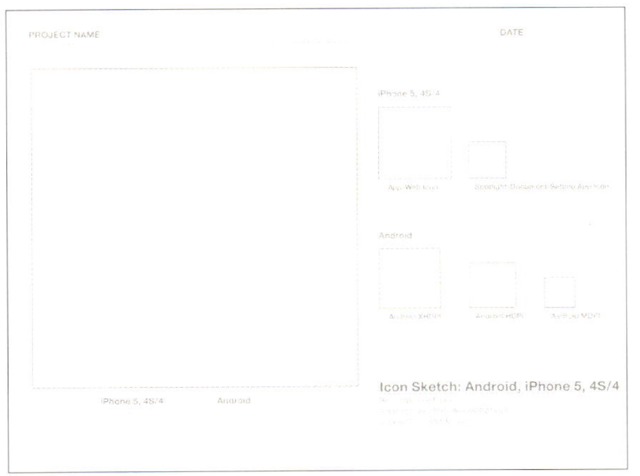

4. 아이콘 스케치 : 박스 스타일

8개 아이콘 스케치 박스로 구성

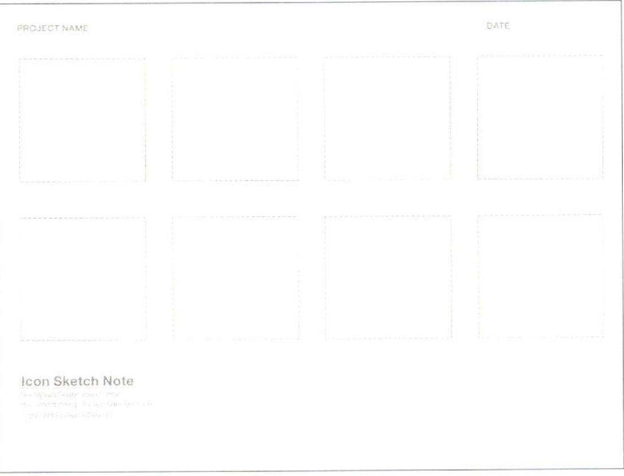

5단계 – 슬라이스 가이드 이미지 컷팅

디자인 작업이 완료되었다면 본격적으로 해당 이미지들을 프로그램에 사용할 수 있도록 하나씩 분할 저장하는 단계이다. 슬라이스 가이드는 포토샵의 '슬라이스 도구(Slice Tool)'를 사용해서 포토샵의 이미지를 자르는 과정을 통해 만들어 진다. 그래서 슬라이스 가이드라고도 불리우며, 이미지 가이드, GUI 가이드, UI 가이드 등 다른 명칭으로 불리기도 한다. 필요에 따라 통합 커뮤니케이션 문서에 포함시키키도 하나, 별도의 파일로도 작성되기도 한다. 본 Chapter에서는 슬라이스 가이드를 작성하는 방법에 대해 알아본다.

01.
프로세스 01 : 페이지별 이미지 붙여넣기

주로 슬라이스 가이드는 마이크로소프트사의 파워포인트나, 애플의 키노트를 통해서 만들어진다. 통합 커뮤니케이션 문서처럼 '표지-히스토리-본 내용'으로 구성된다.

Plus ➕

부록 CD 안에 슬라이스 가이드 PPT, 키노트 템플릿 파일이 있으므로 필요 시 사용한다.

🔵 **파일명** : Slice Guides\SliceGuide_BlankTemplate.ppt, SliceGuide_BlankTemplate.keynote

먼저 파워포인트 혹은 키노트로 슬라이스 가이드를 작성한다. 작성자, 날짜, 네이밍 룰 등의 기본적인 내용들을 입력한 후, 디자인 작업의 캡처 이미지들을 각 페이지별로 붙여 넣는다.

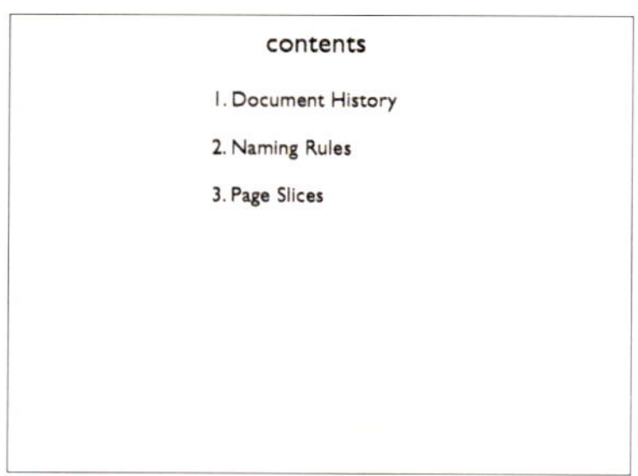

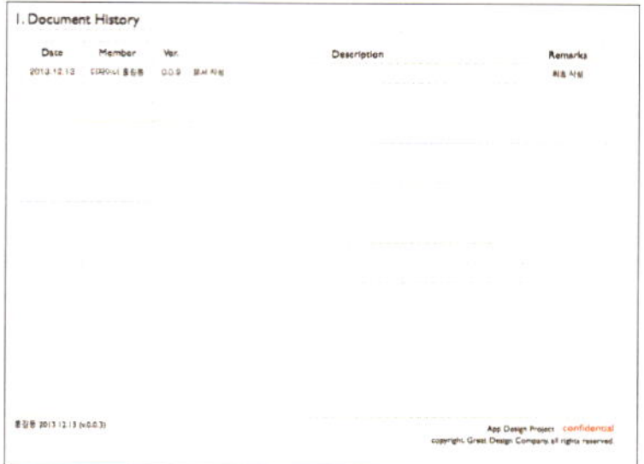

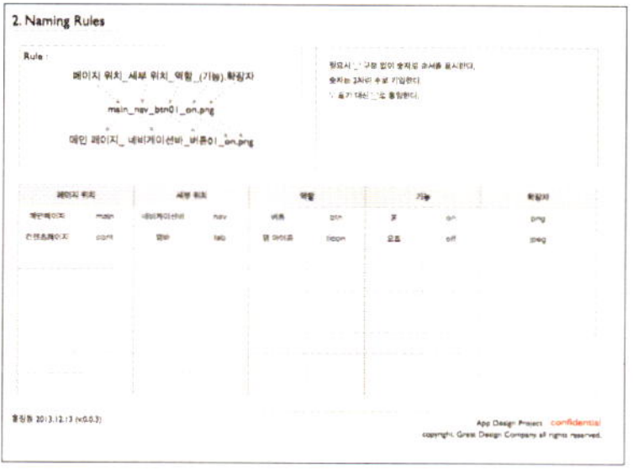

▲ 부록 CD에 있는 슬라이스 가이드 문서를 활용하여 기본 정보를 입력하고 슬라이스 준비를 한다.

슬라이스를 진행할 컴포넌트를 선택한 다음, 네이밍 룰에 따라 파일명을 먼저 입력한다. 버튼 등 하나의 이미지에 다양한 상태가 적용된 경우 또한 일일이 입력을 하도록 한다.

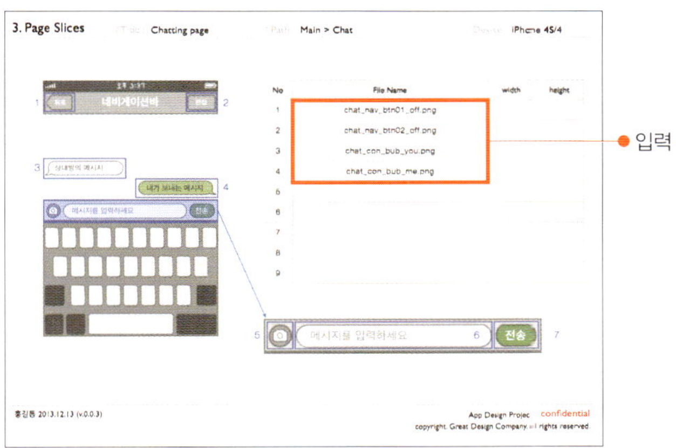

▲ 네이밍 룰에 따라 작성하며, 실제 작성 시 예외의 경우가 생긴다면 메모해두었다가 추후 네이밍 룰에 적용할 수 있도록 한다.

슬라이스 가이드를 근거로 PSD 파일에 슬라이스 작업을 진행한다. 이 때 PSD 파일의 각 슬라이스에는 파일명을 입력하며, 슬라이스 정보 창에서 이미지의 사이즈값과 위치값을 슬라이스 가이드에 입력한다.

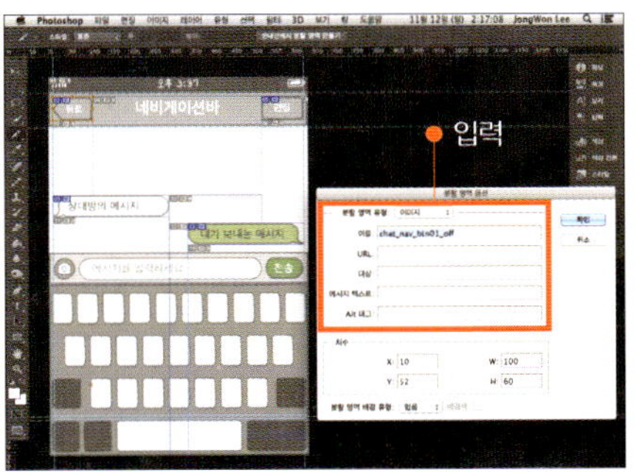
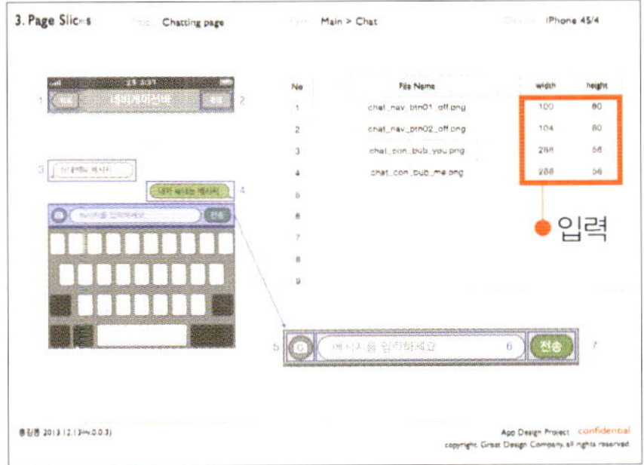

▲ 슬라이스 작업은 최대한 효율적으로 할 수 있어야 불필요한 시간 낭비를 줄일 수 있다.

슬라이스 된 영역의 번호 옆, 네모난 아이콘을 더블 클릭하면 [분할 영역 옵션(Slice Options)] 창이 나타난다. 하단의 치수(Dimensions)를 보면 X, Y 좌표값은 물론, 이미지의 W(가로), H(세로) 사이즈값도 알 수 있으므로 필요 시 해당 내용을 입력하도록 한다.

TIP

포토샵의 분할 영역 도구(Slice Tool)를 사용하여 해당 페이지의 분할 소스들을 원하는 사이즈로 지정한다. 이 때 각 슬라이스별로 네이밍 설정도 가능하므로 사이즈 지정과 동시에 파일 네이밍도 설정해놓으면 편리하게 슬라이스 작업이 가능하다.

　슬라이스 가이드에는 일반적으로 파일의 파일명과 사이즈를 입력하며, 필요에 따라 좌표값 등을 입력한다. 필요에 따라서는 이전 단계(프로세스 03)에서 같이 진행하기도 한다.

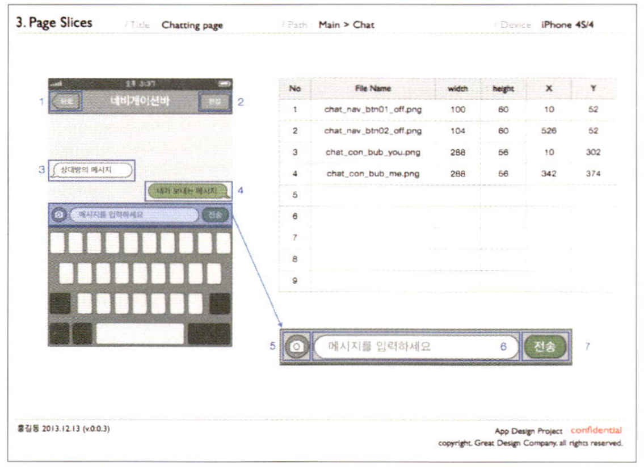

▲ 필요에 따라 좌표값도 입력하도록 한다.

　프로젝트를 진행하는 개발자의 성향에 따라 필요 정보가 달라질 수 있으므로 사전에 메모해 두었다가 필요 입력 정보를 파악한다.

　파일 저장은 포토샵 메뉴의 [파일(File)]−[웹용으로 저장(Save for the web)/단축키 MAC : Shift + option + ⌘ + S / WIN : Shift + Ctrl + Alt + S]을 선택하여 저장하도록 한다. 해당 기능을 선택하면 [웹용으로 저장(Save for Web & Devices)] 창이 나타난다.

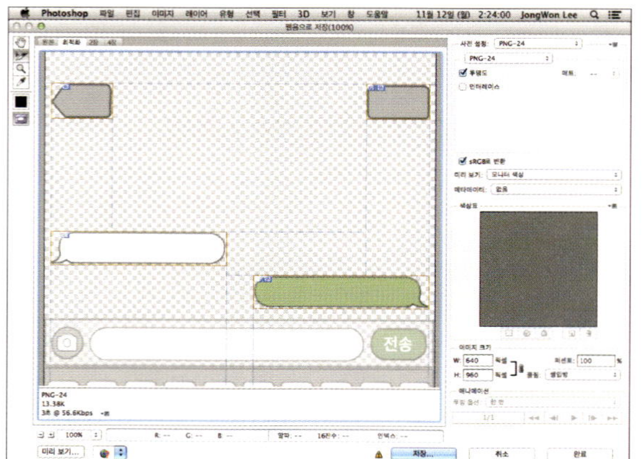

▲ 포토샵에서 [웹용으로 저장(Save for the web)]을 선택 시 나오는 창이다.

여기에서 저장하고자 하는 영역을 `Shift`를 눌러 복수 선택하여 저장할 수도 있다.

우측 상단의 'Preset'을 클릭해 'PNG-24'로 선택한다. 이미지에 투명 부분이 있다면 '투명도 (Transparency)' 기능을 선택해서 활성화하도록 한다. 그렇지 않을 경우, 이미지의 투명 부분은 흰색 으로 채워지며 저장된다.

이렇게 해서 해당 페이지, 컴포넌트, 아이콘, 앱 아이콘 등에 대한 이미지를 전부 슬라이스하고, 슬라이스 가이드에 해당 이미지들을 전부 기록하도록 한다. 그리고 여력이 된다면, 작업한 PSD 파일들에 대한 리스트도 슬라이스 가이드에 기록하여, 추후 리뉴얼 혹은 재작업 진행 시 참조할 수 있도록 한다.

6단계 – 컨버팅 &
멀티 디바이스 해상도 대응

이번 단계에서는 작업한 파일을 다른 운영체제, 다른 해상도의 스마트폰에 적용하는 방법에 대해 알아보도록 한다. 먼저 각 운영체제별로 적용하는 경우와 다른 운영체제를 기준으로 작업하는 경우를 알아보도록 한다. 일반적으로는 작업 진행 초기에 운영체제 및 멀티 디바이스 해상도에 대한 사전 협의를 진행한 후 앱 디자인이 이루어져야 한다. 그렇지만 실제 작업 진행 시 변수가 생길 수도 있으므로 항상 협의하며 진행할 수 있도록 한다.

01.
iOS 아이폰 시리즈 해상도별 컨버팅

아이폰은 해상도별 컨버팅이 무척이나 용이하다. 각각의 경우를 살펴보며 하나씩 확인해보도록 한다.

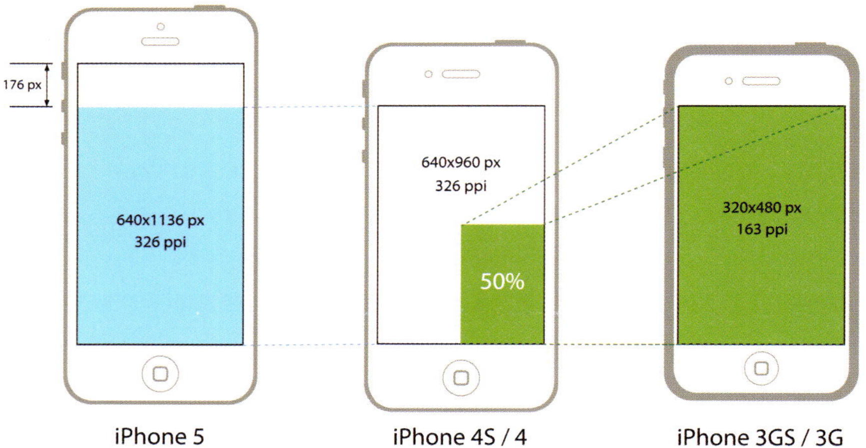

기준 디바이스가 아이폰 4S/4(해상도 640x960 px)일 경우

일반적으로 아이폰 4S/4의 해상도를 기준으로 작업을 한다. 그러나 아이폰은 기본적으로 아이폰 3GS/3G 해상도가 기준이므로, 아이폰 4S/4에 사용되는 이미지는 아이폰 3GS/3G 해상도의 2배를 의미하는 '@2x'를 파일명 뒤–확장자 앞에 붙여서 사용한다. 그렇게 하면 아이폰에서 자동적으로 아이폰 4S/4에 사용되는 이미지로 인식하게 된다. 아이폰 5도 동일한 '레티나 디스플레이'를 사용하고 있으므로 '@2x'를 붙이면 아이폰 5에서도 자동으로 사용하는 이미지로 인식한다.

아이폰 5(해상도 640x1136 px)

쉽게 말해, 아이폰 5는 아이폰 4S/4의 스크린의 세로 영역만 176 px 늘어난 격이므로 실제 작업 시 해상도에 따른 변환에 어려움은 없다. 물론 아이폰 4S/S와 UI & UX도 동일하다. 초기 디자인 진행 시 아이폰 5에서 사용될 이미지(로딩 이미지, 배경 이미지 등)를 사전에 협의하여 해당 부분만 아이폰 5의 640x1136 px 사이즈의 작업 문서에서 디자인을 진행하면 큰 문제 없이 대응할 수 있다.

아이폰 3GS/3G(해상도 320x480 px)

최근에는 아이폰 3GS/3G 해상도를 개발에서 제외하는 경우도 있다. 하지만 개발사에 따라 다르므로 기본적인 방법은 알아두도록 한다. 아이폰 3GS/3G는 아이폰 4S/4 해상도의 정확히 절반 사이즈이므로 아이폰 4S/4 해상도로 작업한 이미지를 50 % 축소하여 사용하면 된다. 파일명에 '@2x'를 붙이지 않으면 자동적으로 아이폰 3GS/3의 이미지로 인식한다.

02. 안드로이드 해상도별 컨버팅

안드로이드는 아이폰 시리즈와 달리 해상도의 변화가 많고 디바이스 또한 다양하여 그래픽 구현 방식이 다르다. 모든 해상도, 모든 디바이스에 맞추어 이미지를 작업한다는 것은 불가능하며, 만약 그렇게 한다 하더라도 앱 내에 불필요한 이미지가 탑재되므로 쓸모없는 용량이 많아지게 된다.

따라서 **안드로이드는 2가지 방식을 사용하여 다양한 해상도에 대응하는 앱 디자인을 적용하고 있다. 하나는 해상도에 맞춘 이미지를 각각 해상도에 맞는 폴더별로 탑재시켜서 스마트폰에서 각각 인식하여 사용하는 것이고, 다른 하나는 '나인패치(9-Patch)' 방식이다.**

나인패치란?

나인패치는 하나의 이미지에 늘어날 수 있는 범위를 지정하여 상하좌우로 늘려서 해상도에 맞추는 방식이다. 이미지 파일 확장자는 FNG를 쓰고 있으며 '이미지명.9.png'처럼 이미지명과 확장자명 사이에 '.9'를 입력하는 당식을 사용하고 있다. 주로 자주 쓰이는 액션 바, 배경 이미지, 채팅 입력란 등이 이와 같은 방식으로 만들어진다.

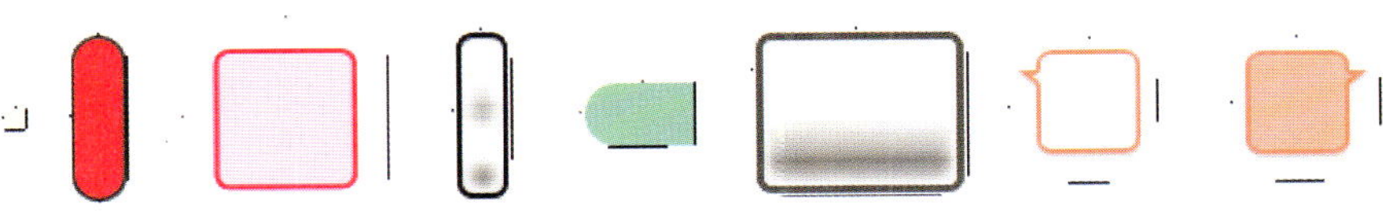

▲ 나인패치로 만들어진 다양한 이미지들

나인패치 제작 방법

❶ 이미지의 상하– 좌우에 1 px 사이즈의 빈 여백 삽입(각 모서리의 1 px씩 공란으로 남겨야 함)

❷ 해당 빈 영역에, 이미지 중 늘어날 부분을 1 px 두께의 검은색으로 표시

　　좌측/상단 부분 : 실제로 늘어날 부분에 대한 정의

　　우측/하단 부분 : 안에 콘텐츠가 들어갈 부분 정의

❸ 표시된 영역이 늘어나며 사용됨

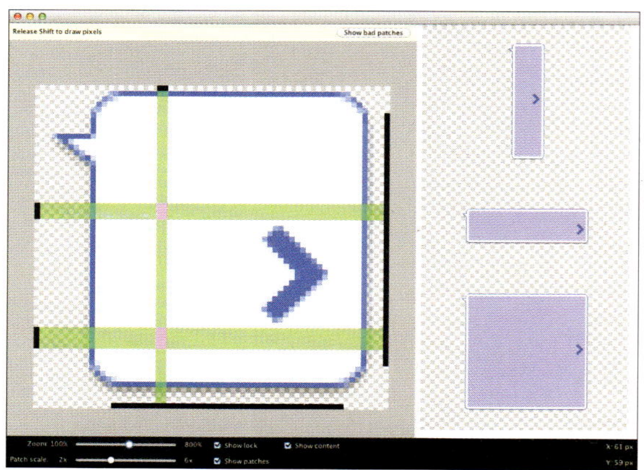

▲ 이미지의 좌측/상단부의 검은색 표시를 기준으로 이미지는 늘어난다.

우측/하단부의 검은색 표시를 기준으로 내부에 콘텐츠가 표시된다. 우측의 이미지를 통해 세로 늘임–가로 늘임–가로세로 늘임 구현 샘플을 볼 수 있다.

일부 이미지들은 나인패치가 적용되기 힘들 수도 있으므로, 개발과 디자인 콘셉트 초기에 어떤 이미지를 나인패치로 갈 것인지를 협의하여 적용 가능한 스타일로 디자인을 전개할 필요가 있음을 잊으면 안된다.

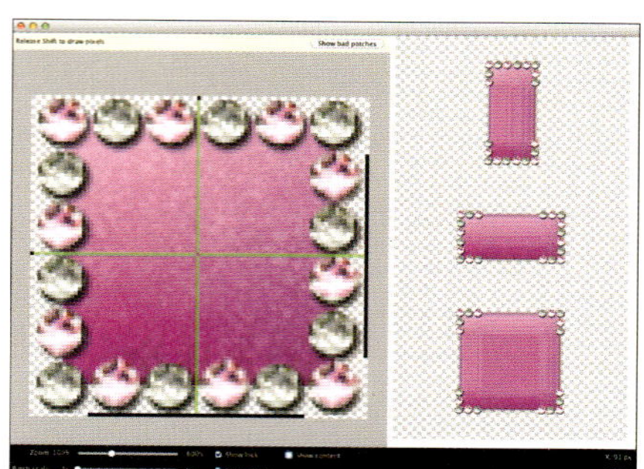 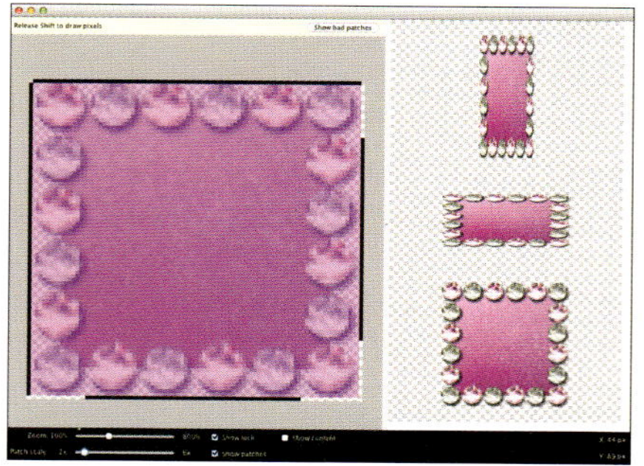

▲ 나인패치 적용할 수 없는 이미지 예 – 이미지 안에 무늬나 장식이 과할 경우, 어떠한 노력을 하더라도 이미지에 나인패치를 적용하기가 힘들다.

포토샵 나인패치 제작 방법

안드로이드 개발자 툴을 설치하면 제공하는 개발 도구 중에 '나인패치 제작 툴 (draw9patch)'을 통해 제작할 수도 있으며, 본 서적에서는 포토샵을 통해 제작하는 방법을 알아보도록 한다.

01 먼저 나인패치를 적용하고자 하는 이미지를 연다.

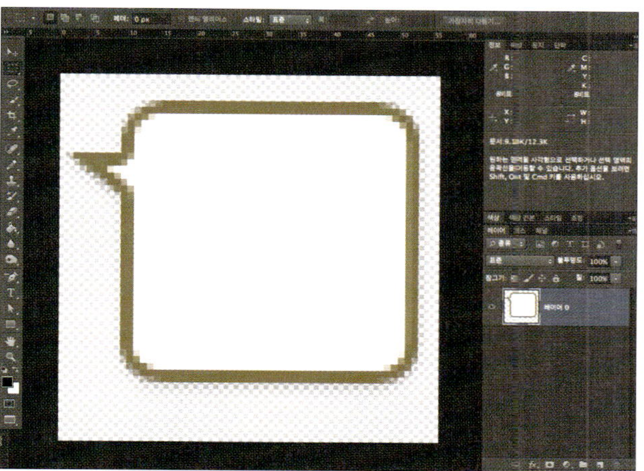

불러온 이미지의 크기는 56x56 px이다.

02 포토샵 메뉴에서 [이미지(Image)]−[캔버스 크기(Canvas Size)]를 선택한다. [캔버스 크기(Canvas Size)] 창에서 [폭(Width)]과 [높이(Height)]에 각각 2 px씩 추가한 다음, [확인(OK)]을 클릭한다. 그러면 각 이미지의 상하/좌으 각 1 px씩 추가 공간이 생기게 된다.

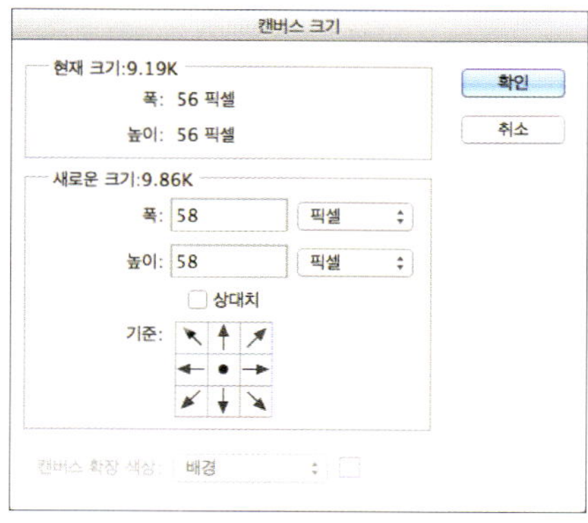

03 다음으로 **연필 도구(Pencil Tool)**를 선택한 다음, 연필의 사이즈를 1 px로 줄인다. 연필의 색상 값을 검정색인 #000000으로 설정하면 1 px 두께의 네모 박스 형태의 모양이 된다.

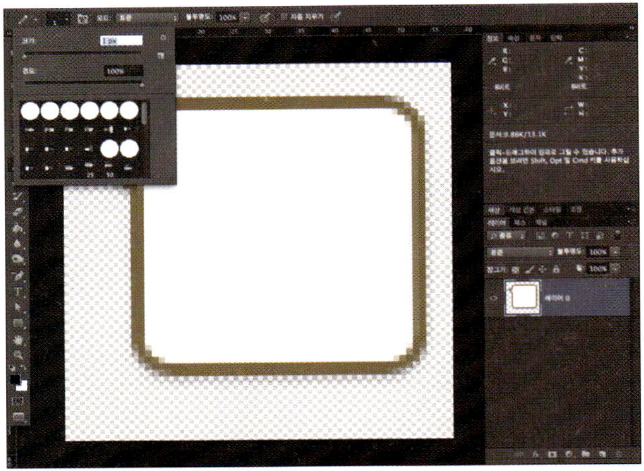

04 이미지를 확대해서 적용하고자 하는 위치에 검은색으로 선을 그린다. 외곽 1 px 위치에 그려야 하므로 정확히 가장자리에 닿을 수 있도록 작업한다.

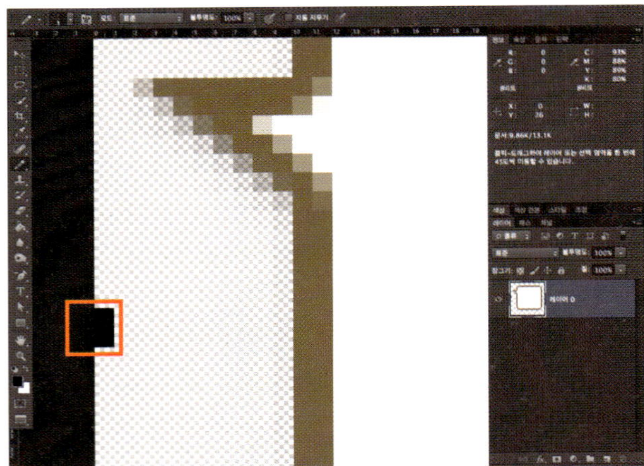

05 이미지가 늘어나는 부분은 이미지의 좌측과 상단에 표시하며, 우측과 하단에 표시하는 부분은 내부에 콘텐츠가 들어가는 영역에 대한 지정이므로 필요에 따라 이미지를 제작할 수 있도록 한다.

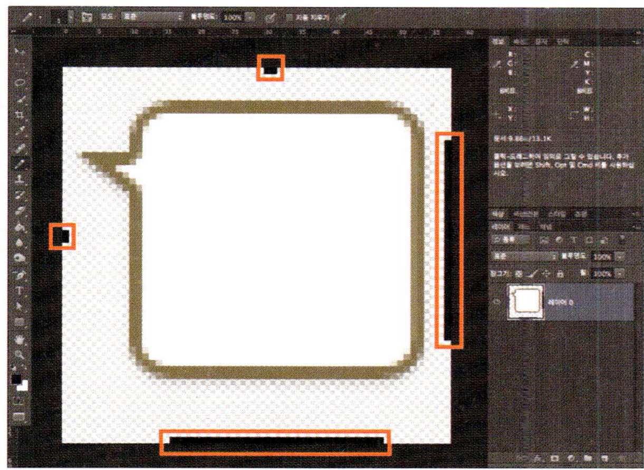

06 적용이 완료되었으면 'PNG 파일' 확장자로 저장을 한다. 저장 시 반드시 [투명도(Transparency)]를 선택한다. 그리고 파일명 저장 시, 안드로이드에서 나인패치임을 인식시킬 수 있도록 파일명 끝에 '.9'를 반드시 포함시킨다.

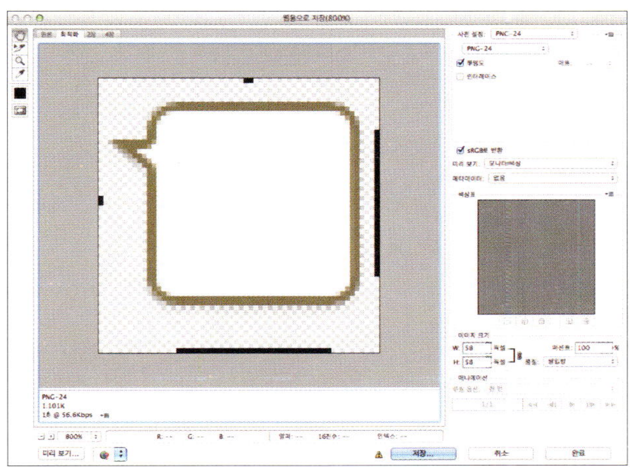

07 나인패치 작업이 완료되었다. 우측의 보라색 박스를 통해 콘텐츠 영역에 대한 내용 적용
영역도 확인 가능하다.

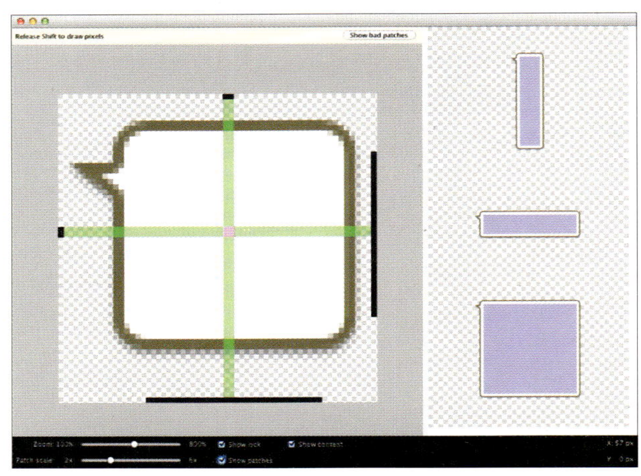

잠깐만요! 검은색으로 표시하는 1 px 크기의 이미지 외곽 부분에, 나인패치와 관계되지 않은
이미지가 조금이라도 들어가게 되면 나인패치 이미지가 제대로 적용되지 않는다. 이
미지에 그림자 효과를 주는 등, 실제로 눈에 보이지 않더라도, 조금이라도 이미지가
들어가서 나인패치가 제대로 되지 않는 경우를 자주 보아왔다. 그러므로 번거롭더라도 나인패치
적용되지 않은 완성 이미지를 포토샵으로 열어서, 본 서적에서 소개하는 제작 방법을 통해 제작
하기를 권장한다.

갤럭시 SⅡ – 갤럭시 SⅢ 이미지 리사이징 변환 공식

나인패치를 조금 전에 배웠지만, 모든 이미지를 나인패치 방식으로 적용할 수는 없
다. 따라서 아이콘, 배경 이미지 등 일부 요소들은 해상도에 맞추어 이미지 리사이징
을 해야 한다. 이번에는 이미지 변환 공식을 통해 다른 해상도의 디바이스에 맞추어
이미지 리사이징 방법을 알아보도록 한다.

국내 개발 시 타깃 디바이스이자 기본 디바이스로 주로 많이 사용되는 갤럭시 SⅡ와
갤럭시 SⅢ를 기준으로 해상도 변환 공식을 적용해본다. 본 서적 'Part 04'의 안드로
이드 운영체제 부분에 나와 있는 '멀티 디바이스, 멀티 해상도에 대한 대응' 부분을 읽
지 않았다면, 해당 부분을 먼저 읽고 본 페이지를 보도록 한다.

일반적으로 안드로이드 개발 시에는, HDPI 갤럭시 SⅡ(480x800 px)를 기준 디바이
스로 정해서 구현하며, XHDPI인 갤럭시 SⅢ(780x1280 px)로 컨버팅한다.

MDPI 해당 부분의 공식을 적용해보도록 하자. 갤럭시 SⅡ는 해상도가 480x800 px 이며 HDPI 스크린이다. 갤럭시 SⅢ는 780x1280 px이며 XHDPI이다. 여기에서 중요한 것은 HDPI와 XHDPI 정보이다. MDPI와 비교할 때 HDPI는 1.5배, XHDPI는 2배 크기의 사이즈가 된다고 하였다. 따라서 이를 활용하여, HDPI를 XHDPI로 변경하기 위해서는 [HDPI px값] / 1.5x2 = [XHDPI ⊃x값] 공식을 대입하면 된다. 반대로 XHDPI를 HDPI로 변경하기 위해서는 [XHDPI px값] / 2x1.5 = [HPDI px값] 공식을 적용하면 된다. 공식의 원리는 해당 DPI값을 MDPI(기준 DPI)로 변환시킨 후 원하는 DPI의 비율을 적용한 것이다.

저자도 앱 디자인 초기에는 굉장히 어려움을 많이 느꼈는데, 이 해당 공식만 알면 아주 쉽게 안드로이드의 해상도에 대한 두려움을 떨쳐낼 수 있다. 예를 들어, HDPI 스크린의 32x32 px 사이즈 이미지를 XHDPI에 맞는 이미지 사이즈로 리사이징한다면, [32 px] / 1.5x2 = [42.66666 px]이 나온다. 이럴 경우 43 px 사이즈 이미지로 반올림하여 사용할 수 있으며, 이를 통해 XHDPI 43x43 px의 이미지로 최종 리사이징해서 사용할 수 있다.

03. 아이폰 iOS & 안드로이드 / 멀티 OS 개발 시 대응 방법

아이폰과 안드로이드폰을 기준으로 앱을 개발할 경우, 기준 디바이스는 아이폰 4S/4를 선택한다. 주된 이유는 해상도 때문이기도 하고 iOS 개발 프로세스가 안드로이드에 비해 용이하다는 점 때문이기도 하다.

[아이폰]　　　　　　　　　　[안드로이드]
❶ 640x960 px　　⋯　❷ 480x800 px(갤럭시 SⅡ 해상도)
❶ 640x1136 px　　⋯　❷ 780x1280 px(갤럭시 SⅢ 해상도)

그리고 현재 시점에서 아이폰 5보다는 아이폰 4S/4를, 갤럭시 SⅢ보다는 갤럭시 SⅡ를 테스트 디바이스로 많이 보유하고 있기 때문이기도 하다. 그러므로 주로 ❶ 아이폰을 먼저 개발한 다음, ❷ 안드로이드폰 해상도에 맞추어 이미지를 리사이징한다.

이미지 리사이징 방법

가장 기본적인 방법은 아이폰의 작업 완료 이미지를 안드로이드폰의 해당 해상도에 맞추어 리사이징하는 방법이다.

640x960 px 사이즈의 아이폰 제작 이미지를 75 % 축소할 경우 480x800 px 갤럭시 SⅡ 해상도에 맞는 이미지 사이즈가 된다.

제작 이미지를 121.875 %로 확대할 경우 780x1280 px 갤럭시 SⅢ 해상도에 맞는 이미지 사이즈가 된다.

아이폰 해상도로 작업한 PSD 파일을 안드로이드 해상도 사이즈에 맞춘 작업 PSD로 변경하는 방법이다. 예제는, 640x960 px 아이폰 해상도를 480x800 px 갤럭시 SⅡ 해상도로 변경하는 예로 하였다.

01 먼저 포토샵에서 폭(Width)x높이(Height)가 640x960 px(iOS 해상도 작업 크기)로 새 문서를 연다.

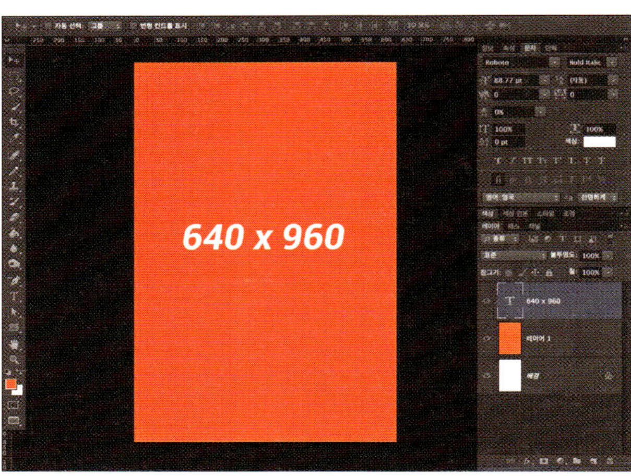

02 포토샵 메뉴의 [이미지(Image)]-[이미지 크기(Image Size)]를 선택한 후, [이미지 크기(Image Size)] 창에서, 안드로이드 해상도에 맞춘 [폭(Width)]을 숫자로 입력해서 문서 사이즈를 수정한다. 이 작업으로 전체 이미지의 사이즈를 640x960 px에서 480x720 px 사이즈로 변경한다.

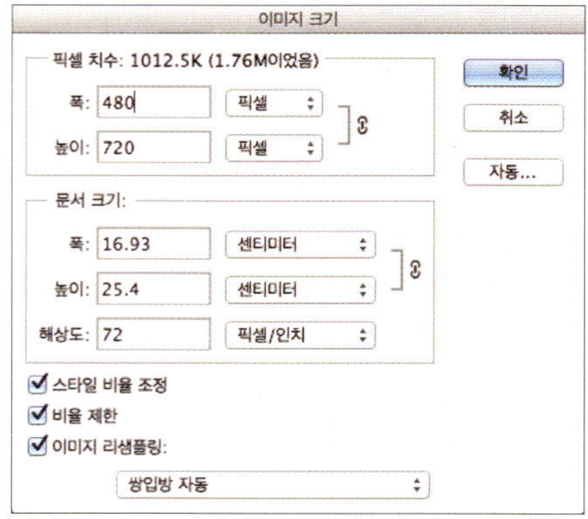

TIP

이 때 하단의 '비율 제한(Constrain Proportions)'이 선택되어 있어야 한다. 그래야 이미지 비율에 맞추어 높이값도 자동으로 변경된다.

03 이번에는 포토샵 메뉴의 [이미지(Image)]–[캔버스 크기 (Canvas Size)]를 선택한 후, [캔버스 크기(Canvas Size)] 창에서, 기준점을 중앙에서 하단으로 설정한 후, 높이를 안드로이드 해상도의 높이와 동일하게 정한다. [높이(height)]를 800 px로 설정한 후 [확인(OK)]을 클릭한다.

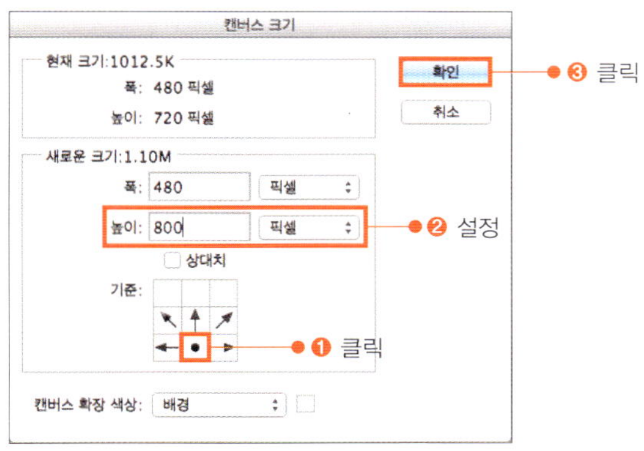

04 이렇게 하여 480x720 px 사이즈로 축소된 이미지의 윗 부분에 80 px 높이의 px을 더함으로 목표했던 480x800 px 갤럭시 S II 해상도로 PSD 문서 사이즈가 변경되어 완료되었다.

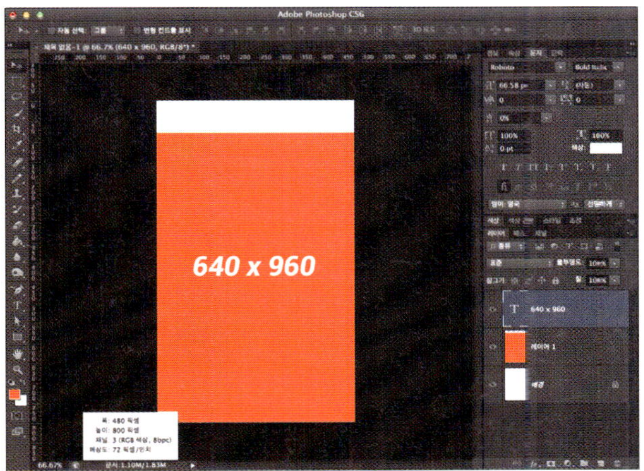

 물론 해상도에 차이가 있으므로 정확히 1 : 1로 비율이 맞지 않으므로 별도의 작업을 진행해야 한다. 또한 운영체제가 다르므로 해당 운영체제의 네비게이션 및 UI/UX 스타일로 바꾸어 주어야 한다. 하지만 기본적인 PSD 작업 파일을 해상도에 맞추어 변경하여 작업할 수 있으므로 좀 더 원활히 기존에 작업한 컴포넌트를 활용해서 작업을 진행할 수 있는 장점이 있다.

이번 Part에는 여러 가지 컴포넌트의 디자인을 통해 앱을 구성하는 다양한 디자인 스타일을 배워보도록 한다. 다양한 부분의 컴포넌트를 디자인하며 하나씩 배워나간다면 이를 통해 자신이 원하는 앱을 디자인할 수 있을 것이다. 모든 예제는 PSD 파일이 제공되므로 필요 시 해당 파일을 열어서 보면서 하나씩 만들어 보도록 한다.

아이콘 디자인 – 카메라 앱

앱 마켓에는 정말 무수히 많은 카메라 앱들이 있다. 엄청난 수의 카메라 앱들이 있다는 것은 그만큼 많은 사람들이 카메라를 사용하고 있으며, 필요로 하고 있다는 뜻이다. 이번에는 카메라 앱의 앱 아이콘 디자인 작업을 진행해보도록 한다.

TIP

본 예제는 기본적으로 640x960 px 해상도의 아이폰 4S/4 기준으로 작업이 되었다. 만약 타 해상도로 컨버팅이 필요하다면 이전에 배운 부분을 활용하여 컨버팅 작업을 하도록 한다.

Plus ➕

부록 CD 안에 PSD 디자인 작업 파일이 제공되므로 필요하다면 파일을 확인해보도록 한다.
◉ **파일명** : PT07\07-01-Camera-Lens.psd

01. 렌즈 바디

하얀색 몸체에 커다란 광채를 보여주는 깔끔한 스타일의 카메라를 앱 아이콘으로 정하였다. 조금은 특별한 느낌을 표현하고자 렌즈에는 자주색과 초록색을 넣기로 하였다. 이제부터 한 단계씩 진행하면서 디자인을 확정해 가도록 한다.

01 포토샵을 실행하고 메뉴의 [파일(File)]–[새로 만들기(New)]를 선택한 후 폭(Width)x높이(Height)를 1024x1024 px, 해상도(Resolution)는 72, 색상 모드(Color Mode)는 RGB로 설정한다.

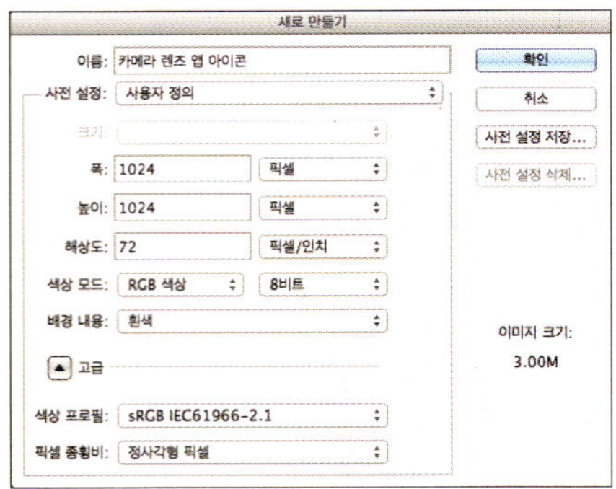

02 툴 박스의 **모서리가 둥근 직사각형 도구(Rounded Rectangle Tool)**를 선택한 후, 작업 영역을 더블 클릭한다. 폭(Width)x높이(Height)는 1024x1024 px, 반경(Radius)을 160 px 로 설정하고 **이동 도구(Move Tool)**로 드래그해 정중앙에 배치한다. 색상은 흰색인 #ffffff으로 설정한다. 도형을 그리며 생긴 레이어를 더블 클릭하여 레이어명을 '모서리가 둥근 직사각형'으로 변경한다.

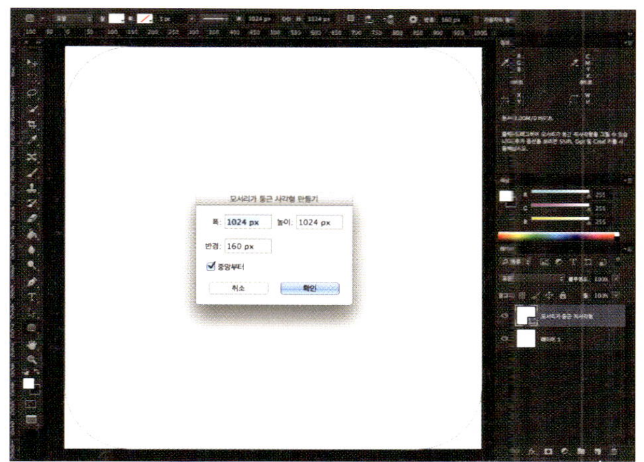

이 박스가 카메라의 몸통이 되며 색상은 나중에 수정 가능하다.

03 상단과 좌측에 있는 줄자(Ruler)에 마우스 커서를 놓고 클릭 후 드래그를 하면 가이드 라인이 생성된다. 1024x1024 px의 정중앙인 512x512 px에 기준점을 맞춘다. **돋보기 도구(Zoom Tool)**를 사용하여 화면을 확대한 후, [정보(Info)] 패널을 통해 정확히 X, Y축이 512x512 px에 위치했는지 확인한다.

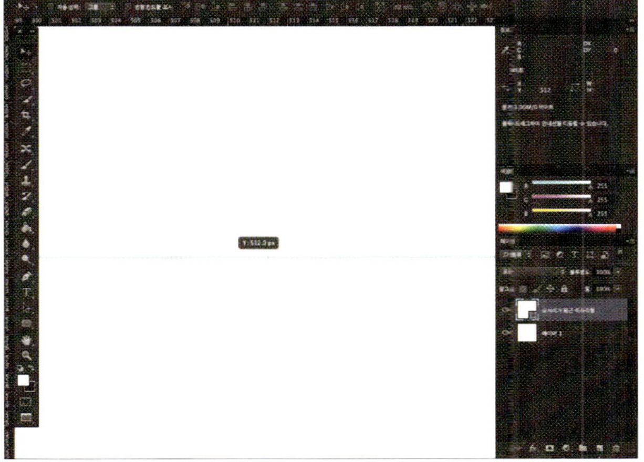

- 화면 상에 줄자(Ruler)가 보이지 않을 경우, 메뉴에서 [보기(View)]-[눈금자(Grid)]를 선택한다.
- [정보(Info)] 패널이 보이지 않는다면 메뉴에서 [창(Window)]-[정보(Info)]를 선택한다.
- 마우스를 드래그하기 전에 [정보(Info)] 패널의 메뉴 아이콘(▼≣)을 클릭해 [패널 옵션(Panel Options)]-[마우스 코디네이트(Mouse Coordinates)]가 '픽셀(Pixel)'로 설정되어 있는지 확인한다.

04 이어 렌즈의 외곽을 그리기 위해 **타원 도구(Ellipse Tool)**를 선택하여 가이드 라인의 정중앙에서 시작하는 원형을 그린다. 크기는 500x500 px, 색상은 #ffffff(백색)로 설정한다. 이 원형이 카메라 렌즈 외곽이 된다. 레이어명은 '타원 1'로 변경한다.

05 포토샵의 [레이어(Layers)] 패널에서, **'타원 1'** 레이어를 더블 클릭하여 [레이어 스타일(Layer Style)] 창을 나타낸다. 여기서 다음과 같이 항목별 치수를 설정한다.

획(Stroke) 〉 구조(Structure)
- 크기(Size) : 9 px
- 위치(Position) : 안쪽(Inside)
- 불투명도(Opacity) : 16 %

획(Stroke) 〉 칠 유형(Fill Type)
- 그레이디언트(Gradient)
- 스타일(Style) : 선형(Linear)
- 각도(Angle) : 90 °
- 비율(Scale) : 99 %

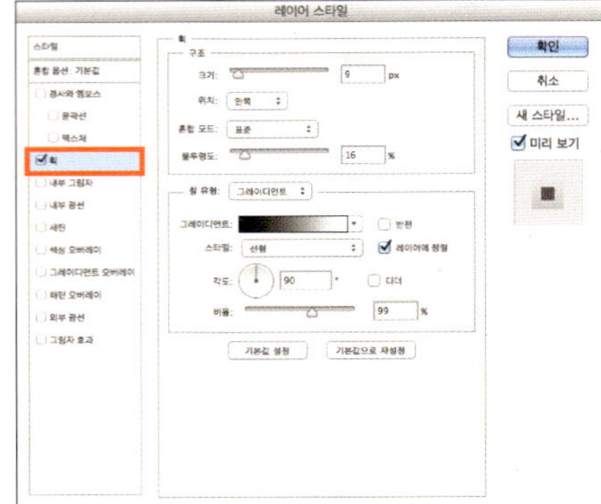

상단으로부터 빛이 들어오는 모습의 표현을 위해 칠 유형(Fill Type)을 그레이디언트(Gradient)로 설정하였다.

06 이미지의 외곽선이 생성되었다. 이번에는 그림자를 적용하여 입체감을 더해주기 위해 [레이어 스타일(Layer Style)] 창에 다음과 같이 항목별 치수를 설정한다.

그림자 효과(Drop Shadow) 〉 구조(Structure)
• 불투명도(Opacity) : 35 %
• 각도(Angle) : 90 °
• 거리(Distance) : 11 px
• 크기(Size) : 38 px

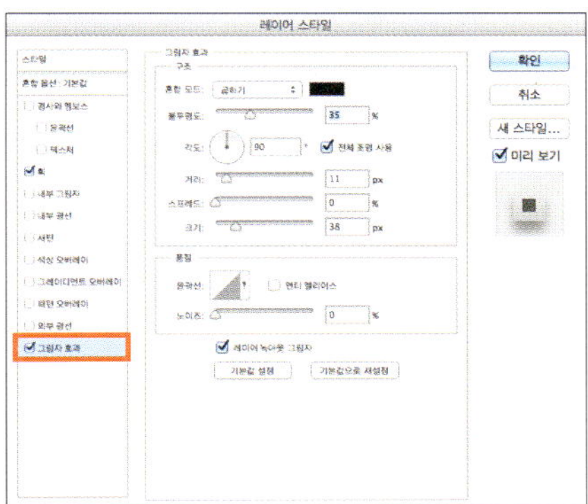

치수는 나중에라도 언제든지 바꿀 수 있으니 작업하는 도중에라도 자신이 자연스럽다고 느껴지는 수치가 있다면 원하는 수치로 정해 진행해도 좋다.

07 렌즈 부를 묘사해보도록 한다. 직전에 그린 방식과 동일하게 원형을 그린다. 단, 크기는 폭(Width)x높이(Height)를 446x446 px로 하고 색상은 #000000(검정색)으로 설정한 후 레이어명을 '타원 2'로 변경한다.

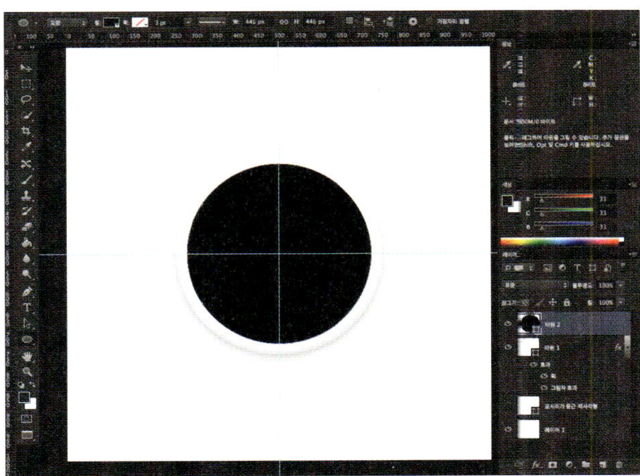

08 렌즈 외곽의 질감을 표현해보도록 한다. 3가지 효과가 적용된 모습이다. 여기에는 [레이어 스타일(Layer Style)] 창의 획(Stroke), 그레이디언트 오버레이(Gradient Overlay), 패턴 오버레이(Pattern Overlay)가 적용되었다. 각각 적용해보도록 한다. '타원 2' 레이어를 더블 클릭한다.

09 획(Stroke)은 카메라 흰색 외곽 부분과 렌즈 외곽 부분과의 경계를 표시해주기 위해 사용되었다. 다음과 같이 항목별 치수를 설정한다.

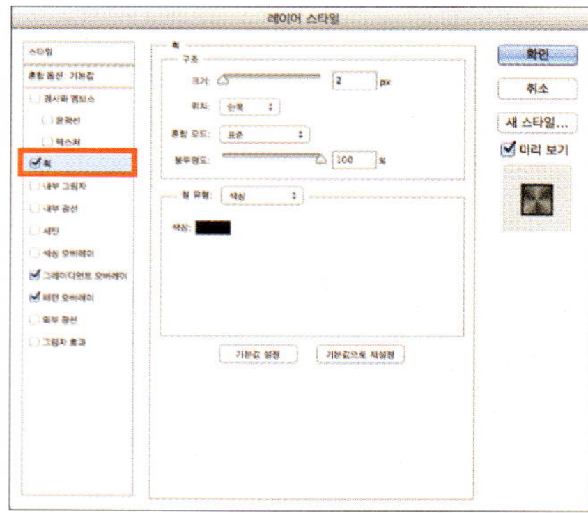

획(Stroke) 〉 구조(Structure)
- 크기(Size) : 2 px
- 위치(Position) : 안쪽(Inside)

획(Stroke) 〉 칠 유형(Fill Type)
- 색상(Color)
- 색상(Color) : #000000

10 그레이디언트 오버레이(Gradient Overlay)는 반사된 광택을 표현하는데 사용된다. 다음 과 같이 항목별 치수를 설정한다.

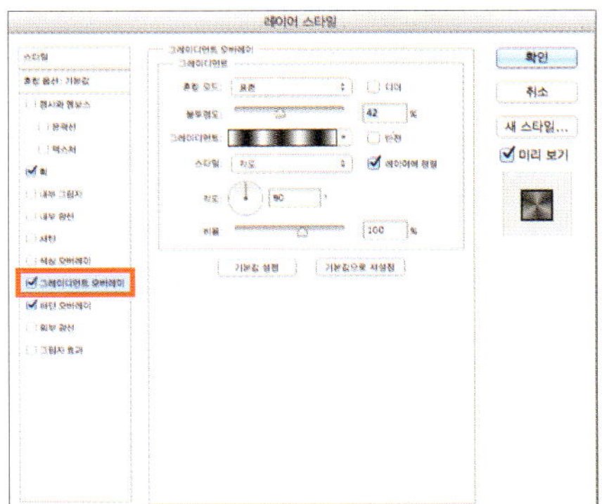

그레이디언트 오버레이(Gradient Overlay) 〉 그레이디언트(Gradient)
• 혼합 모드(Blend Mode) : 표준(Normal)
• 불투명도(Opacity) : 42 %
• 스타일(Style) : 각도(Angle)
• 색상(Color) : #000000

TIP

각도는 그레이디언트 색상을 원형으로 회전시켜 이미지에 구현하는 기능으로 원형의 광택 표현에 적 합하다.

11 그레이디언트(Gradient) 색상 부분을 클릭하면 [그레이디언트 편집기(Gradient Editor)] 창이 나타난다. 여기에서 3개의 흰색 영역, 3개의 검정색 영역을 설정하도록 한다. 맨 왼쪽과 오른쪽 끝은 만나는 부분이므로 색상기 같아야 자연스럽게 연결되는 표현이 보 여질 수 있다.

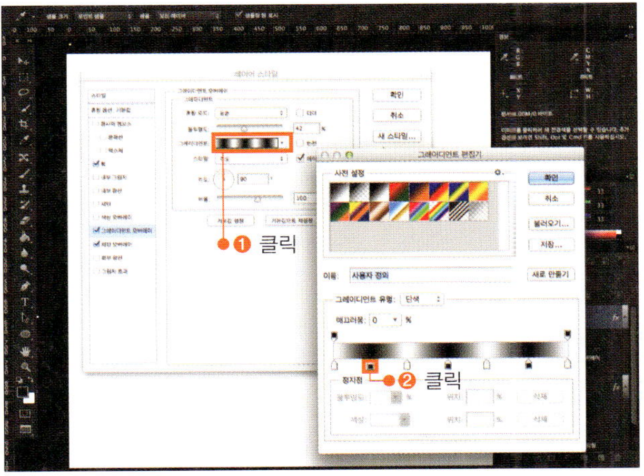

12 이번에는 패턴 오버레이(Pattern Overlay) 효과 적용을 한다. 다음과 같이 항목별 치수를 설정한 후 패턴 이미지 옆의 내림 단추(⌄)를 클릭한다.

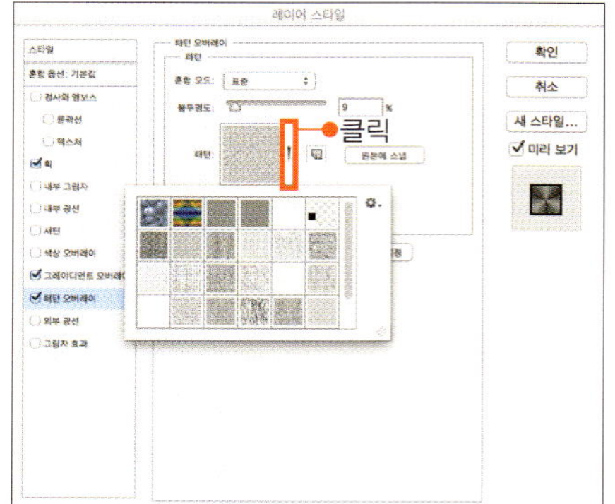

**패턴 오버레이(Pattern Overlay) 〉
패턴(Pattern)**
• 혼합 모드(Blend Mode) :
  표준(Normal)
• 불투명도(Opacity) : 9 %

잠깐만요! 패턴 오버레이(Pattern Overlay)는 해당 이미지 레이어에 질감을 더해서 이미지를 풍성하게 만들어 준다. 디자인 작업을 하다 보면 굉장히 기계적인 느낌이 많이 든다. 이럴 때 [레이어 스타일(Layer Style)] 창의 패턴 오버레이(Pattern Overlay) 기능을 사용해 보자. 세심하게 하나하나 질감을 적용하다 보면 나중에 모여서 하나의 자연스러운 톤을 형성할 수 있으므로 패턴 오버레이 기능을 적절히 사용할 수 있도록 한다.

13 라이브러리 창의 우측 위에 있는 톱니 모양 아이콘(⚙)을 클릭하면 현재 보이지는 않지만 설치할 수 있는 추가 세트 목록이 나타난다. 여기에서 [예술 표면(Artist Surfaces)]을 선택한다. 대체 여부를 묻는 팝업 창에서 [첨부(Append)]를 클릭한 다음 추가된 라이브러리 창에서 '부드러운 질감'을 선택해서 적용한다.

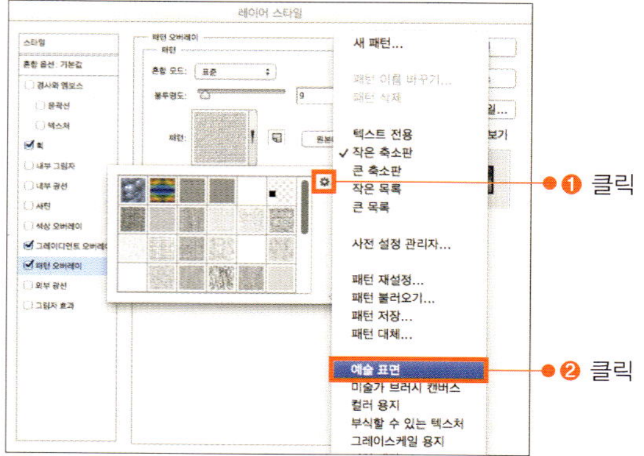

포토샵 CS6의 패턴 오버레이(Pattern Overlay)에는 다양한 기본 라이브러리를 제공하고 있어, 별다른 패턴을 만들지 않더라도, 기본 제공 라이브러리만을 통해서도 다양한 질감을 표현할 수 있다.

14 적용 전과 적용 후의 모습은 다음과 같다. 적용 전의 광택은 기계적 느낌이 드는데, 적용 후의 광택에는 약간의 질감과 밝기의 변화가 있는 것을 볼 수 있다. 필요에 따라 질감의 적용 정도를 조정해서 사용하도록 한다.

▲ 적용 전

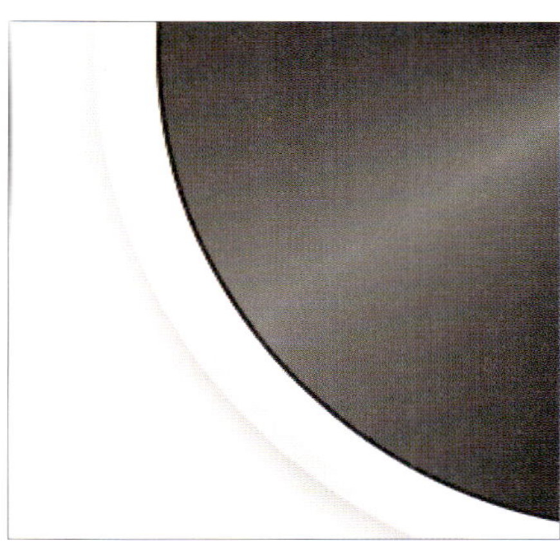

▲ 적용 후

15 한 번 더 내부에 검정색 원형을 그린다. 폭(Width)x높이(Height)를 380x380 px으로 한다. 이렇게 원형 안에 계속 다른 원형을 만들어가면서 조리개 부분을 묘사한다. 생성된 레이어명은 '타원 3'으로 변경한다.

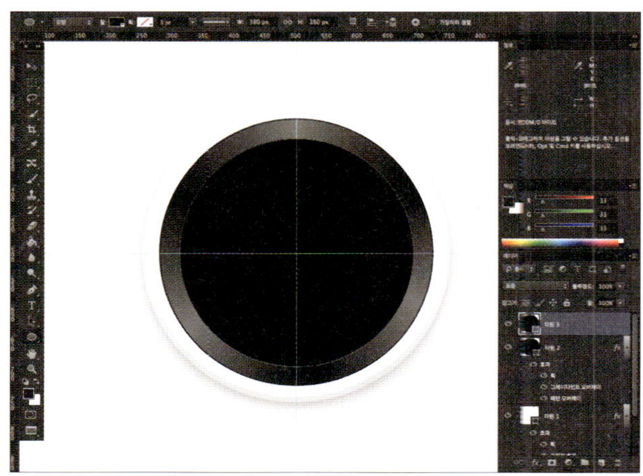

16 다음은 검정색 선 안에 광택 느낌이 나는 부분을 추가해 본다. 조금 전 15번에서 작업한 '타원 3' 레이어를 복사하여 '타원 3 사본' 레이어를 만든다.

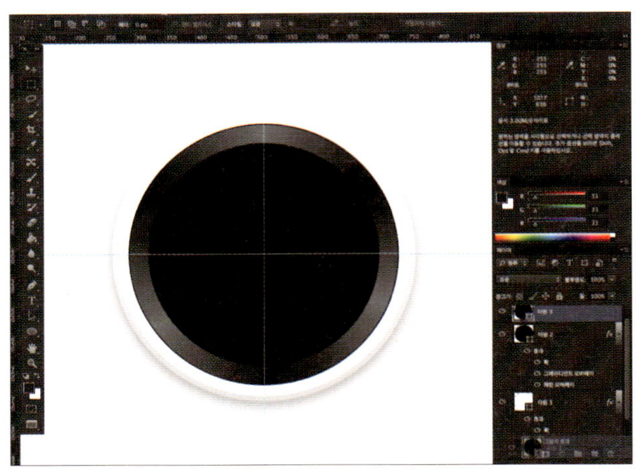

레이어 사본 만들기

포토샵의 [레이어(Layers)] 패널에서 '타원 3' 레이어를 클릭한 후 ❶ 단축키(MAC : ⌘+J / WIN : Ctrl +J)를 누르거나, ❷ 레이어를 끌어서 하단의 새 레이어 만들기(Add a new layer) 아이콘(🔳)으로 드래그 & 드롭하거나, ❸ 해당 레이어를 마우스 오른쪽 버튼으로 클릭 후 [레이어 복사(Duplicate Layer)]를 선택하면, 레이어의 복사가 가능하다.

17 '타원 3 사본' 레이어를 클릭한 후 단축키(MAC : ⌘+T / WIN : Ctrl +T)를 누르거나, 문서 영역(작업하고 있는 영역)을 클릭한 후 포토샵 메뉴에서 [편집(Edit)]-[패스 자유 변형(Free Transform)]을 선택한다.

18 원형 주위에 네모난 테두리가 보여지게 되는데 이 테두리를 조절하여 해당 이미지의 크기 및 형태를 변형할 수 있다. 그 다음은 단축키(MAC : Shift + option / WIN : Shift + Alt) 를 누른 상태에서 외곽의 꼭지점들을 이용해 이미지 크기를 350x350 px로 줄인다.

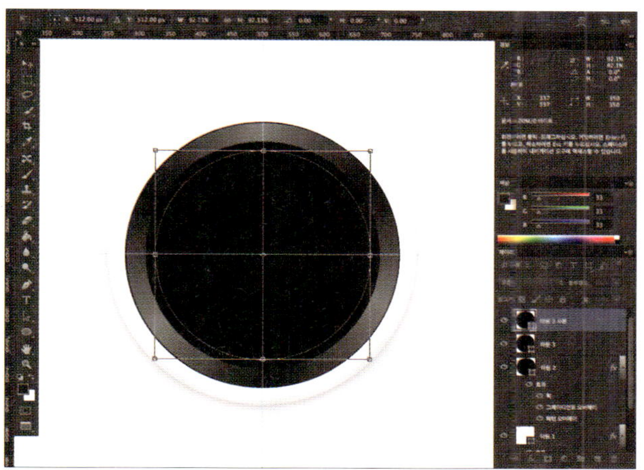

크기에 관한 정보는 F8을 누르거나, 포토샵 메뉴에서 [창(Window)]−[정보(Info)]를 선택하면 [정보 (Info)] 패널이 나타나므로, 이 패널을 통해서 볼 수 있다.

19 레이어 스타일(Layer Style)을 복사하기 위해 [레이어(Layers)] 패널에서 '**타원 2**' **레이어** 를 클릭한다. 그리고 마우스 오른쪽 버튼을 클릭해 **[레이어 스타일 복사(Copy Layer Style)]**를 선택하면 레이어 스타일이 컴퓨터 메모리에 복사된다.

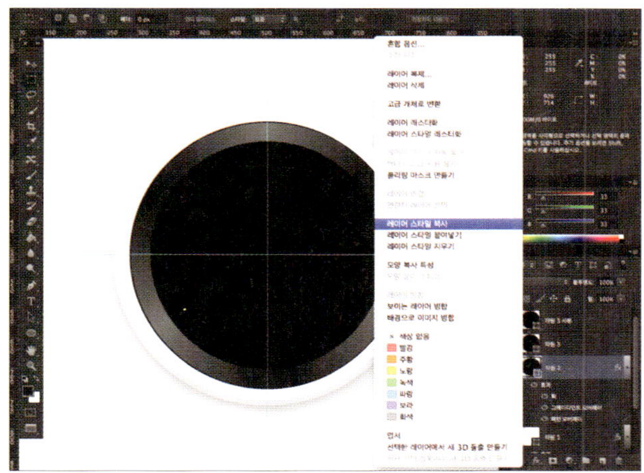

20 [레이어(Layers)] 패널에서 **'타원 3 사본' 레이어**를 클릭한 후 마우스 오른쪽 버튼을 클릭해 **[레이어 스타일 붙여넣기(Paste Layer Style)]**를 선택하면 해당 레이어에 복사한 레이어 스타일이 바로 적용된다.

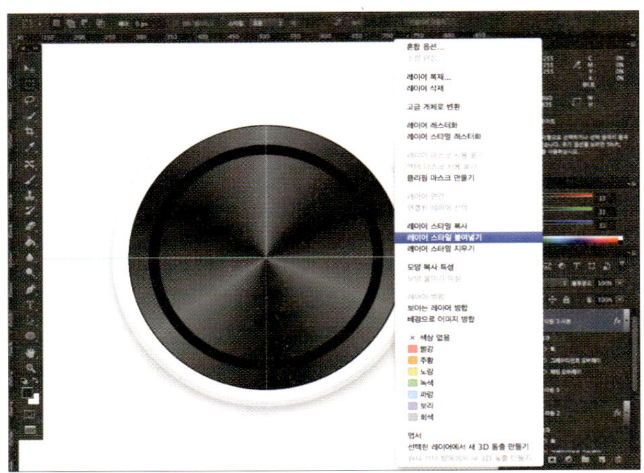

레이어 스타일 복사 & 붙여넣기 기능을 통해 손쉽게 이전에 작업한 레이어 스타일을 다른 레이어에도 적용할 수 있다.

21 [레이어(Layers)] 패널에서, 붙여 넣은 '타원 3 사본' 레이어의 바로 아래를 보면 효과 (Effects) 〉 획(Stroke)/그레이디언트 오버레이(Gradient Overlay)/패턴 오버레이(Pattern Overlay)가 보이며, 바로 왼쪽에는 눈 아이콘(◉)이 보여진다. 여기에서 획(Stroke)의 눈 아이콘(◉)을 클릭해서 해당 레이어 스타일 효과를 비활성화시킨다. 그러면 효과 중에 획(Stroke) 부분이 적용되지 않을 것이다.

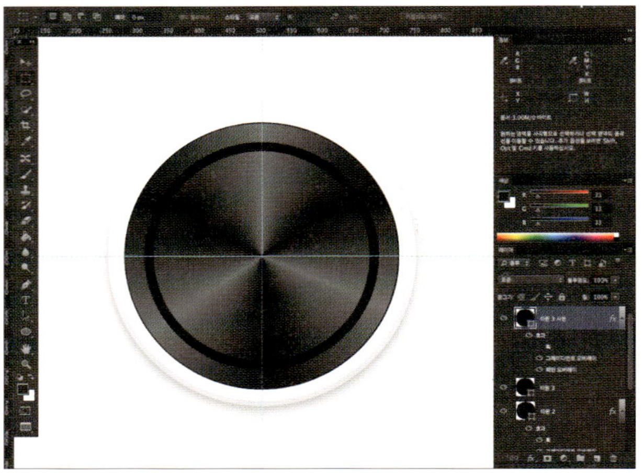

22 앞에서 배운 내용을 토대로, 이번에도 [레이어(_ayers)] 패널에서 '타원 3' 레이어를 복사
한다. 그러면 '타원 3 사본 2' 레이어가 생성된다. 이 '타원 3 사본 2' 레이어를 [레이어
(Layers)] 패널의 '타원 3 사본' 레이어 위에 위치하도록 한다. 이후 '타원 3 사본 2' 원형
의 사이즈를 폭(Width)x높이(Height)가 340x340 px이 되도록 줄인다.

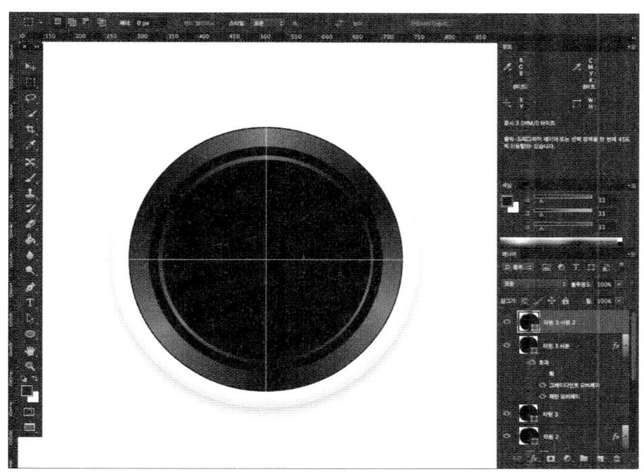

23 이번에는 레이어 스타일 복사를 했던 '타원 3 사본' 레이어를 복사해 새로운 레이어를 생
성한 다음(실행 시, '타원 3 사본 3' 레이어 생성), '타원 3 사본 2' 레이어 위에 위치하도
록 한다. 이후 원형의 사이즈를 폭(Width)x높이 Height)가 325x325 px이 되도록 줄인다.

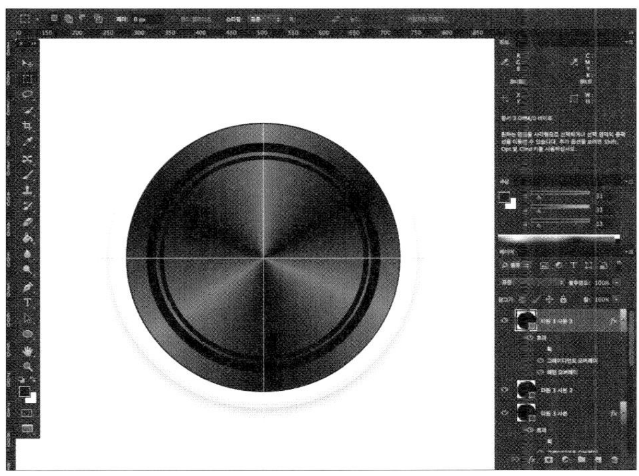

24

24 '**타원 3 사본 3**' 레이어를 더블 클릭해서 [레이어 스타일(Layer Style)] 창을 띄운 다음, 이번에는 **내부 그림자**(Inner Shadow), **내부 광선**(Inner Glow) 스타일을 적용해 본다. 다음과 같이 항목별 치수를 설정한다.

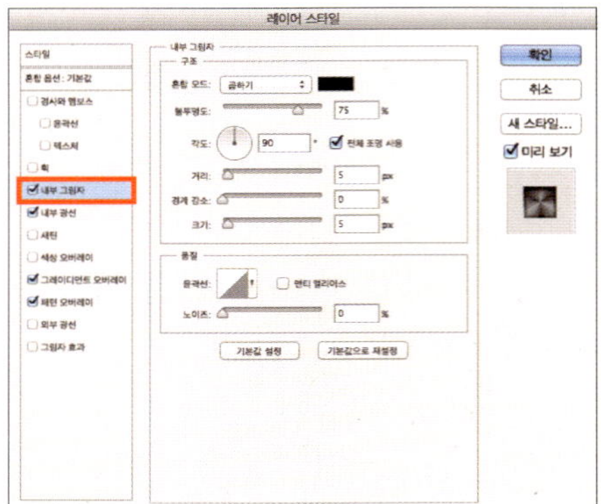

**내부 그림자(Inner Shadow) 〉
구조(Structure)**
• 혼합 모드(Blend Mode) :
  곱하기(Multiply)
• 불투명도(Opacity) : 75 %
• 각도(Angle) : 90˚
• 거리(Distance) : 5 px
• 크기(Size) : 5 px

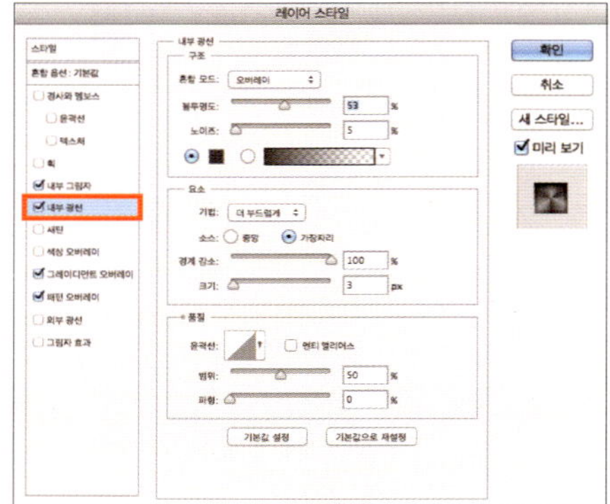

**내부 광선(Inner Glow) 〉
구조(Structure)**
• 혼합 모드(Blend Mode) :
  오버레이(Overlay)
• 불투명도(Opacity) : 53 %
• 노이즈(Noise) : 5 %

**내부 광선(Inner Glow) 〉
요소(Elements)**
• 기법(Technique) :
  더 부드럽게(Softer)
• 소스(Source) : 가장자리(Edge)
• 경계 감소(Choke) : 100 %
• 크기(Size) : 3 px

TIP

기존의 [레이어 스타일(Layer Style)] 창에서 해당 효과들의 체크 박스들을 선택하여 적용하도록 한다. 이 효과들을 통해 더욱 입체감 있는 렌즈의 내부 표현이 가능해진다.

25 렌즈 바디가 완성되었다.

02.
<u>렌즈 부분</u>

01 '타원 3 사본 2' 레이어를 클릭한 후 복사하여 **타원 3 사본 4'** 레이어를 생성한다. 이를 '타원 3 사본 3' 레이어 위에 위치하도록 한 후 원형의 폭(Width)x높이(Height)를 268x268 px로 줄인다.

02 이제는 내부에 링 형태의 세부 조리개를 표현한다. 조금 전 축소한 '타원 3 사본 4' 레이어를 한 번 더 복사해 생성한 후, '타원 3 사본 5' 레이어에서 원형의 폭(Width)x높이(Height)를 202x202 px 사이즈로 줄인다. 해당 레이어의 [레이어 스타일(Layer Style)] 창에서 다음과 같이 치수를 설정한다. 칠 유형(Fill Type)을 그레이디언트(Gradient)로 선택한 후 이미지와 같은 패턴으로 색상을 적용한다.

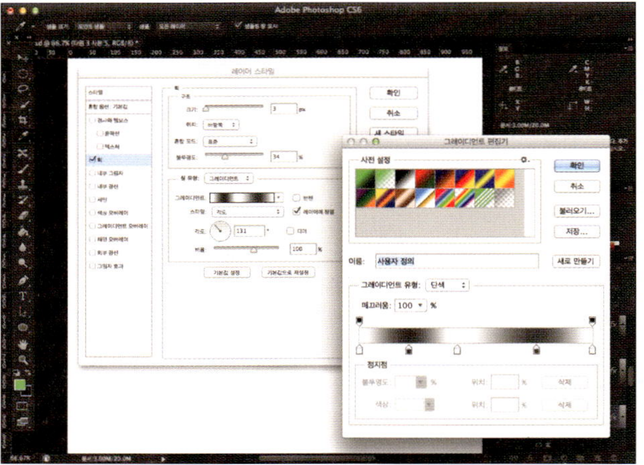

획(Stroke) 〉 구조(Structure)
• 크기(Size) : 3 px

획(Stroke) 〉 칠 유형(Fill Type)
• 그레이디언트(Gradient)

03 방금 획(Stroke)을 적용한 레이어와 같은 방법을 3회 더 반복한다. '타원 3 사본 5' 레이어를 복사하여 총 3개의 레이어를 생성하고 해당 원형을 줄여가며 계속 쌓는다. 134x134 px, 82x82 px, 54x54 px 사이즈로 원형이 3개가 더 생성되어야 한다.

04 이렇게 해서 생성된 레이어는 '타원 3 사본 8 7, 6, 5(내림차순)' 순서로 총 4개이다. 이렇게 생성된 레이어를 Shift 를 누른 상태로 [레이어(Layers)] 패널에서 복수 선택을 한다. 그렇게 해서 총 4개의 레이어를 선택해야 한다. 해당 레이어들은 획(Stroke)이 적용되지 않은 '타원 3 사본 4' 레이어 위에 위치해 있어야 한다.

05 그 다음에는 단축키(MAC : Alt + ⌘ + G / WIN : Alt + Ctrl + G)를 눌러 선택한 레이어들이 하위 레이어에 종속되도록 클리핑 마스크(Clipping Mask)를 적용한다. [레이어(Layers)] 패널에서 레이어를 마우스 오른쪽 버튼을 클릭해 [클리핑 마스크 만들기(Create Clipping Mask)]를 선택해 적용을 할 수도 있다. '타원 3 사본 4' 레이어는 '렌즈'로 레이어명을 변경한다.

단축키(MAC : Alt + ⌘ + G / WIN : Alt + Ctrl + G)를 눌러 클리핑 마스크를 만들 수도 있다.

클리핑 마스크(Clipping Mask)는 적용한 레이어가 바로 아래에 위치한 레이어의 이미지와 겹친 부분만 보여지게 되는 기능이다. 이후의 렌즈 묘사 부분은 모두 '타원 3 사본 4' 레이어 안에서 이루어질 예정이므로 필요 시 해당 기능을 적용하여 클리핑 마스크 안의 레이어로 만든다.

06 클리핑 마스크가 적용된 레이어를 하나 생성한다(이미지에선 '레이어 3' 레이어). 새 레이어 생성 후 클리핑 마스크를 적용한다.

다음은 어떻게 벡터로 그려진 도형에 필터 이펙트(Filter Effects)를 적용할 수 있는지 살펴본다. 벡터 방식으로 이미지를 제작하면 정교하긴 하지만, 딱딱하다. 부드럽게 빛이 번지는 효과를 원한다면 다양한 필터 이펙트를 사용해야 한다.

07 해당 레이어에 색상이 #55dd58인, 우측으로 틀어진 형태의 원형을 그린다.

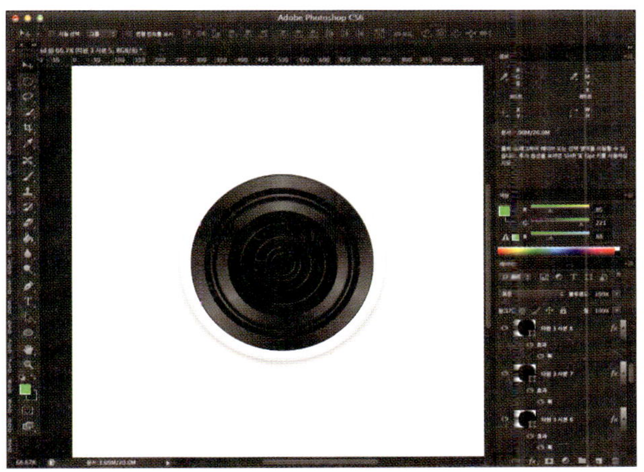

08 벡터 방식을 유지하며 필터 이펙트를 적용하기 위해 해당 도형 레이어가 있는 '타원 7(원래는 '레이어 3'이었으나, 타원을 그리면 자동으로 레이어명이 '타원 7'로 변경된다.)' 레이어를 클릭한 후 마우스 오른쪽 버튼을 클릭하여 [**고급 개체로 변환**(Convert to Smart Object)]을 선택한다.

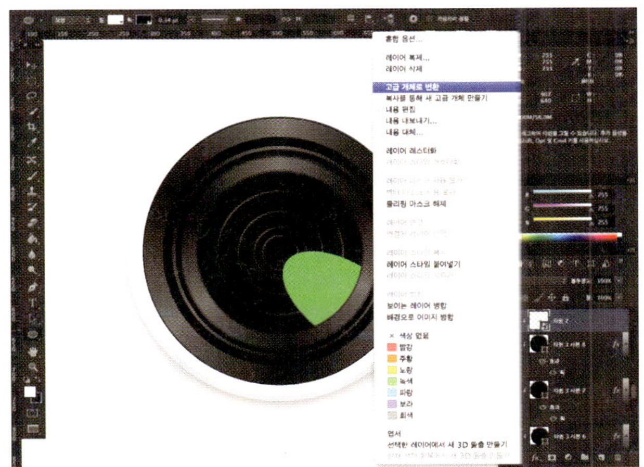

원형 도형에 필터 이펙트를 적용하려고 하면 비트맵 방식으로 변경되게 된다. 비트맵 방식으로 전환되면 이미지를 축소하거나 훈대 시 이미지가 깨질 수 있으므로 벡터 방식을 유지해야 한다.

09 이어 포토샵에서 메뉴에서 [필터(Filters)]-[흐림 효과(Blur)]-[가우시안 흐림 효과 (Gaussian Blur)]를 선택한 후 반경(Radius)을 45.8 px로 설정한다. 별도의 레이어가 추가되며 이펙트가 적용된 것을 확인할 수 있다.

일반적으로는 레이어에 한 번 적용된 필터 이펙트는 수정이 불가능하나, 이 방식으로 적용된 필터 이펙트는 필요에 따라 해당 레이어를 더블 클릭함으로 수정이 가능하여 편리하다.

10 이와 같은 방법으로 왼쪽 상단에도 색상 #cd42ff의 원형을 만든 후 필터 이펙트를 적용한다.

11 같은 방법으로 흰색의 반사광 도형도 만들어서 렌즈의 느낌을 더해줄 수 있는 곳에 배치한다.

12 렌즈가 더욱 빛날 수 있도록 색상 #98869e의 원형을 만든 후 [레이어(Layers)] 패널에서, 레이어의 블렌드 모드(Blend Mode)를 **색상 닷지(Color Dodge)**로 선택한다. 불투명도(Opacity)는 필요에 따라 조절한다. 겹치면 더욱 색이 도드라지는 효과가 있으니 적절히 사용한다.

13 이제 렌즈 부분은 어느 정도 정리가 되었으니 다시 주변을 보면서 밸런스 조절을 한다. 필요하면 이전에 작업했던 레이어의 [레이어 스타일(Layer Style)] 창에서 추가적으로 조절을 한다.

14 렌즈 안의 선 표현이 너무 밝게 느껴져 **획(Stroke) > 구조(Structure) > 불투명도 (Opacity)**를 조절하였고, '렌즈' 레이어의 **내부 그림자(Inner Shadow)**도 수정을 하여 좀 더 자연스럽게 표현할 수 있도록 하였다. 그리고 렌즈 바디의 그림자 부분도 조금 진하게 수정하였다. 작업하느라 정리를 하지 못했던 레이어도 폴더별로 나눈다. 저자는 렌즈와 렌즈 바디로 폴더를 구분하였다.

01 검은색의 원형을 만든 다음. [레이어 스타일(Layer Style)] 창의 [그림자 효과(Drop Shadow)]를 사용하여 그림자 모양을 만든다. 다음에 **렌즈 바디 폴더** 아래에 위치하도록 하고 정확한 위치를 잡는다. 어두운 정도나 표현은 자연스럽게 보여지는 쪽으로 작업한다. 이렇게 어두운 부분을 추가하며 그림자의 농도를 추가한다.

02 몸체 부분인 '**모서리가 둥근 직사각형**' 레이어를 더블 클릭해서 [레이어 스타일(Layer Style)] 창을 띄운다.

03 [레이어 스타일(Layers Style] 창에 다음과 같이 항목별 치수를 설정한다.

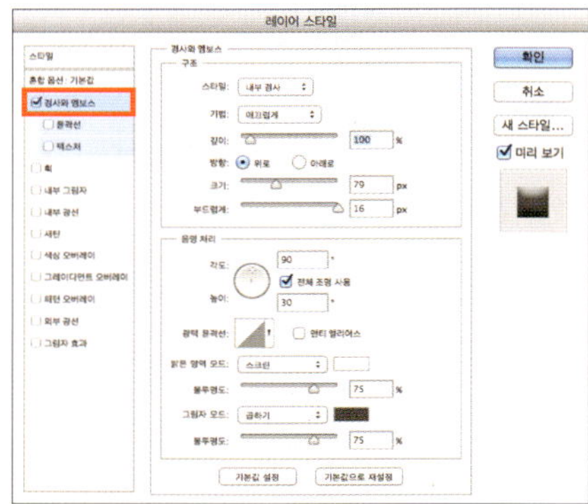

• 경사와 엠보스(Bevel and Emboss)는 이미지에 버튼과 같이 입체감을 더해주는 기능을 한다.
• 'Background' 레이어는 비활성화 상태로 진행한다.

04 이제 몸체 부분도 형태를 갖추었으니 다시 한 번 렌즈 부분과 몸체 부분의 밸런스를 조정해본다. 조금 더 입체감을 주기 위해 흰색 렌즈 바디 **'모서리가 둥근 직사각형'** 레이어에 **내부 그림자**(Inner Shadow)와 **내부 광선**(Inner Grow) 효과를 추가하였다. 모니터를 보며 적절한 수치로 설정한다.

필요에 따라 폴더 통째로도 크기 조절이 가능하니 적절한 사이즈로 조정해본다. 그림자 부분도 너무 검정색이라 갈색 계열로 수정하였으며 하얀색 렌즈 바디 부분도 사이즈를 조금 키웠다.

05 이제 추가적인 장식을 조금 진행해보도록 한다. 흰색 렌즈 바디 안 지점에 카메라와 관련된 정보를 입력해본다. 렌즈 중앙을 기준으로 **타원 도구(Ellipse Tool)**를 선택하고 최상단 메뉴에서 **[패스(Path)]**를 선택하고 원형을 만든다. 이 후 **문자 도구(Type Tool)**를 선택한 후에 해당 선에 마우스를 올려 놓은 후 동그란 선을 따라서 텍스트의 입력을 한다. 저자는 CAMERA LENS, AF−S DX 등으, 카메라 렌즈에 일반적으로 들어가 있는 내용을 입력하였다. 텍스트만 입력하면 입체감이 떨어지니 텍스트 입력 후 **'모서리가 둥근 직사각형' 레이어**를 더블 클릭해서 [레이어 스타일(Layer Style)] 창에서 다음과 같이 수치를 설정한다.

**내부 그림자(Inner Shadow) 〉
구조(Structure)**
• 불투명도(Opacity) : 52 %
• 각도(Angle) : 90 °
• 거리(Distance) : 1 px
• 크기(Size) : 1 px

06 취향에 따라 바디 상단에 마이크 입구, 우측 하단에는 터치 버튼 등 부분적인 디테일을 추가해보도록 한다. 디자인을 둘러보며 질감도 추가하고 사이즈를 조정하는 등 세부적인 터치를 더할 수 있도록 한다. 텍스트를 입력한 레이어들은 저자의 경우 TEXT 폴더로 정리하였다.

07

최종적으로 렌즈에 좀 더 깊이감을 전해주기 위해, 렌즈 테두리로부터 안으로 그림자가 비추어 보일 수 있도록 하자. 최초의 렌즈 레이어를 복사하여 렌즈 레이어의 최상단에 위치하도록 한다. 레이어를 더블 클릭한 후 레이어 스타일에 다음의 수치를 적용한다. 이를 통해 검정 렌즈의 내부는 투명하게 하고 효과만 적용되게 함으로, 그림자 효과만 덧입히는 묘사가 가능하게 된다. 획(Stroke)은 비활성화 한다.

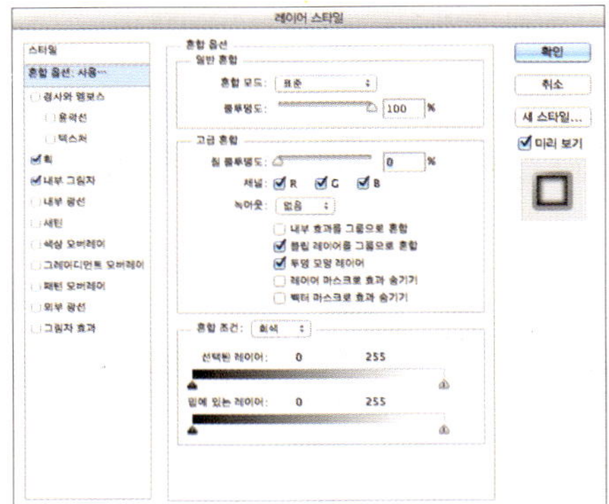

혼합 옵션(Blending Optins) 〉
고급 혼합(Advanced Blending)
• 칠 불투명도(Fill Opacity) : 0 %

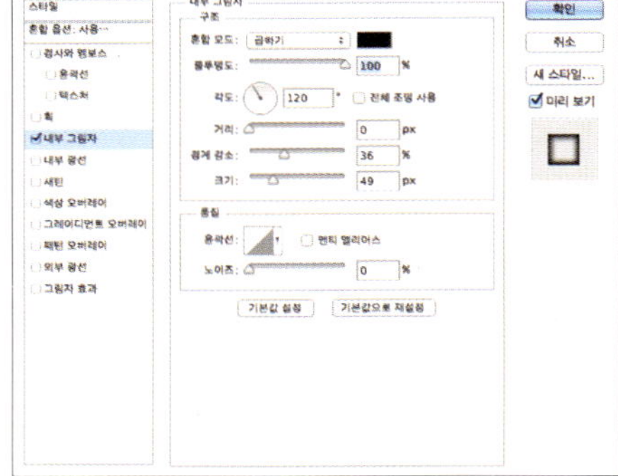

내부 그림자(Inner Shadow) 〉
구조(Stroke)
• 불투명도(Opacity) : 100 %
• 각도(Angle) : 120 °
• 거리(Distance) : 0 px
• 경계 감소(Choke) : 36 %
• 크기(Size) : 49 px

04.
마무리 작업

앱 아이콘이 완성되었다! 벡터 라인과 레이어 스타일을 적용하여 작업하면 필요에 따라 각 수치를 조정하거나 사이즈를 변동하여 원하는 스타일로 쉽게 조절이 가능하다.

페이지 디자인 – 카메라 촬영

카메라 앱 아이콘에 이어, 이번에는 카메라 촬영 페이지 를 디자인해보도록 한다.

01.
앱 레이아웃 스케치

앱을 디자인할 때 무조건 컴퓨터를 키고 작업을 하는 것은 바람직하지 않다. 다양한 목업–와이어프레임 툴도 있지만, 필요에 따라 손 스케치를 통해 다양하게 아이디어를 펼쳐보는 것도 굉장히 중요하다. 본 서적에서 제공하는 스케치 노트를 출력해서 필요에 따라 아이디어를 스케치하거나, 실 작업에 활용하여도 좋다. 손 스케치의 장점은 아무래도 발상의 자유에 있다. 와이어프레임과 목업은 제공되는 이미지를 사용하여야 하는데 비해, 손 스케치는 정확하지 않아도 빠르게 작업할 수 있고 원하는 형태로 그릴 수 있는 장점이 더 크다. 그래서 이번의 카메라 앱 레이아웃 스케치는 손 스케치로 작업해 보았다. 본 서적의 예제는 스케치 〉 실제 작업을 그대로 튜토리얼로 옮긴 것이므로 손 스케치 작업이 조금 정확하지 않게 적용되는 부분 또한 살펴볼 수 있을 것이다. 무엇보다 자주 그려보고 자주 실제 디자인으로 옮기는 연습을 한다면 더욱 뛰어난 앱 디자인을 할 수 있을 것이다.

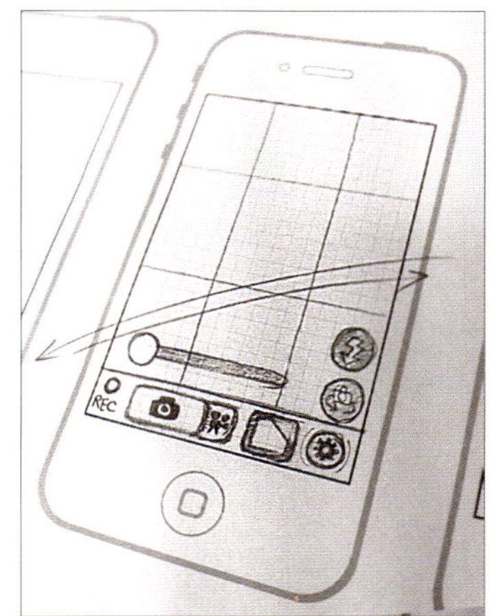

▲ 카메라 앱 레이아웃 스케치

카메라 앱 디자인 개요

스마트폰 카메라는 자주 사용하지만 개인적으로는 많은 불편함을 느껴왔다. 이번에 디자인할 카메라 앱 레이아웃은 개인적인 사용성을 고려하여 디자인해본 것이다. 실제 사진 촬영을 할 때는 양 손보다는 한 손으로, 가로 모드보다는 세로로 세워서 촬영을 한다. 아무래도 한 손으로 들고 촬영하는데 있어, 엄지 손가락으로는 중앙 최하단에 위치한 촬영 버튼을 터치할 수 없었다. 그래서 한 손으로 스마트폰을 꽉 잡은 상태에서, 엄지 손가락만으로 모든 것을 조절할 수 있는 방식으로 레이아웃을 구성하였다. 버튼도 실제로는 정중앙보다는 조금 왼쪽 편에 있는 것이 안정감이 있었다. 자주 사용하지 않는 회전과 플래시 기능이지만 이 역시 필요할 때 양 손을 쓰지 않고 한 손만 사용하는 것이 편리할 것 같아 오른쪽에 배치하였다. 만약 왼손 사용자라면 지금의 배치를 반대로 적용하는 것도 좋다. 이런 부분은 개발자와 상의해서 해결할 수 있는 일이다. 그리고 디자인 스타일은 이전에 작업한 흰색 플라스틱을 적용하기로 했다.

Plus ➕

부록 CD 안에 PSD 디자인 작업 파일이 제공되므로 필요하다면 파일을 확인해보도록 한다.

🔵 **파일명** : PT07\07-02-Camera-Layout.psd

02. 컨트롤 바

카메라의 본체와도 같은 느낌을 적용하는 컨트롤 바를 디자인해보도록 한다. 레이아웃 스케치를 기준으로 다양한 컴포넌트를 구성하도록 한다.

01 포토샵을 실행하고 [파일(File)]-[새로 만들기(New)]를 선택한 후 폭(Width)x높이(Height)를 640x960 px, 해상도(Resolution)는 72, 색상 모드(Color Mode)는 RGB로 설정한다.

02 아이폰 카메라 앱의 컨트롤 바의 사이즈는 108 px이다. 하단에 이에 맞는 가이드라인을 먼저 설정한다. 그리고 컨트롤 바를 제외한 부분의 영역을 각 3등분씩 하여 격자를 그린다.

가로 가이드라인(Y축) : 282, 564, 852 px
세로 가이드라인(X축) : 213, 426 px

03 **사각형 도구(Retangle Tool)**를 사용하여 하단에 박스 형태의 사각형을 그린다. 폭
(Width)x높이(Height)를 108x640 px로 한다. 기본적으로 내부를 색으로 채운다. 색상은
추후에 변경이 가능하므로 일단은 형태를 먼저 만들도록 한다. 레이어명은 '사각형 1'로
변경한다.

04 본체 구성 파일, 렌즈 하단 버튼 이미지, 텍스트, 검은색 구멍, 렌즈 테두리 부분을 활용
하여 컨트롤 바를 제작할 것이다. 앱 아이콘을 디자인한 PSD 파일을 열고 관련 이미지
레이어들을 찾아서 새 문서에 이동시킨다. 일일이 고르기 어렵다면 폴더째 옮기는 것도
좋다.

05 배경이 모두 흰색이라 색상 구별이 잘 가지 않으므로 레이어를 비활성화해 진행한다. '사각형 1' 레이어명을 '조작바 108px'로 변경한 후 도형에도 이제 흰색을 적용시킨다. 그리고 앱 아이콘 본체의 레이어 스타일을 복사해서 하단 바에 붙여 넣는다. 바디 폴더의 '모서리가 둥근 직사각형' 레이어의 레이어 스타일을 복사한 후 '조작바 108px' 레이어에 붙여 넣는다. 붙여진 레이어 스타일 중 **경사와 엠보스(Bevel and Emboss)**는 필요 없으므로 눈 아이콘(👁)을 클릭해 비활성화시킨다.

06 컨트롤 바를 좀 더 입체감 있게 보이기 위해서 '조작바 108px' 레이어를 더블 클릭하고 [레이어 스타일(Layer Style] 창에서 다음과 같이 수치를 설정한다.

07 [그레이디언트 편집기(Gradient Editor)] 창에서 보여지는 하단의 바 이미지를 볼 때, 왼쪽의 짙은 부분이 컨트롤 바의 하단에 지정되는 색상이며, 오른쪽 부분은 컨트롤 바의 상단에 지정되는 색상이다. 따라서 바의 약간 중앙 좌측 부분에 #a5a5a5 색상의 값을 삽입하여, 컨트롤 바의 명암을 효과적으로 표현하도록 한다.

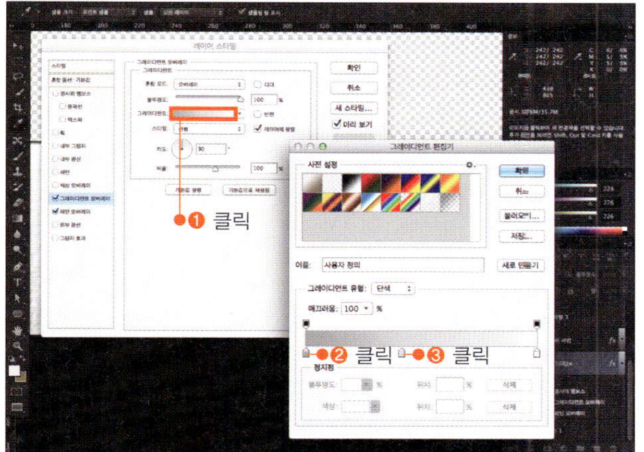

그레이디언트 오버레이(Gradient Overlay) 〉 그레이디언트(Gradient)
- 불투명도(Opacity) : 10 %
- 각도(augle) : 90°
- 색상(Color) : #a5a5a5
- 스타일(style) : 선형(linear)

색상은 하단의 색상값을 클릭하여 설정한다.

08 그 다음 **사각형 도구(Retangle Tool)**를 선택한 후, 가로 640 px, 세로 1 px의 사각형을 만든다. 이 때 생기는 레이어는 '사각형 2'가 되며, 해당 레이어는 '조작바 108px' 레이어의 위에 위치해야 한다.

09 '사각형 2' 레이어의 사각형 색상을 #58514c로 지정하고 레이어명을 '조작바 위 라인'으로 변경한다. **이동 도구(Move Tool)**를 선택한 후, 사각형의 위치를 '조작바 108px' 레이어의 맨 최상단에 겹치게 배치한다.

직접 이동할 수도 있지만, [레이어(Layers)] 패널에서 2개의 레이어를 선택한 다음, 포토샵 화면 최상단 메뉴에서 [최상단 배치(Align top edges)]를 선택하면 즉시 적용이 가능하다.

10 똑같이 선을 한 번 더 그을 필요 없이, [레이어(Layers)] 패널에서 '조작바 위 라인' 레이어를 더블 클릭하여 [레이어 스타일(Layer Style)] 창에서 다음과 같이 수치를 설정한다. 바로 한 픽셀 아래에 바로 1 px 높이의 선이 생긴다.

그림자 효과(Drop Shadow) 〉 구조(Structure)
- 혼합 모드(Blend Mode) : 곱하기(Multiply)
- 불투명도(Opacity) : 20 %
- 각도(Angle) : 90 °
- 거리(Distance) : 1 px
- 크기(Size) : 0 px

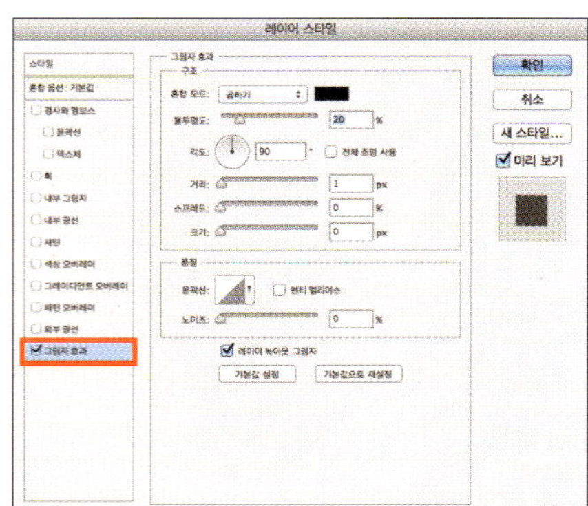

11 이제 컨트롤 바 위에, 하나씩 디자인 스케치를 해 놓은 요소들을 배치해본다. 먼저 왼쪽의 REC 마크 표시 부분이다. 먼저 [레이어(Layers)] 패널 하단의 새 그룹 만들기(Create a new group) 아이콘(■)을 클릭해 폴더를 생성하고 폴더명을 '01 REC'로 변경한다.

12 이전 앱 아이콘 작업 폴더 중 TEXT 폴더의 텍스트 레이어 중 하단에 입력했던 'MKⅢ'이 입력되어 있는 텍스트 레이어를 클릭한 후, 01 REC 폴더로 옮긴다. 텍스트 레이어의 눈 아이콘(◉)이 비활성화 상태라면 활성화로 변경하고 작업 영역 문서에서 보이도록 위치를 옮긴다.

13 그리고 화면에 컨트롤 바 작업을 위한 가이드라인을 추가한다. 가이드라인을 추가함으로 보다 정돈된 디자인을 할 수 있다.

> **가로 가이드라인(Y축)** : 946, 866 px
> **세로 가이드라인(X축)** : 16, 624 px

14 앱 아이콘 작업 파일이 1024x1024 px의 문서에서 작업되었기 때문에 텍스트 레이어의 눈 아이콘(◉)을 활성화 시켜도 작업 영역에 보이지 않는다. 확인하기 위해서 단축키 (MAC : ⌘ + T / WIN : Ctrl + T)를 눌러 패스 자유 변형(Free Transform)을 사용한다. 패스 자유 변형(Free Transform)은 작업 영역 외에 있더라도 확인할 수 있으니, 이 점을 활용하여 좌측 하단으로 옮겨 놓는다.

03.
REC 라이트

이제 컨트롤 바 좌측 상단에 라이트를 만들어 본다. 붉은 색 불이 들어오는 이미지를 만드는 것이 목표이다.

01 REC 라이트로 사용될 붉은 색의 아이콘을 만들기 위해서는 3개의 이미지와 레이어가 필요하다. '라이트 모형' 레이어, '광택' 레이어, 입체감을 표현하는 '광택' 레이어이다. 레이어 하나 작업만으로는 라이트 모양을 만들 수 없으므로 여러 개의 레이어에 표현을 하나씩 더하는 방식으로 이미지 작업이 이루어진다. 하나씩 살펴본다.

02 각 레이어들을 만들어 본다. 먼저 **원형 도구(Elllipse Tool)**를 이용해 왼쪽 상단에 폭 (Width)x높이(Height)가 18x18 px인 원형을 만든다. 위치는 이전에 가이드라인으로 잡아 놓은 선의 모서리 부분이다. 그레이디언트를 적용할 것이므로 색상은 상관없다.

03 생성된 도형 레이어명을 '라이트 모형'으로 변경한다. 이어 레이어를 더블 클릭한 후 [레 이어 스타일(Layer Style)] 창에서 다음과 같이 수치를 설정한다.

그레이디언트 오버레이(Gradient Overlay) 〉 그레이디언트(Gradient)
• 스타일(Style) : 방사형(Radial)
• 각도(Angle) : 90 °
• 비율(Scale) : 150 %

[그레이디언트 편집기(Gradient Editor)] 창
• 왼쪽 색상(Color) : #f4b9b9
• 오른쪽 색상(Color) : #c92943

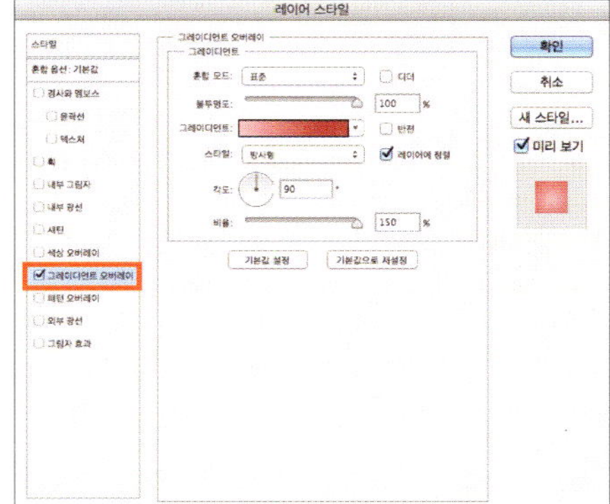

04 중앙에 밝은 빛이 있는 원형이 만들어 진다. [레이어 스타일(Layer Style)] 창의 [그레이 디언트 오버레이(Gradient Overlay)]가 선택된 상태에서, 작업 영역의 실제 이미지가 구 현된 곳의 빛 포인트에 마우스 포인터를 위치시킨 다음, 마우스 왼쪽 버튼을 클릭해 빛 포인트를 하단으로 옮긴다.

중앙에 빛 포인트가 위치한 원형이 만들어 졌지만, 빛 포인트가 원형 하단에 오는 것이 좀 더 라이트 성격에 맞아 옮겼다.

05 원형에 깊이감을 표현하기 위해 [레이어 스타일(Layer Style)] 창에서 조금 전에 작업한 '라이트 모형' 레이어를 복사하여 '라이트 모형' 레이어 위에 위치하도록 한다. 레이어 스타일까지 같이 복사되었으므로 **그레이디언트 오버레이(Gradient Overlay)**의 눈 아이콘(◉)을 클릭해 비활성화한다.

06 이어 해당 레이어에 **획(Stroke), 내부 그림자(Inner Shadow), 내부 광선(Inner Glow), 그림자 효과(Drop Shadow)**를 적용한다. 다음과 같이 치수를 설정한다.

획(Stroke) 〉 구조(Structure)
- 크기(Size) : 1 px
- 위치(Position) : 안쪽(Inside)
- 불투명도(Opacity) : 100 %

획(Stroke) 〉 칠 유형(Fill Type)
- 그레이디언트(Gradient)
- 스타일(Style) : 선형(Linear)
- 각도(Angle) : 90 °

[그레이디언트 편집기(Gradient Edit] 창
- 색상(Color) : #a46565 − #6a2343 − #693333

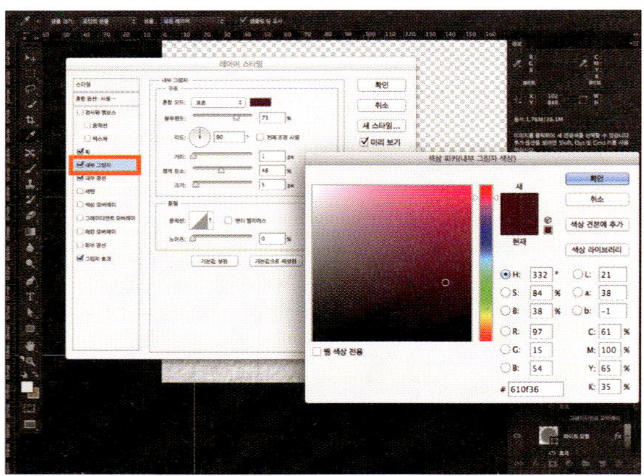

내부 그림자(Inner Shadow) 〉 구조(Structure)
- 혼합 모드(Blend Mode) : 표준(Normal)
- 색상(Color) : #610f36
- 불투명도(Opacity) : 73 %
- 각도(Angle) : 90 °
- 거리(Distance) : 1 px
- 경계 감소(Choke) : 48 %
- 크기(Size) : 5 px

내부 광선(Inner Grow) 〉
구조(Structure)

• 혼합 모드(Blend Mode) :
표준(Normal)
• 불투명도(Opacity) : 18 %

내부 광선(Inner Grow) 〉
요소(Elements)

• 기법(Technique) :
더 부드럽게(Softer)
• 소스(Source) :
가장자리(Edge)
• 경계 감소(Choke) : 24 %
• 크기(Size) : 3 px

내부 광선(Inner Glow) 〉
품질(Quality)

• 범위(Range) : 50 %

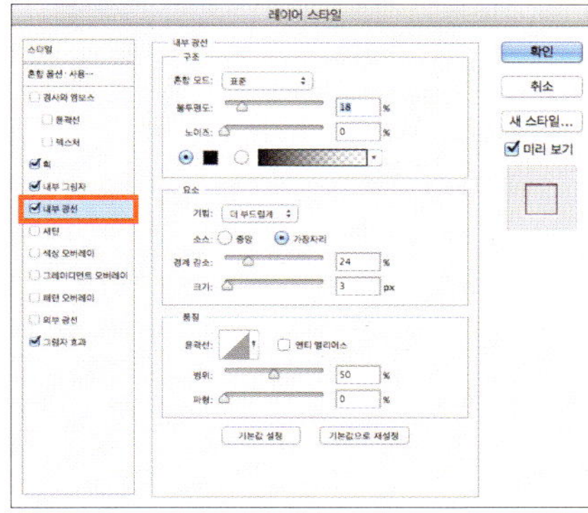

그림자 효과(Drop Shadow) 〉
구조(Structure)

• 혼합 모드(Blend Mode) :
표준(Normal)
• 색상(Color) : #ffffff
• 불투명도(Opacity) : 100 %
• 각도(Angle) : 90 °
• 거리(Distance) : 2 px
• 크기(Size) : 1 px

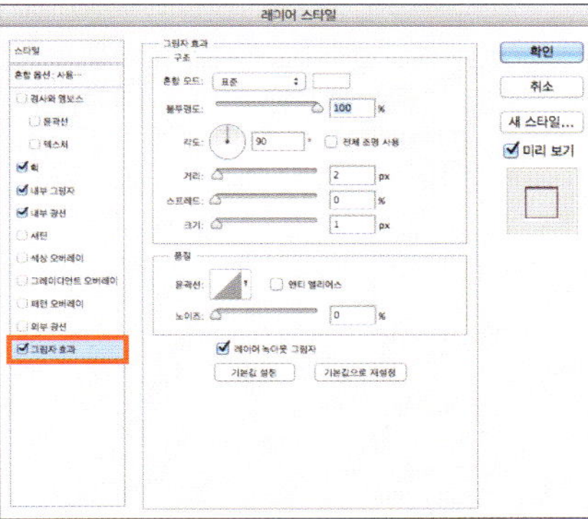

07 외곽의 입체감 표현 묘사가 적용되었다. [레이어 스타일(Layer Style)] 창에서 '라이트 모형 사본' 레이어에서 '입체감'으로 레이어명을 변경한다.

08 다음은 광택의 표현이다. 화면을 클로즈업하여 이미지에 보이는 것처럼 폭(Width)x높이(Height)가 2x4 px인 흰색 네모 도형을 만든다. 생성된 레이어명을 '광택'으로 변경한다.

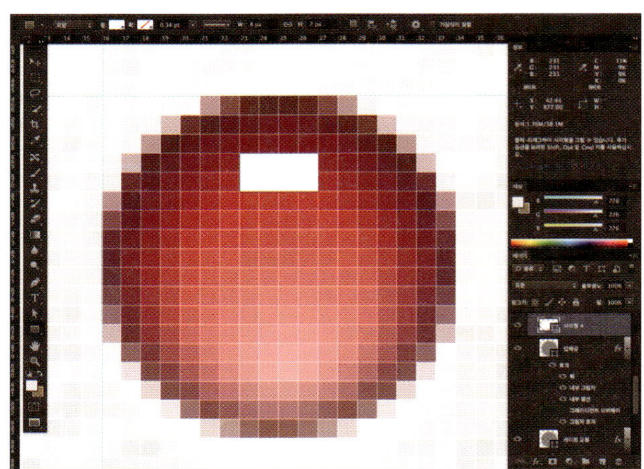

09 필터 이펙트를 적용하기 위해, 먼저 '광택' 레이어를 클릭한 다음, 마우스 오른쪽 버튼을 클릭하여 **[고급 개체로 변환(Convert to Smart Object)]**을 선택한다. 그 이후 메뉴에서 [필터(Filter)]−[흐림 효과(Blur)]−[가우시안 흐림 효과(Gaussian Blur)]를 선택하여 수치를 조절하면 조금 더 부드럽고 자연스러운 광택이 생성된다. 이렇게 해서 라이트 작업 하나를 마쳤다.

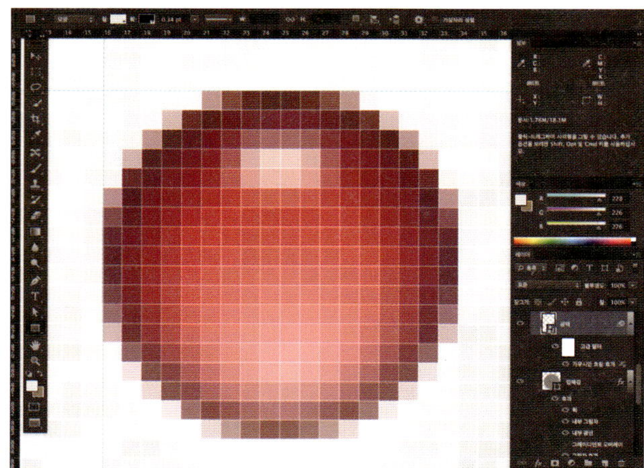

10

이전에 이동시켜 놓은 'MkⅢ'가 입력된 텍스트 레이어를 다시 활성화시킨 후 라이트에 맞추어 텍스트의 사이즈와 내용을 변경한다. 텍스트를 'REC'로 변경한 후 다음과 같은 위치로 옮겨서 배치한다.

04.
카메라 촬영 버튼

이번에는 버튼을 디자인한다. 이 레이어는 버튼 뒷 부분이 될 것이다.

01

가이드라인 높이에 맞추어, **모서리가 둥근 사각형 도구**(Rounded Rectangle Tool)를 선택한 후 폭(Width)x높이(Height)를 230 x 80 px, 반경(Radius)을 40 px로 도형을 만든다. 레이어명은 '버튼'으로 변경한다.

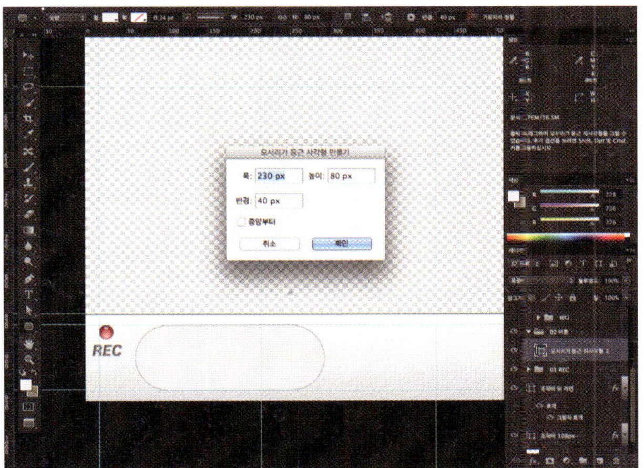

02 안에 들어갈 버튼을 하나 더 만든다. 같은 방법으로 폭(Width)x높이(Height)는 170x70 px, 반경(Radius)은 40 px의 적용 치수대로 만든다. 레이어명은 '버튼_뒤'로 변경한다.

03 먼저 버튼의 뒷 부분을 만들어 본다. '버튼_뒤' 레이어를 더블 클릭하고 [레이어 스타일 (Layer Style)] 창에서 다음과 같이 치수를 설정한다.

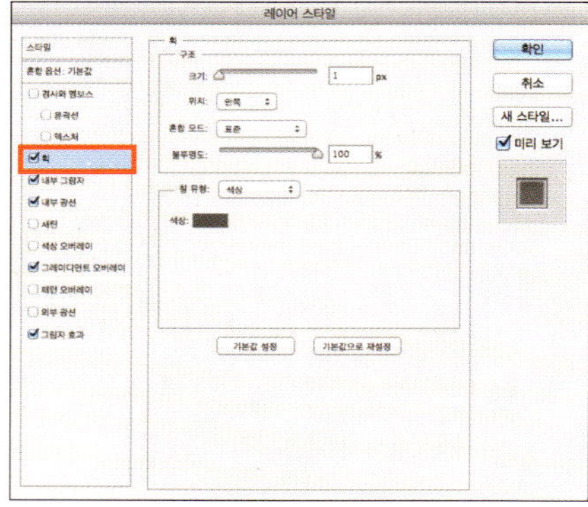

획(Stroke) 〉 구조(Structure)

- 크기(Size): 1 px
- 위치(Position) : 안쪽(Inside)
- 불투명도(Opacity) : 100 %

획(Stroke) 〉 칠 유형(Fill Type)

- 색상(Color)
- 색상(Color) : #636363

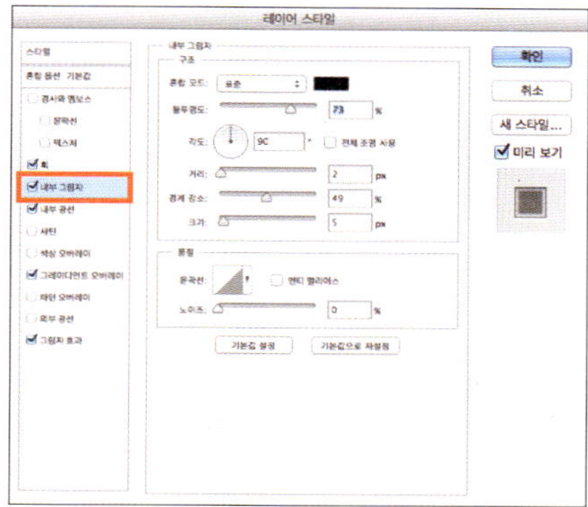

**내부 그림자(Inner Shadow) 〉
구조(Structure)**

- 혼합 모드(Blend Mode) :
  표준(Normal)
- 색상(Color) : #000000
- 불투명도 : 73 %
- 각도(Angle) : 90 °
- 거리(Distance) : 2 px
- 경계 감소(Choke) : 49 %
- 크기(Size) : 5 px

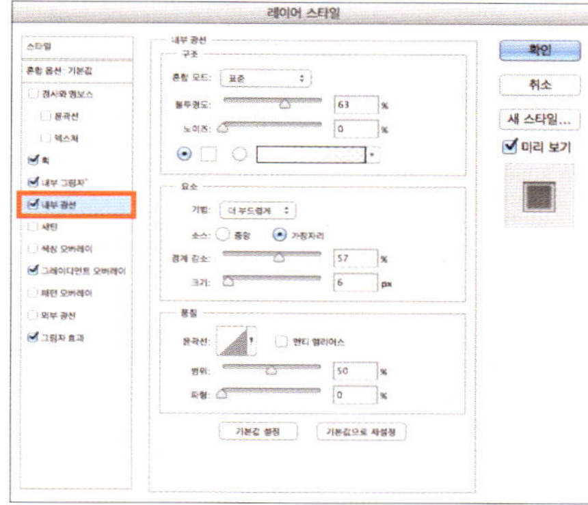

**내부 광선(Inner Grow) 〉
구조(Structure)**

- 혼합 모드(Blend Mode) :
  표준(Normal)
- 불투명도(Opacity) : 63 %

**내부 광선(Inner Grow) 〉
요소(Elements)**

- 기법(Technique) :
  더 부드럽게(Softer)
- 소스(Source) :
  가장자리(Edges)
- 경계 감소(Choke) : 57 %
- 크기(Size) : 6 px

**그레이디언트 오버레이(Gradient
Overlay) 〉 그레이디언트
(Gradient)**

- 혼합 모드(Blend Mode) :
  표준(Normal)
- 불투명도(Opacity) : 13 %
- 스타일(Style) : 반사(Reflected)
- 각도(Angle) : 90 °
- 비율(Scale) : 124 %

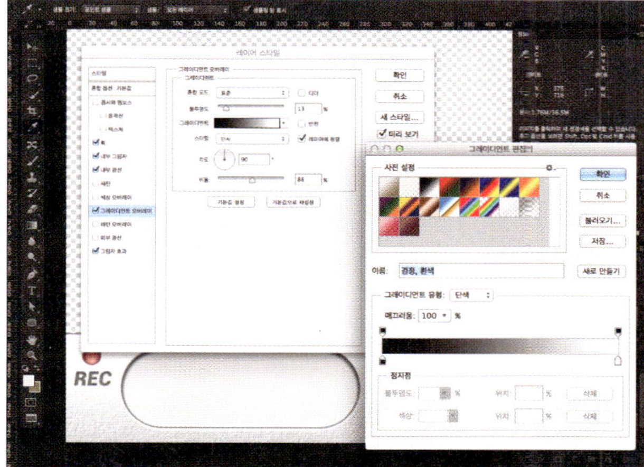

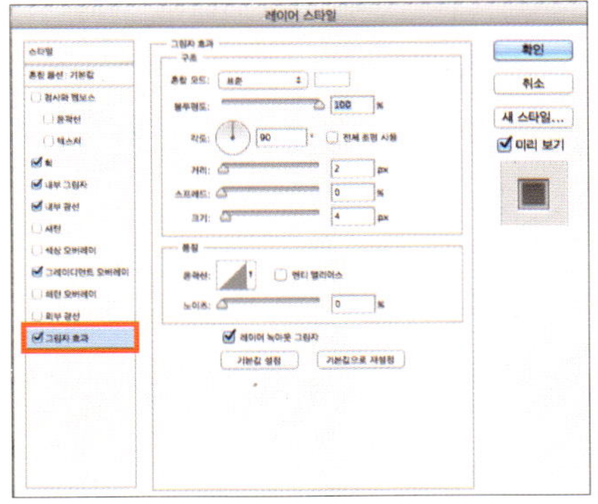

그림자 효과(Drop Shadow) 〉
구조(Structure)
• 혼합 모드(Blend Mode) :
  표준(Normal)
• 색상(Color) : #ffffff
• 불투명도(Opacity) : 100 %
• 각도(Angle) : 90 °
• 거리(Distance) : 2 px
• 크기(Size) : 4 px

04 다음과 같이 치수를 입력한 후 작업 영역의 이미지로 이동한 후, 위에서 아래로 그레이디언트(Gradient)가 자연스럽게 보일 수 있도록 그레이디언트(Gradient)의 위치를 위로 옮긴다.

TIP 여기서는 왼쪽에 버튼을 위치시킬 것이므로 왼쪽 끝에 맞추도록 한다. 버튼 뒤에 검은 부분이 조금 보이도록, 약간의 여유를 남겨둔다.

05 버튼의 뒷 부분이 완성되었다.

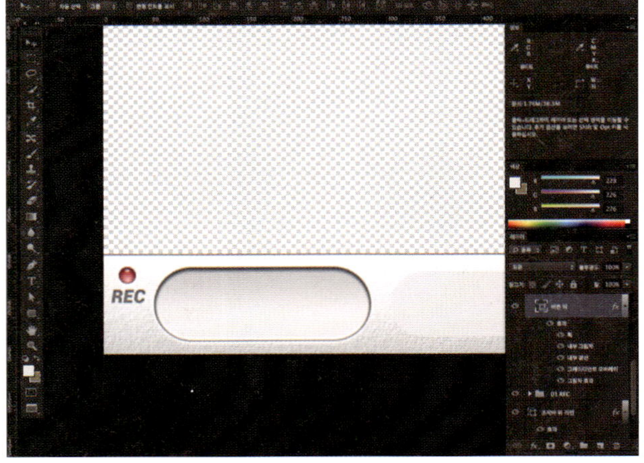

06 이제 버튼을 만들어 본다. 버튼 뒷 부분 스타일이 명확해졌으므로, 여기에 맞추어 '버튼' 레이어의 버튼의 사이즈도 조금 조절한다 '버튼' 레이어를 클릭하고 단축키(MAC : ⌘+T / WIN : Ctrl+T)를 눌러 패스 자유 변형(Free Transform)을 사용한다. 폭(Width)x높이(Height)를 230x80 px 사이즈로 수정한 뒤 버튼 뒷 배경에 맞추어 위치를 수정한다.

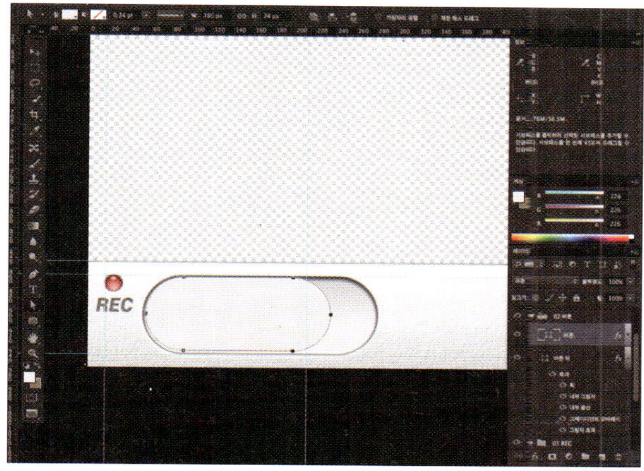

07 버튼에는 이전 아이콘 작업 레이어 중, 렌즈 바디 흰색 부분에 적용하였던 레이어 스타일을 복사한다. '타원 1' 레이어의 레이어 스타일을 복사한 후, '버튼' 레이어에 레이어 스타일 붙여넣기를 한다.

08 '버튼' 레이어를 더블 클릭하고 [레이어 스타일(Layer Style)] 창에서 다음과 같이 치수를 설정한다.

획(Stroke) 〉 구조(Structure)
• 크기(Size) : 4 px
• 위치(Position) : 안쪽(Inside)
• 혼합 모드(Blend Mode) : 표준(Normal)

획(Stroke) 〉 칠 유형(Fill Type)
• 그레이디언트(Gradient)
• 색상(Color) : #9c9c9c − #ffffff

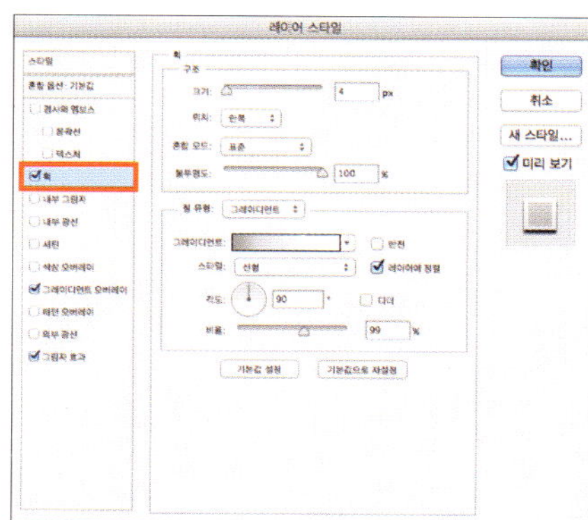

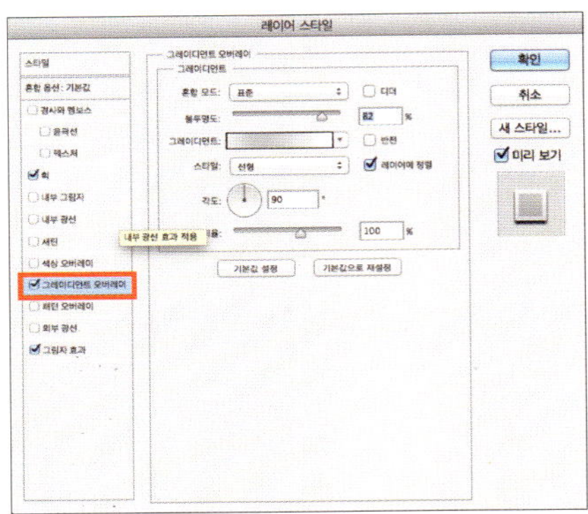

그레이디언트 오버레이(Gradient Overlay) 〉 그레이디언트(Gradient)

• 혼합 모드(Blend Mode) :
  표준(Normal)
• 불투명도(Opacity) : 82 %
• 색상(Color) : #e8e8e8 −
  #c8c8c8 − #dbdbdb − #ffffff
• 스타일(Style) : 선형(Linear)
• 각도(Angle) : 90 °
• 비율(Scale) : 100 %

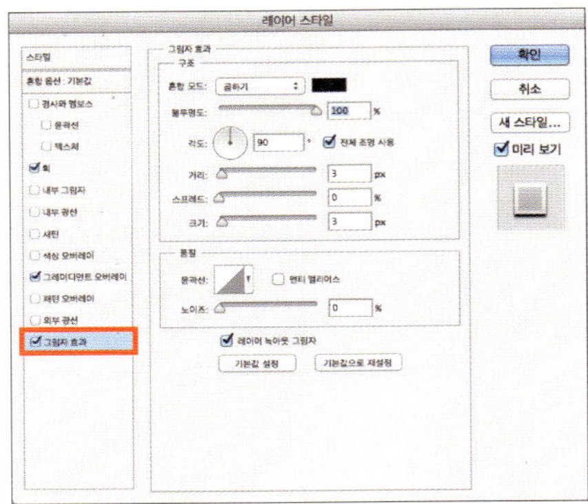

그림자 효과(Drop Shadow) 〉 구조(Structure)

• 혼합 모드(Blend Mode) :
  곱하기(Multiply)
• 불투명도(Opacity) : 100 %
• 각도(Angle) : 90 °
• 거리(Distance) : 3 px
• 스프레드(Spread) : 0 %
• 크기(Size) : 3 %

09 버튼과 버튼 뒷 부분이 완성되었다.

이제 방금 촬영한 사진을 바로 볼 수 있는 뷰어 버튼을 만들어 본다.

01 **모서리가 둥근 사각형 도구(Roundee Retangle Tool)**로 폭(Width)x높이(Height)는 88x80 px, 반경(Radius)은 10 px로 도형을 만든 후 버튼 바로 옆에 배치한다.

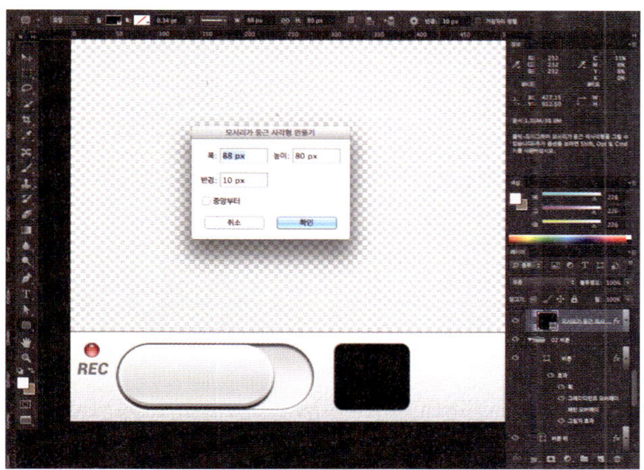

02 이번에는 사진이 들어가는 공간을 만들어 본다. **사각형 도구(Retangle Tool)**로 64x64 px 사이즈로 사각형을 만든다.

03 액정에 반사가 들어가는 광택 효과를 준다. **사각형 도구(Retangle Tool)**로 **긴 사각형**을 만든 다음, 단축키(MAC : ⌘ + T / WIN : Ctrl + T)를 눌러 패스 자유 변형(Free Transform)으로 도형을 옆으로 조금 틀어 뷰어 버튼과 사진이 보여지는 위치 위에 놓는다. 이어서 [레이어(Layers)] 패널에서 **불투명도(Opacity)**를 54 %로 설정한다.

04 사진이 들어갈 이미지 레이어와 조금 전에 광택 효과를 준 '사각형 1', '사각형 2' 레이어를 선택한 후 마우스 오른쪽 버튼을 클릭해 [클리핑 마스크 만들기(Create Clipping Mask)]를 선택하여 두 레이어를 클리핑 마스크로 만든다. [레이어(Layers)] 패널을 보면 두 레이어가 클리핑 마스크된 모습을 볼 수 있다.

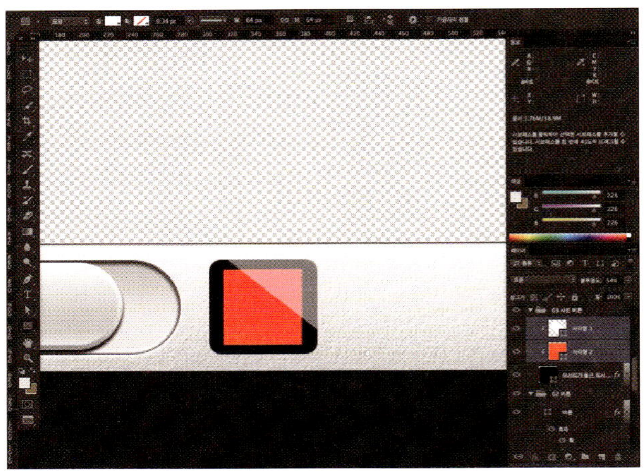

05 뷰어 버튼을 작업한 '모서리가 둥근 직사각형' 레이어를 더블 클릭한 후 [레이어 스타일(Layer Style)] 창에서 다음과 같이 수치를 설정한다.

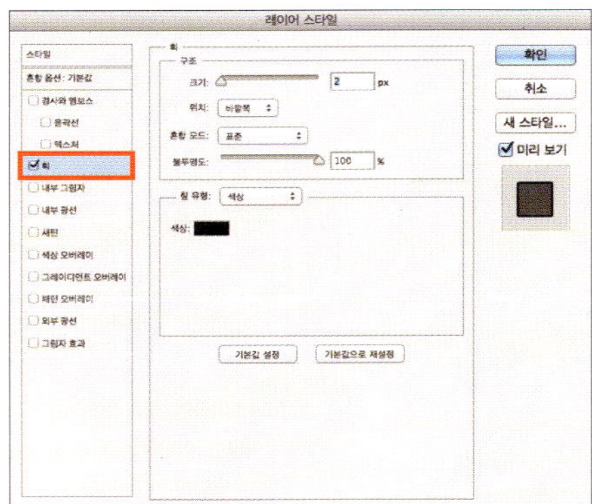

획(Stroke) 〉 구조(Structure)
• 크기(Size) : 2 px
• 위치(Position) : 바깥쪽(Outside)

06 획(Stroke)이 적용된 모습을 확인한다.

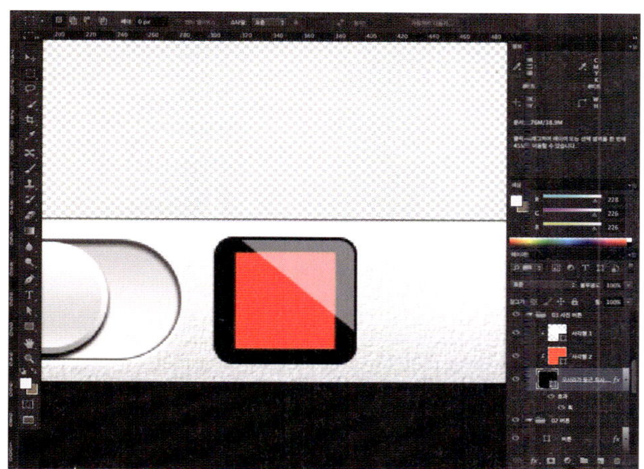

06.
카메라 회전 버튼 /
플래시 버튼

다음은 뷰어 버튼 옆에 기타 버튼을 만들 차례이다. 스케치로 작업을 한 것과 직접 작업하였을 때를 비교해 보니 간격에 조금 여유가 있어 버튼을 하나 더 넣을 수 있게 되었다. 그래서 카메라 회전과 플래시 버튼을 컨트롤 바 버튼에 놓기로 하였고 설정 버튼은 스케치에 카메라 회전 부분에 놓기로 하였다.

01 원형 도구(Ellipse Tool)로 폭(Width)x높이(Height)가 86 x 86 px 사이즈인 **원형**을 만들고 그 위에 폭(Width)x높이(Height)가 68 x 68 px인 원형을 만든다. 이 이미지들이 기타 버튼과 기타 버튼 뒷 부분이 될 부분이다.

02 레이어에 지정된 색상을 흰색으로 변경한 후, 더블 클릭하고 [레이어 스타일(Layer Style)] 창에서 다음과 같이 치수를 설정한다.

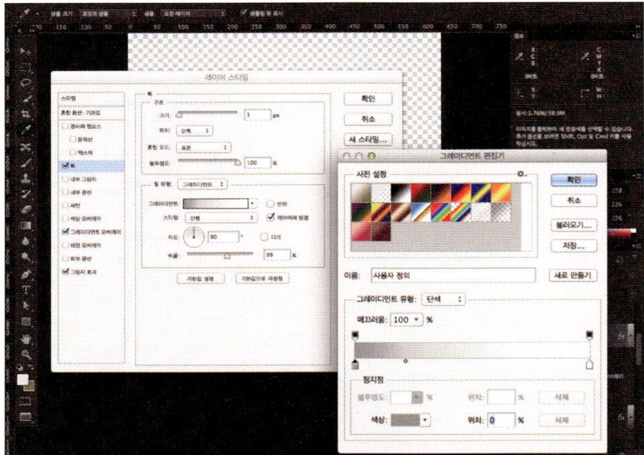

획(Stroke) 〉 구조(Structure)

• 크기(Size) : 3px
• 위치(Position) 안쪽(Inside)
• 혼합 모드(Blend Mode) :
  표준(Normal)

획(Stroke) 〉 칠 유형(Fill Type)

• 그레이디언트(Gradient)
• 색상(Color) : #9c9c9c – #ffffff

그레이디언트 오버레이(Gradient Overlay) 〉 그레이디언트(Gradient)

• 혼합 모드(Blend Mode) :
  표준(Normal)
• 불투명도(Opacity) : 82 %
• 색상(Color) : #e8e8e8 –
  #c8c8c8 – #dbdbdb – #ffffff
• 스타일(Style) : 선형(Linear)
• 각도(Angle) : 90 °
• 비율(Scale) : 100 %

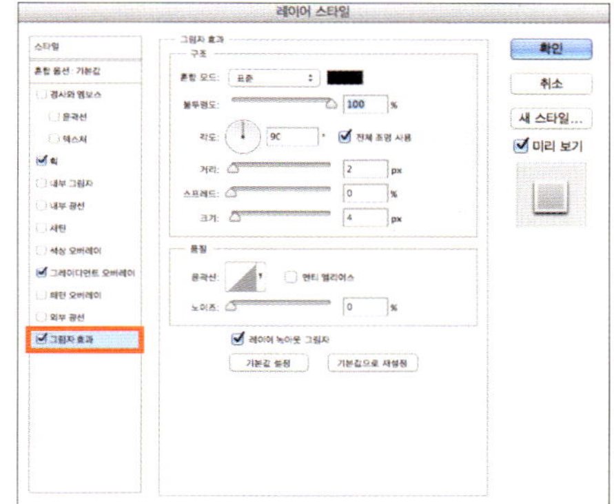

그림자 효과(Drop Shadow) 〉
구조(Structure)

• 혼합 모드(Blend Mode) :
  표준(Normal)
• 불투명도(Opacity) : 100 %
• 각도(Angle) : 90 °
• 거리(Distance) : 2 px
• 스프레드(Spread) : 0 %
• 크기(Size) : 4 px

03 이렇게 하여 위에 있는 기타 버튼이 완성되었다. 다음은 아래 부분을 작업해보도록 한다. 또 다른 레이어를 더블 클릭하고 다음과 같이 치수를 설정한다.

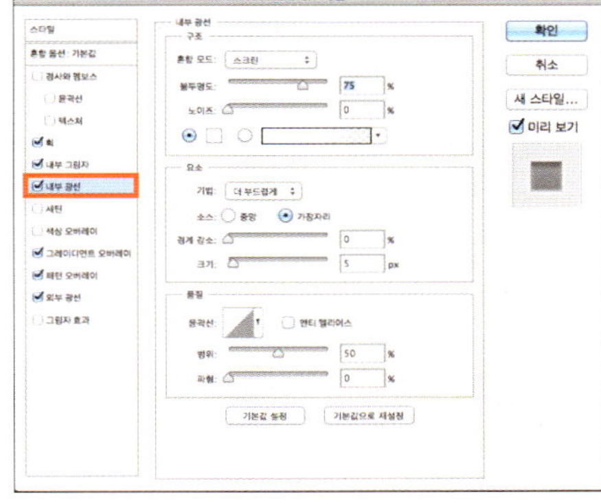

내부 광선(Inner Grow) 〉
구조(Structure)

• 혼합 모드(Blend Mode) :
  스크린(Screen)
• 불투명도(Opacity) : 75 %
• 색상(Color) : #ffffff

내부 광선(Inner Grow) 〉
요소(Elements)

• 소스(Source) : 가장자리(Edge)
• 경계 감소(Choke) : 0 %
• 크기(Size) : 5 px

내부 광선(Inner Grow) 〉
품질(Quality)

• 범위(Range) : 50 %

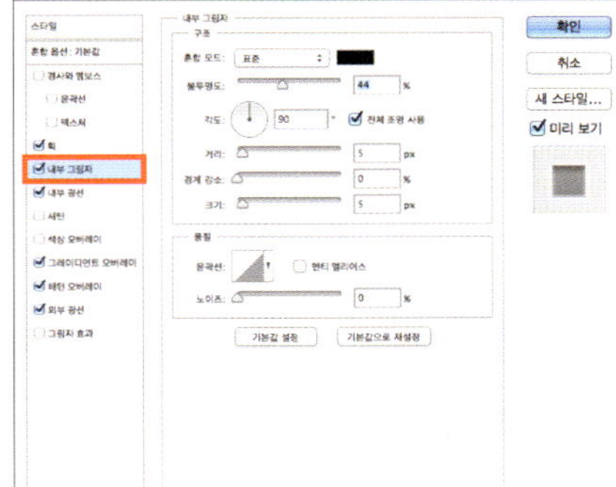

내부 그림자(Inner Shadow) 〉
구조(Structure)

• 혼합 모드(Blend Mode) :
  표준(Normal)
• 불투명도(Opacity) : 44 %
• 각도(Angle) : 90 %
• 거리(Distance) : 5 px
• 경계 감소(Choke) : 0 %
• 크기(Size) : 5 px

획(Storke) 〉 구조(Structure)

- 크기(Size) : 1 px
- 위치(Position) : 안쪽(Inside)
- 불투명도(Opacity) : 15 %

획(Storke) 〉 칠 유형(Fill Type)

- 색상(Color)
- 색상(Color) : #000000

그레이디언트 오버레이(Gradient Overlay) 〉 그레이디언트(Gradient)

- 혼합 모드(Blend Mode) : 오버레이(Overlay)
- 불투명도(Opacity) : 100 %
- 색상(Color) : #a5a5a5 − #c9c9c9 − #f5f5f5

패턴 오버레이(Pattern Overlay) 〉
구조(Structure)

• 혼합 모드(Blend Mode) :
  어둡게 하기(Darken)
• 불투명도(Opacity) : 58 %
• 패턴 패턴라이브러리에서 선택
  : 돌(Stone)
• 비율(Scale) : 100 %

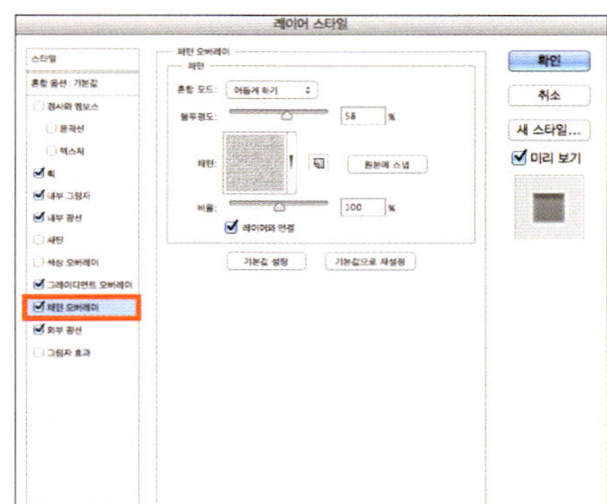

TIP

패턴은 [예술 표면(Art st Surfaces)]를 선택해서 고를 수 있다.

외부 광선(Outer Grow) 〉
구조(Structure)

• 불투명도(Opacity) : 72 %
• 색상(Color) : #ffffff

외부 광선(Outer Grow) 〉
요소(Elements)

• 크기(Size) : 5 px

외부 광선(Outer Grow) 〉
품질(Quality)

• 범위(Range) : 50 %

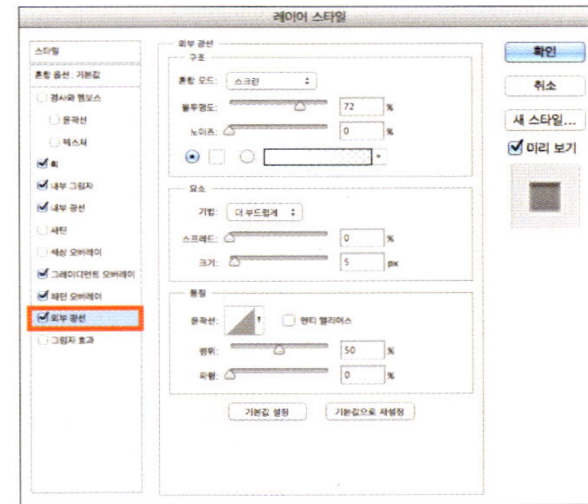

04 이렇게 해서 기타 버튼이 완성되었다. 이 버튼은 카메라 회전 아이콘이 들어갈 곳이다. 이제 카메라 회전 폴더로 정리한다. [레이어(Layers)] 패널에서 작업한 파일은 폴더로 묶어 관리한다.

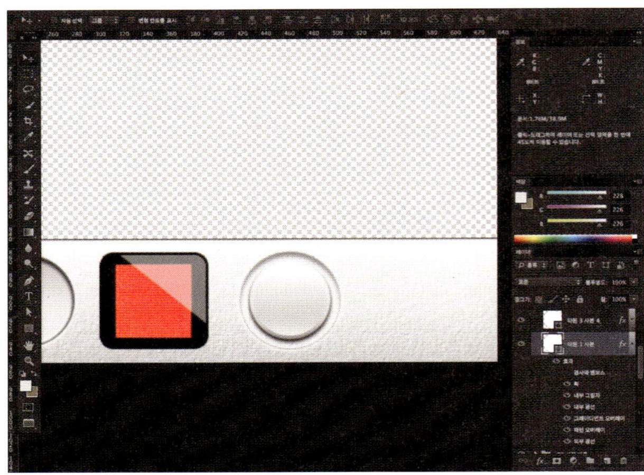

05 카메라 회전 폴더를 복사해서 옆에 버튼을 하나 더 배치시킨 후 전체적인 균형을 다시 한 번 살펴본다.

이제 촬영 페이지에 쓰이는 아이콘들을 그려본다. 카메라 앱에 사용하기 위해 별도로 특별히 아이콘들을 디자인할 것은 없지만, 이번 기회에 펜 도구(Pen Tool)를 사용하는 패스 드로잉을 벼워보도록 한다.

펜 도구(Pen Tool)와 패스 드로잉(Path Drawing)

먼저 다음의 그림을 본다. 좌측의 패스 드로잉이 합쳐져서 오른쪽의 카메라 모양이 된 것이다. 포토샵에서는 이렇게 패스 드로잉을 합쳐서 하나의 형태를 만든다. 일반적으로 레이어 하나에는 하나의 이미지가 만들어지지만 **펜 도구(Pen Tool)**, **도형 도구**들로 만들어진 벡터 라인 드로잉들은 하나의 레이어 상에 위치한다. 이들은 한 레이어 안에서 겹치거나 제외되는 방식을 통해 보여진다.

패스 드로잉(벡터 라인 드로잉)은 보여지는 점들 간의 선의 연결로 형태가 이루어지는 형태로써, 무한 확대를 하더라도 이미지가 깨지지 않는 특징이 있어서 멀티 디바이스 및 잦은 해상도 변화가 있는 스마트폰 디자인 작업에서 널리 사용되고 있다. 다만 보여지는 이미지는 포토샵의 픽셀로 이루어진 비트맵 방식에서 보여지는 것이므로, 사이즈가 작아지면 그 구현은 비트맵의 픽셀로 보여지게 되는 점은 염두해두어야 한다.

벡터 라인 패스 드로잉은 포토샵의 도구에 있는 펜 도구(Pen Tool)를 사용해서 그릴 수 있으며, 펜 도구(Pen Tool)들 중에서도 일반적으로 최상단의 펜 도구(Pen Tool)를 사용하여 그릴 수 있다.

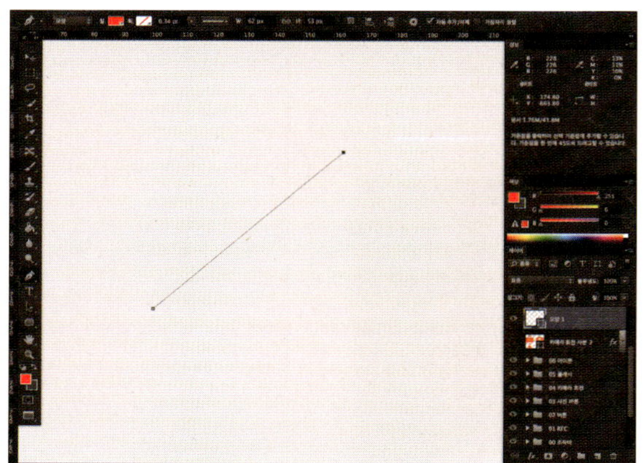
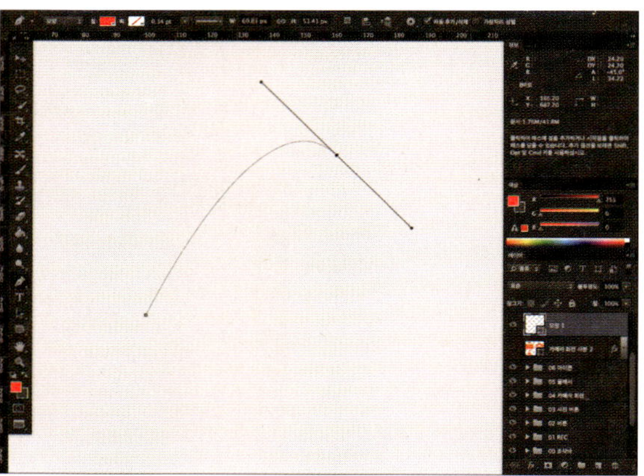

화면에 2개의 점을 찍어보도록 한다. 처음의 점이 찍히고 두 번째 점을 찍을 때, 마우스 버튼에서 손을 떼지 않고 계속 누르고 있는 상태에서 마우스를 움직여 본다. 두 번째 찍은 점을 중심으로 길다란 막대가 나타날 것이다. 이 막대를 조정하여 원하는 패스의 형태를 그려가는 것이다. 그리고 시작된 점이 서로 마주치게 되면 패스가 닫히며 하나의 형태가 완성되게 되는 것이다.

패스의 채색 : 획(Stroke), 면(Fill) 채색 기능

 패스를 선으로 구체화하는 획(Stroke), 패스의 안쪽과 닫힌 영역을 채우는 면(Fill)에 대한 채색도 가능하다. 최상단 메뉴를 보면 펜 도구(Pen Tool) 아이콘이 있고, 그 옆에 면(Fill), 획(Stroke)이 있다.

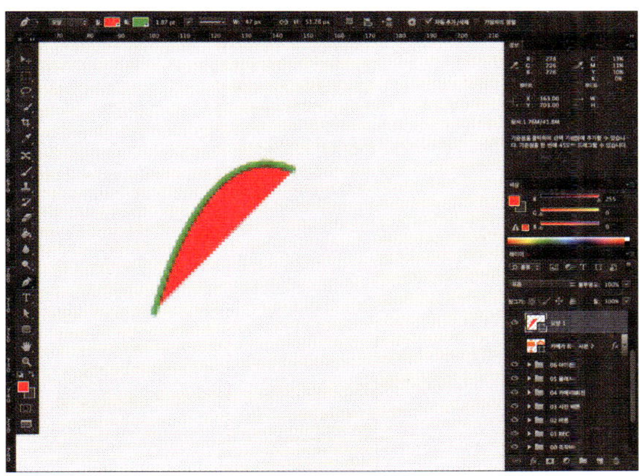

 면(Fill) 옆의 색상 박스를 클릭하면 작은 창이 하나 나타난다. 이 곳을 통해 면(Fill)을 어떻게 채색할 것인지 나타난다. 창의 최상단 좌측부터 색 사용 안 함(No Color), 단면(Solid Color) 채색, 그레이디언트(Gradient), 패턴(Pattern) 채우기를 선택할 수 있어서 무척 편리하다. 획(Stroke) 색상 박스 또한 동일한 기능을 제공하고 있다.

포토샵 CS6에서 제공되는 벡터 드로잉 방식을 통해 어도비 일러스트레이터에 의존하지 않고도, 포토샵 내에서 자체적으로 벡터 드로잉 작업을 원활히 할 수 있게 되었다. 포토샵 CS6 이하 버전에서는 벡터 드로잉에 대한 채색 기능이 없다. 더욱이 획(Stroke)의 종류를 다양하게 바꿀 수 있고 획(Stroke)의 시작과 끝의 형태, 꺾이는 부분의 형태, 안쪽−바깥−중앙에 획(Stroke)을 배치하는지도 결정할 수도 있어 다양한 작업이 가능하다.

패스의 선택과 이동 : 패스 선택 도구, 직접 선택 도구

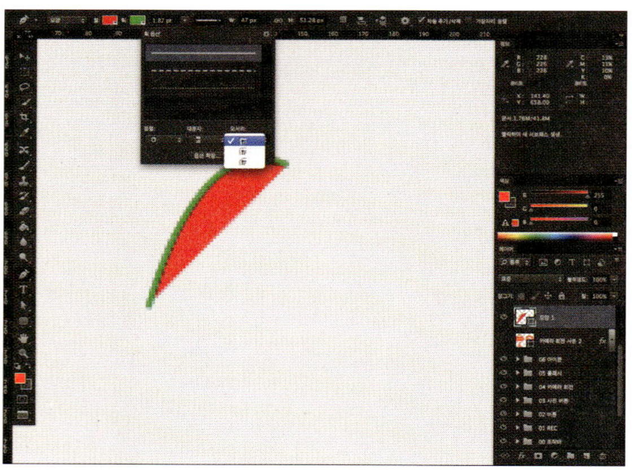

  펜 도구(Pen Tool)는 획을 만드는 기능만을 제공하며 만약 펜 도구(Pen Tool)를 통해 만들어진 획은 점들 간의 연결로 이루어진다고 하였다. 이러한 점을 선택해서 이동시키거나 수정하는 것은 다른 도구를 사용해서 할 수 있다. 펜 도구(Pen Tool) 바로 아래의 화살표 모양이 바로 그 것이다.

- 패스 선택 도구(Path Selection Tool)

패스를 한 번 클릭하면 해당 패스가 선택되며 퍼스 전체를 대상으로 움직일 수 있다. 패스 그룹끼리 연속 선택을 하기 위해서는 [Shift]를 누른 상태에서 패스들을 각각 선택하면 여러 개의 패스도 선택이 가능하다. 또한, 마우스를 드래그하여 박스 형태의 영역을 그리게 되면 그 안의 패스들이 선택되는 방식도 제공한다.

만약 일반적으로 이동할 때 사용하는 이동 도구(Move Tool)를 사용한다면, 부분이 아니라 한 레이어 안의 모든 요소들을 이동하게 되는 것이므로, 필요에 따라 패스 선택 도구(Path Selection Tool)과 이동 도구(Move Tool) 간 선택하여 사용하도록 한다.

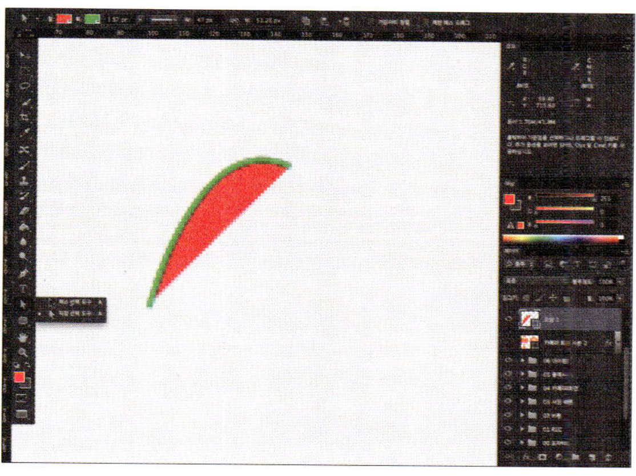

패스 선택 도구(Path Selection Tool)를 선택한 후, 드래그하여 벡터 오브젝트들을 선택할 수도 있다. 검은색 점은 해당 레이어의 점들이 선택되었다는 것을 의미한다.

• 직접 선택 도구(Direct Selection Tool)

연결되어 있는 하나의 패스를 선택하는 것이 아니라, 패스를 구성하고 있는 하나하나의 점들을 선택해야 할 경우 사용하는 도구이다.

아래의 그림은 모서리가 둥근 사각형을 구성하고 있는 패스 중 좌측 네 군데의 점을 선택한 모습이다. 우측 안의 비어있는 점은 패스의 해당 점이 선택되지 않은 것을 의미한다.

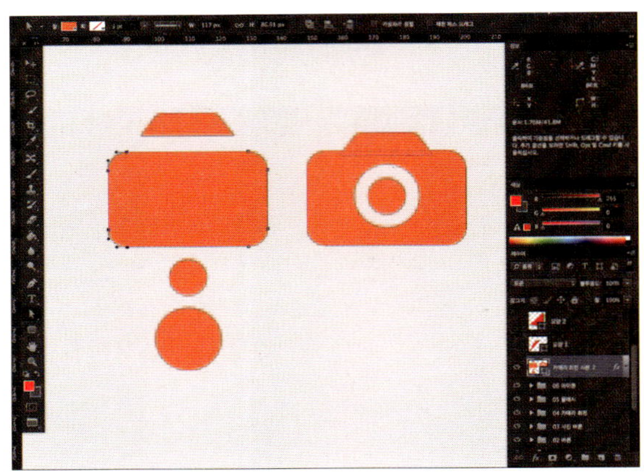

패스 작업 설명

이렇게 해서 총 4개의 벡터 드로잉 오브젝트들이 만들어졌다. 이제 이것들을 모아서 카메라 형태로 구성하면 된다.

지금 배울 것이 포토샵 벡터 드로잉의 핵심이므로 잘 배워두도록 한다. 이렇게 완성된 하나 이상의 오브젝트들은 두 오브젝트 간의 관계를 지정하는 것으로 이미지의 표현이 이루어진다. 펜 도구(Pen Tool) 선택 시 나타나는 최상단 메뉴의 [패스 작업]을 클릭한다. 여기에서 제공되는 기능을 알아보도록 한다.

❶ 모양 결합(Add to shape areas) : 패스 간 형태를 합치지는 않고 두 이미지가 오버랩되어 있는 모습 그대로를 보여주는 방식

❷ 전면 모양 빼기(Subtract from shape areas) : 겹쳐진 패스 중, 전면의 있는 패스의 형태를 뒤에 있는 패스의 모습에서 제외하고 보여주는 방식

❸ 모양 영역 교차(Intersect shape areas) : 패스 형태들의 겹쳐진 부분만 보여지는 방식

❹ 모양 오버랩 제외(Exclude overlapping shape areas) : 겹쳐진 부분만 보이지 않는 방식

❺ 모양 병합 구성 요소(Combine shape) : 겹쳐서 있는 패스들을 모두 하나의 패스로 통합 시켜 주는 방식

선택한 점을 다시 마우스로 클릭 & 홀드 & 드래그를 하면 선을 이동시킬 수 있다. `Delete`
를 누르면 선택한 점들은 모두 삭제된다.

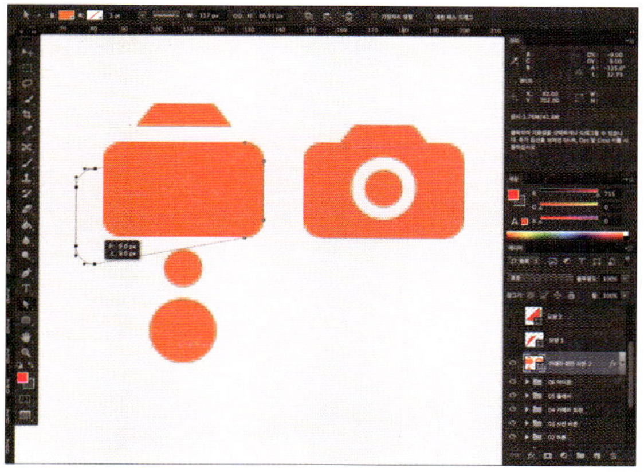

점을 선택하면, 해당 점과 연결되어 있는 다른 점들 사이의 조정 축(앵커 포인터)이
나타난다. 이 축을 이동시키면 원하는 형태로 패스의 수정이 가능하다.

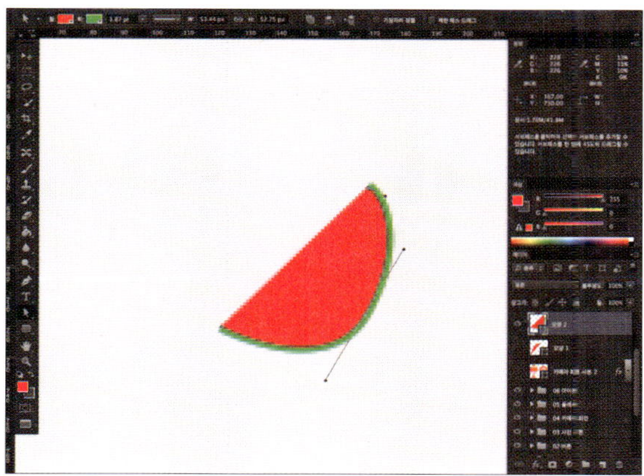

 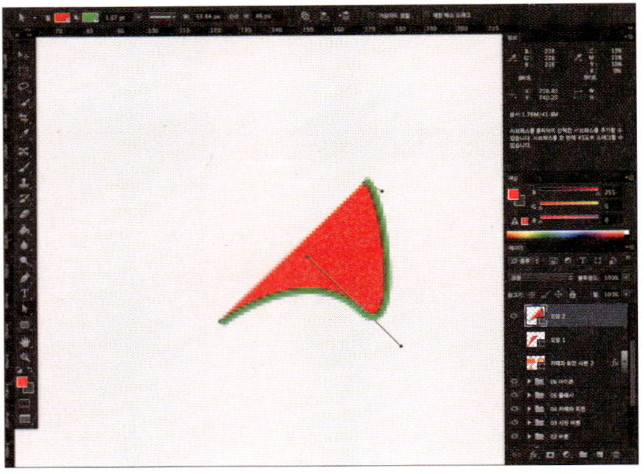

08.
카메라 아이콘

펜 도구(Pen Tool)의 사용법을 알았으니 이번에는 직접 작업 영역에서 패스 작업을 해보도록 한다. 목표는 카메라 아이콘이다. 그림에서 보는 것처럼 왼쪽의 총 4개의 오브젝트를 그려서 오른쪽의 카메라 아이콘을 만드는 것이다.

01 우선 **펜 도구(Pen Tool)**를 선택한 후, 최상단 메뉴에서 **[패스(Paths)]**를 선택하도록 한다. 하나의 레이어에 작업하기 위해서는 패스(Paths)를 선택해야 한다.

TIP

상단 바에서 [패스(Paths)]가 아닌 [모양(Shape)]을 선택하게 되면 패스를 그리는 매번 새로운 레이어가 생겨난다.

02

먼저 중 **타원 도구(Ellipse Tool)**로 **원형**을 만든다. 새로운 레이어가 생기면서 원형이 만들어 진다('타원 12' 레이어 생성).

타원 도구(Ellipse Tool)는 [모양(Shape)]이 선택되어 있어야 한다.

03

계속해서 Shift 를 누른 채 또 다른 원형을 그린다.

펜 도구(Pen Tool)의 최상단 메뉴에 [모양(Shape)]을 선택하였을 경우, Shift 를 누르고 작업 영역에 작업을 할 경우 새로운 레이어가 아니라 선택된 레이어에 선이 그려지게 된다. 필요에 따라 적절히 사용한다.

04

모서리가 둥근 사각형 도구(Rounded Rectangle Tool)를 선택하고 카메라 몸통 부분을 그린다. 이 때도 마찬가지로 Shift 를 누르고 그리게 되면 같은 '타원 12' 레이어 안에 그려지게 된다.

Shift 를 누른 상태에서 계속 도형을 그린다면 정사각형 형태로 그려지게 된다. 원하는 형태로 작업을 하기 위해서는, 처음 마우스 클릭 시만 같이 Shift 를 누른 후, 화면에 도형이 보이게 되면 Shift 에서 손을 뗀다. 그렇게 하면 해당 레이어에 벡터 드로잉이 추가된 것으로 인식해서 작업이 이루어지게 된다.

05

이번엔 **펜 도구(Pen Tool)**를 사용해 상단 부분을 만들어 본다. 어려울 수도 있지만, 하나씩 점을 긋고 축을 돌려가며 만들어 보도록 한다.

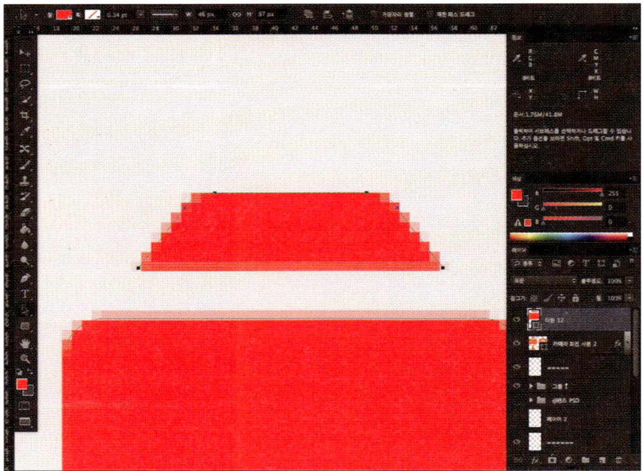

06 패스 선택 도구(Path Selection Tool)로 상단의 오브젝트를 카메라 몸통 부분에 오버
랩 시키면서 배치한다. 실제로 **모양 결합(Add to shape area)**을 선택하지 않았는데 해
당 특수 기능(Path Operations)을 보니 자동으로 모양 결합(Add to shape area)이 선
택되어 있다.

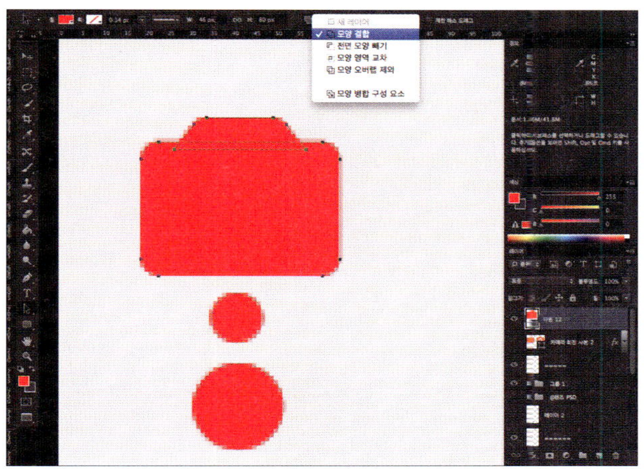

만약 여기서 [모양 병합 구성 요소(Combine Shape)]를 선택하게 되면 두 패스는 통합되어 하나의 패
스가 된다.

07 패스가 더 잘 보이도록 오브젝트의 색상을 변경한 후 카메라의 구멍을 뚫는 작업을 한다. 이 때 **모양 오버랩 제외(Exclude overlapping shape areas)**를 사용한다. 타원 도구(Ellipse Tool)을 선택하고 최상단 메뉴에서 [모양 결합(Add to shape areas)]을 선택한 후 카메라 몸통 위에서 원형을 그린다.

08 **패스 선택 도구(Path Selection Tool)**로 2개의 오브젝트를 선택한다. 선택 후 최상단 메뉴에서 [**모양 오버랩 제외(Exclude overlapping shape areas)**]를 선택하면 중앙에 구멍이 뚫려 보이게 된다.

2개가 선택되지 않은 상태에서 [모양 오버랩 제외(Exclude overlapping shape areas)]를 선택하면 아무런 변화가 생기지 않는다.

09

내부 원형을 이동하여도 된다. 이동해도 해당 기능은 그대로 유지되어 편리하다.

패스 배열 설명

해당 패스를 이동하였는데, 패스만 보이고 이미지는 보이지 않는 경우, 해당 패스가 순서상으로 큰 원형보다 아래에 있어서, 가려서 보이지 않는 것이다. 이럴 때에는 최상단 메뉴의 '종이가 쌓여있는 형태'의 아이콘 패스 배열(Path Arrangement)을 클릭해서 [모양 맨 앞으로 가져오기(Bring Shape To Front)]를 선택하면 된다.

보이지 않던 작은 원형 패스가 [모양 맨 앞으로 가져오기(Bring Shape To Front)]를 선택하자 화면 상에 보인다.

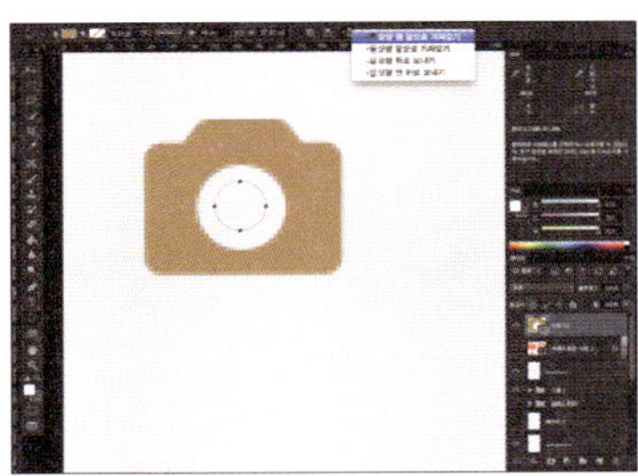

지금까지 벡터 드로잉 방식으로 아이콘을 만드는 방법을 알아보았다. 그리고 이런 아이콘에 다양한 레이어 스타일을 적용해서 깔끔한 스타일의 아이콘을 묘사할 수 있는 것이다. 무엇보다 벡터 방식으로 만든 아이콘은 사이즈를 키우거나 줄여도 전혀 깨지지 않으므로, 원본 디자인 작업은 벡터 방식으로 진행하도록 한다.

앞서 살펴본 방식을 기본으로 하여 카메라 앱에 필요한 각종 아이콘을 제작한다. 우선 필요한 것은 총 4개, 카메라, 비디오, 카메라 회전, 플래시를 아이콘으로 제작한다. 컨트롤 바 외에 필요한 아이콘은 해당 페이지의 레이아웃을 먼저 구성한 후에 작업한다.

01 실제 레이아웃에 비교하여 본 아이콘의 크기다. 그리고 해당 아이콘들을 지정 위치에 배치하였다. 아이콘들을 하나의 폴더에 저장한 후 작업해도 무방하나, 비디오 아이콘은 카메라 아이콘보다 아래의 위치해서 보여져야 하므로, 비디오 아이콘만 카메라 버튼 레이어와 카메라 버튼 뒷 부분 레이어 사이에 위치하도록 한다. 이제 컨트롤 바에 위치시킨 아이콘들에 레이어 스타일을 정해서 보다 디테일한 묘사를 시작해보도록 한다.

 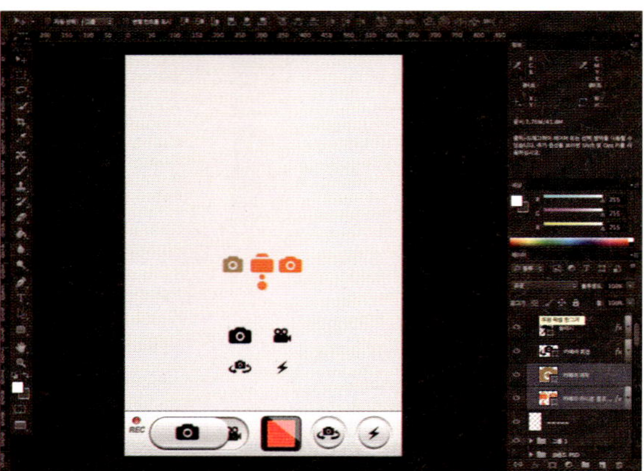

02 먼저 카메라 아이콘부터 적용한다. 아이콘 부분이 살짝 안으로 파여있고 그 위에 빛이 조금 비추어지는 모습을 묘사하려고 한다. 살짝 안으로 파인 느낌은 레이어 스타일의 **내부 그림자(Inner Shadow)**를 통해 표현하고, 빛이 조금 비추어지는 모습은 **그레이디언트 오버레이(Gradient Overlay)**를 활용한다.

내부 그림자(Inner Shadow) 〉
구조(Structure)
- 혼합 모드(Blend Mode) :
  곱하기(Multiply)
- 불투명도(Opacity) : 100 %
- 각도(Angle) : 90 °
- 거리(Distance) : 1 px
- 크기(Size) : 1 px

- 혼합 모드(Blend Mode) :
  표준(Normal)
- 불투명도(Opacity) : 100 %
- 색상(Color) : #4a4a4d –
  #1f1f20 – 8e8989
- 스타일(Style) : 선형(Linear)
- 각도(Angle) : 90 °
- 비율(Scale) : 100 %

03 첫 번째 아이콘의 묘사가 완료되었다. 다음은 버튼 아래에 있는 감춰진 비디오 카메라 아이콘을 묘사해본다. 조금 전에 작업한 카메라 버튼의 아이콘은 주기능인 성격상 눈에 띄어야 하므로 조금 짙게 작업한 반면, 뒤에 감춰진 비디오 아이콘은 조금 밝게 묘사하여 주기능이 아닌 부기능으로 비춰지게 해야 한다. 이러한 부분들을 레이어 스타일로 표현해보도록 한다.

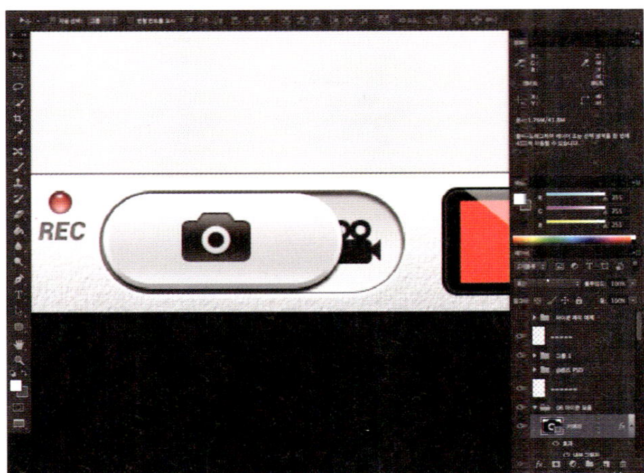

획(Stroke) 〉 구조(Structure)

- 크기(Size) : 1 px
- 위치(Position) : 안쪽(Inside)
- 혼합 모드(Blend Mode) :
  표준(Normal)
- 불투명도(Opacity) : 80 %

획(Stroke) 〉 칠 유형(Fill Type)

- 색상(Color)
- 색상(Color) : #000000

**내부 그림자(Inner Shadow) 〉
구조(Structure)**

- 혼합 모드(Blend Mode) :
  곱하기(Multiply)
- 불투명도(Opacity) : 100 %
- 각도(Angle) : 90 °
- 거리(Distance) : 2 px
- 크기(Size) : 3 px

**색상 오버레이(Color Overlay) 〉
구조(Structure)**

- 혼합 모드(Blend Mode) :
  표준(Normal)
- 색상(Color) : #434343
- 불투명도(Opacity) : 100 %

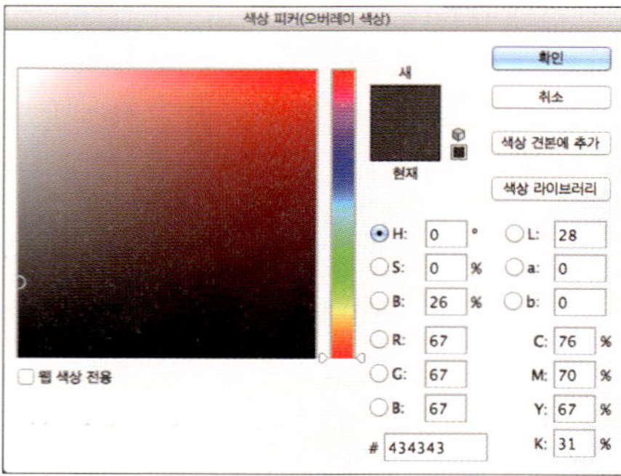

04

비디오 아이콘이 완성되었다.

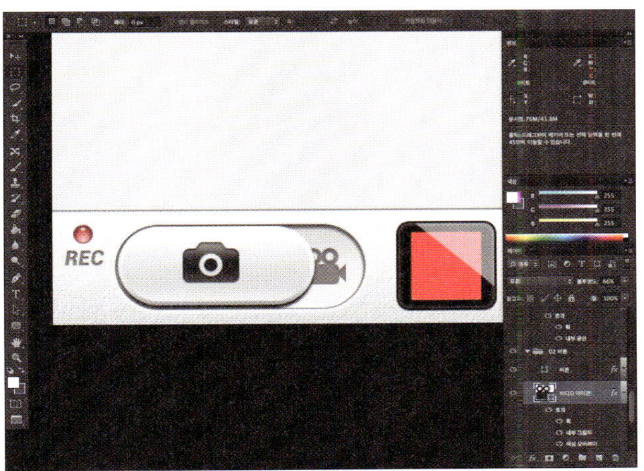

10. 카메라 회전 아이콘 / 플래시 아이콘

정면 촬영과 셀프 촬영을 전환할 수 있는 카메라 회전 아이콘과 플래시 아이콘을 만들어 본다. 이 두 버튼들의 기능 또한 주기능을 하는 것은 아니므로 검정색 계열이 아닌 약간 회색 계열로 디자인을 한다. 컨트롤 바를 보았을 때 시각적으로 카메라 버튼이 눈에 띄게 하는 것이 주목적이므로 나머지 버튼들과 주 기능 버튼인 카메라 촬영 버튼 간의 밸런스를 잘 보며 색상의 톤을 조정한다.

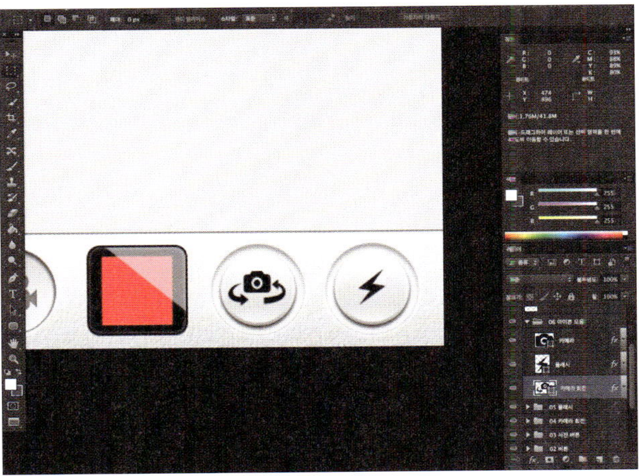

01

먼저 카메라 회전 아이콘에 대한 작업을 진행한다. [레이어 스타일(Layer Style)] 창에서 다음과 같이 치수를 설정한다.

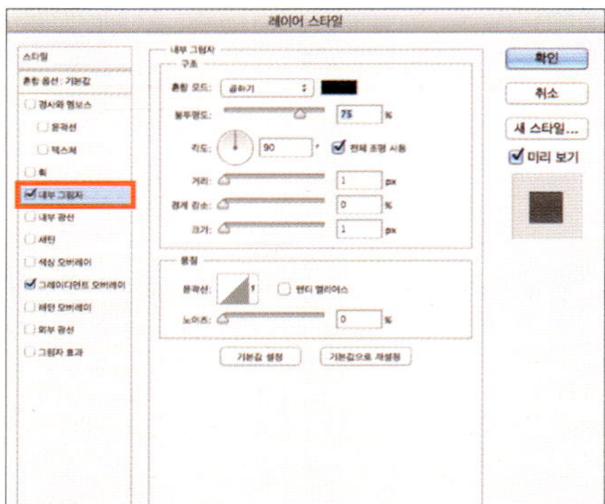

내부 그림자(Inner Shadow) 〉 구조(Structure)

- 혼합 모드(Blend Mode) : 곱하기(Multiply)
- 불투명도(Opacity) : 75 %
- 각도(Angle) : 90˚
- 거리(Distance) : 1 px
- 크기(Size) : 1 px

그레이디언트 오버레이(Gradient Overlay) 〉 그레이디언트(Gradient)

- 혼합 모드(Blend Mode) : 표준(Normal)
- 불투명도(Opacity) : 100 %
- 색상(Color) : #9b9b9b – #4f5053 – #c6c6c6
- 스타일(Style) : 선형(Linear)
- 각도(Andgle) : 90˚
- 비율(Scale) : 100 %

02 이렇게 적용한 레이어 스타일을 복사하여 플래시 아이콘 레이어에 레이어 스타일 붙여 넣기(Paste Layer Style)를 적용한다. 그레이디언트 오버레이(Gradient Overlay)의 그레이디언트 편집기(Gradient Editor) 내의 색상만 수정하면 된다.

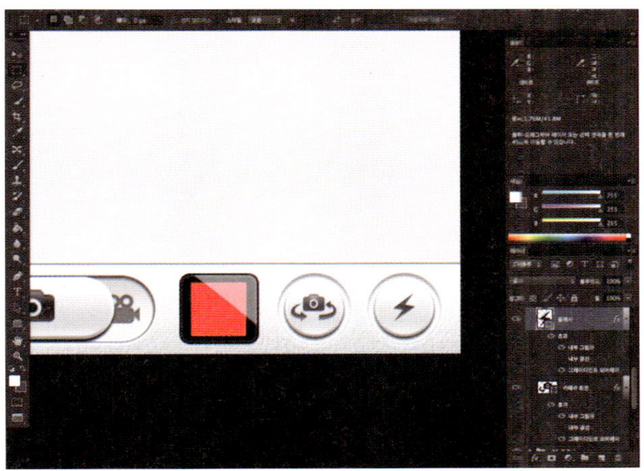

그러나 실제로 적용해보면, 동일한 레이어 스타일을 적용했음에도 플래시 아이콘에는 빛이 조금 들어오는 느낌이 안 든다. 이제 플래시 아이콘 레이어의 [레이어 스타일(Layer Style)] 창을 열고 조금 수정을 해보도록 한다.

03 플래시 아이콘 레이어를 더블 클릭하여 [레이어 스타일(Layer Style)] 창에서 [그레이디언트 오버레이(Gradient Overlay)]의 [그레이디언트 편집기(Gradient Editor)] 창의 색상 구성 위치 부분만 수정한다. 맨 우측의 밝은 부분을 표시하는 화살표 부분을 클릭하여 좌측으로 조금 이동하면 된다. 실제 모니터에서 보여지는 결과물도 같이 비교하며 확인한다.

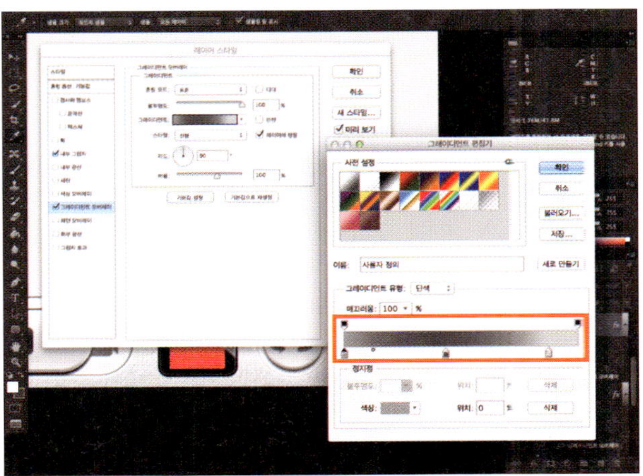

04 빛이 조금 들어오는 모습이 반영되었다.

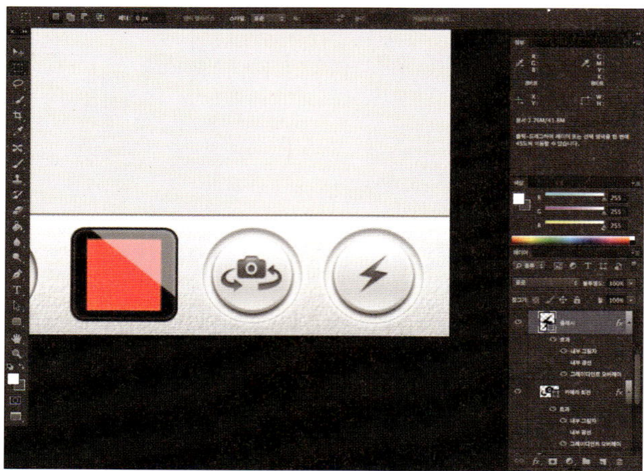

05 다시 한 번 전체적인 부분에서 비교를 하며 필요할 경우 보정이나 재배치 등의 작업을 진행한다.

이제 카메라 줌 조절 바를 작업하도록 한다. 우선 카메라 촬영 부분이 잘 보이지 않으므로 이 부분에 배경 이미지를 넣도록 한다. 평상시에는 보이지 않다가 화면을 터치하면 보이도록 기능을 적용할 것이며, 자주 사용하는 부분이 줌 기능이므로 촬영 부바로 위에 위치하도록 한다. 촬영 화면에 나타나는 부분이므로 지금까지 작업한 스타일과 다르게, 스크린 위에 보여지는 느낌으로 디자인을 하도록 한다.

01 디자인 할 부분은 총 4개의 컴포넌트가 된다. 조절 아이콘, 조절 바 full, 조절 바 empty, 조절 바 외곽 라인, 이렇게 4개를 작업한다. 먼저 가장 기본이 되는 조절 바를 디자인한다.

02 조절 바를 먼저 그린다. **모서리가 둥근 직사각형 도구(Rounded Rectangle Tool)**를 선택해서 폭(Width)x높이(Height)는 300x18 px, 반경(Radius)은 20 px의 도형을 그린다. 채워질 색은 흰색으로 하였다. 이 조절 바를 기본으로 하여 총 3개의 형태로 변형할 것이다. 도형을 그려 생성된 레이어명을 '조절바 full'로 변경한다. [레이어(Layers)] 패널에서 '조절바' 레이어를 2개 더 복사해서 총 3개의 레이어로 만든다.

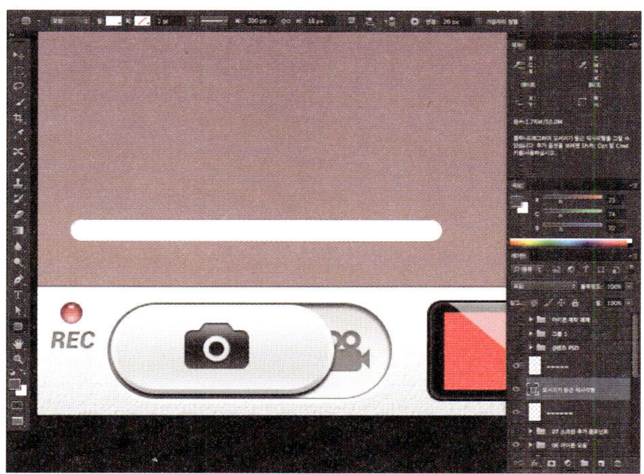

03 [레이어(Layers)] 패널을 보면 총 3개의 동일 레이어가 생성되었으며, '조절바 empty', '조절바 외곽 라인'으로 레이어명을 미리 변경하도록 한다. '조절바 full' 레이어는 흰색으로 차있는 progress indicator 바 형태이며, 여기에서는 디자인 묘사 차원에서 작업이 이루어지는 것으로, 실제 제출 형태의 이미지가 아닌 1/3만 차있는 형태로 묘사할 것이다. 나머지 2/3는 '조절바 empty' 레이어가 차지할 것이며, 바로 두 이미지가 만나는 바로 윗 부분에는 조절 바의 '조절 버튼'이 위치하게 될 것이다.

'조절바 full' 레이어를 1/3만 차있는 형태로 변경해 보도록 한다. 이전에 벡터 드로잉을 배우면서 2개의 패스가 겹쳐질 때 다양한 표현을 하는 법에 대해서 배웠다. 여기에서 그 부분을 활용할 수 있다.

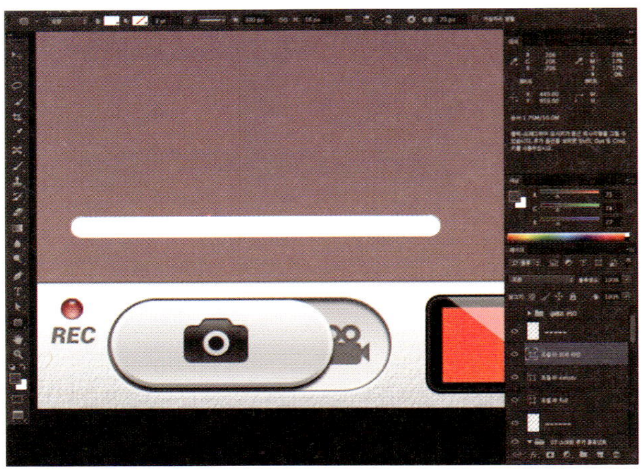

04 먼저 [레이어(Layers)] 패널에서 '조절바 full' 레이어를 클릭한 후, **사각형 도구 (Rectangle Tool)**를 선택한다.

05

그리고 도형을 그릴 때 반드시 Shift 를 누른 상태에서 도형을 그려야 해당 레이어에 **도형 패스**가 그려진다. 다음과 같이, Shift 를 누르고 그리게 되면 정사각형 형태로 그려지게 된다. 해당 도형은 조절 바와 겹쳐지는 부분이 안보여지게 만드는 역할만 할 것이므로 도형의 사이즈와 형태는 크게 상관없다. Shift 를 누른 상태에서 정사각형을 그린다.

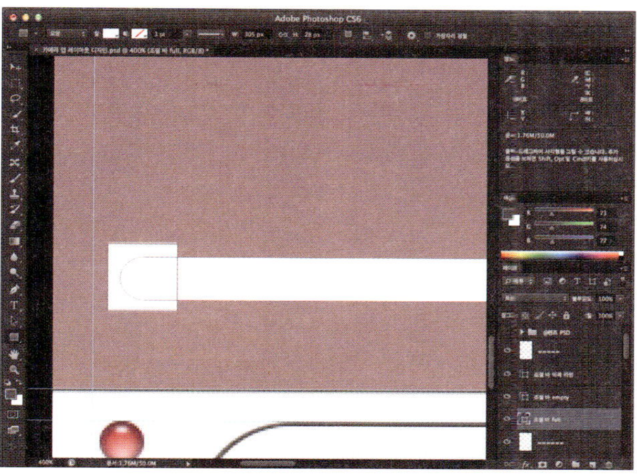

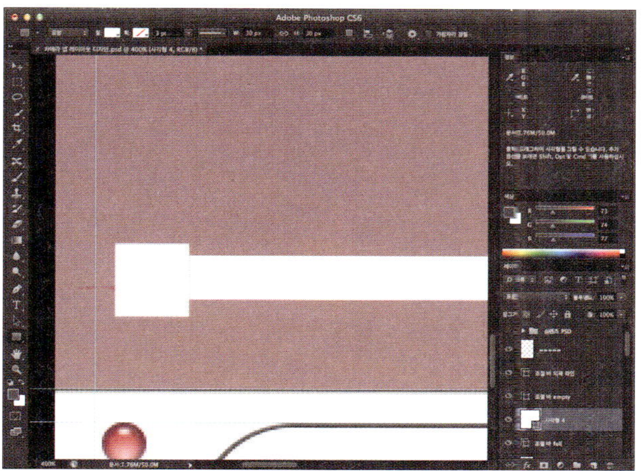

06

이제 **패스 선택 도구(Path Selection Tool)**로 정사각형을 선택한 후, 적당한 형태로 사각형의 모양을 수정한다.

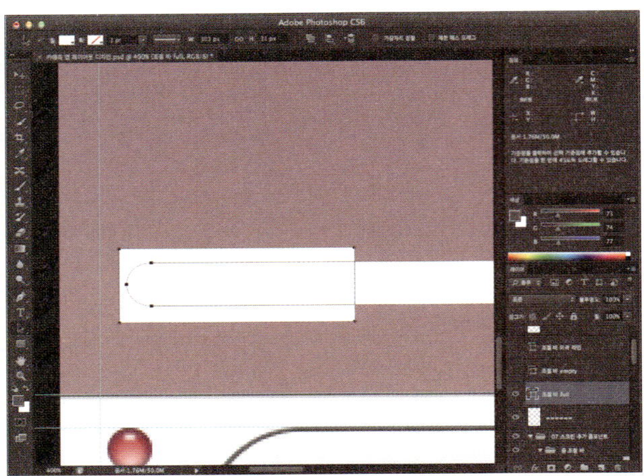

07

그 다음 두 패스를 선택한다. 그리고 패스 선택 도구(Path Selection Tool)를 선택 시 나타나는 최상단 메뉴에서 **[모양 영역 교차(Intersect shape areas)]**를 선택하면, 화면에 보이는 이미지로 패스의 표현 방식이 변경되게 된다.

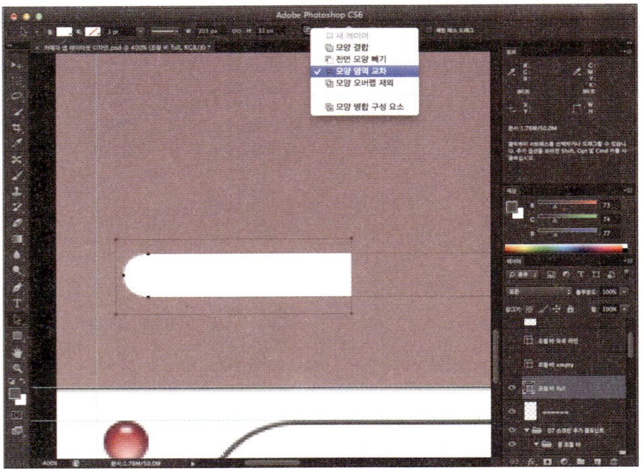

TIP

'조절바 empty', '조절바 외곽 라인' 레이어는 잠시 비활성화 시켜둔다.

08

이제 '조절 바 full' 레이어의 모습을 살짝 투명하며 그림자 효과가 나올 수 있도록 묘사한다. 먼저 [레이어(Layers)] 패널에서 '조절 바 full' 레이어를 클릭하고, [레이어(Layers)] 패널 위쪽에 있는 **불투명도(Opacity)**를 60%로 변경한다. 그러면 보여지는 이미지가 투명해질 것이다.

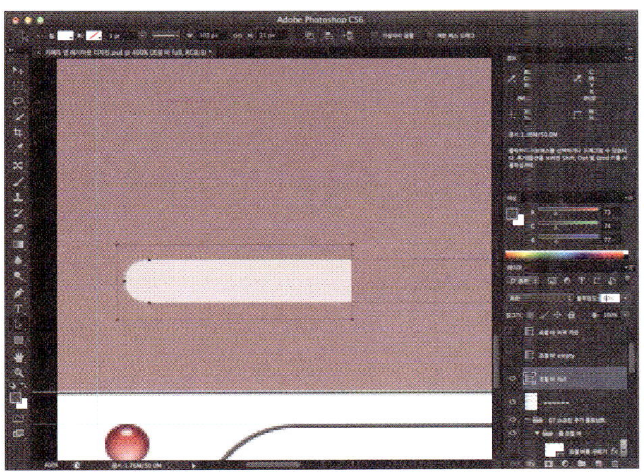

09

다음으로 해당 레이어를 더블 클릭해서 [레이어 스타일(Layer Style)] 창에서 다음과 같이 치수를 설정한다. 그림자가 살짝 형성된 모습을 확인할 수 있다.

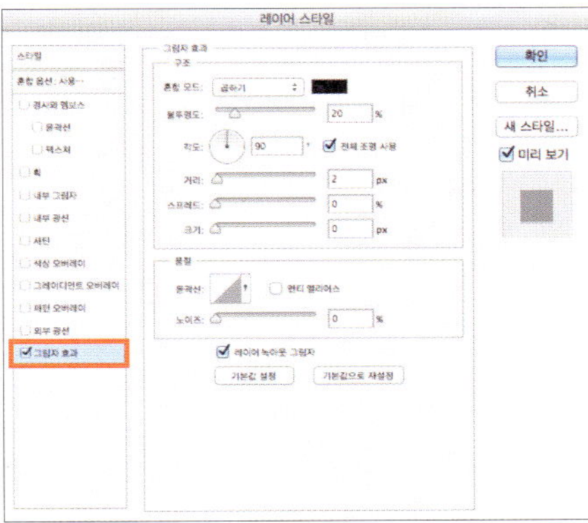

그림자 효과(Drop Shadow) 〉 구조(Structure)

• 불투명도(Opacity) : 20 %
• 각도(Angle) : 90 °
• 거리(Distance) : 2 px
• 크기(Size) : 0 px

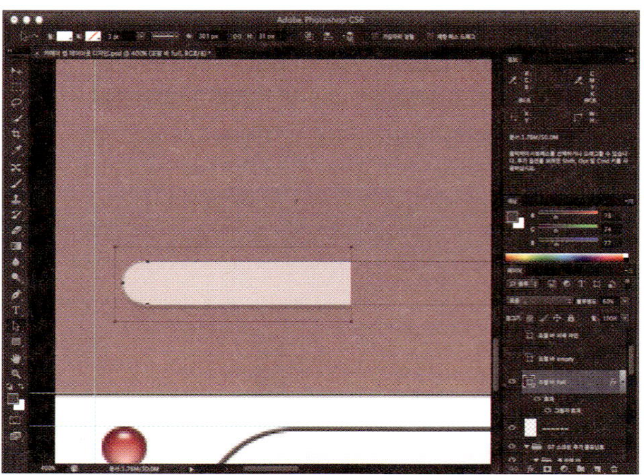

10 '조절 바 full' 레이어의 디자인이 완료되었다. 다음으로 '조절 바 empty' 레이어를 묘사한다. 다시 해당 레이어를 활성화한 후 우선 다음 레이어로 넘어가기 전에 '조절 바 full' 레이어의 사각형을 **패스 선택 도구(Path Selection Tool)**로 선택을 한다. 그리고 단축키(MAC : ⌘ + C / WIN : Ctrl + C)를 눌러 복사를 한다.

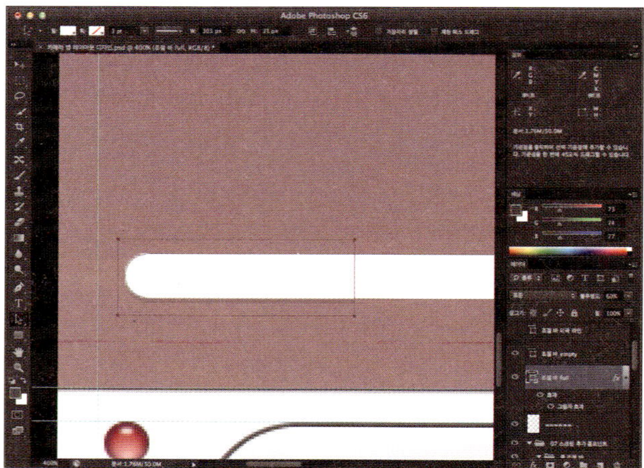

11 다음 [레이어(Layers)] 패널에서 '조절 바 empty' 레이어를 클릭하고 단축키(MAC : ⌘
+ V / WIN : Ctrl + V)를 눌러 붙여넣기한다-. '조절 바 empty' 레이어에 사각형 패스
가 붙여 넣어지며 그 모습은 '조절 바 full' 레이어의 모습과 동일하게 된다.

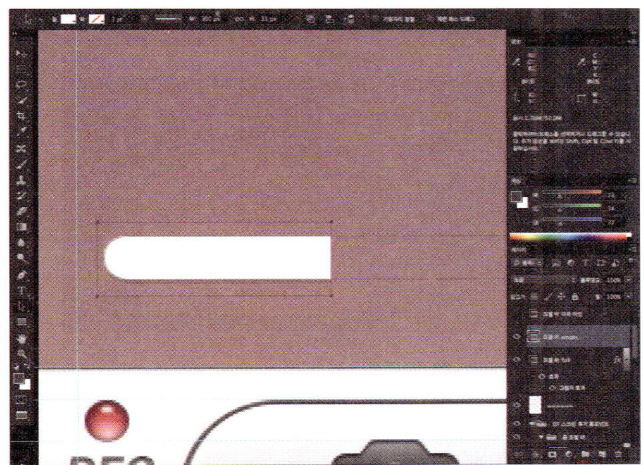

12 이제 패스 선택 도구(Path Selection Tool)를 클릭하여 **직접 선택 도구(Direct Selection
Tool)**로 선택한다.

13 사각형의 왼쪽 모서리 두 곳을 $\boxed{\text{Shift}}$ 를 누른 상태에서 각각 클릭을 하여 선택한다.

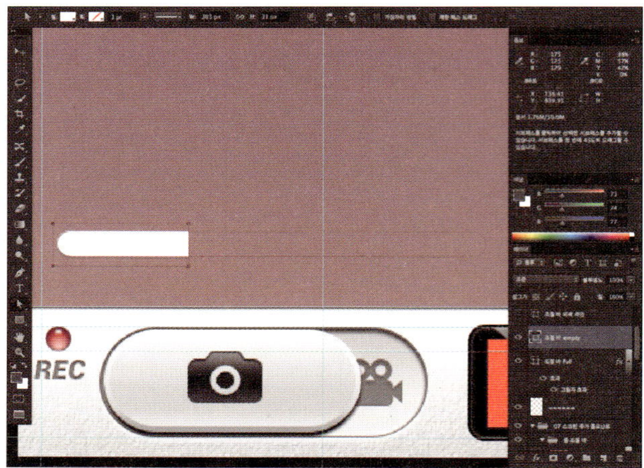

14 누르고 있던 $\boxed{\text{Shift}}$ 에서 잠시 손을 떼고 다시 마우스로 선택했었던 2개의 점 중 한 곳을 클릭한 후, $\boxed{\text{Shift}}$ 를 다시 누른 상태에서 오른쪽의 끝 부분까지 옮긴다.

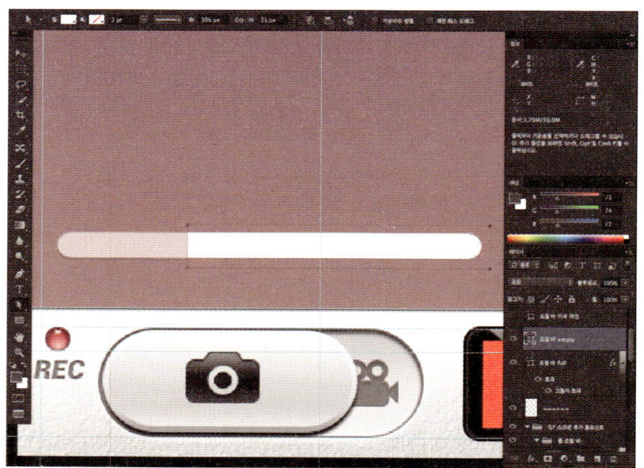

잠깐만요! 누르고 있던 $\boxed{\text{Shift}}$ 에서 손을 뗀 이유는, 계속 누르고 있으면 프로그램에서 계속 '복수 선택 모드'로 인식을 하고 있기 때문이다. 그리고 2개의 점 중 한 곳을 클릭한 후 다시 $\boxed{\text{Shift}}$ 를 누른 이유는, 프로그램에서는 어떤 오브젝트를 선택한 후 옮길 때 $\boxed{\text{Shift}}$ 를 누르고 있으면 이동하는 방향을 일직선으로 이동할 수 있게끔 해주기 때문이다.

15 이렇게 해서 '조절 바 full' 레이어의 도형과 맞닿는 '조절 바 empty'의 바가 생성이 되었다. 이제 색상을 변환하여 조절 바에서 선택되지 않은 곳을 표현해본다. 검정색을 적용할 것이며 뒤가 투영되어 보일 수 있도록 투명도를 적용할 것이다. 선택되지 않은 부분이므로 그림자 효과는 넣지 않겠다.

 저자는 해당 레이어의 도형의 색상을 흰색으로 했으므로, 이를 검정색으로 변경한다. [레이어(Layers)] 패널의 해당 레이어의 왼쪽 이미지 부분을 더블 클릭하면 [색상 피커(Color Picker)] 창이 나타난다. 여기에서 검정색을 선택한다.

16 그리고 [레이어(Layers)] 패널의 상단의 **불투명도(Opacity)**를 20%로 변경한다. 그러면 사진의 이미지 모습으로 수정이 된다. 이로써 '즈절 바' 레이어의 선택된 영역과 선택되지 않은 영역에 대한 표현이 묘사되었다. 다음은 '조절 바 외곽 라인'을 묘사해보도록 한다.

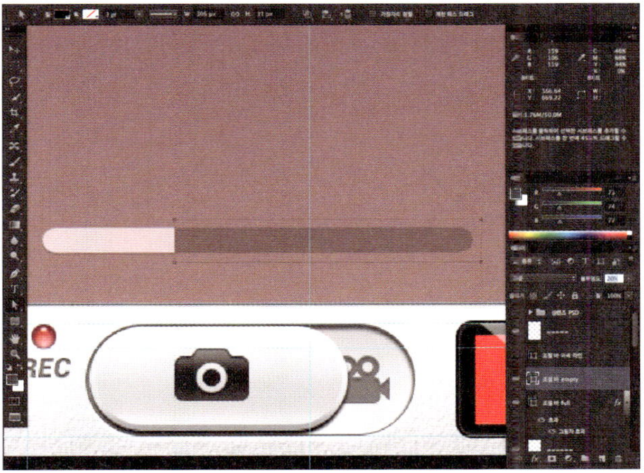

17 [레이어(Layers)] 패널에서 '조절 바 외곽 라인' 레이어를 클릭하고 눈 아이콘()을 클릭해 활성화를 시키면 다음의 모습처럼 하얗게 보일 것이다. 해당 레이어를 더블 클릭해서 [레이어 스타일(Layer Style)] 창을 띄운 후 다음의 적용 수치를 입력한다.

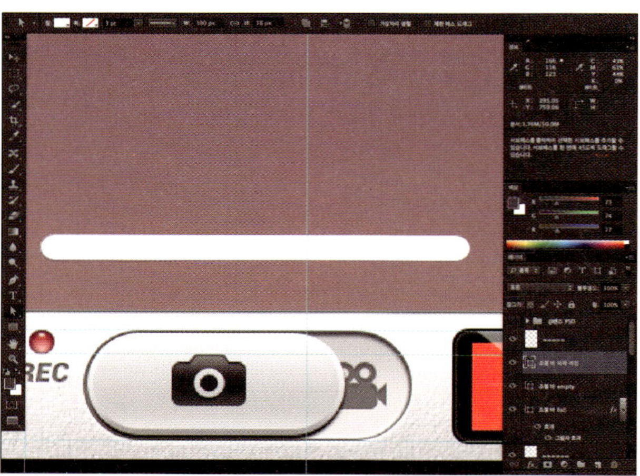

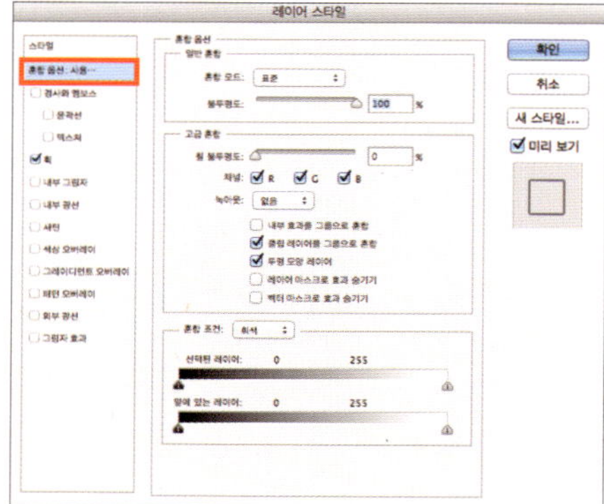

혼합 옵션(Blending Options) 〉
고급 혼합(Advanced Blending)
- 칠 불투명도(Fill Opacity) : 0 %

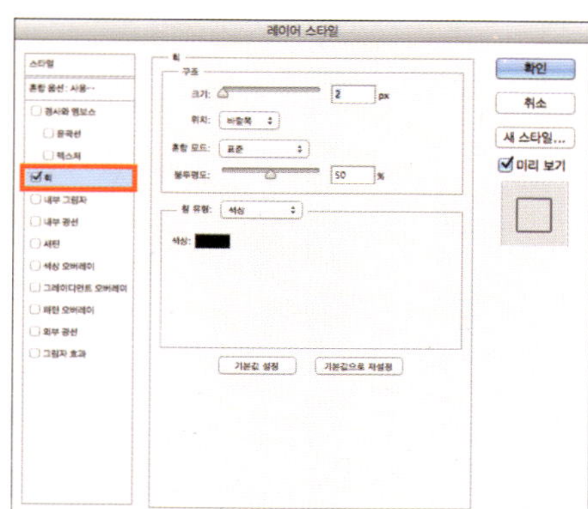

획(Stroke) 〉 구조(Structure)
- 크기(Size) : 2 px
- 위치(Position) : 바깥쪽(Outline)
- 불투명도(Opacity) : 50 %

획(Stroke) 〉 칠 유형(Fill Type)
- 색상(Color)
- 색상(Color) : #000000

18 한번의 수치 입력으로 해당 이미지가 완전 투명해졌지만, 획(Stroke)는 원하는 대로 적용할 수 있다. 그러므로 이렇게 수치를 적용함으로 내부가 비었지만, 외부의 선은 나타나는 모서리가 둥근 직사각형을 만들 수 있게 되는 것이다.

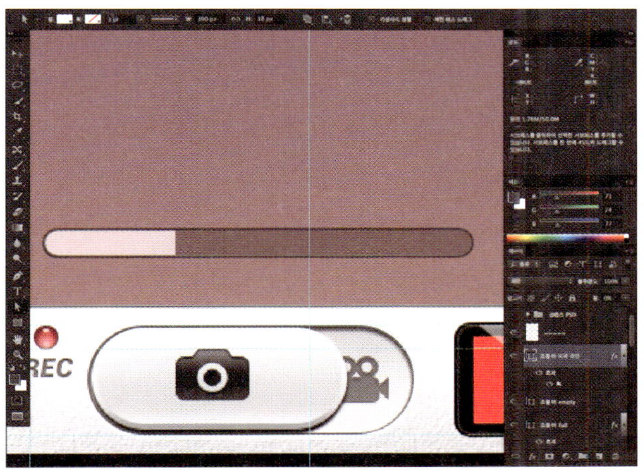

19 이제는 조절 바를 조절하는 버튼 모양의 이미 지를 만들어 본다. 버튼은 버튼 몸체와 버튼 위에서 버튼을 묘사해주는 레이어로 구성될 것이다. 우선 **모서리가 둥근 직사각형 도구(Rounded Rectangle Tool)**를 선택한 후 폭(Width)x높이(Height)가 66x34 px 인 사이즈로 버튼 모양을 만든다. 레이어명은 '조절 버튼'으로 변경한다.

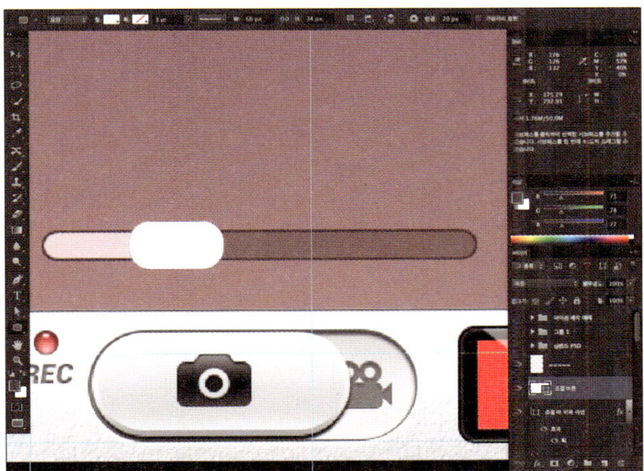

20 [레이어 스타일(Layer Style)] 창에서 획(Stroke), 내부 그림자(Inner Shadow), 그림자 효과(Drop Shadow)를 적용시킨다. 다음과 같이 수치를 설정한다.

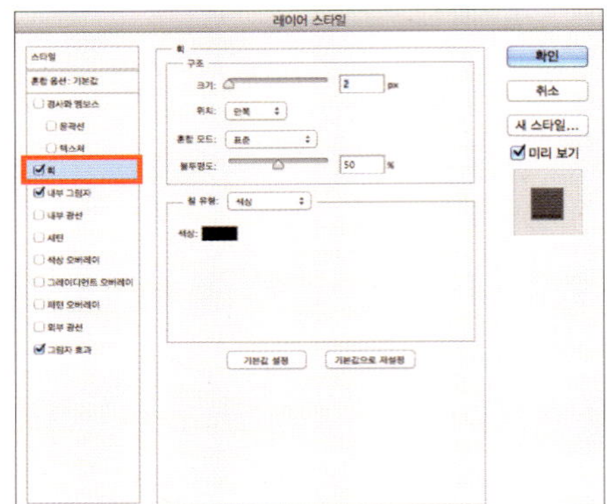

획(Stroke) 〉구조(Structure)
• 크기(Size) : 2 px
• 위치(Position) : 안쪽(Inside)
• 불투명도(Opacity) : 50 %

획(Stroke) 〉칠 유형(Fill Type)
• 색상(Color)
• 색상(Color) : #000000

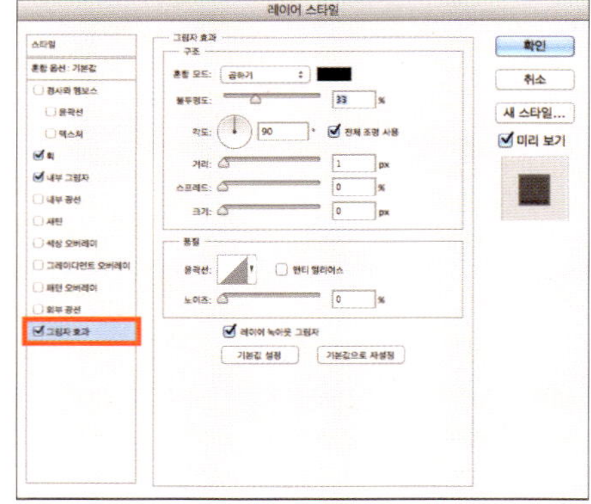

내부 그림자(Inner Shadow) 〉
구조(Structure)
• 불투명도(Opacity) : 75 %
• 각도(Angle) : −90 °
• 거리(Distance) : 3 px
• 크기(Size) : 5 px

그림자 효과(Drop Shadow) 〉
구조(Structure)
• 불투명도(Opacity) : 33 %
• 각도(Angle) : 90 °
• 거리(Distance) : 1 px
• 크기(Size) : 0 px

21 이렇게 하여 살짝 볼륨감 있는 버튼 형태로 조절 바 버튼이 디자인되었다.

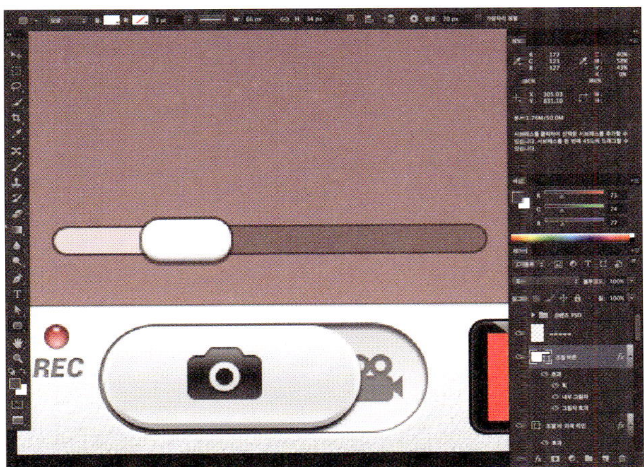

22 심심해 보이는 버튼 위에 묘사를 더하기 위해 **타원 도구(Ellipse Tool)**를 선택한 후, 조절 버튼 정중앙 위치에 폭(Width)x높이(Height)가 15x15 px인 사이즈로 원형을 그린다. 원형의 색은 흰색으로 지정하고 [레이어 스타일(Layer Style)]의 획(Stroke)만 적용하여 심플한 원형 느낌을 묘사하도록 한다.

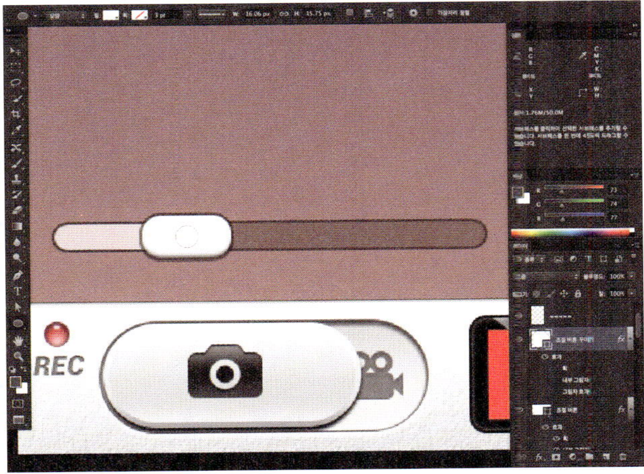

획(Stroke) 〉 구조(Structure)

- 크기(Size) : 2 px
- 위치(Position) : 안쪽(Inside)
- 불투명도(Opacity) : 40 %

획(Stroke) 〉 칠 유형(Fill Type)

- 색상(Color)
- 색상(Color) : #000000

23 이와 같은 원형이 묘사되어 조절 바의 디자인이 완료되었다.

**12.
컴포넌트 디자인 :
설정 아이콘**

마지막으로 설정 아이콘을 디자인 해보도록 한다. 타원 도구(Ellipse Tool)와 모서리가 둥근 직사각형 도구(Rounded Rectangle Tool)를 사용해서 흰색 톱니바퀴 모양을 만든다. 그리고 외곽선에 획(Stroke)을 더해 입체감을 주도록 한다.

01 타원 도구(Ellipse Tool)를 사용하여 2개의 원을 그린다. 첫 번째 원형을 그리고 같은 방법으로 모양 오버랩 제외(Exclude overlapping shapes)를 활용해 구멍을 만들어 준다. 두 번째 원형을 Shift 를 누른 상태에서 그린다. 첫 번째 원형은 폭(Width)x높이(Height)가 29x29 px, 두 번째 원형은 폭(Width)x높이(Height) 17x17 px로 그린다. 같은 방법으로 모양 오버랩 제외(Exclude overlapping shapes)를 활용해 구멍을 만들어 준다.

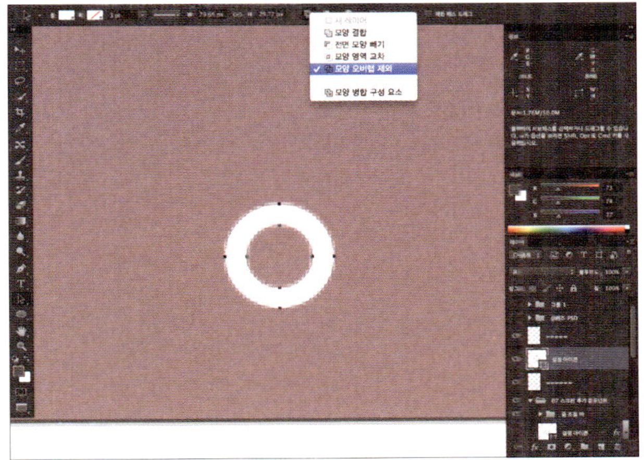

02 그리고 **모서리가 둥근 직사각형 도구(Rounded Rectangle Tool)**를 선택한다. 중앙이 원형의 가장자리에 오도록 위치를 정한 후 Shift 를 누른 상태에서 모서리가 둥근 직사각형을 만든다. 사이즈는 폭(Width)x높이(Height)가 8x8 px 정도면 적당하다.

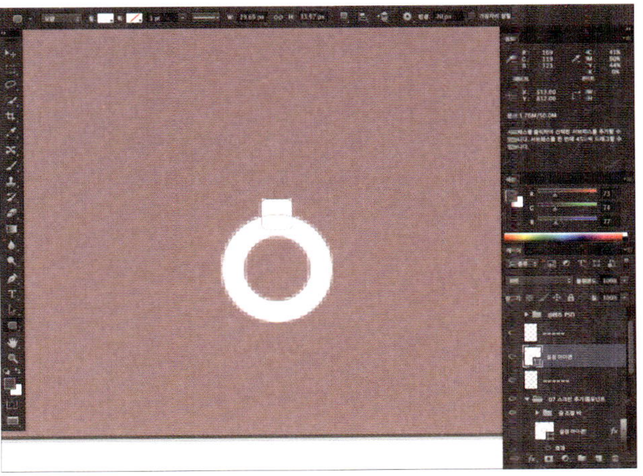

03 그 다음엔 **패스 선택 도구(Path Selection Tool)**를 선택한 후, 모서리가 둥근 직사각형을 Alt (MAC : option / WIN : Alt)를 누른 상태에서 클릭하고 손을 떼지 않은 상태에서 아래로 이동하며 Shift 를 추가적으로 누르며 하단으로 드래그한다.

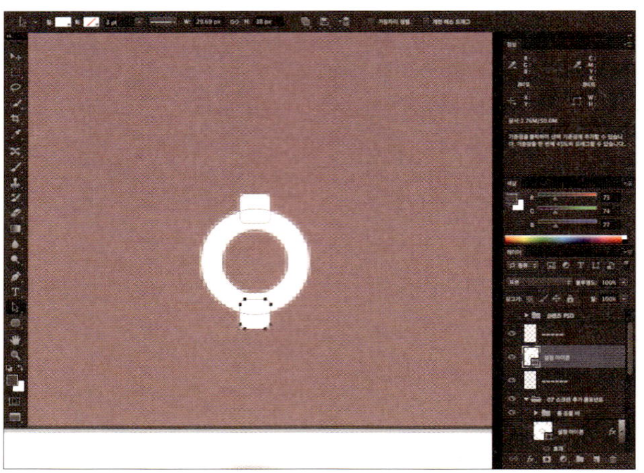

단축키(MAC : option / WIN : Alt)와 Shift 를 같이 누르고 복사를 하면 제대로 작동이 되지 않으므로 반드시 ❶ 단축키(MAC : option / WIN : Alt)를 누른 상태에서 오브젝트를 선택하고, ❷ 마우스에서 손을 떼지 않은 채로 이동하는 도중 Shift 를 눌러야 한다. 이렇게 함으로 동일한 오브젝트를 같은 레이어 상에서 복사해서 이동시킬 수 있다. 패스 선택 도구(Path Selection Tool)를 선택한 후 단축키(MAC : option / WIN : Alt)를 누르고 해당 오브젝트를 눌러서 이동시키면 복사해서 이동시킬 수 있는 기능이며, Shift 는 이동하는 방향으로 일직선으로 이동할 수 있게 해준다.

04 이렇게 해서 만든 2개의 모서리가 둥근 직사각형을 **패스 선택 도구(Path Selection Tool)**로 Shift 를 누른 상태에서 선택(복수 선택)한다. 그런 후 ❶ **복사 단축키**(MAC : ⌘ + C / WIN : Ctrl + C)를 누르고, ❷ **붙여넣기 단축키**(MAC : ⌘ + V / WIN : Ctrl + V)를 누른다. ❸ **자유 변형 툴 단축키**(MAC : ⌘ + T / WIN : Ctrl + T)를 차례대로 누른다. 이렇게 하면 해당 패스가 복사되어 이동할 준비가 된 것을 의미한다.

05 선택된 패스의 오른쪽 상단에 가면 둥근 형태의 화살표 모양이 나오면이 표시로 화살표가 바뀌었을 때 `Shift` 를 누른 상태에서 시계 방향으로 마우스를 클릭해 이동해보도록 한다. 우측에 각도 표시가 나타나면서 선택한 오브젝트를 회전시킬 수 있다.

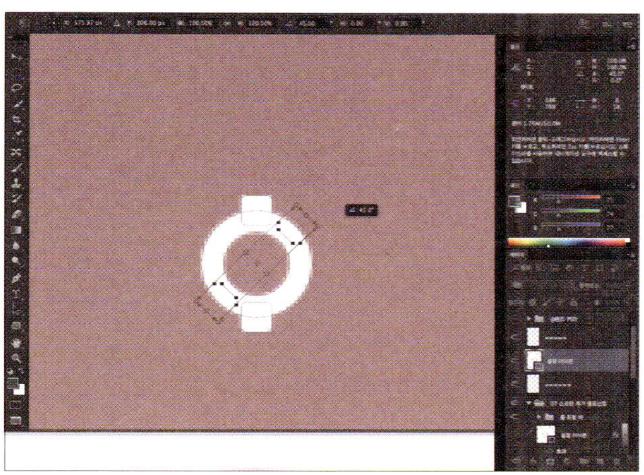

자유 변형 패스(Free Transform Path)
자유 변형 패스(Free Transform Path)의 둥근 화살표는 중앙에 위치한 기준 점을 중심으로 회전을 진행하겠다는 표시이다.

06 45도 각도로 이동시키는 것을 반복하면 다음과 같은 아이콘 형태가 된다. 같은 방법으로 2번 더 진행해 톱니바퀴 아이콘 디자인을 마친다. 이제 아이콘에 획(Stroke)을 적용시키기 위해 다음과 같이 수치를 설정한다.

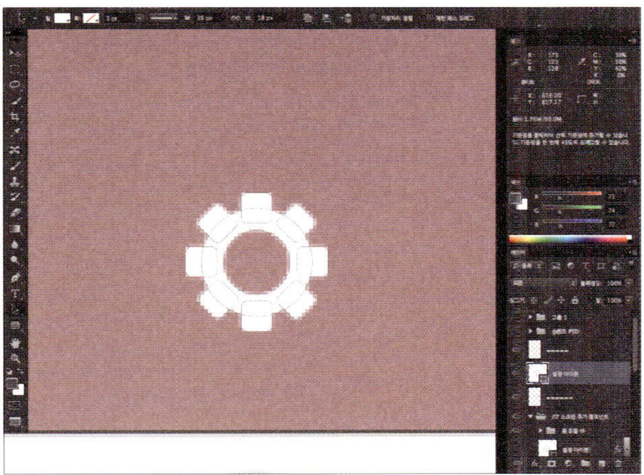

획(Stroke) 〉 구조(Structure)
- 크기(Size) : 2 px
- 위치(Position) : 외부(Outside)
- 불투명도(Opacity) : 50 %

07

획(Stroke)까지 추가하여 설정 아이콘이 완성되었다. 레이아웃을 살펴보며 설정 아이콘을 배치한다.

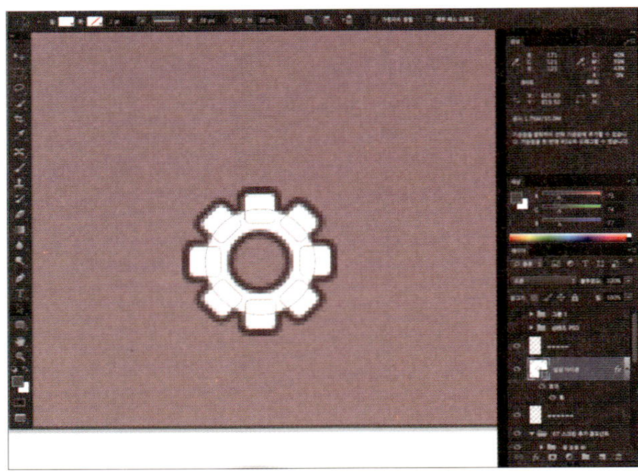

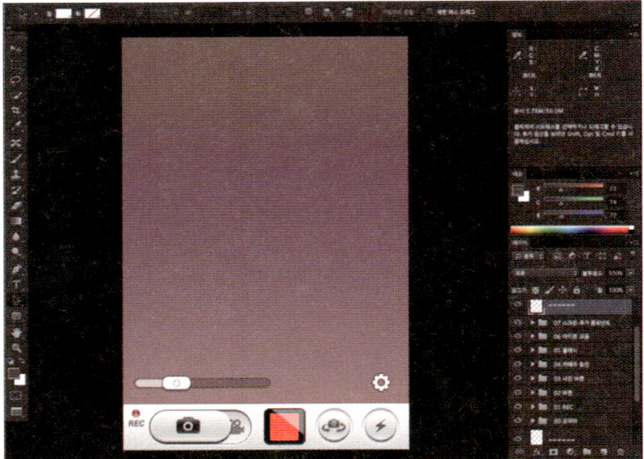

**13.
<u>마무리 작업</u>**

다시 한 번 전체적으로 디자인 화면을 둘러보며 요소들을 조정하여 레이아웃을 조정하도록 한다. 작업했던 레이어들도 알아보기 쉽도록 이름을 재설정하고 필요에 따라 컴포넌트별로 폴더도 정리해놓도록 한다.

이렇게 하여 카메라 앱의 메인 페이지 디자인이 완성되었다! 작업 세부 내용은 부록으로 제공되는 PSD 파일을 통해 살펴보도록 한다.

리딩 북 앱 – 북 디자인

스마트폰은 앱뿐만 아니라 다양한 전자책도 판매가 이루어지고 있으며, 점점 더 그 시장은 커질 것이다. 이번에는 리딩 북 앱(Reading Book App)의 북 디자인을 진행해본다. 그 중에서도 책의 형태를 디자인할 수 있도록 한다. 스마트폰을 세로 모드로 사용할 때에는 책의 펼침면 중 한 쪽만 보여지는 형태로 하고, 스마트폰을 가로 모드로 사용할 때에는 펼침면으로 볼 수 있는 형태로 구현을 염두에 두고 작업이 진행되었다.

TIP

본 튜토리얼에서는 우선 아이폰 4S/4로 디자인 제작을 하고 아이폰 5의 해상도로 적용하는 작업도 진행한다.

Plus ➕

부록 CD 안에 완성 파일이 있으므로 필요 시 참고한다.
- **파일명** : PT07\07-09-iphone4.psd, 07-03-iphone5.psd

01. 작업 문서 만들기

펼침면을 디자인할 것이므로 세로 모드 해상도 2배의 사이즈로 포토샵에서 문서를 만든다. 아이폰 4S/4의 해상도는 640x960 px이므로 작업 문서의 사이즈는 가로 사이즈가 2배인, 1280x960 px, 해상도(Resolution)는 72, 색상 모드(Color Mode)는 RGB로 설정한다. 문서를 만든 후 책 펼침면의 중앙을 표현할 수 있도록 문서의 중간, X축 640 px 지점에 가이드라인을 만든다.

배경에 사용할 나무 무늬의 이미지 자료를 찾도록 한다.

웹 사이트 'http://downloads.dvq.co.nz'에 접속해서 배경에 사용할 이미지를 선택하도록 한다. 해당 웹 사이트에 있는 이미지는 Digital Visions Queenstown사에서 제작한 이미지로써 개인적, 상업적 용도의 사용이 허가된 이미지이므로 원하는 용도에 맞추어 사용해도 무방하다.

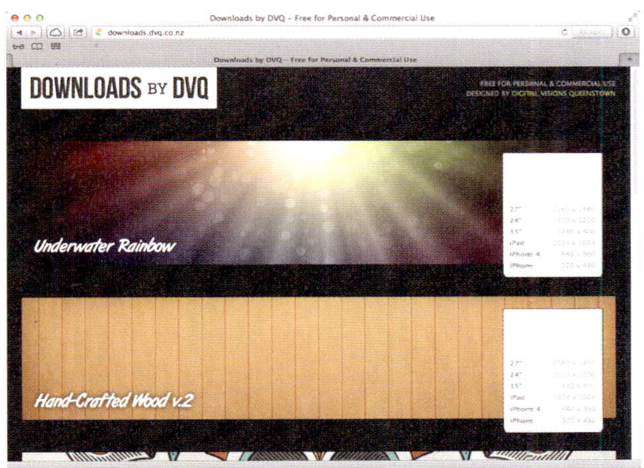

▲ Digital Visions Queenstown사 웹 사이트

▲ 포토샵 메뉴의 [File]-[Place]를 통해 해당 이미지를 포토샵으로 불러온다.

이렇게 다운로드한 이미지를 포토샵에서 레이어르 불러와 배경으로 만든다.

01 **모서리가 둥근 직사각형 도구(Rounded Rectangle Tool)**를 선택한 후 폭(Width)x높이 (Height)를 1230x910 px 사이즈로 도형을 만든다. 중앙에 위치한 가이드라인에 위치를 맞춘다. 이 도형이 양장 책의 하드보드 부분이 될 것이다. 해당 레이어명을 '모서리가 둥근 직사각형 1'로 변경한다.

02 [레이어(Layers)] 패널에서 '모서리가 둥근 직사각형 1' 레이어의 이미지를 더블 클릭한 후 색상을 #272116으로 설정하여 짙은 갈색이 되도록 한다.

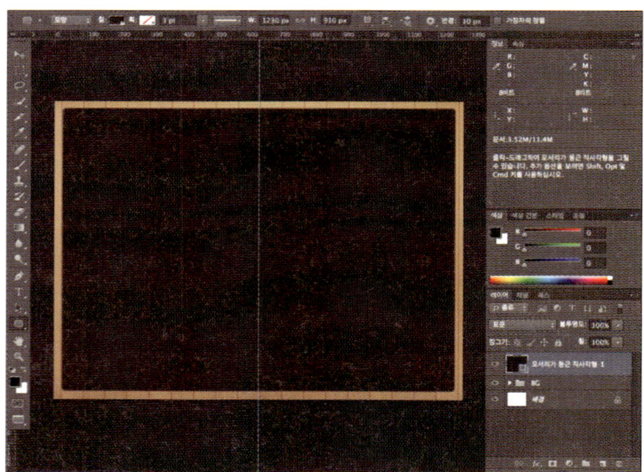

03 [레이어(Layers)] 패널에서 '모서리가 둥근 직사각형 1' 레이어를 클릭한 후 2번 복사한 다. 복사 후 해당 레이어명을 각각 '커버_아래', '커버_위'로 변경한다.

이제 '커버_위' 레이어에 질감을 입히는 작업을 진행해본다. 경사와 엠보스(Bevel and Emboss)를 통해 표지의 입체감과 질감을 적용할 것이다.

01 '커버_위' 레이어를 더블 클릭하여 [레이어 스타일(Layer Style)] 창을 띄운 뒤 다음과 같이 수치를 설정한다.

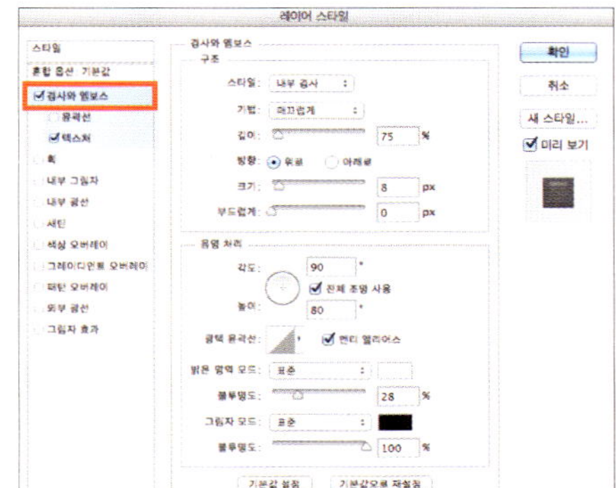

경사와 엠보스(Bevel and Emboss) 〉 구조(Structure)
- 스타일(Style) :
  내부 경사(Inner Bevel)
- 기법(Technique) :
  매끄럽게(Smooth)
- 깊이(Depth) : 75 %
- 방향(Direction) : 위로(Up)
- 크기(Size) : 8 px

경사와 엠보스(Bevel and Emboss) 〉 음영 처리(Shading)
- 각도(Angle) : 90 °
- 높이(Altitude) : 80 °
- 밝은 영역 모드(Highlight Mode) :
  표준(Normal)
- 불투명도(Opacity) : 28 %

경사와 엠보스(Bevel and Emboss)의 특징은 해당 이미지에 빛이 들어오는 각도와 양을 조절한 표현을 추가할 수 있으며, 하위 메뉴인 텍스처(Texture)에 패턴을 설정하면 해당 패턴에도 들어오는 빛을 적용할 수 있다는 점이다. 이를 통해 평면적인 이미지를 하나의 레이어 스타일 효과를 적용함으로 풍부한 느낌의 이미지를 만들 수 있다는 점이다.

02 텍스처를 적용해보기 위해 경사와 엠보스(Bevel and Emboss)의 하위 메뉴 텍스처(Texture)를 선택하고 해당 항목을 클릭하면 다음과 같은 창이 나타난다. 패턴(Pattern)의 정사각형의 박스 옆의 화살표 아이콘(▤)을 클릭하면 현재 사용자가 가지고 있는 [텍스처 라이브러리(Texture Library)] 창이 나타난다.

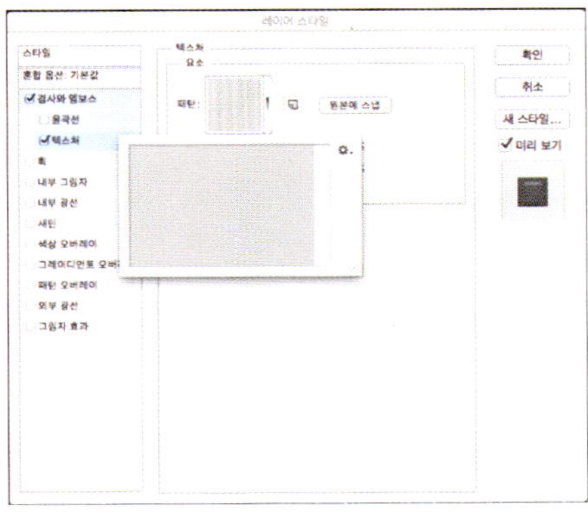

해당 수치는 하위 메뉴 텍스처(Texture)를 적용한 후에 세부적으로 적용한 것이라 당장 입력했을 시에는 이미지 상에 큰 변화를 느낄 수 없을 것이다.

03 대부분의 경우는 거품 모양의 패턴 등이 기본 설정 값으로 지정되어 보여질 것이다. 이렇게 열린, [텍스처 라이브러리(Texture Library)] 창의 우측 상단에 있는 톱니바퀴 모양의 아이콘(⚙)을 클릭한다. 여러 가지 메뉴 항목들이 나오게 되는데, 그 중에서 [컬러 용지(Color Paper)]를 선택한다.

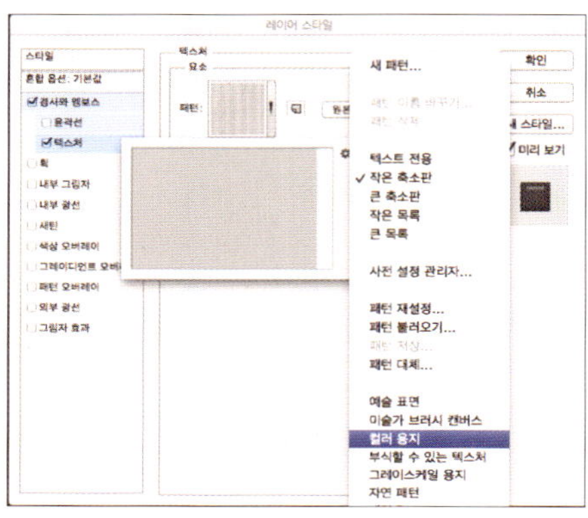

04 [텍스처 라이브러리(Texture Library)] 창에서 해당 항목들을 불러올 수 있다.

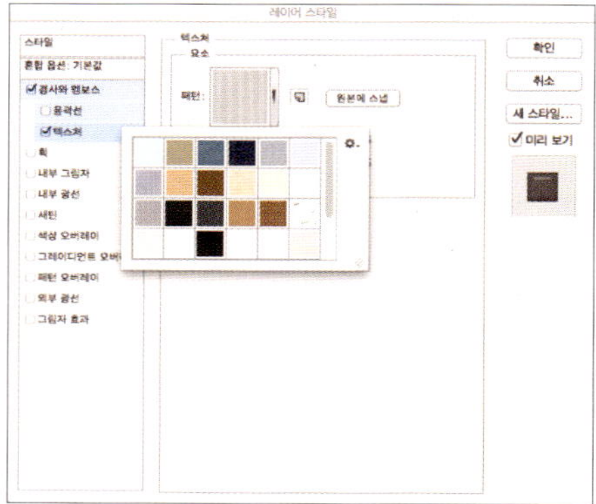

이처럼 기본적으로도 제공되는 텍스처 패턴 세트가 있으니 필요에 따라 다양한 텍스처 패턴을 적용해 보며 효과적으로 이미지를 표현할 수 있는 텍스처를 찾아 보는 것도 좋다.

05 만약 [텍스처 라이브러리(Texture Library)] 창에 하나 이상의 텍스처가 있다면, 현재의 패턴을 대체할 것인지를 묻는 팝업 창이 나타난다. 이 때 [첨부(Append)]를 클릭하면 기존의 라이브러리에 추가가 되며, [확인(OK)]을 클릭할 경우에는 기존의 라이브러리를 지우고, 선택한 패턴 세트가 적용되므로 주의하-여 선택할 수 있도록 한다.

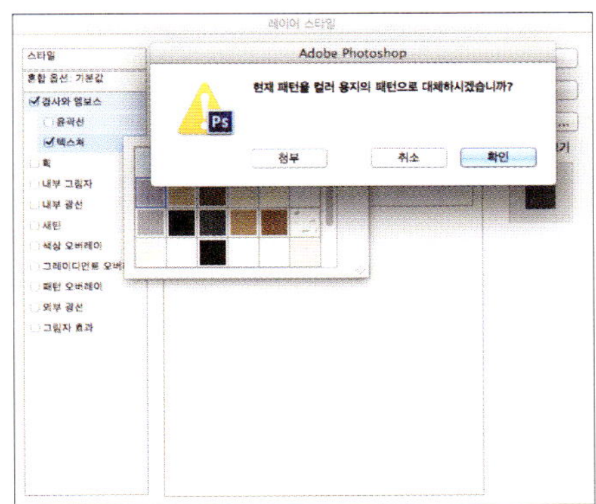

06 이렇게 하여 패턴 라이브러리에 추가한 컬러 용지(Color Paper) 패턴 세트 중에서 파란 색 줄무늬 양피지(Blue Textured)를 선택한다.

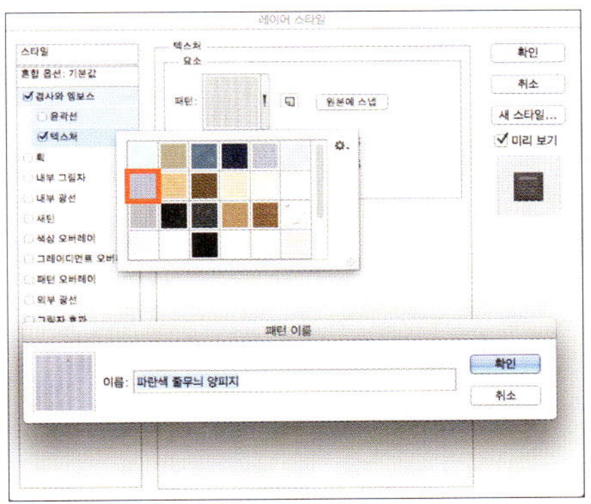

07 그 다음 텍스처(Texture)의 비율(Scale)을 150 %, 깊이(Depth)를 +40 %로 설정한다.

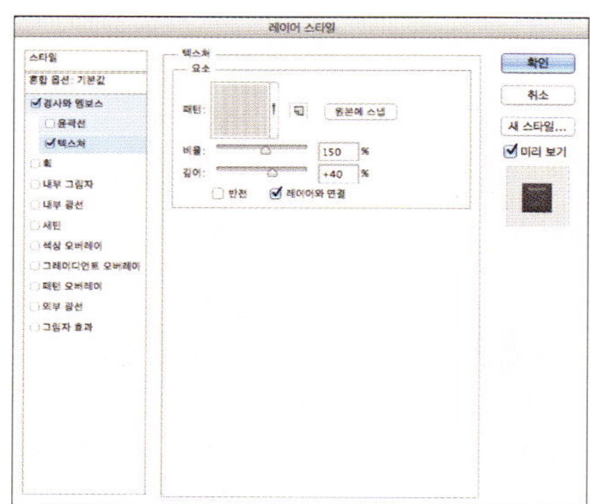

비율(Scale)은 텍스처를 해당 이미지에 몇 배의 비율로 텍스처 적용되는지를 결정하는 것이며, 깊이(Depth)는 포토샵에서 인식하는 텍스처의 형태에 따른 깊이를 적용하는 것이다. 깊이(Depth)를 높일수록 패턴이 더욱 잘 보여지게 되지만, 과하게 적용하면 보기 좋지 않으니 적절하게 수치를 입력해 사용한다.

08 이렇게 수치를 설정하고 텍스처를 적용한 후의 모습은 다음과 같다. 질감이 적용되어 좀 더 이미지가 풍성해 보인다.

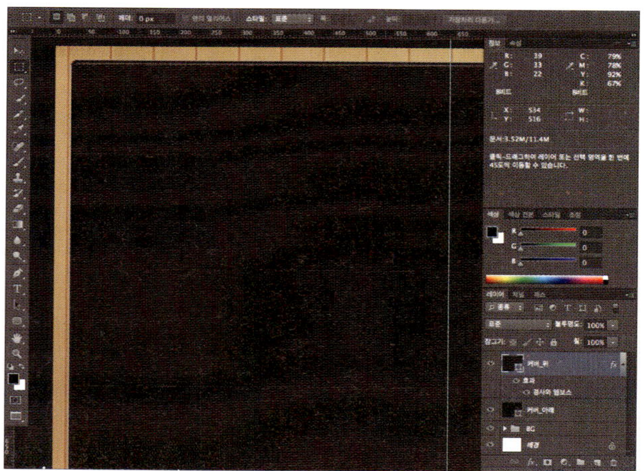

TIP

'커버_위' 레이어가 '커버_아래' 레이어보다 위에 위치하도록 한다.

**04.
디테일한
묘사하기**

　현재 작업되고 있는 이미지가 너무 정확한 사각형 형태라서 자연스러운 느낌이 잘 표현되지 않는 것 같다. 이번에는 펜 도구(Pen Tool)를 선택 후, '커버_위' 레이어의 패스 작업을 추가하여 더욱 디테일한 표현을 더할 수 있도록 한다.

01 우선 좀 더 눈에 잘 보일 수 있도록, [레이어(Layers)] 패널의 '커버_위' 레이어의 이미지 부분을 더블 클릭해서 해당 이미지의 색상을 #341c1c로 변경한다. 약간 붉은 빛이 감도는 갈색 표지의 느낌으로 변경되었다.

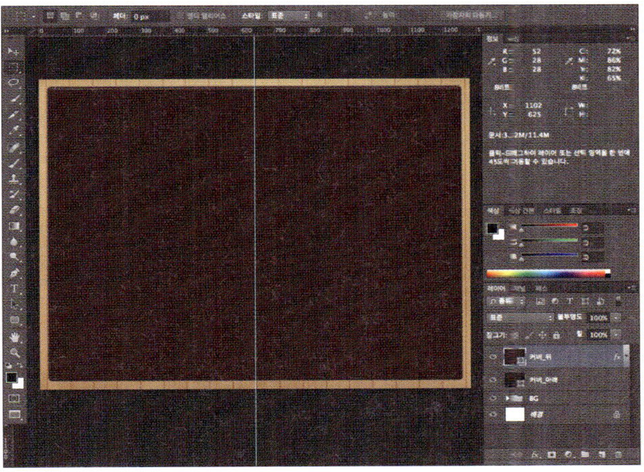

02 [레이어(Layers)] 패널에서 '커버_위' 레이어를 클릭하고 **펜 도구(Pen Tool)**를 선택한다.

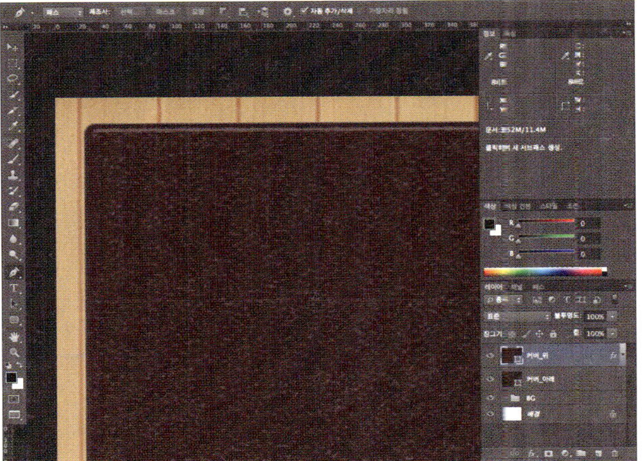

03 **돋보기 도구(Zoom Tool)**를 선택하여 이미지를 확대한다. 다음과 같이 작은 실선이 보일 것이다. 그렇다면 작업 준비가 된 것이다. 이제 해당 레이어 위에, 책의 실제 모습처럼 울퉁불퉁하고 조금 눌린 부분 등을 묘사해보도록 한다. '커버_위' 레이어를 클릭한다.

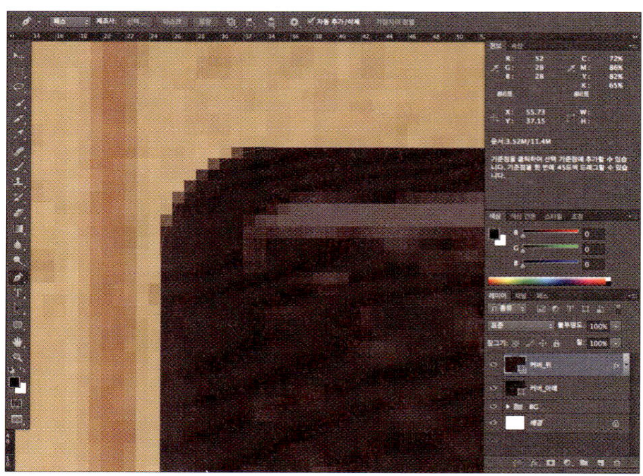

04 책의 가장자리 부분에 **펜 도구(Pen Tool)**로 점을 찍어서 파인 부분을 만들어 본다. 실제로 작업하면 보이는 것처럼 책의 내부 부분은 검은색으로 보여지고, 외부 부분은 책의 표지가 보인다.

05 이럴 때는 펜 도구(Pen Tool) 선택 시 나타나는 최상단 메뉴의 패스 작업(Path Operations)을 클릭해 확인한다. 현재 패스에는 [모양 오버랩 제외(Exclude Overlapping Shape areas)]가 선택되어 있다.

06 여기에서 [**전면 모양 빼기**(Subtract front shape areas)]를 선택하면 '커버_위' 레이어의 외부 부분은 나타나지 않게 되고, 책의 내부 부분만 검은색으로 표현된다. 검은색으로 보여지는 이유는 아래에 위치한 '커버_아래' 레이어에 이미지를 배치해 놓았기 때문이다.

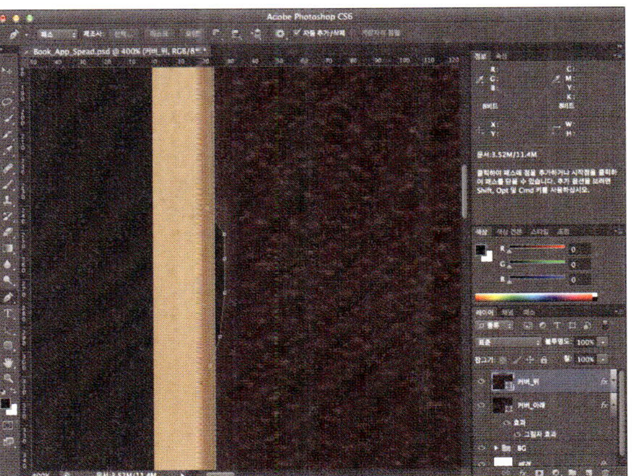

07 이렇게 해서 책의 각 모서리 부분에 같은 방법으로 패스를 그려서 좀 더 자연스러운 느낌이 날 수 있도록 한다.

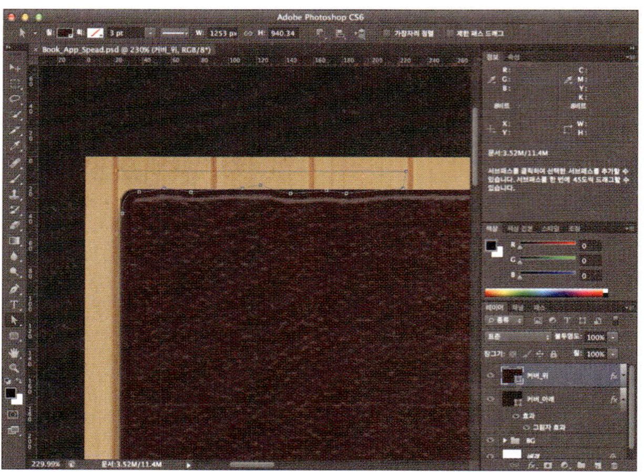

08 작업을 마쳤으면 전체적으로 디자인을 보며 적용이 잘 되었는지 확인한다.

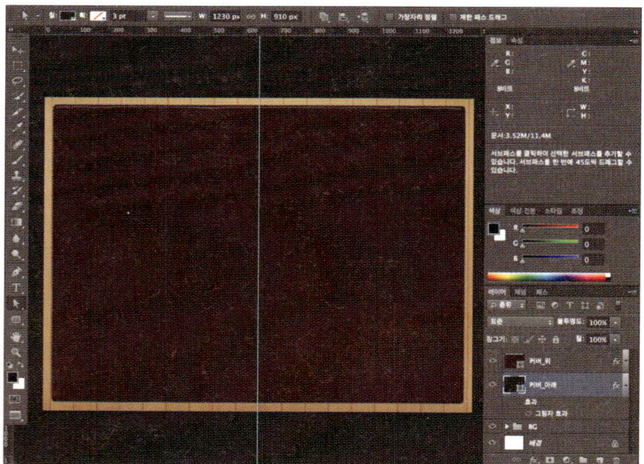

이번에는 '커버_위' 레이어의 하단에 빛이 반사되는 모습을 표현해본다.

01 [레이어(Layers)] 패널의 '커버_위' 레이어를 더블 클릭해서 [레이어 스타일(Layer Style)] 창에서 다음과 같이 수치를 설정한다.

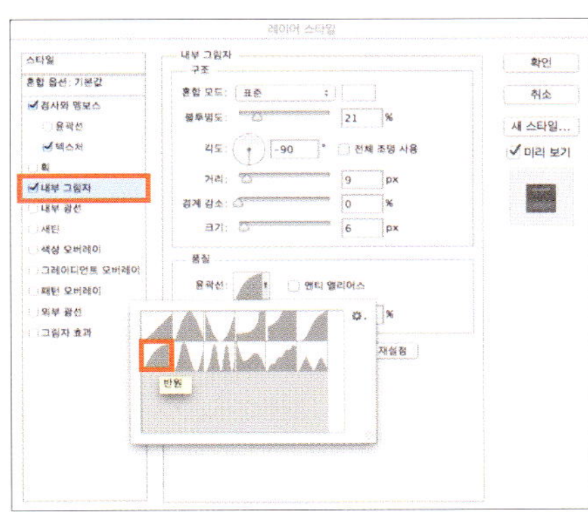

**내부 그림자(Inner Shadow) 〉
구조(Structure)**

- 혼합 모드(Blend Mode) :
  표준(Normal)
- 색상(Color) : #ffffff
- 불투명도(Opacity) : 21 %
- 각도(Angle) : −90 °
- 전체 조명 사용(Use Global
  Light) : 해제
- 거리(Distance) : 9 px
- 경계 감소(Choke) : 0 %
- 크기(Size) : 6 px

**내부 그림자(Inner Shadow) 〉
품질(Quality)**

- 윤곽선(Contour) :
  반원(Half Round)
- 노이즈(Noise) : 10 %

02 이렇게 적용하면 책의 하단 부위에도 살짝 반사광의 느낌이 나 보다 자연스러운 느낌의 표현이 가능하다.

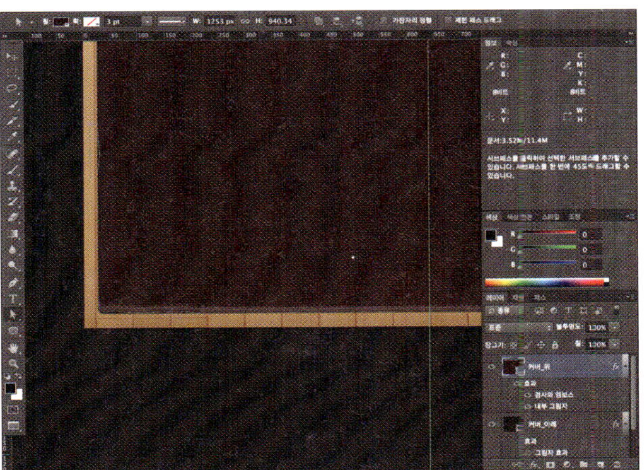

03 다음은 그림자 효과를 주기 위해 [레이어(Layers)] 패널에서 '커버_아래' 레이어를 더블 클릭하여 [레이어 스타일(Layer Style)] 창에서 다음과 같이 수치를 설정한다.

그림자 효과(Drop Shadow) 〉 구조(Structure)
- 혼합 모드(Blend Mode) : 곱하기(Multiply)
- 색상(Color) : #000000
- 불투명도(Opacity) : 60 %
- 각도(Angle) : 90 °
- 거리(Distance) : 9 px
- 스프레드(Spread) : 13 %
- 크기(Size) : 27 px

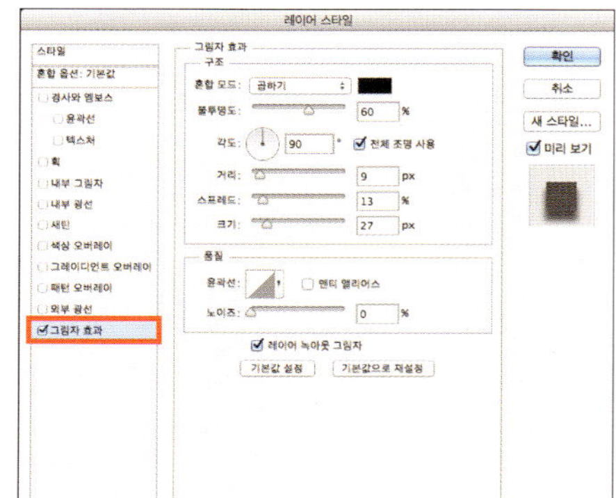

04 필요에 따라 각 수치를 세부 조정하며 자연스러운 그림자 효과가 적용될 수 있도록 한다.

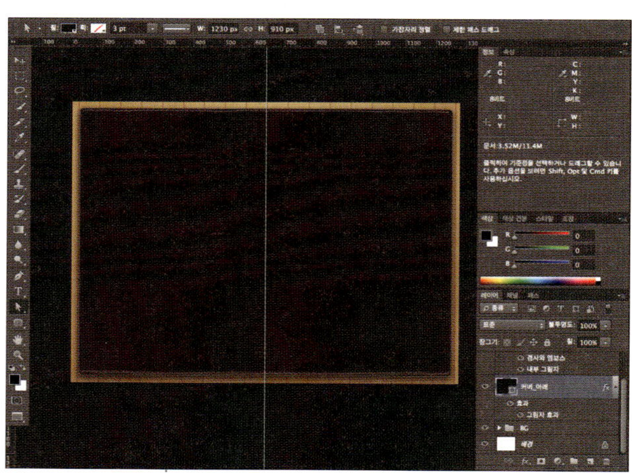

책 등을 디자인해본다. 중앙의 가이드라인을 기점으로 '커버_위' 레이어의 최상단 부분과 최하단 부분에 책 등의 안쪽 부분을 묘사하면 된다. 실제적으로 책의 펼침면을 디자인하게 되면 보여지는 부분이 크지 않으므로 모서리가 둥근 직사각형을 배치하고 이에 맞추어 레이어 스타일을 적용하면 된다.

01 모서리가 둥근 직사각형 도구(Rounded Rectangle Tool)를 선택하고 폭(Width)x높이(Height)를 128 x 39 px, 반경(Radius)을 5 px 사이즈로 모서리가 둥근 직사각형을 그린다. 해당 레이어는 '책등_위'로 레이명을 변경한다.

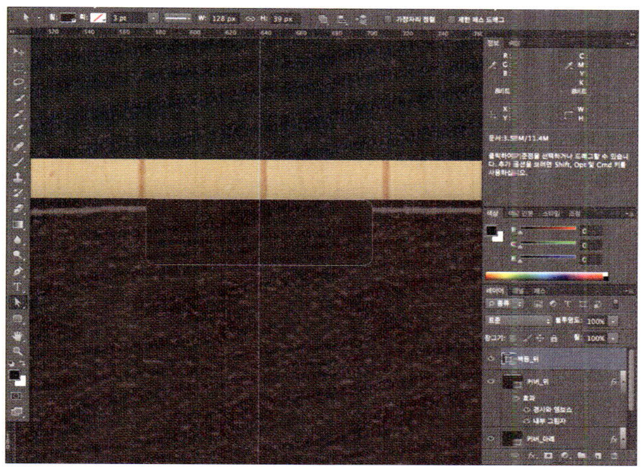

02 '커버_위' 레이어를 클릭하고 마우스 오른쪽 버튼을 클릭해 [레이어 스타일 복사(Copy Layer Style)]를 선택한다. 다시 '책등_위' 레이어를 클릭하고 [레이어 스타일 붙여넣기 (Paste Layer Style)]를 선택한다.

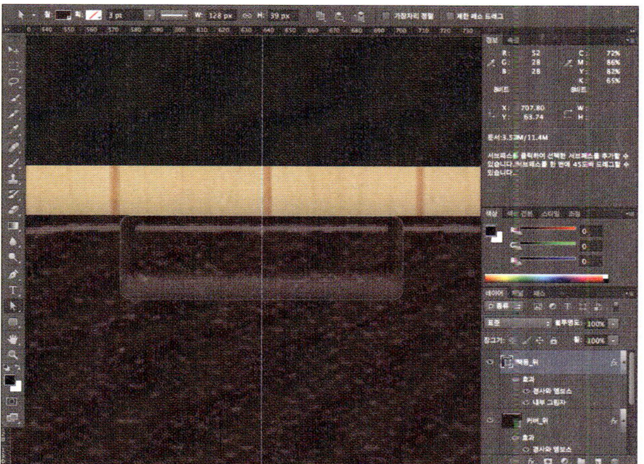

03

'책등_위' 레이어를 더블 클릭하고 [레이어 스타일(Layer Style)] 창에서 다음과 같이 수치를 설정한다.

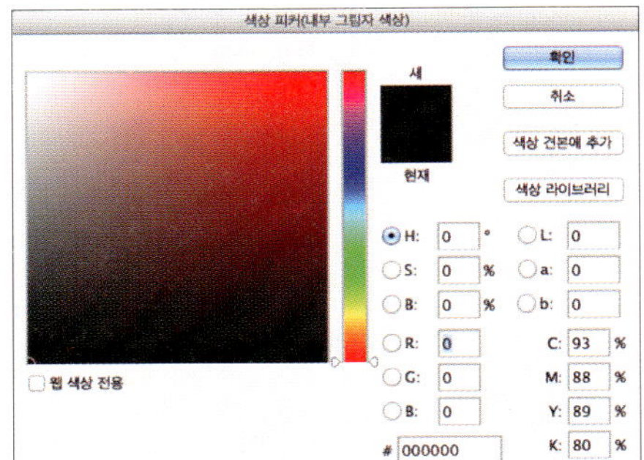

• 경사와 엠보스(Bevel & Emboss)
  – 변동 없음

내부 그림자(Inner Shadow) 〉
구조(Structure)
• 색상(Color) : #000000

그레이디언트 오버레이(Gradient
Overlay) 〉 그레이디언트(Gradient)
• 혼합 모드(Blend Mode) :
  어둡게 하기(Darken)
• 불투명도(Opacity) : 47%

[그레이디언트 편집기] 창
❶ 불투명도 100 % / 위치 0 %
❷ 불투명도 0 % / 위치 40 %
❸ 불투명도 0 % / 위치 60 %
❹ 불투명도 100 % / 위치 100 %
❺ 색상 #000000 / 위치 0 %
❻ 색상 #000000 / 위치 100 %

04 이렇게 해서 기본적인 표현은 되었다. 이제 **펜 도구(Pen Tool)**를 선택해서 위에 조금 꺾인 부분을 표현하도록 한다. 펜 도구(Pen Tool)로 위에 접힌 부분을 그려 넣는다. 그리고 최상단 메뉴에서 [**전면 모양 빼기(Subtract from shape areas)**]를 선택해서 해당 부분이 보이지 않게 한다.

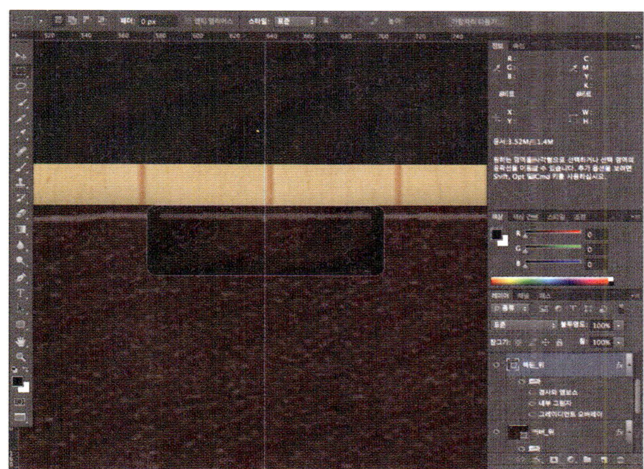

05 **패스 선택 도구(Path Selection Tool)**를 선택해서 해당 패스를 선택한 다음, 단축키 (MAC : ⌘ + C / WIN : Ctrl + C)를 눌러 복사한다.

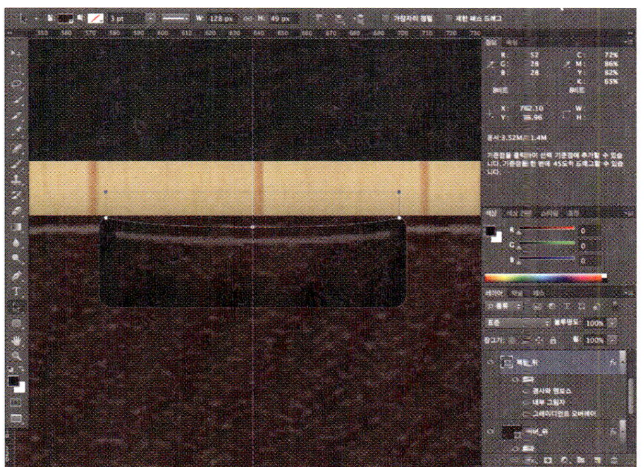

06 그 다음 '커버_위' 레이어, '커버_아래' 레이어를 클릭하여, 단축키(MAC : ⌘ + C / WIN : Ctrl + V)를 눌러 각각 레이어에 해당 패스를 붙여 넣는다. 그렇게 하면 해당 레이어들에도 패스에 해당하는 부분이 보이지 않게 된다.

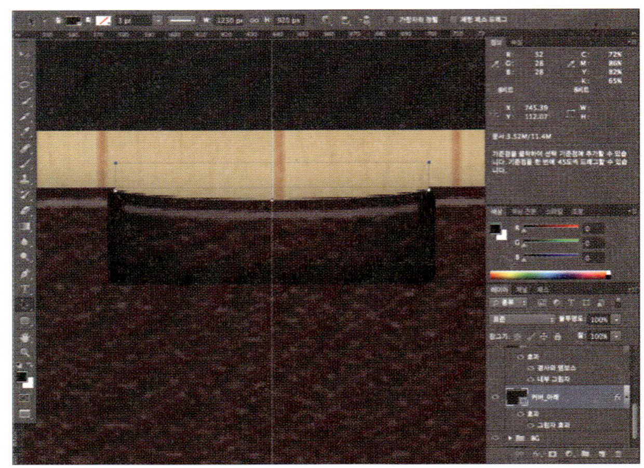

07.
책 등 하단부
표현하기

01 책 등의 하단부를 표현해본다. '책등_위' 레이어를 복사하여 '책등_아래'로 레이어명을 변경한다. 그리고 해당 이미지를 하단으로 드래그해 옮겨 적합한 곳에 배치한다.

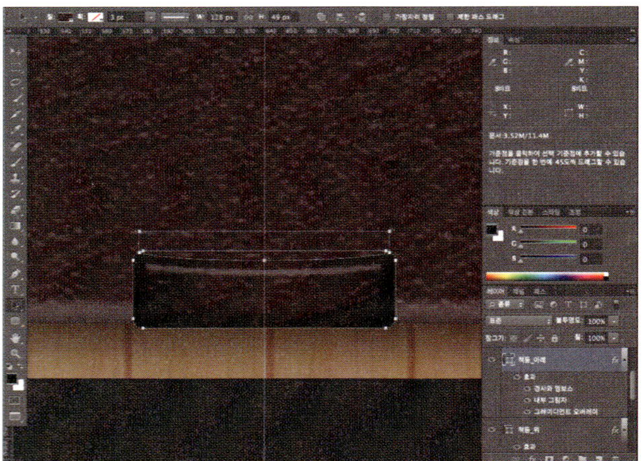

02 패스 선택 도구(Path Selection Tool)를 선택하여 상단의 패스를 선택한 다음 하단으로 드래그해 옮긴다. 단축키(MAC : ⌘ + T / V/IN : Ctrl + T)를 눌러 책등이 표현된 패스와 형태를 맞춘다. 필요에 따라 **직접 선택 도구(Direct Selection Tool)**를 선택해서 패스의 앵커 포인트의 위치를 바꾸는 등, 책등 모양을 만들 수 있도록 한다.

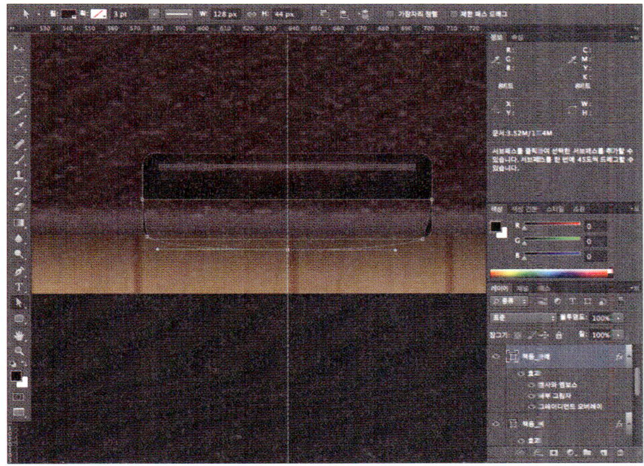

03 원하는 형태로 패스가 만들어졌다면 최상단 메뉴에서 **[모양 결합(Add to shape area)]**을 선택한다. 겹쳐진 패스가 하나의 패스 형태로 보여진다.

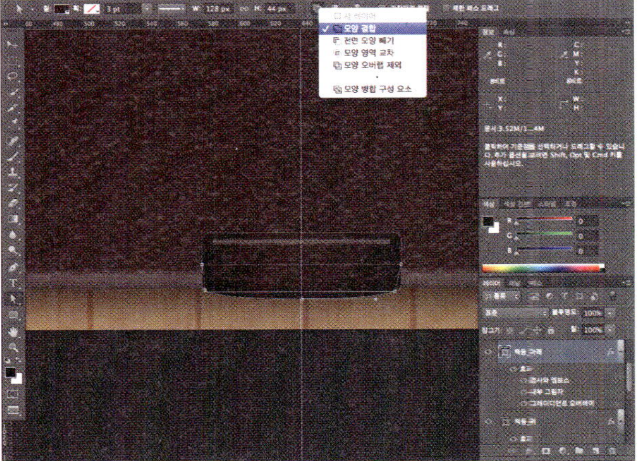

04

'책등_아래' 레이어를 더블 클릭하여 [레이어 스타일(Layer Style)] 창에서 다음과 같이 수치를 설정한다. 자연스러운 표현이 이루어질 수 있도록 한다. 너무 과하게 표현되지 않도록 적절히 효과를 주도록 한다.

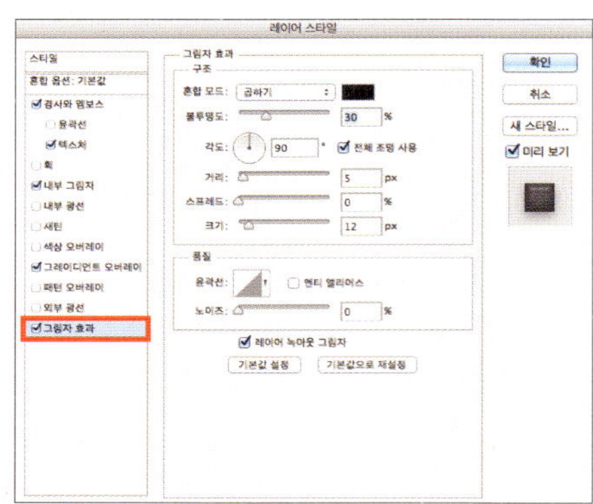

그림자 효과(Drop Shadow) 〉 구조(Structure)
- 혼합 모드(Blend Mode) : 곱하기(Multiply)
- 불투명도(Opacity) : 30 %
- 각도(Angle) : 90 °
- 거리(Distance) : 5 px
- 크기(Size) : 12 px

05

이제 '책등_위', '책등_아래' 레이어에 대한 묘사가 마무리 되었다. 다시 '커버_위' 레이어를 클릭하여 주변 '책등_위', '책등_아래' 레이어 작업 주변 부분에 패스를 추가 작업하며 보다 자연스러운 표현이 될 수 있도록 한다.

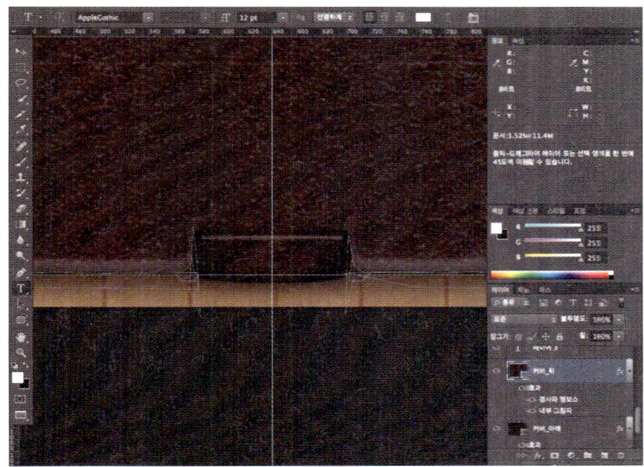

06

이렇게 하여 책의 표지와 그림자, 배경 부분이 완료되었다.

펼쳐진 페이지를 디자인해볼 차례다. 중앙의 가이드라인을 기준으로 좌측 부분을 먼저 작업한 후 해당 작업물을 복사해서 우측 페이지로 만드는 순서로 진행할 것이다.

01 사각형 도구(Rectangle Tool)를 선택하여 폭(Width)x높이(Height)를 580x855 px 사이즈로 사각형을 만든다. 그리고 해당 레이어명을 '페이지_탑'으로 변경한다.

02 이미지의 우측 윗 부분을 책의 중심으로 들어가는 형태로 묘사한다. 이전 방법처럼 패스로 이루어진 도형 위에 다른 패스를 얹고 해당 부분이 보이지 않도록 적용한다. 윗 부분은 페이지가 안으로 꺾인 듯하게 패스를 그리고 하단은 이미지의 외부에 패스를 옮기도록 한다.

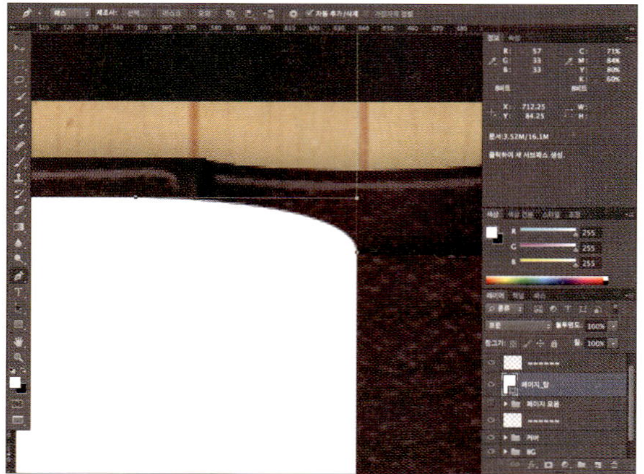

03 [레이어(Layers)] 패널에서 해당 이미지를 더블 클릭하여 [레이어 스타일(Layer Style)] 창에서 다음과 같은 수치로 설정한다.

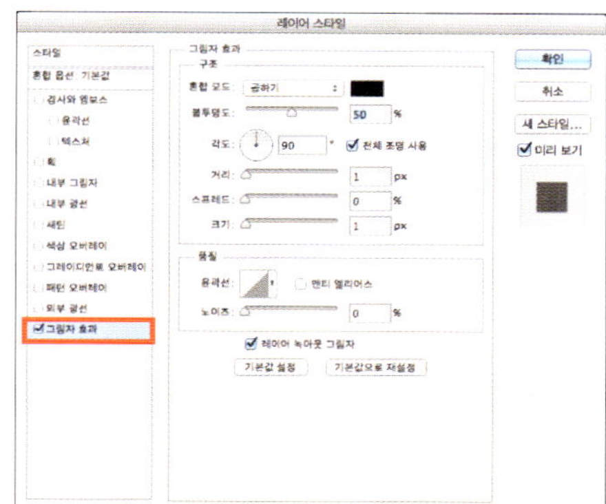

그림자 효과(Drop Shadow) 〉 구조(Structure)
- 혼합 모드(Blend Mode) : 곱하기(Multiply)
- 색상(Color) : #000000
- 불투명도(Opacity) : 50 %
- 각도(Angle) : 90˚
- 거리(Distance) : 1 px
- 크기(Size) : 1 px

04 이제 '페이지_탑' 레이어의 아래로 5개의 페이지를 배열하여 실제 책의 페이지를 표현한다. [레이어(Layers)] 패널에서 '페이지_탑' 레이어를 5개 복사한 뒤, '페이지_탑' 레이어의 아래로 복사한 5개의 레이어가 위치하도록 한다. 그리고 각 레이어들은 '페이지_1, 2, 3, 4, 5'로 레이어명을 변경한다. 페이지 1 부터 5까지 점점 내려가는 순서로 정렬한다.

05 이번에는 **이동 도구(Move Tool)**를 선택하고 '페이지_1' 레이어부터 클릭한다. 레이어 선택 후 키보드로 방향키로 ← 두 번, ↓ 두 번을 누른다. 그리고 '페이지_2' 레이어를 클릭한 후 키보드로 ← 네 번, ↓ 네 번을 누른다. 같은 방법으로 키보드를 움직이는 것을 두 번씩 더해가며 '페이지_5' 레이어까지 적용한다.

06 이미지 우측 하단을 보면 다음 그림처럼 되어 있는 데, 각 레이어들을 선택해서 해당 부분을 **패스 선택 도구(Path Select Tool)**로 선택한 다음, 패스의 우측 부위를 중앙 가이드라인으로 붙이는 작업을 한다.

07 각 레이어의 썸네일을 더블 클릭해서 '페이지_1' 레이어부터 조금씩 회색 빛을 적용한다. 더블클릭해서 나타나는 [색상 피커(color picer)] 창의 HSB 부분 중 'B'를 선택하고 B의 수치를 레이어별로 80 %, 70 %, 60 %, 50 %, 40 %으로 설정한다. 흰색과 검정색의 단계를 손쉽게 적용할 수 있다.

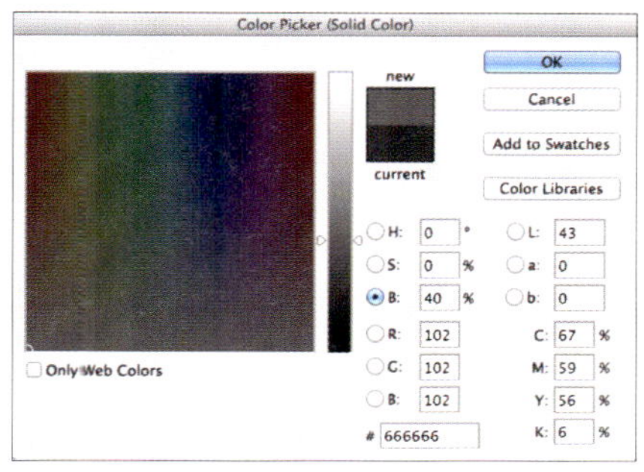

08 이렇게 반복 작업을 하면서 연속으로 쌓여진 종이의 느낌을 묘사할 수 있다. '레이어_5' 레이어는 제일 아래에 있는 레이어로 그림자 효과를 조금 더 줌으로써 책에서 전해지는 명암을 좀 더 표현해보자. '레이어_5' 레이어를 더블 클릭하여 [레이어 스타일(Layer Style)] 창에서 다음과 같이 수치를 설정한다.

그림자 효과(Drop Shadow) 〉
구조(Structure)
- 불투명도(Opacity) : 63 %
- 거리(Distance) : 6 px
- 스프레드(Spread) : 22 %
- 크기(Size) : 9 px

그림자 효과(Drop Shadow) 〉
품질(Quality)
- 노이즈(Noise) : 42 %

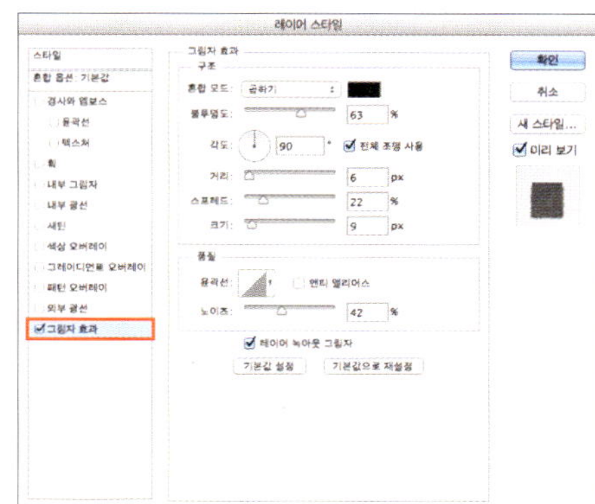

09

이번에는 다시 첫 번째 페이지인 '페이지_탑' 레이어에 종이 페이지다운 모습으로 묘사해본다. [레이어(Layers)] 패널에서 '페이지_탑' 레이어를 클릭한 후 더블 클릭하여 [레이어 스타일(Layer Style)] 창에서 다음과 같이 수치를 설정한다.

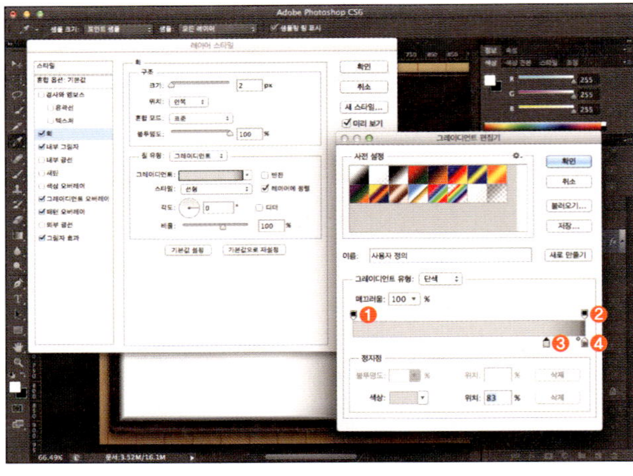

획(Stroke) 〉 구조(Structure)

- 크기(Size) : 2 px
- 위치(Position) : 안쪽(Inside)
- 혼합 모드(Blend Mode) :
  표준(Normal)
- 불투명도(Opacity) : 100 %

획(Stroke) 〉 칠 유형(Fill Type)

- 그레이디언트(Gradient)
- 스타일(Style) : 선형(Linear)
- 각도(Angle) : 0 °
- 비율(Scale) : 100 %

[그레이디언트 편집기(Gradient Editor)] 창

❶ 불투명도 100 % / 위치 0 %
❷ 불투명도 100 % / 위치 100 %
❸ 색상 #cbcbcb / 위치 83 %
❹ 색상 #646464 / 위치 100 %

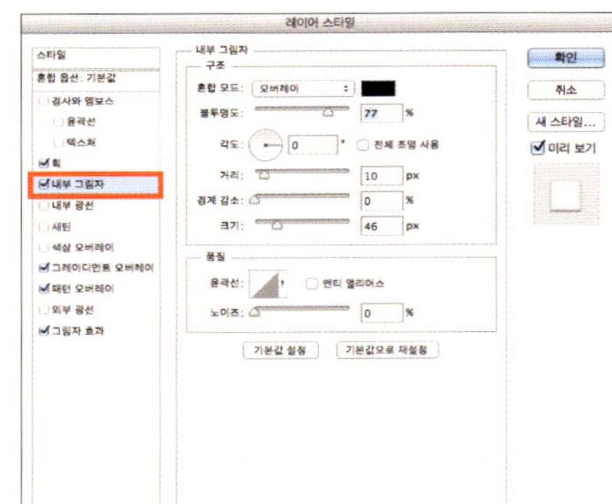

내부 그림자(Inner Shadow) 〉 구조(Structure)

- 혼합 모드(Blend Mode) :
  오버레이(Overlay)
- 불투명도(Opacity) : 77 %
- 각도(Angle) : 0 °
- 거리(Distance) : 10 px
- 경계 감소(Choke) : 0 %
- 크기(Size) : 46 px

그레이디언트 오버레이
(Gradient Overlay) 〉 그레이디
언트(Gradient)

- 혼합 모드(Blend Mode) :
  곱하기(Multiply)
- 불투명도(Opacity) : 70 %
- 스타일(Style) : 선형(Linear)
- 각도(Angle) : 0˚
- 비율(Scale) : 100 %

[그레이디언트 편집기(Gradient
Editor)] 창
❶ 색상 #ffffff / 위치 0%
❷ 색상 #f2f2f2 / 위치 7 %
❸ 색상 #f2f2f2 / 위치 35 %
❹ 색상 #ffffff / 위치 64 %
❺ 색상 #6a6a6a / 위치 98 %

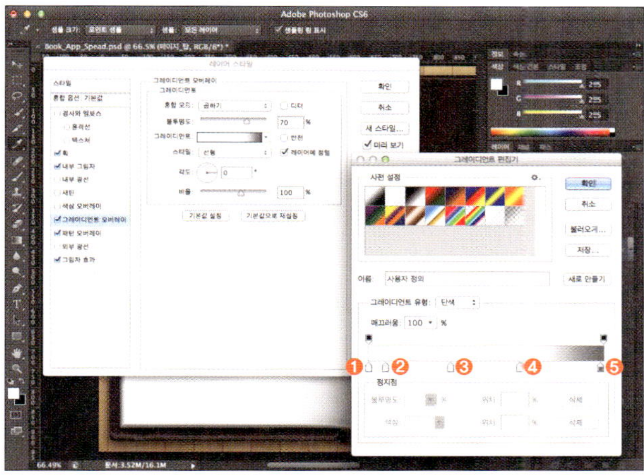

패턴 오버레이(Pattern Overlay) 〉
패턴(Pattern)

- 혼합 모드(Blend Mode) :
  표준(Normal)
- 불투명도(Opacity) : 100 %
- 패턴(Pattern) : 흰색 편지지
  (White Letter)
- 비율(Scale) : 100 %

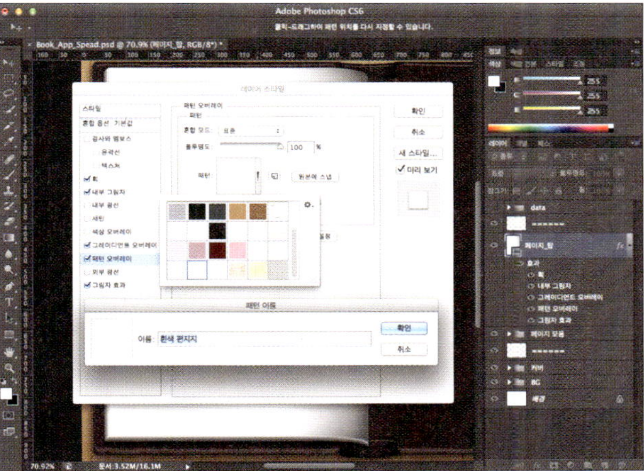

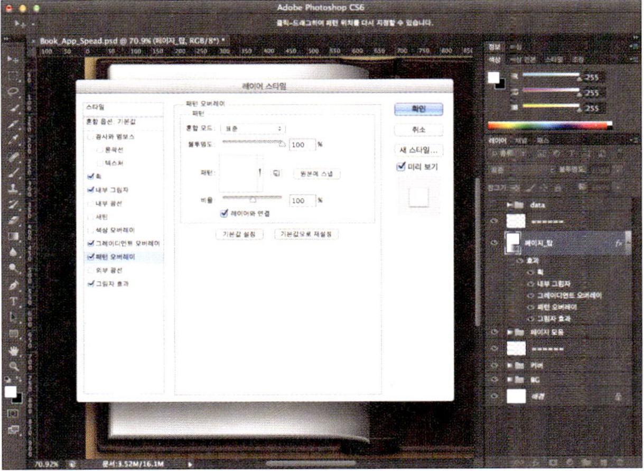

10 이렇게 하여 펼침면의 좌측 페이지 디자인이 완성되었다.

09.
펼침면의 우측
페이지 디자인하기

01 우측 페이지 작업을 하기 전에, 먼저 이전 작업의 레이어를 정리한다. '페이지_탑' 레이어는 '페이지_탑_좌측'으로, 레이어명을 변경하고 나머지 페이지들은 모두 모아서 '좌측 페이지' 폴더에 정리해 놓는다.

02 그리고 '페이지_탑_좌측' 레이어와 '좌측 페이지' 폴더를 복사하고 레이어 및 폴더명을 '페이지_탑_우측', '우측 페이지'로 변경한다.

03 [레이어(Layers)] 패널에서 해당 레이어와 폴더를 클릭하여 선택한 다음, 포토샵의 상단 메뉴에서 [편집(Edit)]-[변형(Transform)]-[가로로 뒤집기(Flip Horizontal)]를 선택한다. 그러면 해당 이미지들이 좌우 반전된다.

04 이동 도구(move Tool)를 선택한 다음, 해당 레이어와 폴더를 우측으로 옮기며 중앙 가이드라인에 잘 맞도록 한다. 필요할 경우 확대하여 정확히 위치를 맞춘다. 이렇게 이미지의 좌우를 반전 시키고 원하는 위치에 갖다 놓았는데, 사실 레이어 스타일은 좌우 반전이 되지 않고 그대로 적용되었다. 우측 페이지에 맞는 느낌으로 레이어 스타일을 변경해보도록 한다.

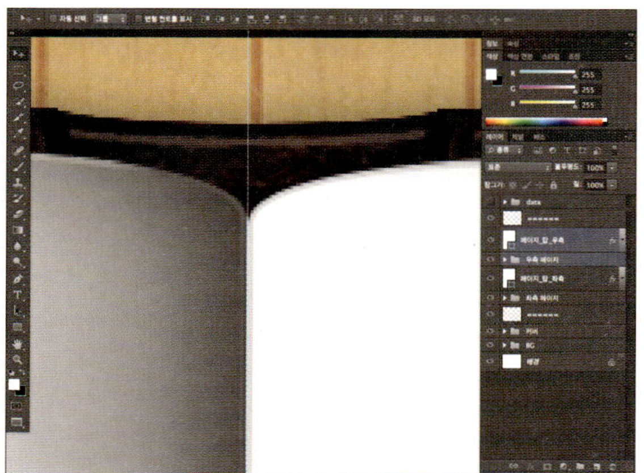 

05 '페이지_탑_우측' 레이어를 더블 클릭하여 [레이어 스타일(Layer Style)] 창을 띄운 다음, 획(Stroke)을 선택한다. 그리고 [획(Stroke)]-[칠 유형(Fill Type)]에 있는 그레이디언트의 컬러 바 옆의 반전(Reverse)을 선택한다. 그러면 그레이디언트가 좌우 반전되어 적용되게 된다.

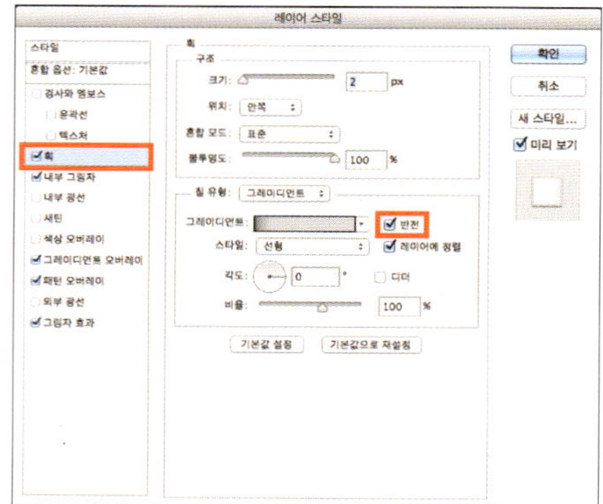

06 [그레이디언트 편집기(Gradient Editor)] 창을 띄운 후, 맨 우측에 있는 제일 짙은 색의 색상 표시 부분의 색상을 #ffffff 로 적용한다.

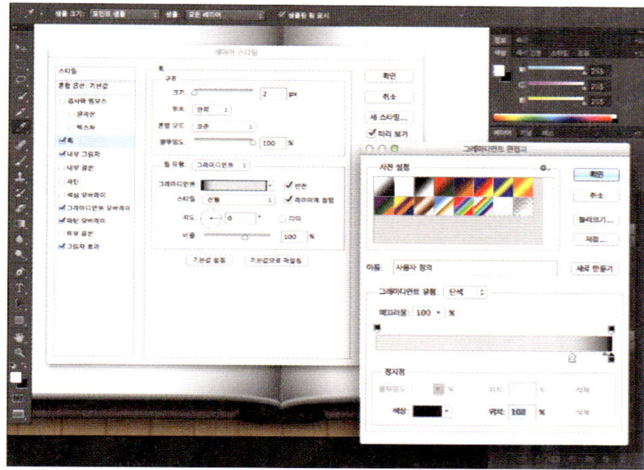

07 다음으로 **그레이디언트 오버레이(Gradient Overlay)**를 선택한 다음, 마찬가지로 그레이디언트 컬러 바 옆의 반전(Reverse)을 선택한다. 그러면 그레이디언트의 좌우 반전이 이루어진다.

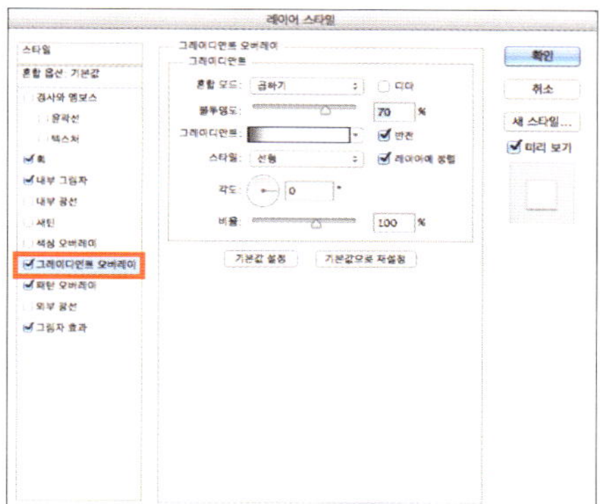

08 그렇지만 책의 경우는 빛이 상단 좌측 위에서 오는 것으로 구성하여 디자인을 하였으므로, 이에 맞추어 그레이디언트의 값을 일부 수정해야 한다. [그레이디언트 편집기 (Gradient Editor)] 창 하단 그레이디언트 바의 네 번째 색상 표시 부분을 우측으로 조금 이동(75 %)한다. 그리고 세 번째의 색상을 #d7d7d7로 변경한다. [확인(OK)]을 클릭하고 다시 나와 그레이디언트의 불투명도(Opacity)를 적당한 수준으로 수정한다. 불투명도 (Opacity)의 적용 수치를 59 %로 입력한다. 이에 맞추어 '페이지_탑_좌측'의 레이어를 더블 클릭하고 [레이어 스타일(Layer Style)] 창에서 [그레이디언트 오버레이(Gradient Overlay)]의 불투명도(Opacity)를 59 %로 적용한다.

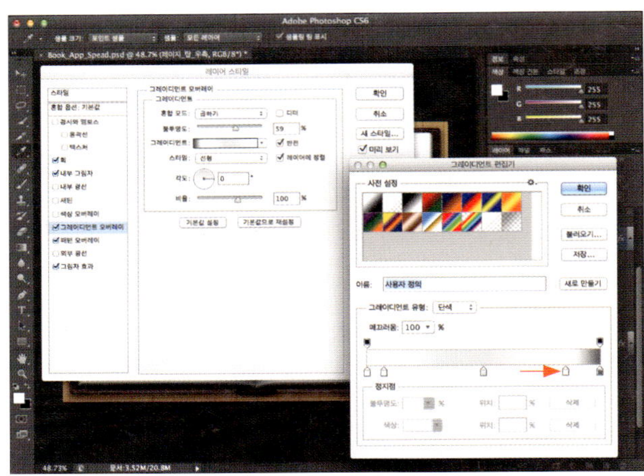

09 이렇게 하여 펼침면의 우측 페이지 디자인도 완성되어, 하나의 펼침면이 완성되었다.

이전까지 작업한 펼침면 페이지를, 이제 스마트폰에 적용해 본다. 필요에 따라 실제 작업 시에는 요소별로 구분해서 이미지를 저장해야 하지만, 디바이스 해상도에 맞추어 전체 이미지만 배열하는 것으로 예제를 구성하였다.

처음에 지정한 중앙 가이드라인을 중심으로 좌측 640x960 px, 우측 640x960 px로 제작되었다. 따라서 이미지를 좌우로 나누어 필요에 따라 펼침면을 활용할 수 있다.

▲ 한 페이지만 볼 수 있도록 구성한 페이지 뷰 예제

그리고 '책 펼침면 디자인'은 벡터 방식으로 제작이 되었기 때문에, 필요하다면 사이즈를 변경해서 사용할 수도 있다. 세로 모드에서 보여질 수 있는 방식과 가로 모드에서 볼 수 있는 모습으로 사이즈를 변경해보도록 한다.

▲ 세로 모드와 가로 모드에서 보여지는 펼침면 페이지 예제

가로 모드에서는 펼침면 전체 보기를 통해 페이지 검토를 빨리 할 수 있는 기능, 세로 모드에서는 위아래 스와이프 터치 제스처로 책들을 이동할 수 있는 기능, 혹은 책갈피가 지정된 페이지들만 보여주는 경우를 생각하며 구성해보았다.

11. 아이폰 5 해상도 변환 작업

지금까지는 아이폰 4S/4의 해상도인 640x960 px로 작업하였다. 아이폰 5에도 사용할 수 있는 사이즈로 변경해보는 작업을 해보도록 한다. 아이폰 5의 해상도는 640x1136 px으로, 세로 영역에서 176 px 더 높다. 그러므로 기존의 640x960 px 해상도의 디자인 작업 PSD 파일을 재작업하여 배경 이미지 사이즈와 책의 이미지를 이에 맞추어 늘릴 수 있는 작업을 진행해보도록 한다. 배경 부분만 사이즈를 640x1136 px 해상도에 맞추어 늘리는 것만으로도 사실 해상도 적용을 하였다고 할 수는 있으나, 중요한 것은 콘텐츠이므로 더 보여줄 수 있는 방향으로 작업을 진행해본다.

01 먼저 기존 작업 PSD 파일을 연다. 그리고 해당 파일을 다른 이름으로 먼저 저장한다. 다음으로 포토샵 메뉴에서 [이미지(Image)]-[캔버스 크기(Canvas Size)]를 선택한다. [캔버스 크기(Canvas Size)] 창의 하단, 화살표가 많은 부분의 중앙 하단을 선택하고 문서의 높이(Height) 부분을 960 px에서 1136 px으로 변경한다.

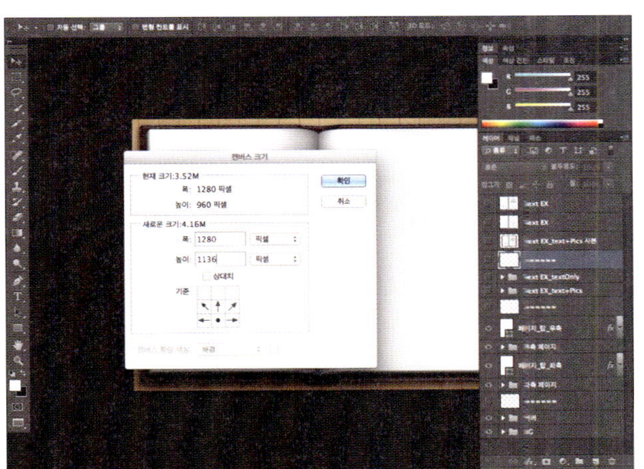

02 그러면 이처럼 상단이 빈 형태로 캔버스의 크기가 하단 중앙점을 기준으로 세로로 늘어나게 된다.

03 먼저 배경 부분의 이미지를 세로의 빈 부분까지 채워 넣는다. 이 다음부터는 하나씩 하나씩 레이어에 들어가서 작업 이미지 상단의 패스 앵커 포인트를 잡아서 원하는 위치까지 올리는 작업을 반복하면 된다.

패스 앵커 포인트를 잡는 방법은 **직접 선택 도구**(Direct Selection Tool)를 선택한 후, 해당 레이어의 패스 선 부분을 클릭하거나 마우스로 영역 선택을 통해 다수의 앵커 포인트를 선택할 수 있다. 그 다음 마우스로 드래그를 하거나 키보드 방향키를 눌러서 패스의 앵커 포인트를 원하는 위치까지 올릴 수 있다.

04 우선 최하단에 위치한 '커버_아래' 레이어부터 작업을 진행해본다. **직접 선택 도구 (Direct Selection Tool)**가 선택된 상태에서 [러 이어(Layers)] 패널의 '커버-아래' 레이어 를 클릭하게 되면, 다음과 같이 화면 상에 벡터 라인들이 보인다.

05 일반적으로 모서리나 꺾이는 부분에 패스의 앵커 포인트가 위치하나, 일일히 다 찾을 수는 없다. 그럴 때는 해당 도구를 선택한 상태에서 보여지는 패스 라인을 한 번 마우스 로 클릭하게 되면 해당 패스의 앵커 포인트를 전부 보여준다.

06 [레이어(Layers)] 패널에서 해당 레이어를 클릭한 후, 화면 상에서 마우스를 클릭 & 드래 그하여 이동하려 하는 부위를 전체 선택한다. 그렇게 되면 선택된 패스의 앵커 포인트를 이동할 수 있다. 앵커 포인트의 중앙이 비어있다면, 그 것은 선택되지 않은 앵커 포인트 이다. 선택한 앵커 포인트는 중앙이 비어있지 않으므로, 시각적으로 구별이 용이하다.

07 이렇게 해서 '커버_아래' 레이어의 패스 앵커 포인트를 선택해서 해상도에 맞출 수 있도 록 한다. 그리고 나머지 부분들도 동일하게 이 방식을 적용해서 하나씩 지정 위치로 이 동시킨다. 이렇게 모든 레이어에 적용하면 된다.

08 640x1136 px에 맞추어 리디자인된 모습이다.

640x960 px, 640x1136 px 작업물을 통한 사이즈이다. 이로써 아이폰 4S/4 그리고 최신 아이폰 5에 대한 지원 작업도 완료되었다.

게임 캐릭터 디자인

역시나 앱에는 게임이 빠질 수 없다. 이번에는 비버를 캐릭터로 한 게임 캐릭터를 디자인해본다. 이전의 튜토리얼들이 대부분 스마트폰의 리얼한 느낌의 묘사를 하였다면, 게임 캐릭터는 만화풍이다. 특수한 기능은 없지만 펜 도구(Pen Tool)를 사용하여 제작해야 하므로, 펜 도구(Pen Tool)가 익숙하지 않은 사람은 조금 어려울 수도 있다. 그리고 디자인을 하기 위해서는 패스 도구(Path Tool)를 사용해서 원하는 형태를 만들 수 있어야 한다. 게임 캐릭터도 다양한 스타일이 있으므로 하나의 캐릭터를 놓고 다양한 스타일로 표현해보는 것도 재미있으니, 이 캐릭터를 기준으로 다양한 스타일에 대한 연구를 해보는 것도 좋을 것이다.

01. 캐릭터 스케치

▲ 캐릭터 스케치

캐릭터는 동그랗고 귀엽게 작업했다. 캐릭터는 얼굴의 표정이 잘 살아나는 것이 관건이다. 일반적으로는 태블릿이 없다는 가정하에 손 스케치로 캐릭터를 드로잉했다. 스캐너가 있으면 스캔하여도 좋고, 스캐너가 없으면 스마트폰 카메라로 촬영해 사용하여도 무방하다. 태블릿이 있는 사람은 바로 스케치 작업부터 포토샵의 브러시 도구(Brush Tool)를 사용해서 작업할 수 있으므로 편리하게 할 수 있다.

Plus ➕

부록 CD 안에 완성 파일이 있으므로 필요 시 참고한다.
🔵 **파일명** : PT07\07-04-GameCharacter.psd

Plus ➕

🔵 **파일명 :** Pt07\Pt07-04_GameCharacter_forDrawing.png

01 폭(Width)x높이(Height)를 700x700 px 사이즈로 새 문서를 만들고. 가져오기(Place) 기능으로 준비 파일을 불러와 화면의 중앙, 알맞은 위치에 배치한다. 정중앙을 기준으로 가로-세로 가이드라인도 배치한다. 가이드라인에 맞추어 캐릭터의 중앙 지점에 위치하도록 한다.

02 각 파트에 대한 폴더를 미리 생성해 놓는다. 몸을 기준으로 레이어 상으로 위에 있는 바디 파트와 그렇지 않은 바디 파트를 나누어 놓는다.

TIP

🔵 **생성 폴더 순서 :** [레이어 순서 내림차순]-왼쪽 팔 〉 왼쪽 귀 〉 왼쪽 다리 〉 얼굴 〉 몸 〉 오른쪽 귀 〉 오른쪽 팔 〉 오른쪽 다리 〉 꼬리

🔵 **폴더명 :** Arm L 〉 Ear L 〉 Leg L 〉 O Face 〉 O Body 〉 Ear R 〉 Arm R 〉 Leg R 〉 O Tail

폴더에 좌측과 우측에 대한 네이밍을 할 때, 실제 캐릭터를 기준으로 명명하는 것이 도움이 된다. 즉 화면 상에서 보여지는 캐릭터의 왼편에 있는 손이 실제로는 오른손이니, 폴더 명명 시 'Arm R' 이런 식으로 네이밍을 하는 것이다. 특히 여러 명이 디자인 작업할 경우 이러한 폴더 네이밍도 통일해야 한다는 점도 명심하자. 1가지 더 유용한 팁은, 'O'를 네이밍에 사용하는 것이다. 몸체는 O, 오른쪽 파트(오른손, 오른발)는 〈, 왼쪽 파트(왼손, 왼발)는 〉를 네이밍의 앞에 붙여서 바로 알 수 있게 하는 것이다. 이렇게 하면 폴더가 많아지더라도 직관적으로 파악하기가 용이해진다. 그리고 실제 작업을 하면서 폴더 위치가 맞지 않는 경우도 종종 나올 수 있으므로, 작업하면서 폴더의 위치를 재확인하도록 한다.

03. 원화 스케치에 맞추어 패스 선 그리기

01 [레이어(Layers)] 패널에서 **O Body 폴더**를 클릭한 후, **패스 도구(Path Tool)**를 선택한다. 최상단 메뉴에서 **[모양(Shape)]**을 선택한 후 화면에 패스 드로잉을 시작한다. [모양(Shape)]을 제대로 선택하여 패스 드로잉을 시작하면, 바로 신규 레이어가 생성되며 그려지는 패스는 도형의 형태로 그려지게 된다. 패스는 작업 후에 앵커 포인트를 조정하여 수정이 가능하므로 조금 어긋나더라도 우선 최대한 맞추어 작업을 진행하도록 한다. 패스로 선을 그리면 다음과 같이 스케치 그림이 가려진다.

02

[레이어(Layers)] 패널에서 생성된 레이어의 **불투명도(Opacity)**를 50 %로 변경하여 계속 작업을 진행한다.

03

패스 선을 계속 이어가며 몸체를 하나의 도형으로 완성한다. 캐릭터의 구체적인 색상과 외곽선은 패스 선을 작업한 이후에 할 것이드로 우선은 각 패스의 선을 완성하는 것을 목표로 한다.

01 [레이어(Layer)] 패널에서 이전에 작업한 **O Body 폴더**의 **몸체** 레이어 옆의 눈 아이콘 (👁)을 클릭해, 레이어를 비활성화시킨다. 원리는 몸체 작업과 동일하다. 각 폴더를 클릭하고 최상단 메뉴에서 **[모양(Shape)]**을 선택한 후 해당 파츠를 그려나간다.

잠깐만요! 몸체 작업과 차이점은, 시작 패스 점과 마지막 패스 점을 연결하지 않는다는 점이다. 패스를 먼저 그리고 나서 획(Stroke)을 적용할 것인데, 패스가 그려진 곳에는 선이 그려지게 되기 때문이다. 캐릭터의 팔과 다리 부분의 선이 닫히게 되면 안 되기 때문에, 패스의 시작은 팔이나 다리의 선이 시작하는 부분으로, 끝나는 부분은 다른 쪽 선의 끝이 되어야 한다.

02 다음 그림은 패스에 획(Stroke)이 적용된 것이다. 최상단 메뉴의 **[모양 획 유형 설정 (Stroke Options)]**을 선택하면 선의 모양과 선이 끝나는 부분의 형태, 꺾이는 부분의 형태도 설정할 수 있어서 굉장히 디테일하게 설정할 수 있다. **[옵션 확장(More Options)]**을 클릭해서 나타나는 **[획(Stroke)]** 창을 통해 점선의 간격도 세밀하게 조정할 수 있다.

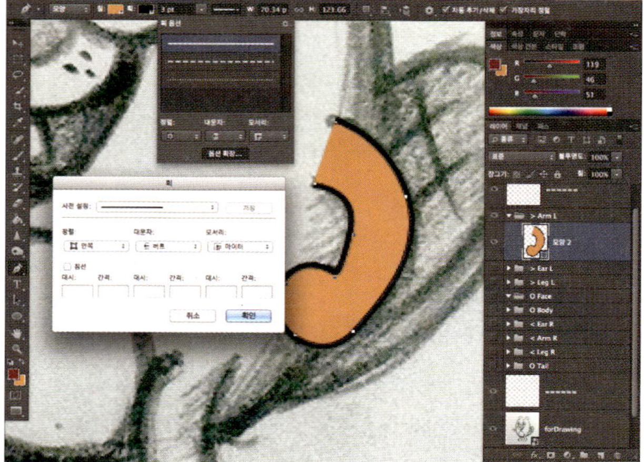

최상단 메뉴를 보면 칠(Fill)과 획(Stroke)이 있다. 칠(Fill)은 패스 사이에 색을 채워주는 기능이며, 획(Stroke)은 패스를 기준으로 패스의 안쪽-중앙-바깥쪽에 선을 그려주는 기능이다.

03 계속해서 팔과 다리를 해당 폴더를 클릭한 후 모두 패스로 그려 나간다. 패스를 완료하였는데 패스가 마음에 들지 않는다면 **직접 선택 도구(Direct Selection Tool)**나 **패스 선택 도구(Path Selection Tool)**를 선택해서 수정한다.

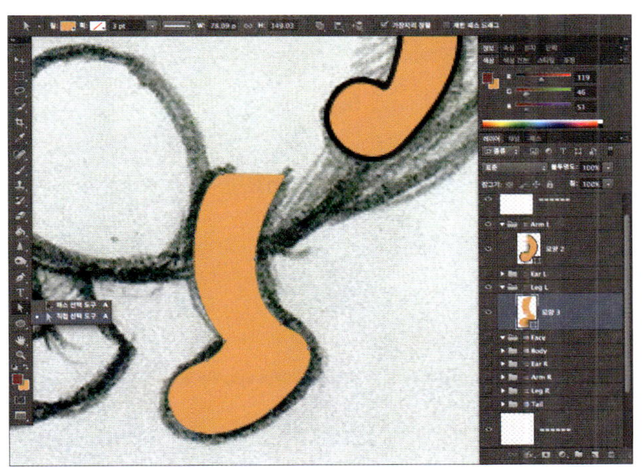

직접 선택 도구(Direct Selection Tool)는 패스의 점(앵커 포인트)들을 선택해서 이동하거나 해당 앵커 포인트의 기울이는 축을 수정할 수 있다. 패스 선택 도구(Path Selection Tool)는 해당 패스를 선택해서 전체를 직접 이동시킬 수 있는 도구이다. 단축키는 A 이며 사용하면서 단축키(MAC : ⌘ / WIN : Ctrl)를 누르고 패스를 클릭하게 되면 직접 선택 도구(Direct Selection Tool)와 패스 선택 도구(Path Selection Tool)끼리 바로 전환이 되므로, 별도로 도구 메뉴의 아이콘을 클릭할 필요가 없어서 편리하다.

04 각 폴더별로 팔과 다리의 패스 작업을 완료하였다.

05 다음으로 귀와 꼬리를 작업한다. 귀의 경우는 귀 안쪽도 패스로 그리도록 한다. 귀와 꼬리도 작업한 후 나머지 부분들에도 획(Stroke)을 적용한다.

**05.
얼굴 패스
선 그리기**

01 [레이어(Layers)] 패널에서, 앞서 작업한 폴더들을 눈 아이콘(◉)을 클릭해 모두 비활성화시킨 후 **O Face 폴더**로 이동한다. 얼굴 또한 다른 파츠들과 마찬가지로 레이어의 상하 개념이 필요하다. 따라서 이에 맞추어 얼굴 폴더 내에 각 부분에 대한 폴더를 먼저 생성한다. 눈썹의 경우는 하나의 폴더에 2개를 그려도 무방하므로 하나의 폴더만 생성한다.

TIP

○ 생성 폴더 순서 : [레이어 순서 내림차순] – 눈썹 〉 왼쪽 눈 〉 코 〉 윗 입 〉 이빨 〉 입 〉 오른쪽 눈
○ 폴더명 : eye brow 〉 eye L 〉 nose 〉 mouth UP 〉 tee h 〉 mouth 〉 eye R

02 폴더를 생성하였다면, 바로 패스 작업으로 들어간다. 내림차순의 역순으로 작업하면 작업 진행이 수월하므로, **eye R 폴더**부터 작업하며 눈썹까지 올라간다. 눈과 코의 경우는 원형에 가까우므로 포토샵 도구 중에서 **타원 도구(Ellipse Tool)**를 선택하여 원형을 그린 후, **직접 선택 도구(Direct Selection Tool)**를 사용하여 스케치에 맞출 수 있도록 수정한다.

03 필요할 경우 원형 도형을 만든 레이어를 복사하여 사용하여도 된다. 오른쪽 눈의 경우도 조금 전에 작업한 왼쪽 눈과 큰 차이가 없으므로 해당 레이어들을 복사해서 **eye R 폴더**로 옮긴다. 그 다음 원화 스케치에 맞추어 이미지를 수정하도록 한다.

 레이어 하나당 하나의 색상을 설정할 수 있다. 때문에, 하나의 레이어에 패스들을 복사하여 사용하는 것은 적용이 되지 않으므로, 레이어 중심으로 작업을 진행한다. 그리고 이전에 언급하였듯이 각 부분의 색은 이후 단계에서 결정할 것이므로 우선은 패스를 제대로 작업하는 것에만 집중해서 그려나가도록 한다.

04 짧은 시간에 눈 2개를 완성하였다. 작업한 얼굴 패스가 완성되었다. 이제 다음 파츠를 작업하도록 한다. 나머지도 큰 어려움 없이 지속적으로 패스 선 작업을 하면 된다. 작업을 하면서 조금씩 색상을 대입해보며 캐릭터의 느낌을 살려보도록 한다.

**06.
배와 꼬리
디테일 살리기**

이제 모든 폴더를 열어 전체적으로 확인해 본다. 전체적으로 형태는 갖추어졌으나 배 부분과 꼬리 부분의 묘사가 빠져있으므로 해당 부분도 패스 작업을 진행한다. 꼬리의 경우는 명암 단계를 하나 넣을 예정이므로, 그 부분에 대한 작업도 하도록 한다.

01 몸체의 배 부분에 들어갈 도형 형태를 그린 후, **클리핑 마스크(Clipping Mask)**를 적용하도록 한다. 클리핑 마스크(Clipping Mask)는 기준이 되는 레이어에 있는 이미지 부분만을 통해서, 해당 레이어의 위 쪽에 있는 1개 혹은 그 이상의 레이어들에 적용할 수 있다.

02 화면의 배 부분에 대한 레이어는 몸체 레이어브다 밖에 위치한 영역이 있다. 마우스 오른쪽 버튼을 클릭해 [클리핑 마스크 만들기(Create Clipping Mask)]를 선택한다.

03 클리핑 마스크(Clipping Mask)가 적용되었다. 몸체 레이어의 외부로 벗어나는 이미지는 보이지 않으며, 배 부분을 묘사한 레이어는 몸체 레이어에 속하게 된다. 해제 하려면 다시 마우스 오른쪽 버튼을 클릭해 [클리핑 마스크 해제(Release Clipping Mask)]를 선택한다.

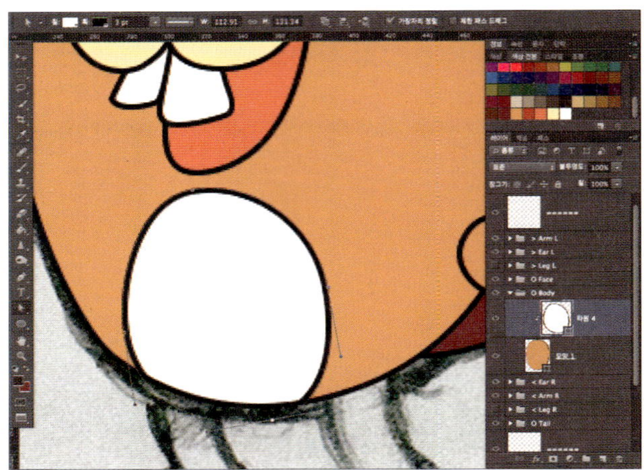

04 꼬리 부분에 대한 묘사 역시 마찬가지로 진행하면 된다. 명암을 표현하는 이미지 하나와 줄무늬를 넣는 이미지를 작업해야 하는데, 이중에서 명암을 표현하는 이미지에 클리핑 마스크(Clipping Mask)를 적용해야 한다.

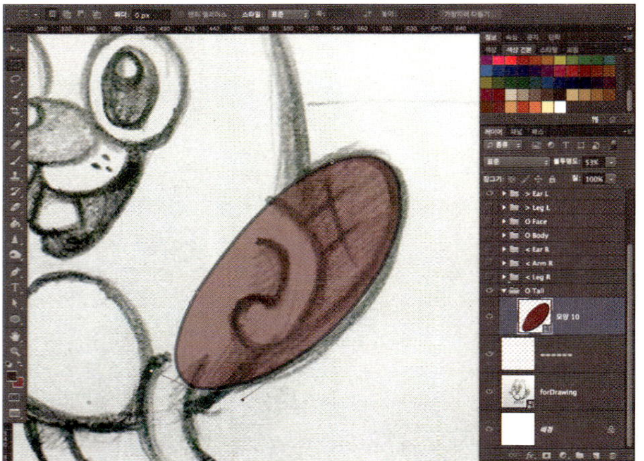

05 이미지가 교차되어 표현되는 부분이므로 클리핑 마스크(Clipping Mask)를 적용할 레이어를 기준으로 작업을 진행한다. 원화 스케치가 보일 수 있도록 **불투명도(Opacity)**를 적용한다. 그리고 **패스 도구(Path Tool)**를 선택한 후, 최상단 메뉴에서 **[모양(Shape)]**이 선택되었는지 다시 확인한 후에 해당 패스를 그린다.

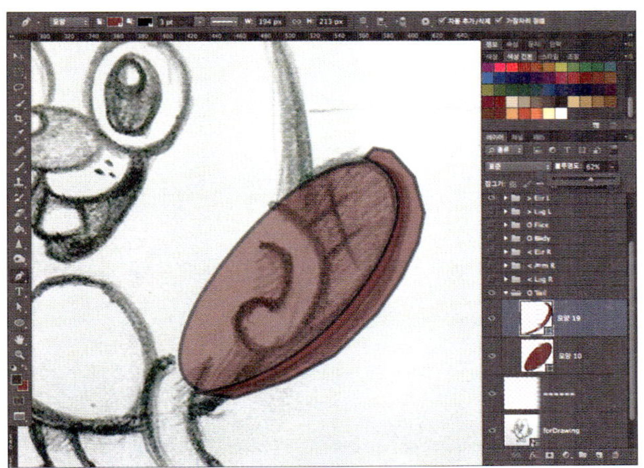

06 이미지와 겹쳐진 부분만 보여질 것이므로, 겹쳐지지 않는 부분은 여유 있게 외부로 패스를 그린다. 작업이 완료되면 구분이 될 수 있도록 색상을 설정하고, 불투명도(Opacity)를 원래대로 돌려 놓고 클리핑 마스크(Clipping Mask)를 적용하도록 한다.

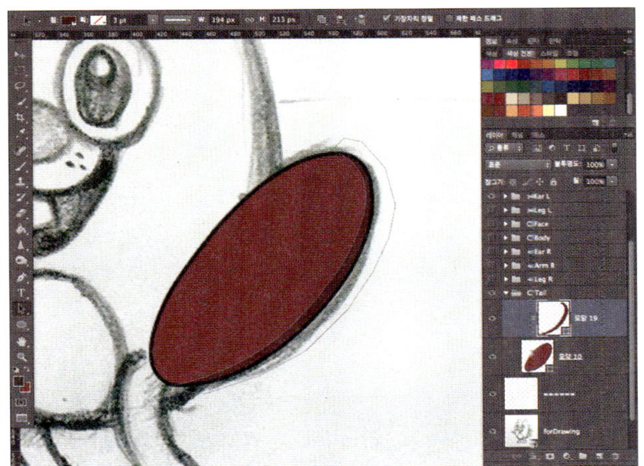

클리핑 마스크(Clipping Mask)가 적용한 후에는 꼬리에 대한 디테일 묘사를 하고 채색 및 스타일 꾸미는 단계로 넘어갈 수 있도록 한다.

이전의 패스 작업은 단순히 두께가 일정한 선으로만 이루어진 것이었다면, 꼬리 부분의 묘사는 조금 날카로운 끝 마무리의 형태이므로 원화 스케치의 외곽을 따라 패스를 그리도록 한다. 첫 번째 패스는 패스 도구(Path Tool) 선택 후 나타나는 최상단 메뉴에서 [모양(Shape)]을 선택하여 패스를 그리고(레이어 생성 및 레이어에 벡터 도형 모드 적용), 그 다음부터는 최상단 메뉴에서 [패스(Path)]를 선택하도록 한다(메뉴에서 패스를 선택하지 않을 경우, 매번 새로운 패스를 그릴 때마다 신규 레이어가 생겨나게 된다.).

07 원화 스케치가 보일 수 있도록 꼬리 배경의 불투명도(Opacity)를 조절하고 위에 묘사를 시작한다. 현재의 캐릭터에서는 꼬리의 숨은 부분이 보이지 않겠지만, 실제 사용을 위한 캐릭터 작업 시에는 애니메이션 등을 적용할 수도 있으므로 안 보이는 부분에도 꼬리 무늬를 넣도록 한다.

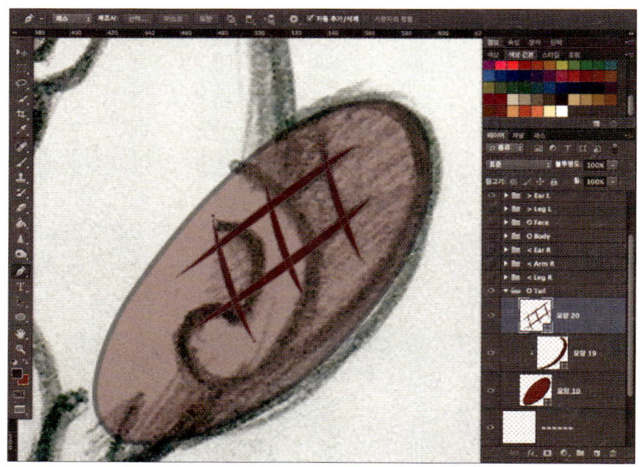

08 이렇게 꼬리 부분까지 적용하게 되어 모든 요소들에 대한 패스 작업이 마무리 되었다.

 원화 스케치를 진행한 레이어를 비활성화 시키고, 여지껏 작업한 파츠들을 보며 세부 조정에 들어가도록 한다. 필요에 따라 패스 수정 및 위치 변화 등, 디테일하게 살펴볼 수 있도록 한다. 원화는 연필로 그려졌으나, 디지털 작업으로 옮기게 되면 아무래도 표현되는 느낌이 달라지므로, 필요에 따라서는 원화 스케치만 고집할 것이 아니라, 디지털에 적합한 형태로 수정할 수 있는 태도도 필요하다.

07. 캐릭터 채색 및 선 굵기 적용

<u>선 굵기 조절 + 색상 적용</u>

이전의 작업은 원화 스케치에 맞추어 패스 선을 다 그리는 것이 목적이었다면, 이번에는 각 패스 선의 굵기와 캐릭터의 색상을 결정하도록 한다. 각 레이어를 하나 혹은 복수로 선택한 다음, **패스 선택 도구(Path Selection Tool)**나 **직접 선택 도구(Direct Selection Tool)**를 선택하면, 최상단의 도구 메뉴에서 칠(Fill), 획(Stroke)·기타 관련 수치를 일괄 적용할 수 있으니 다음의 설명을 잘 읽고 하나씩 입력해보도록 한다.

- 획(Stroke)의 두께

만화풍의 캐릭터라면 굵은 외곽선이 특징이다. 어느 정도 사이즈에 두께를 몇으로 주어야 한다는 공식은 없지만 일반적으로 몸체와 같은 큰 부위가 제일 두껍게 선이 들어가고 나머지는 그보다 얇게 들어간다. 이에 캐릭터의 몸체만 6 px, 팔-다리-귀-눈-입 윗 부분-코-꼬리는 4.5 px, 이빨과-입 부분은 3 px(기존 값)으로 적용하기로 했다.

- 획(Stroke)의 색상

획(Stroke)의 색상은 #420000으로 통일한다. 따라서 획(Stroke)의 두께를 입력할 때 해당 색상도 같이 입력해서 적용될 수 있도록 한다. 이에 따라서 눈의 색, 코의 색도 획(Stroke)의 색상과 통일하도록 한다.

- 칠(Fill)의 색상

각 부위별로 색상을 적용할 수 있도록 한다.

부위	색상
팔/다리/몸/귀	#a04c33
귀 안 쪽	#732e32
입 윗 부분	#f2e69e
입 위의 수염 자국	#d7955a
입 안	#da6e52
이빨/배 부분	#fdfdf0
꼬리	#772e33
꼬리 명암/꼬리 무늬	#542024
눈/눈동자 반사	#ffffff

▲ 색상을 적용한 캐릭터의 모습　　　　▲ 획(Stroke)와 칠 유형(Fill Type)을 수정한 캐릭터의 모습

이렇게 입력한 수치로 캐릭터가 정리되었다. 선의 굵기를 다르게 적용하고 색상을 밸런스 있게 구성하니 조금 더 완성도 있는 캐릭터의 모습이 되었다.

포토샵 CS6부터는 폴더에도 레이어 스타일(Layer Style)을 적용할 수 있게 되었다. 지금까지 작업한 폴더들을 모두 묶어서 하나의 폴더로 만든 다음, 해당 폴더를 더블 클릭하여 [레이어 스타일(Layer Style)] 창에서 해당 기능을 선택해서 적용하도록 한다.

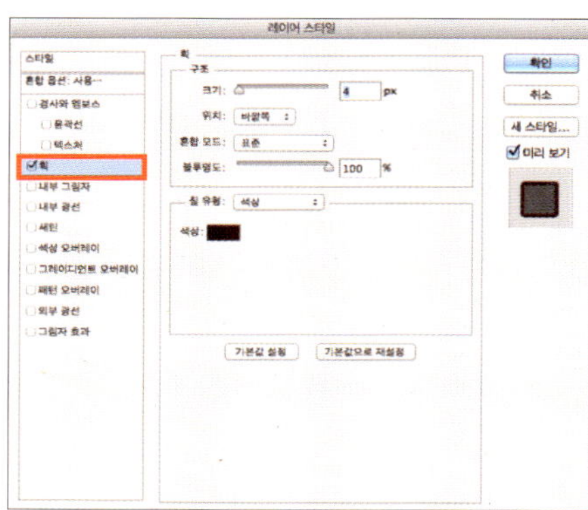

획(Stroke) 〉 구조(Structure)
• 크기(Size) : 4 px
• 위치(Position) : 바깥쪽(Outside)

획(Stroke) 〉 칠 유형(Fill Type)
• 색상(Color) : #420000

이렇게 하여 만화풍의 게임 캐릭터 디자인이 완성되었다. 본 캐릭터를 기준으로 선호하는 스타일에 따라 명암을 주거나 하이라이트를 표시하는 등 수정 작업을 진행해보도록 한다. 팔, 다리와 눈 등을 수정하여 다양한 포즈의 캐릭터로 만들어 보는 것도 재미있다.

캐릭터의 응용 작업은 자유롭게 작업을 진행해브도록 한다. 포토샵의 브러시 도구 (Brush Tool)을 사용해서 해당 레이어에 명암을 추가하거나 캐릭터를 응용해서 앱 아이콘 작업을 진행해보는 것도 좋다.

▲ 캐릭터를 응용한 모습

게임 패키지에 들어갈 만한 분위기로 캐릭터의 명암을 추가하고 에너지 미터로 작업하여 좀 더 흥미 있는 모습으로 작업을 해보았다.

캐릭터를 활용하여 앱 아이콘으로 디자인 스케치를 하여 앱 아이콘으로 작업을 진행하는 것도 좋다. 필요시 본 서적에서 제공하는 앱 아이콘 스케치 노트를 통해 스케치 작업을 진행한다.

▲ 앱 아이콘 스케치

▲ 스케치 캐릭터 기반으로 만든 앱 아이콘

Part 08
Tips and Advices

이번 Part에서는 앱 디자인에 직·간접적으로 도움을 줄 수 있는 다양한 노하우와
앱, 장비 등에 대해 알아보도록 한다. 포토샵 작업 화면을 실시간으로 스마트폰에서 보여주는
프리뷰 앱이나, 프로그래밍 없이 앱을 직접 테스트해볼 수 있는 프로토타이핑 툴들을 소개한다.
아울러 오프라인 아카데미, 디자인에 도움을 주는 월간지,
온라인 정보 사이트도 알아보며 스킬 업을 할 수 있도록 한다.

작업 화면 스마트폰에서 실시간 프리뷰하기

모니터에서 작업을 계속 하다보면 스마트폰에서 어떠한 사이즈로, 어떠한 색상으로, 어떠한 느낌으로 보여지는 지에 대한 감각을 잃게 된다. 그래서 스마트폰에 이미지를 전송하여 디자인 작업물을 확인하곤 하지만, 일반적으로 굉장히 비효율적이며 번거로운 단계를 거치게 된다. 본 Chapter에서는 안드로이드와 iOS 둘 다 이런 번거로운 절차를 해소할 수 있는 방법을 소개하고자 한다.

01.
안드로이드 :
'디자인 프리뷰'

1단계 : 컴퓨터에 프로그램 다운로드 및 설치

01 다운로드 링크에 접속한 후, 윈도우 사용자는 상단의 'AndroidDesignPreview-0.3.jar' 파일을 받아서 설치한다.

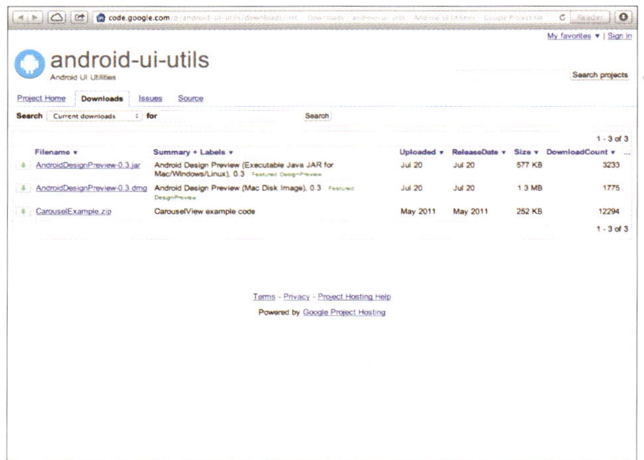

TIP

프로그램 다운로드 링크 – http://code.google.com/p/android-ui-utils/downloads/list

잠깐만요! 윈도우즈 시스템 사용자는 자바(JAVA) 프로그램을 설치하여야 Android Design Preview 프로그램을 컴퓨터에 설치할 수 있습니다. 자바 프로그램이 설치되지 않았을 경우에는 정상적으로 Android Design Preview 프로그램이 설치되지 않으니 반드시 설치해야 합니다.

Java Runtime Environment Setup – http://www.java.com/en/download/index.jsp

▶ 웹 사이트 중앙의 'Free Java Download'를 클릭하여 해당 프로그램을 설치하도록 한다.

02 설치하고 나면 다음의 아이콘이 생성된 것을 확인할 수 있다.

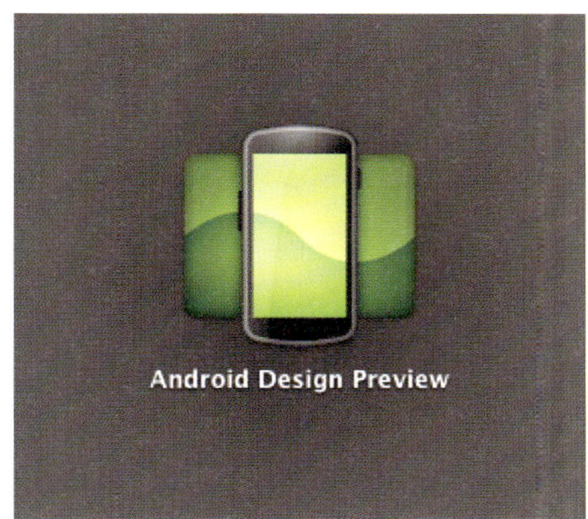

03 설치 후에는 바로 실행하지 말고, 안드로이드폰을 먼저 세팅하도록 한다. 2단계를 준비한다.

2단계 : 안드로이드폰 세팅

01 안드로이드폰의 [환경설정]–[시스템]–[개발자 옵션]을 선택한다.

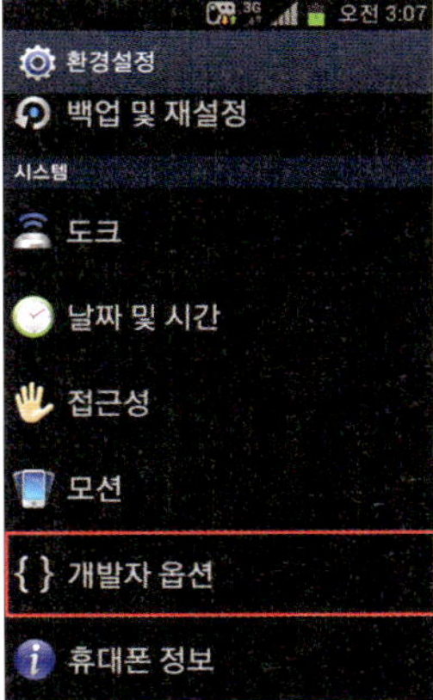

잠깐만요! 본 서적에서는 삼성 갤럭시 SII를 기준으로 설명하고 있으므로, 다른 제조사에서 만든 안드로이드폰을 사용할 경우에는 해당 메뉴가 다른 곳에 위치할 수도 있다.

02 개발자 옵션 상단의 [USB 디버깅]을 선택하여 체크를 활성화한다. 팝업 창이 나타나면 [확인]을 선택한다.

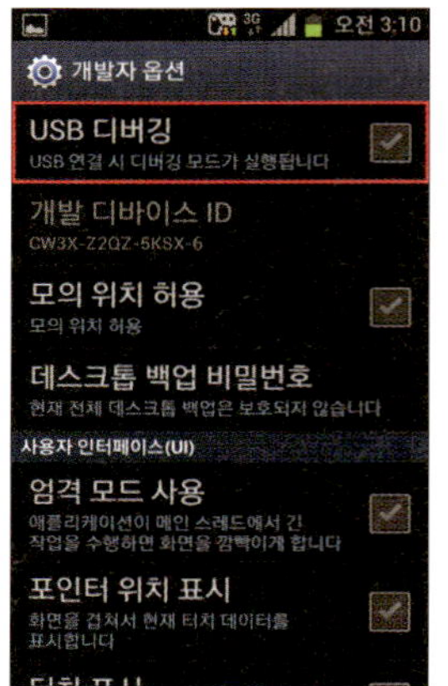

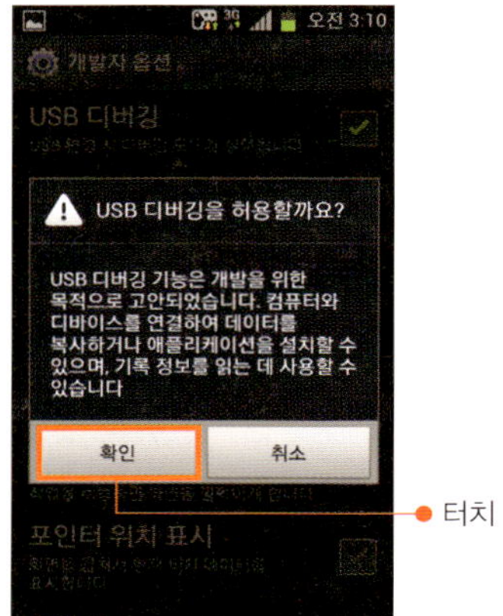

03 위와 같은 방법으로 체크 박스에 선택이 완료되면 안드로이드폰은 준비 완료다.

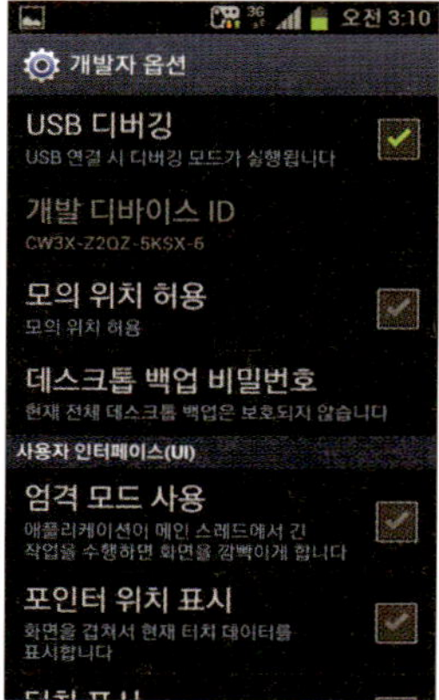

01 컴퓨터에 설치한 '안드로이드 디자인 프리뷰' 프로그램을 실행한다.

02 실행하면 다음과 같은 [Android Design Preview] 창이 나타난다. 이후 안드로이드폰을 USB 케이블로 연결한 다음, [Android Design Preview] 창 아래의 'Re-install App'을 클릭한다.

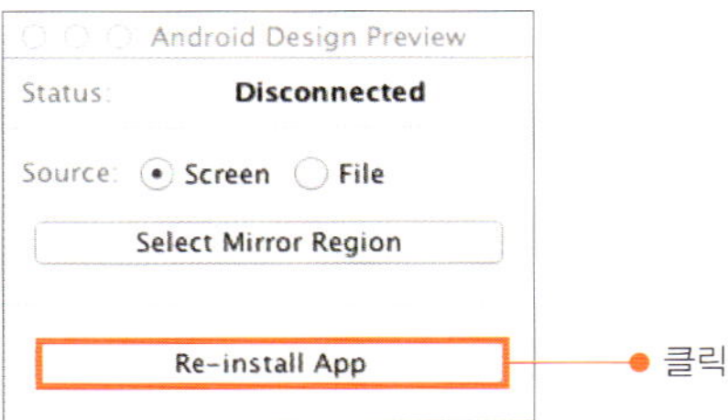

03 안드로이드폰에 '안드로이드 디자인 프리뷰'가 설치된다.

04 이후 컴퓨터에서 '안드로이드 디자인 프리뷰' 프로그램을 실행한다. 안드로이드폰이 연결되어 있다면, 다음의 [Android Design Preview] 창이 나타나면서 안드로이드폰에서 미러링된 이미지를 볼 수 있다.

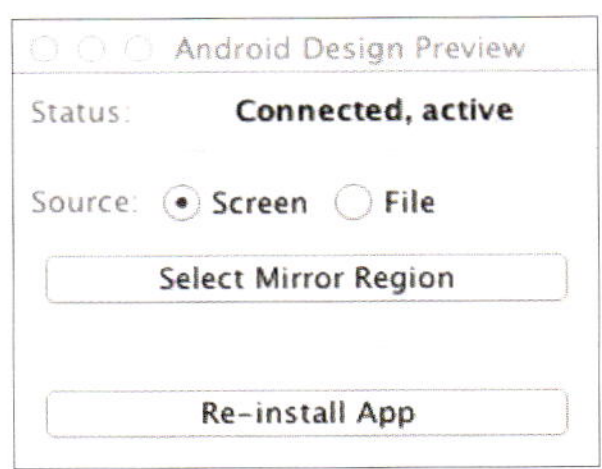

[Android Design Preview] 창

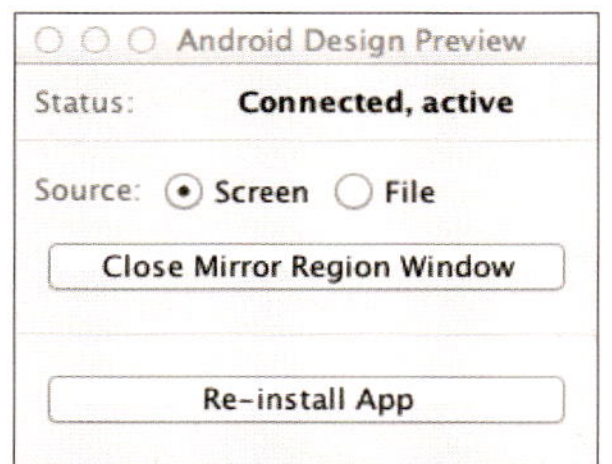

① Source

- Screen : 화면 내의 일정 부분을 스마트폰에서 볼 수 있도록 미러링한다.
- File : 해당 파일을 스마트폰에서 볼 수 있도록 미리보기한다.

② [Select Mirror Region] : 클릭하면 화면 상에 미러링 영역이 나타난다.

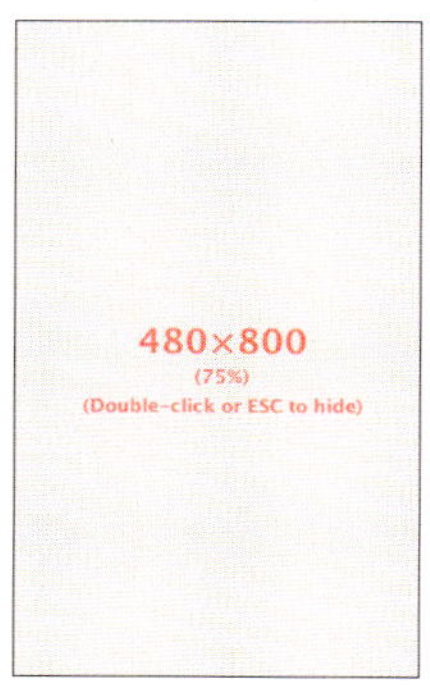

▲ 미러링 영역 창 – 75 %로 축소한 모습이다.

480x800 px 사이즈의 미러링 영역이 컴퓨터 모니터의 화면 상에 나타난다. 우측 하단을 마우스로 드래그하면 지정 비율로 해당 영역을 리사이징할 수 있다. 25 %-50 %-75 %-100 %-125 % 비율로 축소 및 확대가 가능하다.

③ [Close Mirror Region Window] : 클릭하면 화면 상의 미러링 영역이 사라진다.

화면 상에 미러링 영역이 나타나면 조작 패널의 [Select Mirror Region] 버튼은 [Close Mirror Region Window]로 내용이 변경된다. 이 버튼을 클릭하면 화면 상의 미러링 영역 표시가 사라지지만, 실제 스마트폰에 전달되는 미러링 영역은 바뀌지 않으므로, 작업 영역을 지정하게 되면 이 버튼을 클릭해 미러링 영역 표시 내용을 보이지 않게 한다. 미러링 작업 영역 표시조차 안드로이드폰에 미러링이 되어 보여지므로 반드시 꺼야 한다. 붉은 색으로 표시되는 모니터의 미러링 영역을 더블 클릭해도 해당 표시가 사라지므로 편한 방식으로 사용하면 된다.

Status의 Connected, Active : 안드로이드폰과 컴퓨터가 연결되어 있고 미러링 기능도 활성화된 상태를 의미한다.

[Android Design Preview] 창의 Screen 모드를 사용하라.

Screen 모드 선택 시 지정 화면 상에 보이는 이미지에 변화가 생기면 즉시 반영되어 보여진다. 그러나 File 모드 선택 시, 1개의 파일을 선택하면 안드로이드폰에서 해당 이미지를 볼 수 있다. 파일을 선택하여 안드로이드폰에서 구현 중일 때, 동일 파일명으로 이미지를 재저장을 하더라도 안드로이드폰에서 보여지는 이미지가 업데이트가 되지 않으므로 이 방식은 조금 불편할 수 있다. 그러므로 컴퓨터 모니터 상의 '작업 윈도우'와 '안드로이드 디자인 프리뷰' 프로그램을 같이 놓고 작업을 하는 방법을 추천한다.

File 모드로 이미지 프리뷰를 할 경우, 파일 사이즈가 안드로이드폰의 해상도와 같지 않을 경우에는 안드로이드폰 스크린에 꽉 차도록 이미지가 늘어나므로 주의한다. 조금 불편하더라도, 바로 스마트폰에서 확인할 수 있게 해주는 고마운 프로그램이다.

iOS 전용 앱 디자인 프리뷰, ‘스칼라 뷰(Skala View)’

아이폰은 앱 개발과 관련하여 다양한 프리뷰 앱이 존재하고 있다. 현재 저자는 아이폰, 아이패드 디자인 작업 시 ‘스칼라 뷰(Skala View)’를 사용하고 있다. 스칼라 뷰는 아이폰-아이패드-맥 컴퓨터용 앱, 총 3개의 세트로 이루어져 있다. 아이폰과 아이패드 앱은 무료로 제공되며, 아이폰 앱 스토어에서 다운로드해 설치한다. 만약 아이패드가 있다면 아이패드 프리뷰 앱으로도 사용이 가능하다. 그리고 아이폰과 아이패드 둘 다 있다면 한 번에 두 디바이스에서, 혹은 그 이상의 디바이스에서도 프리뷰를 할 수 있어 굉장히 유용하다. 기본적으로 ‘스칼라 뷰’를 사용하기 위해서는 컴퓨터와 아이폰이 동일 네트워크 WiFi에 연결되어 있어야 하며, 무선으로 컴퓨터와 아이폰 간에 연동되므로 굉장히 편리하다. 컴퓨터의 이미지에 대한 반응도 빨라 직접 확인하며 작업도 가능하다.

▲ 아이폰에 설치한 ‘스칼라 뷰’는 뷰어 역할을 한다.

이렇게 뷰어에 이미지를 보내는 역할을 하는 것은 맥 컴퓨터에 설치된 ‘스칼라 프리뷰(Skala Preview)’ 프로그램을 통해서이다. 이 프로그램은 맥 앱 스토어에서 4.99달러에 구매하여 설치할 수 있다. 아쉽지만 윈도우 버전은 없다. 맥 사용자가 아니라면, 세 번째로 소개하는 ‘드롭박스(DropBox)’를 이용한 프리뷰 방식을 사용해서 앱 디자인 프리뷰를 진행하면 된다.

TIP

아이폰, 아이패드용 앱은 ‘스칼라 뷰’, 맥 컴퓨터용 프로그램은 ‘스칼라 프리뷰’라는 다른 이름을 사용하고 있으니 주의한다.

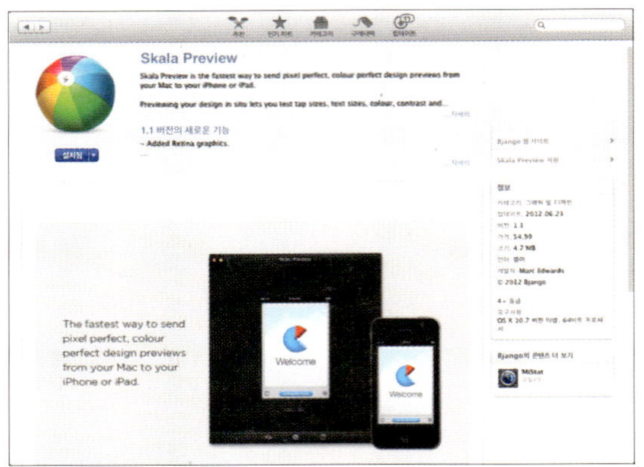

▲ 컴퓨터 프로그램 상에서 이루어지는 작업에 대한 실시간 전송도 가능하다.

'스칼라 프리뷰' 맥 프로그램은 컴퓨터의 프로그램 상에서 이루어지는 작업에 대한 실시간 전송도 가능하여 포토샵, 일러스트레이터, 파이어웍스의 작업 중인 이미지도 실시간으로 아이폰으로 보내 확인할 수 있게 해준다. 그리고 단축키(Ctrl + C)로 이미지를 캡처하거나 저장한다면 해당 이미지도 바로 아이폰 '스칼라 뷰 뷰어'로 전송해주므로 어도비의 지원 가능한 프로그램 버전이 아니더라도 '스칼라 뷰'를 사용할 수 있다.

아울러 다른 앱에서 찾아보기 힘든 색맹 사전 테스트를 해볼 수 있는 기능도 있다.

특수 기능 : 색맹 테스트

맥 컴퓨터 앱 아이콘을 대상으로 색맹 테스트 기능을 시험해 보았다.

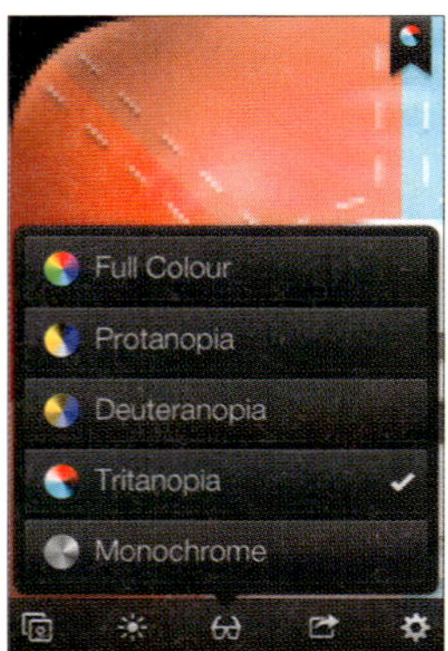
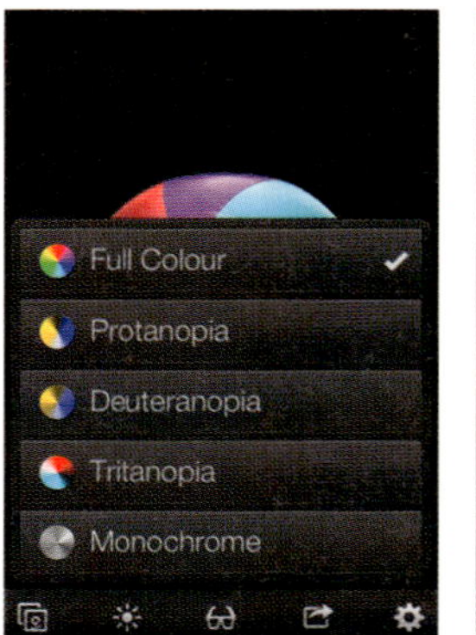

▲ 색맹 테스트 기능   ▲ 테스트용 기본 이미지 – Full Colour에서 보았을 때

좌측은 색맹 테스트 기능을 활용할 기본 이미지이다. 우측과 같이 풀 컬러 외에 총 4가지 테스트가 가능하며 흑백으로 이미지를 변환하여 확인해볼 수도 있다.

▲ 제1색맹, 적색맹(Protanopia)으로 보았을 때

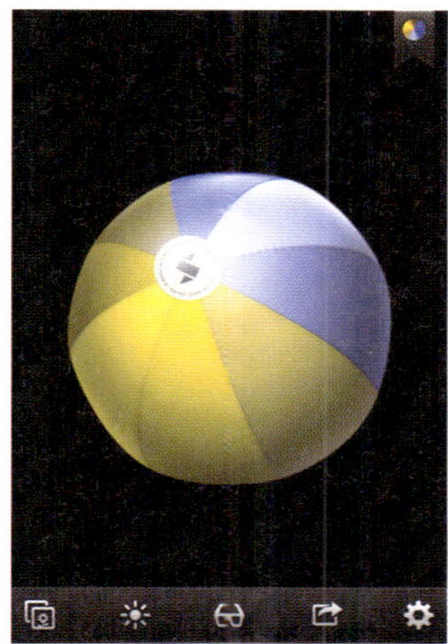

▲ 제2색맹, 녹색맹(Deuteranopia)으로 보았을 때

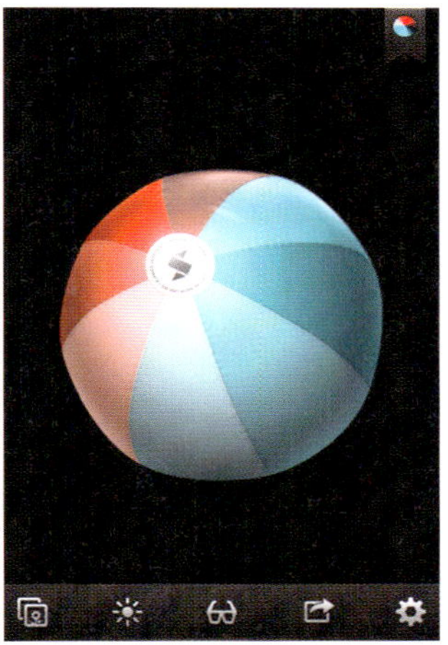

▲ 제3색맹, 청황색맹(Tritanopia)으로 보았을 때

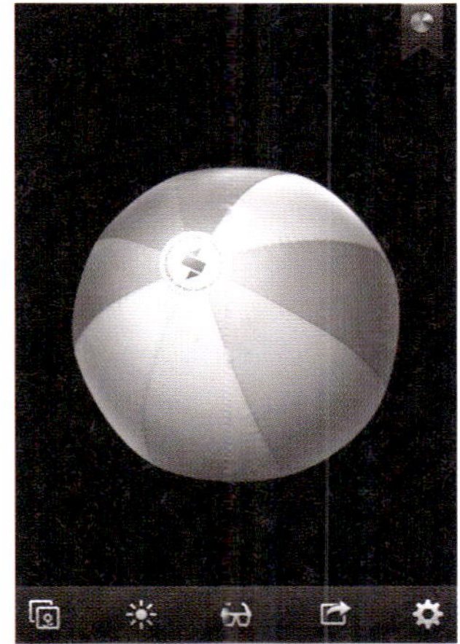

▲ 흑백색(Monochrome)으로 보았을 때

보는 바와 같이 일부 색맹은 물론 완전 색맹이 색상을 보았을 때 어떻게 보이는 지 사전에 체크할 수 있으므로, 만약 색맹인 사용자를 고려해야 하는 경우에는 본 앱이 필수 앱으로 사용될 수 있을 것이다.

<u>**1단계 : '스칼라 뷰' 설치 프로세스**</u>

 아이폰은 아이폰 앱 스토어에서 'Skala View'를 맥 컴퓨터는 맥 앱 스토어에서 'Skala Preview'를 검색하여 다운로드해 설치한다. 그리고 컴퓨터와 아이폰의 WiFi 네트워크를 같게 맞춘다.

'Skala View', 'Skala Preview'는 영문만 검색 가능하다.

<u>**2단계 : 컴퓨터의 포토샵 원격 연결 기능 설정하기**</u>

 '스칼라 뷰'는 포토샵 문서의 작업 영역을 그대로 아이폰에 미러링하는 방식을 사용한다. 컴퓨터 메모리에 복사–캡처된 이미지를 아이폰에 미러링하는 방식을 취하고 있다. 먼저 프로그램과 연동을 위해서는, 포토샵 프로그램에서 원격 연결 기능을 켜야한다. 포토샵은 어도비 CS5.5(포토샵 버전 12.1) 이상이어야 앱과 구동이 가능하므로 사전에 버전을 확인한다. 버전은 프로그램 시작 시 나오는 숫자를 참조하면 된다.

 만약 포토샵의 버전이 낮아 원격 연결 기능이 되지 않는다면, 해당 이미지를 복사하여 컴퓨터 메모리에 저장시키는 방식을 통해 아이폰 프리뷰를 하는 방식만 가능하다.

 포토샵 CS5.5 버전 이상(포토샵 처음 구동 시 나오는 버전이 12.1 이상)이면 원격 연결 기능(Remote Connection)이 지원된다.

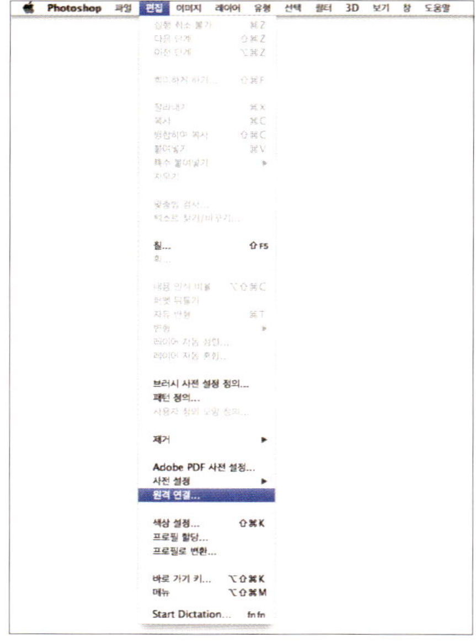

지원되는 버전이 확인되었다면, 포토샵을 실행한다. 실행 후 포토샵의 [설정(Edit)] 〉 [원격 연결(Remote Connections)]을 선택한다.

▲ 원격 연결 실행 후 나타나는 팝업 창에서 포토샵 서버 이름을 설정하고 암호를 설정한다.

그리고 하단의 '원격 연결 사용(Enable Remote Connections)' 체크 박스를 체크하여 활성화시킨 후 [확인(OK)]을 클릭한다. 이렇게 하여 하면 포토샵의 세팅은 완료이다.

3단계 : 컴퓨터의 '스칼라 프리뷰' 프로그램 설정하기

01 맥 컴퓨터의 '스칼라 프리뷰' 프로그램을 실행한다. 실행 후 하단에 있는 '톱니 바퀴' 아이콘을 클릭한 후 [Photoshop Settings]를 선택한다.

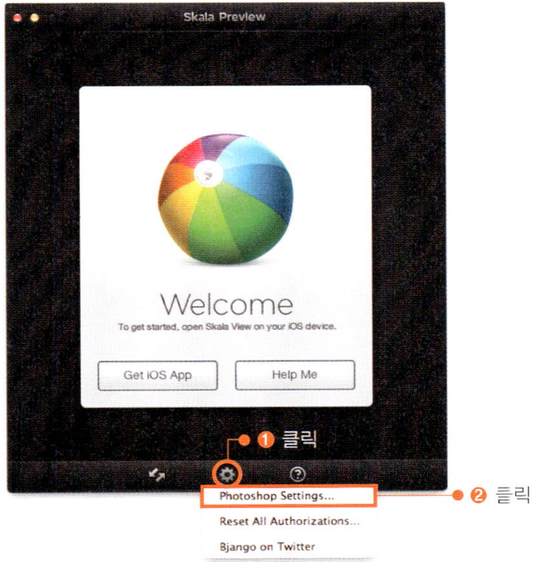

02 이전 단계에서 설정한 포토샵 관련 정보를 입력하면 설정이 완료된다. 아이폰은 별도의 설정 필요 없이 컴퓨터와 같은 WiFi를 사용하면 자동으로 연결된다. 컴퓨터의 포토샵, '스칼라 뷰' 프로그램, '스칼라 뷰'가 연동되었다.

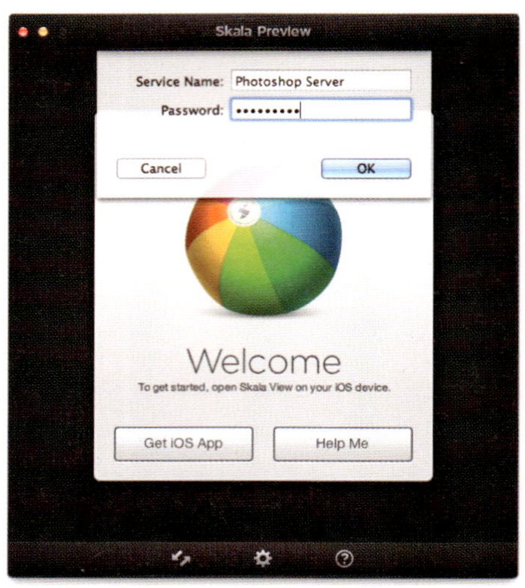

03. '드롭박스 (Dropbox)'로 디자인 프리뷰하기

만약 이전의 2가지 방법이 어렵다면, '드롭박스(Dropbox)'를 사용하여 스마트폰에서 이미지를 확인하는 방식을 활용해본다. 이 전에 소개한 프리뷰 기능을 '드롭박스'가 별도로 제공하는 것은 아니지만 컴퓨터와 스마트폰 간의 파일 공유를 무척 편리하게 제공하고 있으므로 싱크나 USB를 연결하는 번거로운 단계를 생략해 주어 무척 유용하다. 게다가 무료이며 단순히 계정 가입만으로도 즉시 사용이 가능하다.

이 방법을 활용하기 위한 전제 조건은, 스마트폰과 컴퓨터에 '드롭박스' 앱과 프로그램을 설치하는 것이다. 그렇게 되면 컴퓨터의 드롭박스 폴더에 파일을 이동해 놓는 것만으로도, '드롭박스'의 자동 싱크 기능 덕분에, 스마트폰의 '드롭박스'를 통해 바로 확인이 가능하다. 더욱이 이 방법은 안드로이드폰과 아이폰 둘 다 적용되므로, 일부 디자이너들은 앞선 두 경우보다 '드롭박스'를 활용하는 방식을 선호하는 경우도 보았다.

앞서 소개한 여러 방법 중 자신에게 제일 잘 맞는 방법을 통해 프리뷰를 진행하도록 한다. 만약 클라이언트가 '드롭박스'를 사용하고 있다면 이 방법을 사용하여, 클라이언트의 스마트폰을 통해 시안 확인을 요청하는 것도 괜찮은 아이디어이다. 더욱이 드롭박스의 폴더는 지정 사용자와 공유가 가능하므로 여러 명이 이러한 방식을 통해 앱 디자인 시안이나 이미지 공유 등을 할 수가 있어 편리하다.

01

컴퓨터에 ‘드롭박스’ 프로그램을 설치한다. 먼저 드롭박스 공식 웹 사이트에 방문해 윈도우, 맥 등 자신의 컴퓨터에 맞는 프로그램을 설치한다.

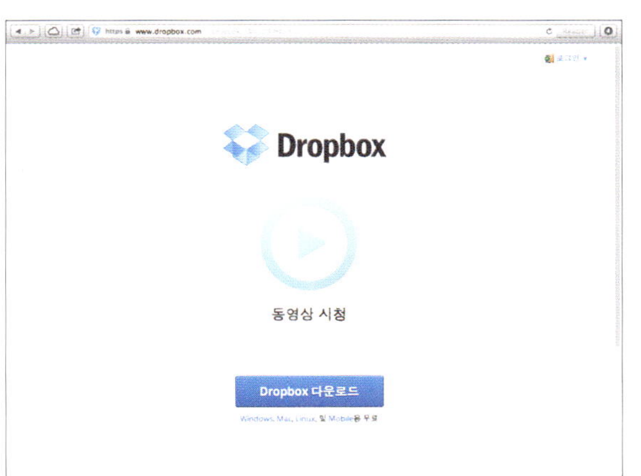
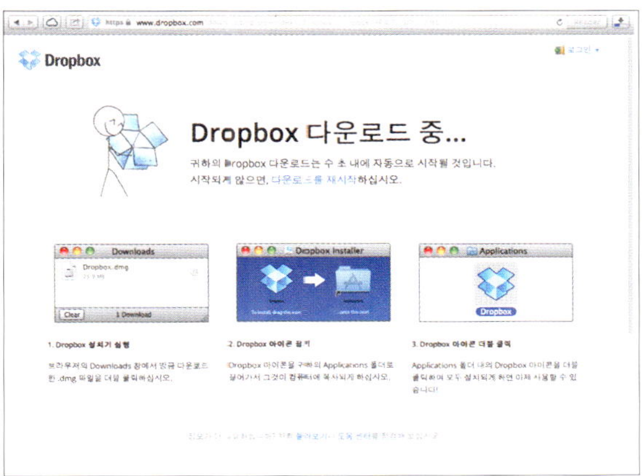

TIP

드롭박스 공식 웹 사이트 – www.dropbox.com

02

스마트폰에 ‘드롭박스’를 설치한다. 자신이 사용하고자 하는 스마트폰(아이폰, 안드로이드폰)의 앱 마켓에서 ‘dropbox’를 영문으로 검색해 다운로드한다.

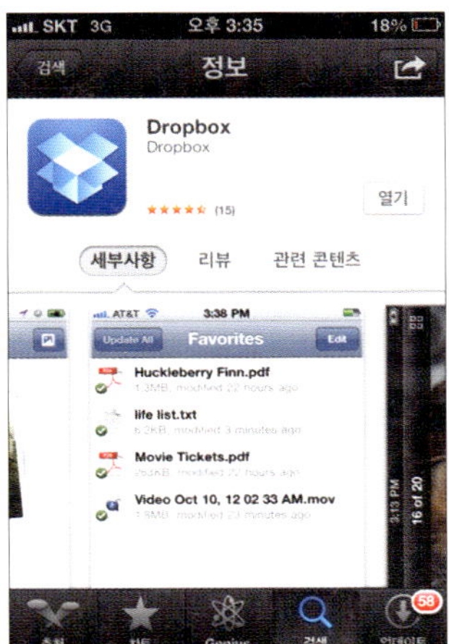

03

스마트폰에 설치된 앱을 실행하여, [Dropbox를 처음 사용함]을 터치한 후, 다음 화면에서 신규 계정 정보를 입력한다. 이렇게 드롭박스에 가입을 한 후, 컴퓨터와 앱 모두 로그인을 한다.

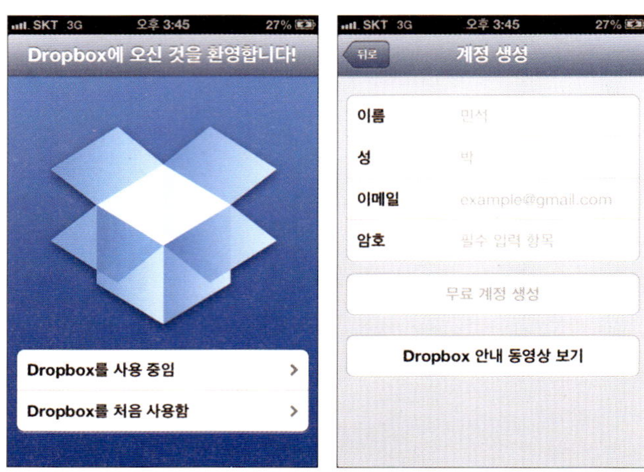

04

컴퓨터의 드롭박스 폴더를 열고 테스트 파일을 넣는다. 드롭박스 폴더 안에 'images' 폴더를 만들고, 그 폴더에 이전 예제에 사용했던 이미지를(예제에서는 'skalaTest.png' 파일 사용) 저장한다. 폴더 이동(업로드) 후 클라우드 동기화가 완료되면 녹색 체크 마크가 파일 앞에 붙는다.

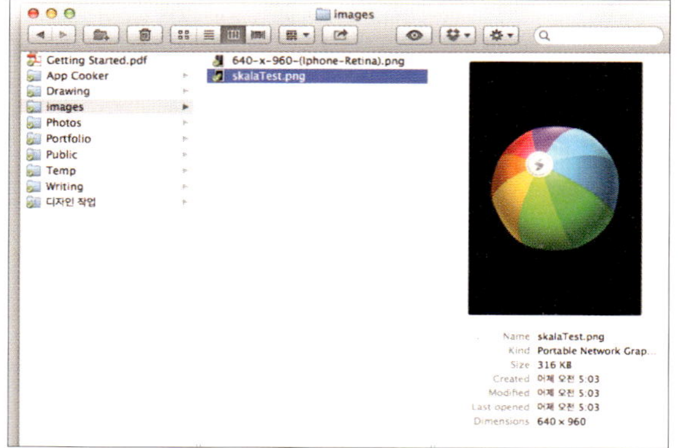

TIP

컴퓨터에서 드롭박스를 실행시키면 폴더가 나타난다. 드롭박스 폴더에 파일을 이동시키면 드롭박스 클라우드와 싱크가 된다.

05 스마트폰의 '드롭박스'를 실행하고 이미지를 확인한다. 드롭박스를 실행하면 리스트 뷰가 나온다. 컴퓨터에서 만든 'images' 폴더가 생성된 것을 확인할 수 있다.

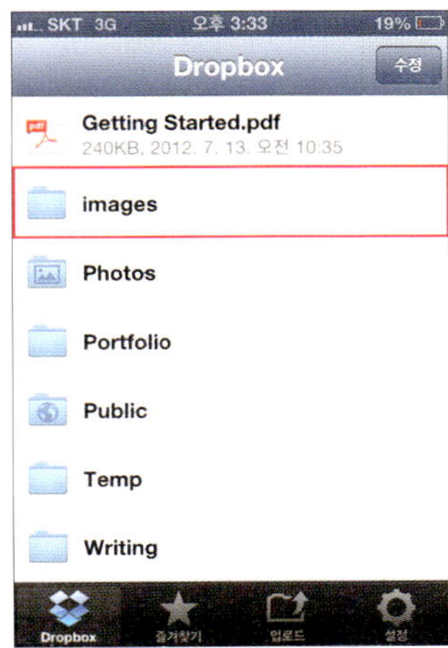

06 'images' 폴더 안의 'skalaTest.png' 파일이 보인다.

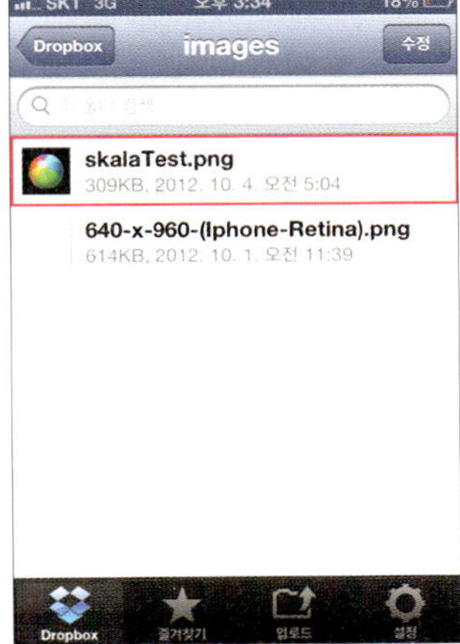

07

'skalaTest.png' 파일을 터치하면, 전체 화면의 이미지로 보여진다. 왼쪽 하단의 '공유' 아이콘을 터치한다.

08

다양한 방식으로 해당 이미지를 보낼 수 있으므로 매우 편리하다.

프로그래밍 없이 만드는 앱 프로토타이핑 디자인

앱을 디자인하면서 실제 디자인한 작업 이미지를 스마트폰에서 확인하는 것도 중요하지만, 실제로 앱의 구조를 짜서 조직화한 앱을 사용해보며 그 사용성을 평가하는 것도 굉장히 중요하다. 실제로 사용해보며 그 흐름을 체크하고 사용성을 확인하는 것데는 당연히 차이가 있다. 이번에는 디지털 프로토타이핑 툴을 알아보도록 한다. 기존의 페이퍼 프로토타이핑, 프로그래머의 도움을 받아서 작업하는 프로토타이핑이 아닌, 디자이너 혹은 기획자가 직접 할 수 있는 디지털 프로토타이핑 툴로, 굉장히 편하게 작업이 가능하며 결과물도 실제와 흡사하ㅣ 적절히 사용할 수 있도록 한다.

01. '앱 쿠커'로 만드는 iOS 앱 프로토타입

아이패드용 '앱 쿠커(App Cooker)'는 iOS(아이폰, 아이패드) 프로토타이핑 앱을 만드는 앱이다. 가로 모드, 세로 모드의 회전 지원은 물론, 기본적으로 iOS의 컴포넌트 및 와이어프레임도 제공하고 있으므로 실제적인 디자인을 짧은 시간에 매우 빠르게 만들어 볼 수 있다. 직접적인 프로그램 코팅은 생산하지 않지만, 액션 기능을 버튼 및 페이지에 추가하여 원하는 액션 및 터치 제스처를 반영하고 각 페이지 간 이동 및 조직화도 가능하다.

실제 결과물로 나오는 프로토타입은 실제 iOS 갭과 거의 동일하게 작동하므로 굉장히 매끄럽게 테스트를 진행할 수 있는 장점이 있다. 필요에 따라 직접 작업한 이미지들을 드롭박스 등을 통해 직접 프로토타이핑에 적용할 수 있으므로 아이패드를 통한 작업임에도 파일 업로드를 편리하게 하며 앱 프로토타입을 만들 수 있다.

TIP

'앱 쿠커' 공식 웹 사이트 – www.appcooker.com

iOS 기본 디자인 컴포넌트를 제공하므로 기본적인 앱 디자인을 손쉽게 할 수 있다.

▲ iOS 기본 디자인 컴포넌트

iOS 컴포넌트의 와이어프레임도 다양하게 제공하고 있다.

▲ iOS 기본 디자인 컴포넌트

각 페이지별 구성을 통해 앱을 구성하는 페이지 간의 흐름을 구성할 수 있다.

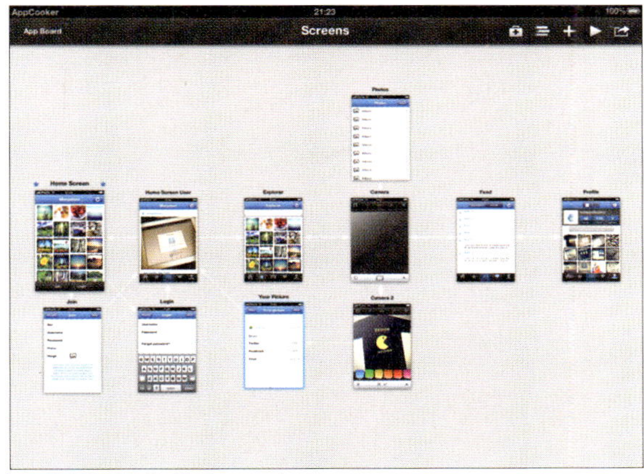

▲ 각 페이지별 구성도

'앱 쿠커'를 통해 실제적인 조작을 부여한 프로토타입 앱을 만들고 테스트해볼 수 있으며 그 완성도는 개발자와 같이 작업한 수준과 비교해 볼 때 전혀 손색이 없으므로, 기본적인 유틸리티, 생산성 앱, SNS 앱 같은 경우는 '앱 쿠커'를 통해 만들어진 프로토타입을 통해 충분히 사용성을 테스트해볼 수 있다.

잠깐만요! **아이패드/애플 앱 스토어를 통한 다운로드**

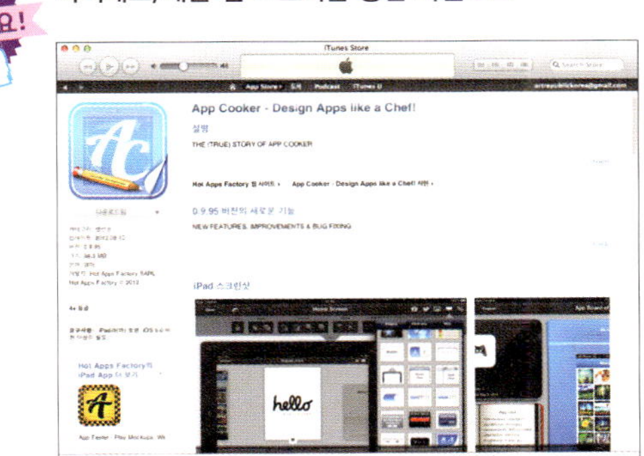

애플 앱 스토어에서 'app cooker'를 검색해서 다운로드할 수 있다. 한글로는 검색이 안된다.

'앱 쿠커'를 통한 테스트 프로세스

- '앱 테이스터(App Taster)'를 통한 프로토타입 앱 테스트

'앱 쿠커'가 있다면 자체적으로 작업한 프로토타입 앱에 대한 테스트 및 수정 작업을 진행할 수 있지만, '앱 쿠커'가 없는 사람들은 '앱 테이스터(App Taster)'를 설치한 후, '앱 쿠커'의 Export 기능을 통해 만들어진 전용 파일을 사용하여 구동 테스트를 해볼 수 있다. '앱 테이스터'는 애플 앱 스토어에서 무료로 다운로드 할 수 있으며 아이폰과 아이패드 버전이 지원되고 있다.

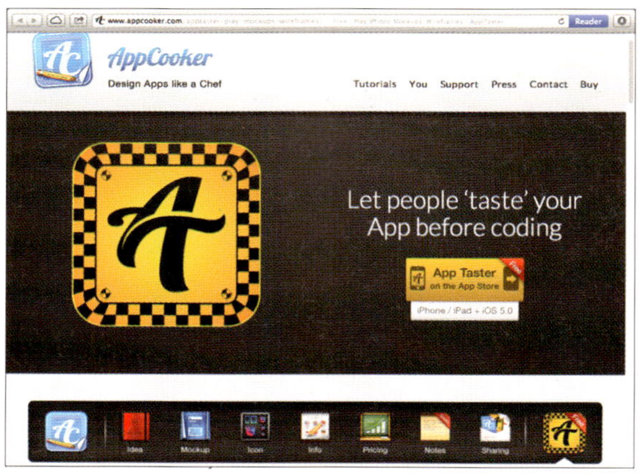

▲ '앱 쿠커'로 만들어진 프로토타입을 테스트해볼 수 있는 '앱 테이스터'

- 다양한 파일 Export 지원

'앱 쿠커'를 통해 만든 파일은 '앱 쿠커' 파일, '앱 테이스터(App Taster)' 파일, 그리고 PDF 문서로 저장할 수 있으며, 이메일, 드롭박스, PDF, PNG, JPG 방식으로도 파일 Export가 가능하다. 또한 작업 결과물을 '드롭박스'로 직접 저장할 수도 있다.

▲ 저장 가능한 다양한 파일 타입

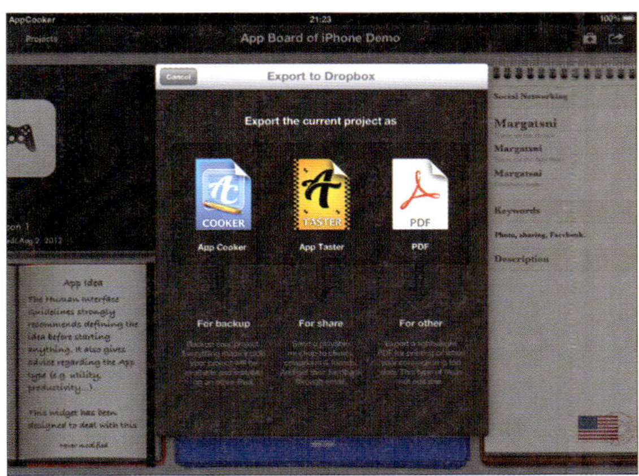

▲ '드롭박스'와도 효과적인 연동이 이루어지므로 편리하게 사용이 가능하다.

- 효과적인 프로토타이핑 프로세스 제공

'앱 쿠커'와 '앱 테이스터'를 통해 효과적인 프로토타입 앱을 테스트할 수 있다. 다음에서 볼 수 있듯이 '앱 쿠커'를 통한 제작 프로세스는 다음과 같다.

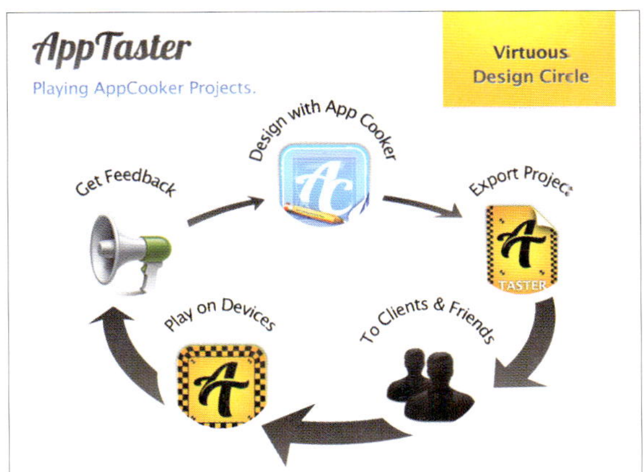

▲ '앱 쿠커'를 통한 제작 프로세스

　우선 앱 디자이너가 '앱 쿠커'에서 프로토타입을 만든 후, 이메일 혹은 '드롭박스'로 '앱 테이스터' 파일을 전달한다. 클라이언트가 아이폰 혹은 아이패드에서 전달 받은 파일을 '앱 테이스터'에서 열도록 한다. '앱 테이스터'의 피드백 기능을 통해 바로 최초 제작자에게 피드백을 전달한 후 다시 디자이너가 수정을 반영하는 프로세스이다.

'앱 쿠커'를 가지고 있는 다른 팀원이 있다면 프로젝트 파일을 주고 받으며 작업도 가능하다. '앱 쿠커'가 없다면 '앱 테이스터'를 설치하여, '앱 쿠커'에서 만들어진 '앱 테이스터' 파일을 통해 프로토타입을 확인할 수 있다. '앱 테이스터'는 프로토타입의 제작과 수정이 안될 뿐, 기본적인 동작과 실행 등 프로토타입에 대한 실행 테스트는 '앱 쿠커'와 동일하게 동작한다.

또한 '앱 테이스터'에는 확인한 피드백 의견을 바로 이메일로 보낼 수 있는 아이콘이 배치되어 있어, 확인 후 다른 사람에게 피드백 내용을 이메일로 보낼 수 있다. 아울러 PDF 문서 저장 시, 작업에 사용한 모든 이미지 결과물들이 문서에 포함되므로, 필요할 경우 이를 출력해서 사용하거나 미팅 시에 사용할 수도 있다. 그리고 페이지들은 PNG, JPG 이미지 파일로도 저장하여 이메일로 보낼 수도 있으므로 편리하다.

또한 '앱 쿠커'는 작업한 파일을 이메일은 물론, '드롭박스'로 다이렉트 업로드−다운로드가 가능하여, 작업 외의 필요 없는 이메일 주소로 이메일을 작성해서 보내는 등의 프로세스도 간결하게 만들어주므로, 팀 작업 시 보다 편리하게 작업할 수 있는 환경을 조성해준다.

'앱 쿠커'의 추가 기능 소개

'앱 쿠커'는 앱의 목업 및 프로토타입을 만드는 기능 외에도, 앱 아이디어 정리 노트, 아이콘 제작 툴, 앱 스토어 릴리즈 기록 노트, 재무 기록 노트, 메노 노트, 공유 기능을 제공하고 있다. 아직 정식 릴리즈 버전인 1.0 버전이 아님에도 높은 완성도와 다양한 기능을 보이고 있으며 추가 기능이 예정되어 있다고 하니 더욱 기대가 된다. 간략하게 '앱 쿠커'의 추가 기능을 알아 보고 필요에 따라 적극적으로 활용하여 앱을 디자인하도록 한다.

아이패드 실행 화면이 중앙에 보이는 블루 프린트는 프로토타입을 만드는 도구이다. 좌우에도 앱 프로토타입과 관련한 다양한 기능을 제공하고 있다.

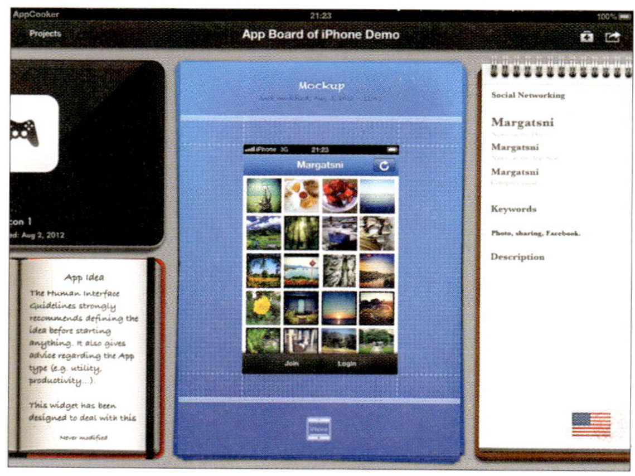

▲ 아이패드 실행 화면

- 아이콘 툴

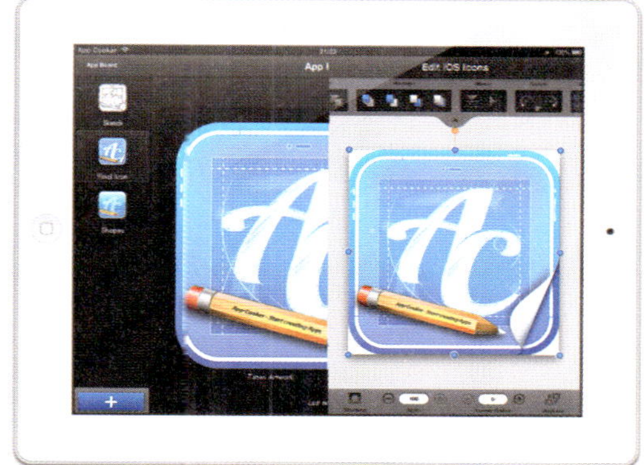

▲ 아이콘 프로토타이핑 툴도 제공하고 있다.

아이콘 사이즈 프레임에 이미지를 넣고 다양한 효과를 적용해볼 수 있으며 1개 이상의 테스트 이미지를 넣어서 시연해볼 수 있는 아이콘 제작 보조 툴이다. 무엇보다 이메일로 전달하면 앱 제작에 필요한 사이즈에 맞추어 정사각형 이미지와 효과가 처리된 라운딩 이미지를 전송해주므로 실제 프로그램을 통해 프로토타입 제작 시에 더미 이미지 혹은 파이널 이미지로의 역할도 할 수 있을 것으로 보인다. 다양한 광택 효과에 대한 테스트 및 여러 개의 앱 아이콘을 테스트해 볼 수 있어 무척 편리하다.

- 아이디어 노트

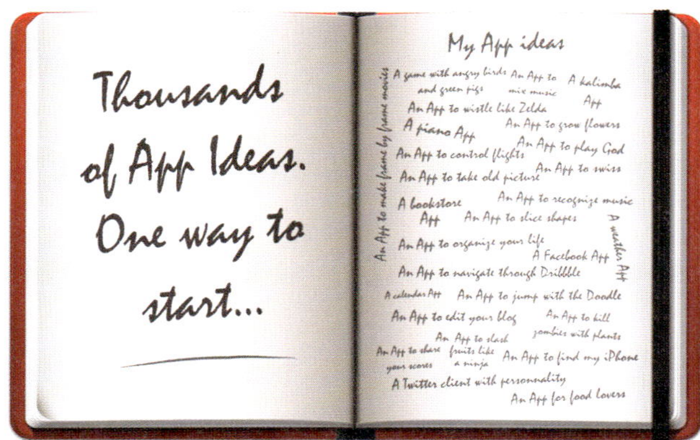

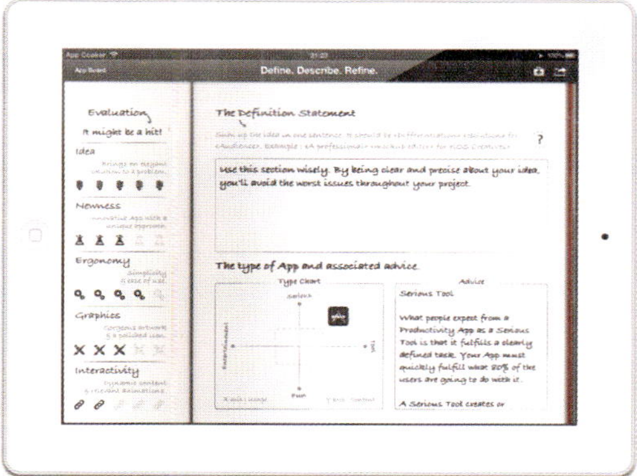

▲ 앱과 관련된 다양한 아이디어를 입력할 수 있는 아이디어 노트

앱에 대해 간략히 아이디어를 정리해볼 수 있는 노트이다. 재미있는 점은 해당 앱을 아이디어, 참신함, 사용성, 그래픽 표현, 인터랙티비티의 관점에서 별점을 매기면 이에 맞추어 앱이 대박이 될지, 어떠한 점이 부족한지 등을 평가해주는 간략한 평가 기능이 있으며, X-Y축으로 기획하는 아이디어가 어디에 속할지 정하면 그에 맞는 짧은 조언을 해주어 자신의 아이디어를 객관적으로 볼 수 있는 기회를 제공해준다. Export를 택하면 PDF 문서로 저장되어 이메일로 발송할 수 있는데, 깔끔하게 문서가 정리되어 나오는 점도 좋게 평가한다. 한글 입력이 가능하나, 설명 부분은 영어로 되어 있어 불편함을 느끼는 사람도 있을 것으로 보인다.

- 자금 관리 노트

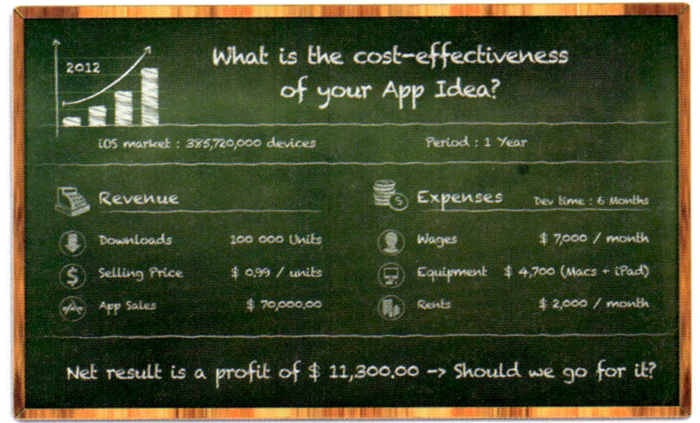

▲ 앱 기획 및 운영에 필수적인 자금 관리 노트 제공

실제로 앱을 운영하기 위해서는 돈이 든다. 그리고 자금이 들어오면 이에 대한 예측 및 관리도 해야 한다. 전문적이지는 않더라도 이와 관련된 노트를 제공함으로 해당 부분에 대한 인식을 다시 할 수 있다. 이러한 부분을 잘 활용하면 단순한 프로토타입 툴이 아닌, '앱 쿠커'를 통해 앱을 기획하는 데도 큰 도움을 받을 수 있다.

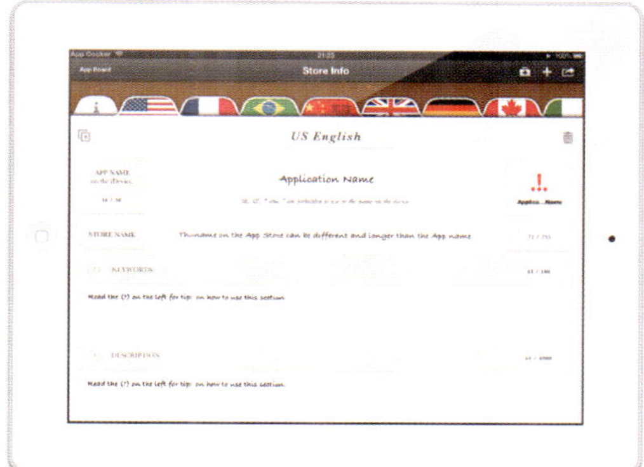

▲ 현지화 국가별로 관리할 수 있도록 도와주는 도우미 노트

알다시피 애플 앱 스토어는 글로벌 마켓이다. 이를 반영한 도구로 현지화 도우미 노트를 제공하여 다양한 내용을 기록하고 확인할 수 있게 되어 있다. 해외 글로벌 마켓의 현지화를 고려한다면 관심 가질만한 내용들로 구성되어 있다.

02. '플루이드 UI'로 만드는 앱 프로토타입

'플루이드 UI(Fluid UI)'는 플루이드 UI 웹 사이트에서 직접 앱의 프로토타입을 만들 수 있는 서비스를 제공하고 있다.

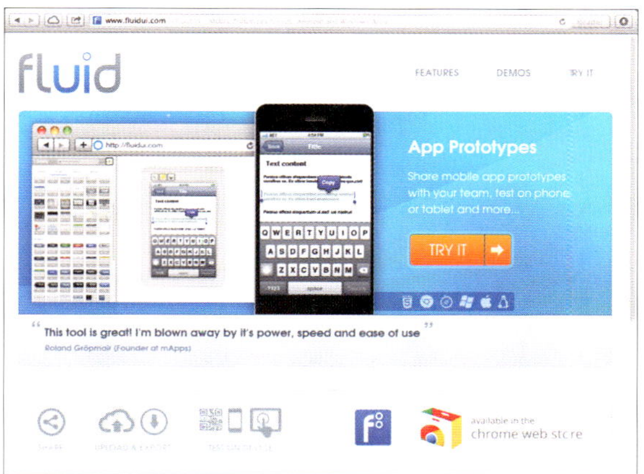

▲ '플루이드 UI' 웹 사이트 – fluidui.com

기본적으로 별도의 가입 없이 1개 앱을 무료 시연할 수 있어 바로 테스트를 시도해 볼 수 있다. 스크린 해상도를 사용자가 원하는 대로 설정할 수 있으므로 다양한 디바이스 해상도에도 적용이 가능하며 iOS 구성 컴포넌트는 물론 안드로이드폰, 윈도우폰 앱에 대한 컴포넌트 이미지와 각각의 와이어 프레임도 제공하고 있어 굉장히 광범위한 프로토타이핑이 가능하다.

화면 좌측의 다양한 컴포넌트를 우측의 페이지 화면으로 이동시켜 배치하는 방식을 통해 직관적이고 매우 빠르게 레이아웃 구성이 가능하다.

▲ 기본적으로 운영체제별 컴포넌트를 제공하고 있으므로 손쉽고 빠르게 레이아웃을 구성해 볼 수 있다.

좌측 상단의 드롭다운 메뉴를 클릭하면 다른 OS의 컴포넌트 선택도 가능하다. 현재 지원하는 프리셋은 와이어프레임, 아이폰, 아이패드, 안드로이드, 안드로이드 4.0, 안드로이드 태블릿, 윈도우즈 모바일 8이며, 사용자가 업로드한 이미지도 선택해서 배치시킬 수 있다.

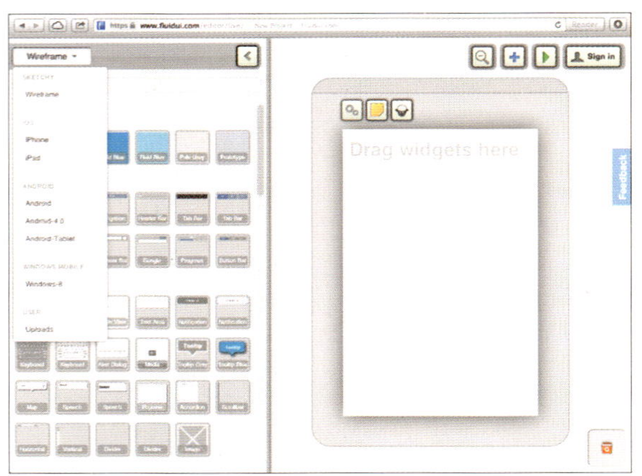

▲ 아이폰, 안드로이드, 윈도우즈 모바일 8, 그리고 사용자의 이미지 업로드를 통한 라이브러리를 제공한다.

각 컴포넌트는 필요에 따라 원하는 항목으로 수정 및 삽입이 가능하다. 또한 페이지별 이동과 버튼에 대한 조작 기능 부여는 물론, 터치 지스처에 따른 화면 이동에 대해서도 설정이 가능하므로, 사용자가 의도하는 앱의 형태로 구성하여 테스트가 가능하다.

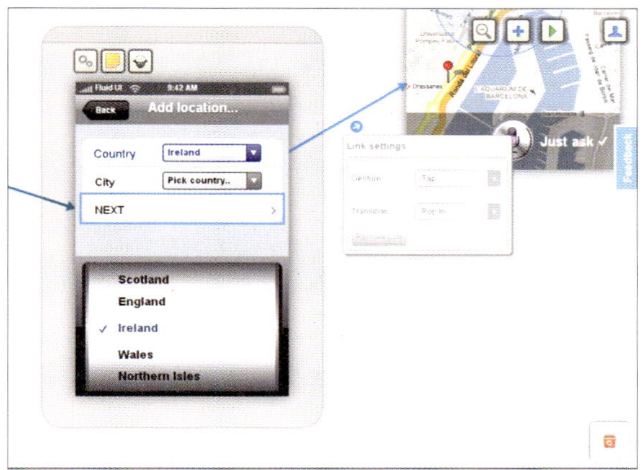

▲ 페이지 간 제스처 설정, 페이지 간 애니메이션 효과 설정 등을 통해 최다한 모바일의 사용성과 유사한 프로토 타이핑을 제작할 수 있다.

사용자는 제공하는 컴포넌트들을 이용할 수도 있고, 사용자가 원하는 이미지를 업로 드하여 프로토타입을 구성할 수 있으므로 그 응용 폭은 굉장히 방대하다.

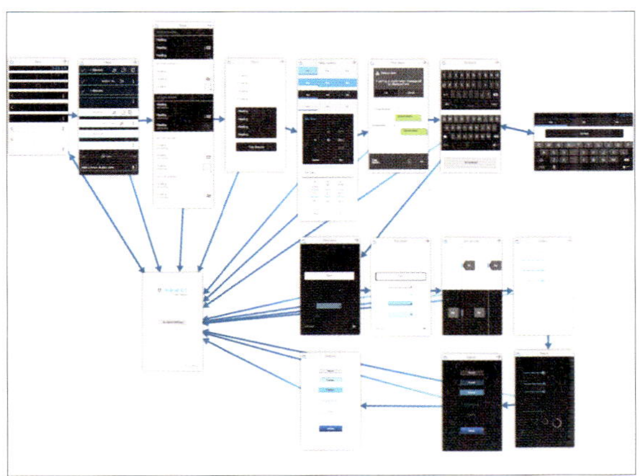

▲ 안드로이드 컴포넌트로 구성한 프로토타이핑 앱의 구성 화면 예제

컴포넌트 선택 시 해당 컴포넌트에 적합한 툴이 화면에 나타나며, 이를 통해 손쉽게 배치 및 레이아웃 구성이 가능하다.

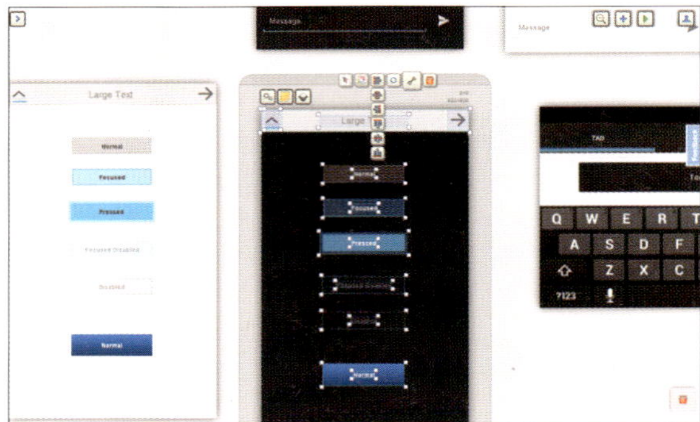

▲ 컴포넌트 별로 다르게 적용되어 나타나는 각종 설정 툴들

- Export, Share, Mobile Test

또한 이메일을 통해 해당 링크를 전송하거나 전체 플로우 차트 캡처 이미지를 보내는 등 다양한 방식의 Export와 Share 기능을 제공하고 있어 편리하게 공유할 수 있다.

페이지 디자인 화면에서 '플레이(Play)' 버튼을 클릭하면 시연할 수 있는 페이지로 이동되며, 이 때 좌측의 메뉴를 사용하여 Export 및 Share가 가능하다.

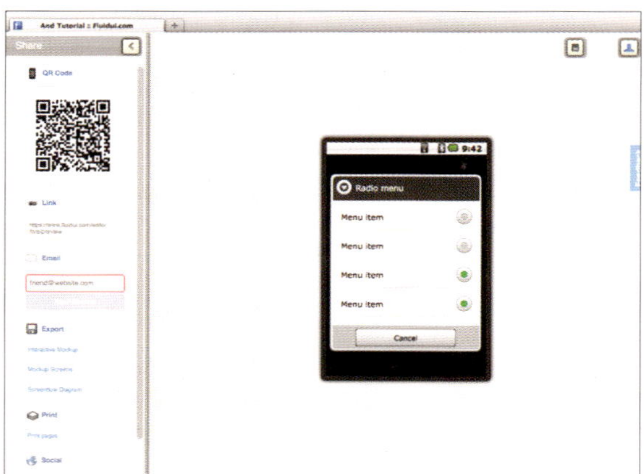

▲ '플루이드 UI' 웹 사이트에서 만든 프로토타입은 해당 프로토타입이 위치한 웹 사이트의 링크를 통해 모바일에서 접속하여 테스트를 하거나 안드로이드 'Fluid Player App for Android' 앱을 통해서 시연 및 테스트가 가능하다(iOS 버전은 출시 예정).

프로토타입 테스트용 안드로이드 앱 다운로드 웹 사이트를 통해 안드로이드폰용 '플루이드 플레이어'를 다운로드할 수 있다.

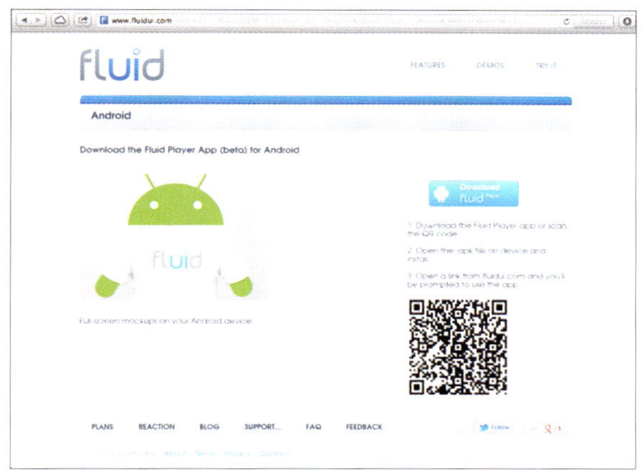

▲ '플루이드 플레이어' 안드로이드 앱 다운로드 웹 사이트
http://www.fluidui.com/android

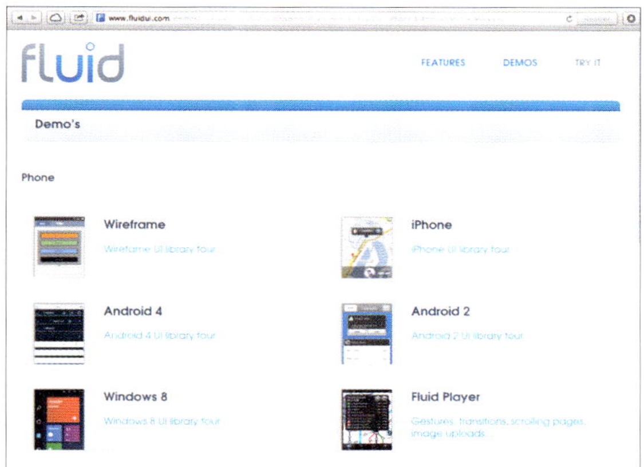

▲ 다양한 운영체제에 대한 라이브러리 데모 사이트

웹 사이트 내에 운영체제별 제공 컴포넌트 UI에 대한 라이브러리 데모(http://www.fluidui.com/demos)를 만들어 두어, 이를 시연해보며 플루이드 UI의 구성에 대한 스터디도 할 수 있어 편리하다.

03.
'앱 쿠커'와 '플루이드 UI' 비교

'앱 쿠커'와 '플루이드 UI', 모두 뛰어난 디지털 프로토타이핑 툴이다. 둘 다 가지고 있는 장점이 뚜렷하므로 그 장점을 위주로 추가 설명을 덧붙이고자 한다.

'앱 쿠커'의 장단점 요약

'앱 쿠커'는 아이패드를 통한 직관적인 터치를 사용하여 작업이 이루어지므로, 클라이언트와 급하게 작업을 해야 하거나, 팀의 회의 시에도 굉장히 유용하게 사용할 수 있다. '앱 쿠커'의 메뉴 위치와 해당 컴포넌트들의 위치에 대해 익숙해진다면, 굉장히 빠른 속도로 앱의 구조를 구성하고 페이지 간 이동 등을 설정할 수 있다.

아울러 '앱 쿠커'를 통해 만들어진 프로토타입은 실제 iOS 앱과 동일한 수준의 퍼포먼스를 보여주므로 깔끔한 프로토타입을 원하는 클라이언트에게는 효과적인 솔루션이 될 수 있을 것이다.

무료로 사용하는 '앱 테이스터'를 통한 프로토타이핑도 원활히 작업이 가능하며, 실제 작업 프로세스를 세심히 배려한 프린트 기능이나 페이지에 즉시 피드백할 수 있는 기능 또한 유용하게 사용할 수 있다.

더불어 일반적인 프로토타이핑 툴이 제공하는 앱 페이지 디자인 외의 아이콘 디자인에 대한 툴과 각종 마켓, 기획 등과 관련된 부가 서비스를 제공하고 있으므로 실제 앱을 기획하고 개발하는 역할을 담당하는 사람들에게 부가적인 이점을 제공한다.

아쉬운 점이라면, 아이패드로만 제공된다는 점이며 안드로이드는 지원하지 않는다는 점이다. 그렇지만 아이폰과 아이패드를 대상으로 앱을 빌드한다면, '앱 쿠커'가 효과적인 답이 될 수 있다. 더불어, 앱이라는 특성상 1회 구매 후 추가 비용 지불이 없으며, 지속적인 업그레이드와 관리를 받을 수 있다는 점이 장점이다.

'플루이드 UI' 장단점 요약

'플루이드 UI'는 아무래도 데스크탑 환경에서 작업을 하게 되므로 넓은 모니터를 통해 다양한 컴포넌트를 선택해서 적용하는 부분이 굉장히 편리하다. 더불어 페이지가 많은 앱을 기획하고 프로토타이핑을 예정하고 있다면, 넓은 디스플레이를 사용하는 '플루이드 UI'가 효과적인 툴이 될 수 있을 것이다.

특히나 '플루이드 UI'가 가지고 있는 최대의 장점은, 다양한 OS의 컴포넌트를 지원하고 있는 점이며, 이를 통한 멀티 디바이스 프로토타이핑에도 굉장한 강점을 지니고 있다.

해상도 또한 사용자의 의도에 따라 설정이 가능하므로 아이폰, 아이패드는 물론 안드로이드의 다양한 태블릿에 대한 작업도 가능하다. 이와 같이 해상도를 원하는 대로 설정할 수 있으므로 터치 스크린을 차용한 비규격화된 모바일 디바이스의 디자인 프로토타이핑도 가능하다는 장점이 있다. 따라서 스마트폰 외 자동차 네비게이션, 하드웨어 스크린 UI 디자인 등을 진행할 경우에도 '플루이드 UI'를 통해 작업을 할 수 있는 점을 최고의 장점으로 꼽을 수 있다.

아쉬운 점은, 아무래도 스마트폰의 웹 브라우저 앱을 사용하여 테스트가 이루어지게 되기 때문에, 스마트폰에서 테스트할 경우, 화면과 프로토타입이 어긋나는 현상이 발생한다는 점이다. 프로토타이핑 제작 시 설정한 화면 해상도와 맞지 않으면 화면에 화면에 공백이 생기는 부분이나, 한 페이지에 세로-가로 화면을 같이 제작할 수 없는 점 등은 아쉽다. 하지만 이러한 부분은 '플루이드 UI'에서도 인지하고 있는 부분이며, 현재 안드로이드폰에서 테스트할 수 있는 '플루이드 플레이어'를 베타 버전으로 출시하였다. 추후 iOS 앱도 출시할 예정이라고 하니 해당 문제점은 곧 해결될 것으로 보인다. 본 서비스가 가지고 있는 장점이 훨씬 크므로, 이러한 부분만 사전에 감안하여 진행한다면 큰 문제가 되지는 않을 것이다.

모니터의 색 교정,
컬러 캘리브레이션

여기에 디자이너들이 크게 간과하고 있는 사실이 하나 있다. 그것은 바로 모니터 컬러의 중요성에 대해서이다. 실제로 모니터의 색상은 변화하며 같은 공장의 같은 사람이 같은 자리에서 만든 모니터 조차도 색상 재현이 다르다는 점이다. 이번에는 모니터의 컬러 캘리브레이션을 통해 모니터의 컬러를 표준에 가깝도록 교정하는 방법에 대해 알아보도록 한다.

01.
모니터
캘리브레이션의
중요성

몇 년 전 우연한 기회에 '컬러 캘리브레이션(Colcr Calibration, '색 교정'의 뜻)'을 사진 전문가 세미나를 통해 알게 되었다. 사실 그 전까지만 해도, 디자인 작업물의 색이 클라이언트에게 전달되면, 왜 밝다고 하는건지, 흑은 붉은 색이 많다고 하는 건지 도무지 알 수가 없었던 적이 있었다. 작업하고 있는 모니터에서는 아무런 이상이 없어 보였기에 오히려 클라이언트의 눈이 이상하다고 생각하였지만, 지금 생각해보면 모니터 캘리브레이션에 대해 무지했기에 생긴 일이었다.

믿을 수 없겠지만, 모니터는 색상이 변화한다. 심지어는 같은 제조사의 같은 모델의 모니터도 색이 달라 보인다. 그리고 사용하면 할수록 색감도 변화한다. 내가 어떤 조명 환경에서 모니터를 보느냐에 따라 또 색이 달라 보인다. 엉터리로 맞춰진 색감이 시간이 가면 갈수록 더욱 모니터를 망치고 있지만 도대체 방법을 알 수가 없었다. 그렇다면 어떻게 해야 모니터의 색을 기준점으로 끌어올릴 수 있을까? 여러 명이 작업을 하면 왜 통일된 색이 나오지 않고 왜 다 다른 컬러의 이미지가 나오는가? 그리고 모니터의 컬러를 어떻게 해야 스마트폰과 컬러를 맞출 수 있을까? 디자인 작업을 하다가 보면 컬러 때문에 고민을 하게 되는 경우가 빈번하지만, 제대로 된 해결책을 찾지 못하였다.

그러나 사실 아주 간단하게 해결을 할 수가 있다. 데이터컬러(datacolor)사의 '스파이더 4(Spyder 4)' 시리즈가 그러한 역할을 대신해줄 수 있다. '스파이더'는 사용자가 쉽게 모니터의 컬러 캘리브레이션을 할 수 있도록 해준다. 전용 소프트웨어를 설치하고 USB 케이블로 '스파이더' 센서를 연결한 다음, 소프트웨어의 지시에 따라 모니터에 몇 분간 부착해 놓기만 하면, 모니터를 표준 상태로 맞추어 준다. 그리고 컬러 캘리브레이션이 완료된 후에는 Before-After도 보여주며 므니터의 컬러를 확인할 수 있게 해준다. 아주 쉽고 간단하다.

'스파이더 4' 시리즈는 모니터 캘리브레이션 전문 센서이다. 저자가 처음 사용한 스파이더 제품은 버전 3이었는데 현재는 좀 더 정확한 측정이 될 수 있도록 개선된 '스파이더 4'가 최신 버전으로 판매되고 있다('스파이더 3'와 비교하여 정확도 26 %, 정밀도는 19 % 향상). 그리고 '스파이더 4'는 사용 목적에 따라 Express, Pro, Elite 모델로 나뉘어져 있다.

데이터컬러 '스파이더 4' 시리즈 : Elite, Pro, Express

▲ '스파이더 4'의 Elite, Pro, Express, 총 3가지 모델

주기적으로 간단한 모니터 컬러 교정을 위해서는 Express 모델을, 좀 더 정확한 교정 및 다양한 상황에서 자동 색 교정을 원한다면 Pro 모델을 사용하면 된다. 저자는 작업 시 모니터를 두 대 사용하고 있으며 보다 정확한 교정을 위해서 Elite 모델을 사용하고 있다.

Elite 모델은 캘리브레이션 이후에 여러 가지 교정 평가 기능을 제공함으로 현재 모니터의 상태, 평점, 컬러 스펙트럼과의 일치 여부를 알려주므로, 전문적으로 디자인을 한다면 Elite 모델을 사용해야 한다. Pro 모델은 컬러 교정 이후의 평가 기능은 제공되지 않는다. 그리고 Pro 모델과 Elite 모델은 빛의 변화에 따라 모니터의 상태를 리뷰해주는 기능도 제공한다. Express 모델은 필요 시에 모니터 캘리브레이션하는 기본 기능만을 제공한다.

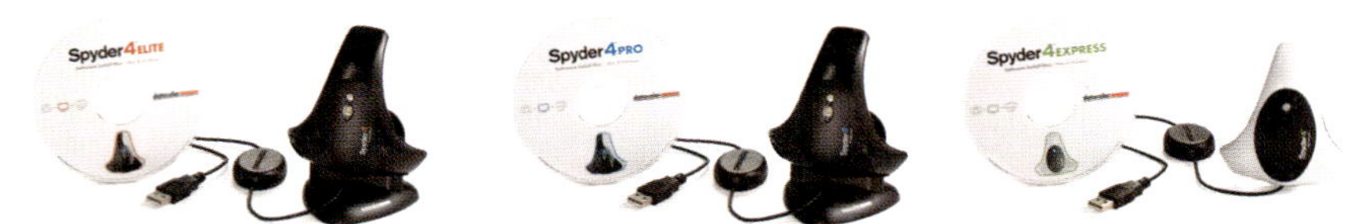

▲ 스파이더 모델들의 실제 제품 사진 – Elite, Pro, Express

저자가 디자인을 전문적으로 하는 디자이너들에게 일반적으로 추천하는 모델은 스파이더 4 Pro 모델이다. 스파이더 4 Pro 모델은 Elite 모델과 동일한 하드웨어를 지니고 있으며, 별도의 업그레이드 팩 구매 시에는 Elite 모델로 업그레이드가 가능하기 때문이다. 그리고 일반적으로 필요한 다중 모니터 지원 및 주변광 반영 기능이 지원되기 시작하는 모델이므로, 가격 대비 성능은 물론 업그레이드를 통한 확장성도 좋다.

Express 모델도 기본적인 모니터 캘리브레이션은 가능하나, 다중 모니터 지원과 주변광 반영이 되지 않고 사용 중에 추가 비용을 지불하여 업그레이드가 불가능하다. 하지만 고정된 장소에서 1개의 모니터로만 작업을 하고 순순히 기본적인 기능만 필요하다면 Pro 모델보다는 Express가 적합할 것이다. 이 중에서 자신에게 과연 어떤 제품이 적합한지 고민해보고 가장 잘 맞는 제품을 고르면 된다.

데이터컬러 한국 공식 웹 사이트 – http://datacolor.kr
데이터컬러 한국 공식 웹 사이트의 좌측 상단 메뉴. [이미징 제품]–[모니터 캘리브레이션]에 들어가면 보다 디테일한 정보를 볼 수 있다.

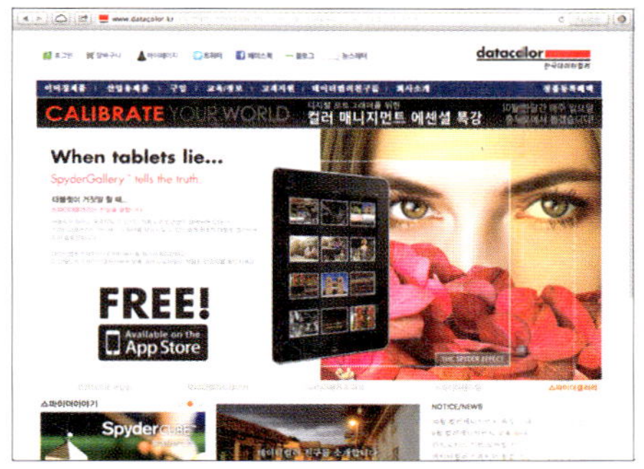

모니터 캘리브레이션 방법

스파이더 제품의 사용 방법은 무척 간단하다. 스파이더 프로그램(공식 웹 사이트에서 다운로드 가능)을 컴퓨터에 설치 후 프로그램을 구동시키면 단계별로 차근차근 진행 절차를 알려준다. 제품을 USB로 컴퓨터에 연결하고 캘리브레이션 프로그램을 통해 모니터에 비춰지는 조명과 모니터에서 보여지는 빛을 평가하여 모니터의 색을 교정하는 역할을 한다. 그리고 평상시에도 스탠드에 제품을 꼽아서 놓아두면 주기적으로 조명을 확인하며 모니터의 색을 유지하게 한다(Express 모델은 미지원).

다음과 같이 스파이더를 모니터 위에 얹고 약 5분 정도 있으면 자동으로 색이 교정된다.

▲ 프로그램 구동 시 모니터에 스파이더 디바이스를 올려 둔다.

캘리브레이션 프로그램 구동 시 모니터에 센서를 올려두는 부분이 표시된다. 그 위치에 센서를 올려놓고 기다리면 자동으로 모니터 캘리브레이션이 진행된다.

모니터 캘리브레이션을 마치고 나면 Before-After를 보여주며 그 차이점을 눈으로 보여준다. 캘리브레이션 후 사용자가 원하는 주기에 따라 주기적으로 재교정을 볼 수 있도록 알람 기능을 설정할 수 있어, 자칫 잊을 수 있는 교정에 대해 공지를 해주어서 편리하다.

▲ 캘리브레이션 완료 후 캘리브레이션 전과 후의 모습을 비교해서 보여준다. 좌측 이미지는 교정 전, 우측 이미지는 교정 후의 이미지이다.

스파이더 4 Elite 모델의 추가 제공 기능

Elite 모델은 캘리브레이션 이후에 별도의 기능을 추가로 제공하고 있다. 개인적으로 무척 마음에 들어하는 기능이므로, 간략히 소개하고자 한다.

Elite 모델은 교정 단계 완료 후, 총 6가지 고급 평가 기능을 제공한다.

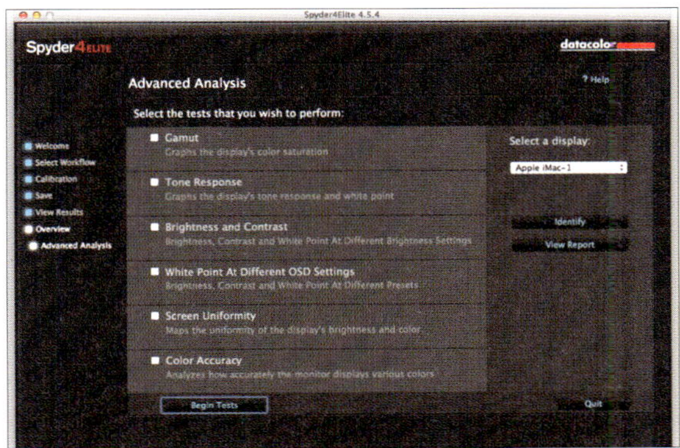

▲ Elite 모델에서만 제공되는 6가지 고급 평가 기능

모니터 위치별로 얼마나 색이 정확히 표현되는지에 대한 평가부터, sRGB 컬러 스펙트럼과 얼마나 같게 구현하고 있는지에 대한 평가도 해준다.

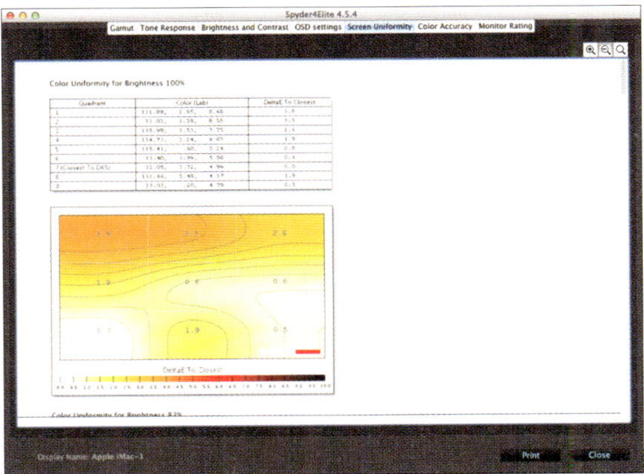

▲ 색의 구현이 얼마나 정확한지 평가해볼 수 있다.

저자가 사용하는 모니터 중 iMac은 sRGB와 100 % 일치 구현율을 보여주고 있다.

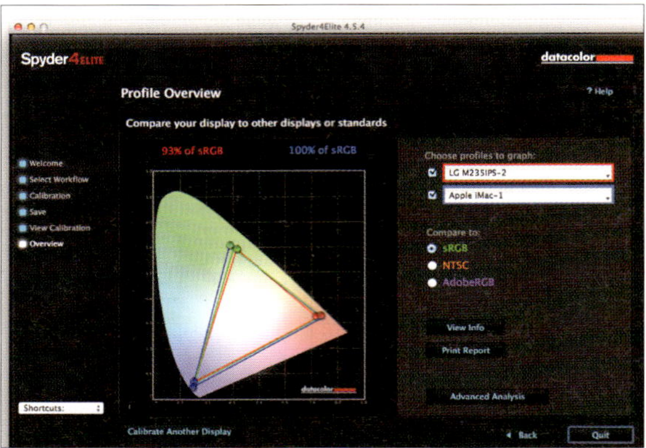

▲ sRGB, NTSC, Adobe RGB 컬러 프로 파일과 비교하여 자신의 모니터가 얼마나 정확히 표현할 수 있는지도 확인할 수 있다.

최종적으로 각 부분에 대한 평가를 통해 모니터가 어떤 상태인지 점수도 매겨주므로 현재 모니터의 상태를 총체적으로 확인할 수 있다.

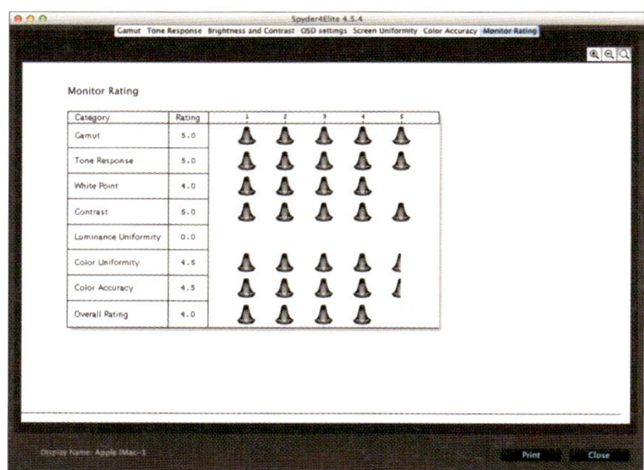

▲ 점수 방식을 통해 자신의 모니터에 대한 점수를 매길 수도 있다.

데이터컬러 스파이더를 통해 아이폰과 아이패드의 컬러 캘리브레이션을 할 수 있다. 그 어떤 제품군도 아이폰과 아이패드의 컬러를 고정해주는 기능이 없는데, 스파이더는 별도의 앱을 제공하여 아이폰과 아이패드의 컬러를 교정할 수 있도록 해준다(애플 앱 스토어에서 다운로드 가능). 이것 때문에라도 아이폰, 아이패드 디자인 작업하는 디자이너는 Must-Have Item이 될 수 밖에 없을 것이다. 아쉽게도 현재 안드로이드 앱은 제공되지 않는다.

모니터 캘리브레이션 하는 것과 동일하게 아이폰, 아이패드 위에 놓고 기다리면 자동으로 캘리브레이션이 된다.

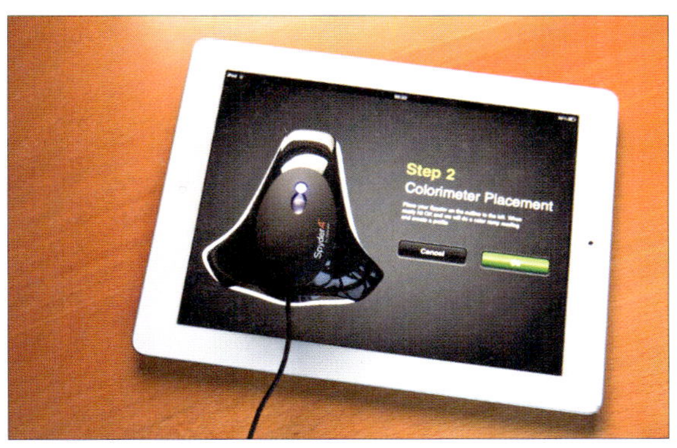

▲ 스파이더를 통해 아이폰과 아이패드 자동 캘리브레이션이 가능하다.

스파이더 4 시리즈로 컴퓨터의 컬러 캘리브레이션을 통해서는 모니터의 색 환경을 교정해주어서 작업하는 동안 교정된 모니터를 볼 수 있게 해주지만, 아이폰-아이패드의 '스파이더 갤러리(Spyder Gallery)' 앱은 앱 내에서 아이폰 내의 갤러리 안에 있는 사진 이미지들을 교정된 컬러로 재현해주는 기능이다. 그러므로 스파이더 갤러리 앱은 아이폰에서 컬러 교정된 이미지를 체크하기 위한 목적으로만 사용이 가능하다. 아이폰 자체의 모든 구현 컬러를 캘리브레이션 해주는 기능이 아니다.

그렇지만 실제 작업 내용이 의도한 대로 표현이 되는지에 대해서 확인할 수 있는 기준점을 제시해줄 수 있는 유일한 방법이므로, 제한적일지라도 필수 기능이다.

작업의 효율을 높여주는 타블렛

저자는 앱 디자인은 물론, 디지털 일러스트레이션 작업도 같이 하고 있다. 그러다 보니 앱 디자인 시에도 타블렛을 사용하여 작업을 하고 있다. 타블렛은 익숙해지게 되면 마우스보다 훨씬 빠른 속도로 직관적인 작업을 할 수 있으므로 본 서적에 소개하게 되었다. 더욱이 최근 출시한 인튜어스 5 모델은 펜은 물론 터치 제스처도 인식이 되므로 더욱 직관적으로 작업을 진행할 수 있게 되었다. 작업의 효율을 높여줄 수 있는 타블렛의 기능을 알아보도록 한다.

**01.
펜과 터치로
디자인하는
와콤 인튜어스 5,
뱀부 펜 & 터치**

와콤(Wacom)사에서 출시한 인튜어스 5, 뱀부 펜 & 터치는 펜 타블렛 기능은 물론 터치 제스처와 단축키 기능을 제공하고 있어, 사용시 효과적인 작업 능률 향상에 도움이 된다.

인튜어스 5는 고급 터치 제스처 지원, 2,048 단계의 펜 압력 레벨 감지, 펜 기울기 감지, 터치링과 8개의 익스프레스 키가 지원된다.

▲ 와콤 모델 인튜어스 5 PTH-650

인튜어스 5는 Small-Medium-Large 사이즈가 있다. 일반적으로 Medium 사이즈를 선호한다. 이동하며 사용하거나 단순 작업의 용도라면 Small, 넓은 사이즈를 선호하는 사람은 Large를 선택한다.

▲ 다양한 사이즈의 인튜어스 5 타블렛들

뱀부 펜 & 터치 CTH-470은, 기본 터치 제스처 지원, 1,024단계의 펜 압력 레벨 감지, 4개의 익스프레스 키가 지원된다. 사이즈가 작아 휴대하기 편리하여, 저자는 강의와 스튜디오 외부에서 작업할 경우 사용하고 있다.

▲ 터치 제스처도 지원하는 뱀부 펜 & 터치 CTH-470

타블렛이 있다면, 펜 드로잉을 활용하여 앱 디자인과 관련된 스케치나 기초적인 스케치 등도 직접 작업을 할 수 있으므로 작업의 폭 드한 넓힐 수 있다. 최근, 포토샵 CS6 및 기타 드로잉 관련 프로그램들은 드로잉 관련 기능을 대폭 강화하여, 다양한 느낌의 브러시는 물론, 굉장히 빠른 반응 속도를 구현해주고 있다. 이를 통해 자신이 표현할 수 있는 범위를 더욱 넓힐 수 있다.

제품에 대한 자세한 정보 및 최신 정보가 필요하다면 한국 와콤 공식 웹 사이트를 방문해 정보를 확인하도록 하자. 웹 사이트 내의 [고객지원]-[사용자 매뉴얼]을 선택하면 모든 제품에 대한 메뉴얼이 PDF로 제공되어 손쉽게 다운로드해 읽어 볼 수 있다. 사용자 매뉴얼에 굉장히 잘 설명이 되어 있으므로 본 서적에서는 세팅 방법 등 세부 사항에 대해서는 생략하도록 한다.

TIP

한국 와콤 공식 웹 사이트 – www.wacom.asia/kr

타블렛의 다양한 기능들을 알아보도록 한다. 펜 타블렛 기능 외에도 다양한 기능들이 많다.

마우스를 대체하는 타블렛 : 포인팅 디바이스 역할

▲ 모니터의 화면 비율과 동일하게 타블렛 작업 영역이 적용된다.

▲ 타블렛 펜 이동에 따라 마우스 포인터가 움직인다.

타블렛의 펜 이동과 동일한 좌표에서 마우스 포인터가 움직인다. 마우스가 화면상의 포인터가 위치한 곳에서 움직이는 것과 다른 방식이다.

마우스는 마우스 포인터가 있는 곳부터 이동하기 시작하는 '상대적 좌표' 방식이나, 타블렛은 타블렛과 모니터의 영역을 일치시켜 펜을 대는 곳에 바로 포인터가 나타나는 '절대적 좌표' 방식이다. 처음에는 이러한 차이점 때문에 '손-눈의 협응' 연습이 필요하겠지만, 익숙해지면 무척 편리하다. 마우스보다 훨씬 빠르게 포인팅을 할 수 있으며 직관적으로 디자인 작업을 진행할 수 있다.

다양한 터치 제스처 제공으로 직관적인 화면 컨트롤

• 스마트폰 터치 제스처와 동일한 터치 제스처 지원

본 서적에 와콤 타블렛을 디자인 작업의 효율성을 높이는 도구로 소개하게 된 것은 터치를 지원하는 부분이 큰 역할을 차지하며, 와콤 고유의 차별점이기도 하다. 편리한 점은 스마트폰의 터치 제스처와 동일한, 핀치=줌 인/줌 아웃, 로테이트, 스크롤 기능 등을 제공하고 있으므로, 스마트폰을 사용할 수 있다면 별다른 연습 없이도 직관적으로 제스처를 사용할 수 있다. 필요에 따라 타블렛의 버튼을 설정하여 해당 기능을 온/오프할 수 있으므로 편리하다.

▲ 펜 작업과 터치 제스처 가능하다.

펜 타블렛 작업을 하다가 필요하면 바로 터치 제스처를 입력할 수 있다.

• 맥을 사용하고 있는 사용자라면 더욱 편리하다.

와콤의 터치 제스처의 방식과 기능은, 애플 iOS 및 애플 컴퓨터 운영체제인 OS X 맥 노트북에서 지원되는 제스처와 동일한 제스처가 지원되므로 더욱 편리하게 사용할 수 있다. 맥 노트북이 아닌 iMac 같은 데스크톱을 쓰는 경우는 매직 트랙패드를 떠올리면 된다. 그러므로 와콤 타블렛이 있으면 매직 트랙패드를 살 필요가 없다. 13가지의 기본 스탠다드 터치 제스처와 5개의 나만의 터치 제스처를 설정할 수 있다.

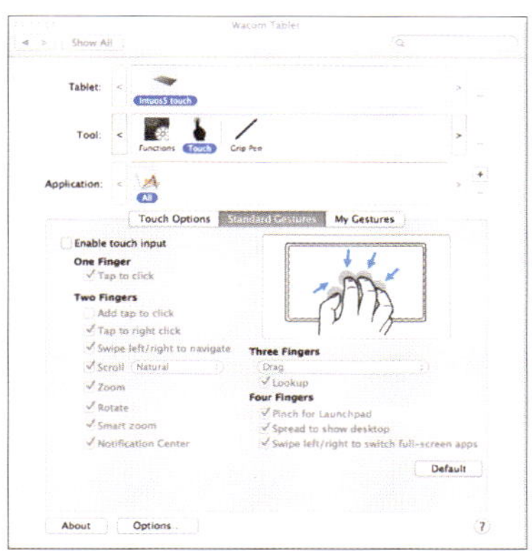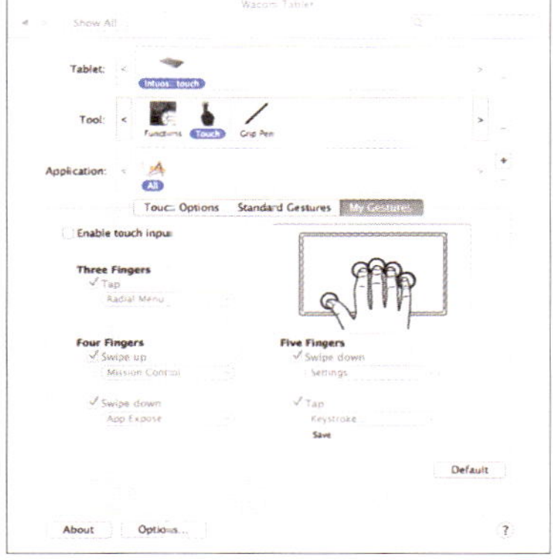

▲ 펜 작업과 터치 제스처 가능하다.

단축키와 터치 링을 통해 보다 손쉬운 단축 기능 활용

▲ 펜과 터치 외에도 단축키, 터치링을 통해 다양한 기능을 활용할 수 있다.

뱀부 펜 & 터치는 4개의 단축키, 인튜어스 5는 8개의 단축키와 원형 터치링, 그리고 단축 기능이 지정된 원형 라디얼 메뉴(Radial Menu)를 제공하고 있다. 디자인 작업 시 자주 쓰는 기능들을 지정해놓는다면 굳이 키보드에 손을 얹지 않아도 타블렛만으로도 작업이 가능하다.

컴퓨터의 와콤 설정 창을 통해 단축키와 관련된 기능들을 세부적으로 자세히 설정할 수 있어서 무척 편리하고 취향에 맞게 변경할 수 있어 작업에 큰 도움이 된다.

버튼 별로 사용자가 선호하는 단축키 기능 및 키보드 대체 버튼을 설정할 수 있다. 터치 회전에 따라 입력 속도를 정할 수 있다.

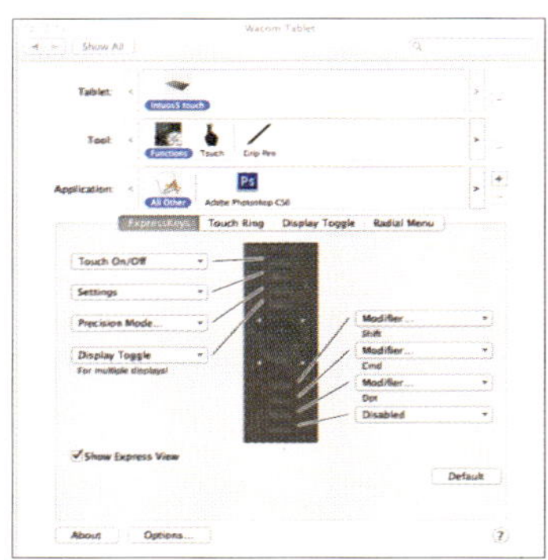

▲ 버튼별 단축키 및 대체 버튼으로 지정 가능하다.

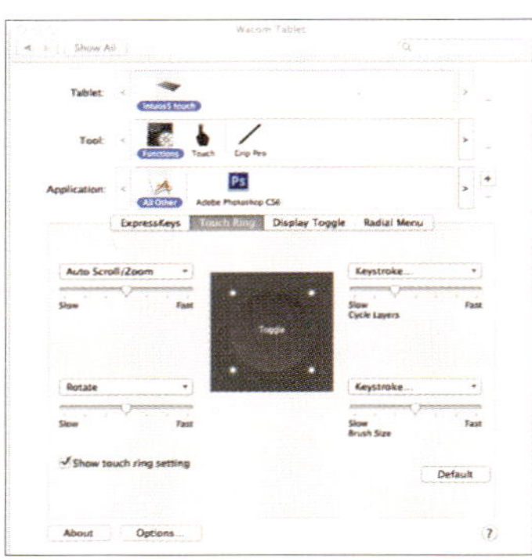

▲ 터치 휠에 기능 설정이 가능하다.

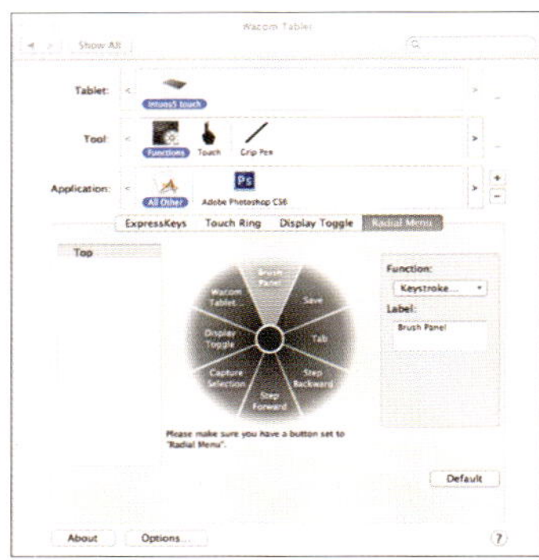

▲ 라디얼 메뉴 설정

제스처를 통해 나타나는 스크린 설정 화면에서 해당 기능을 클릭하면 바로 설정이 가능해서 편리하다.

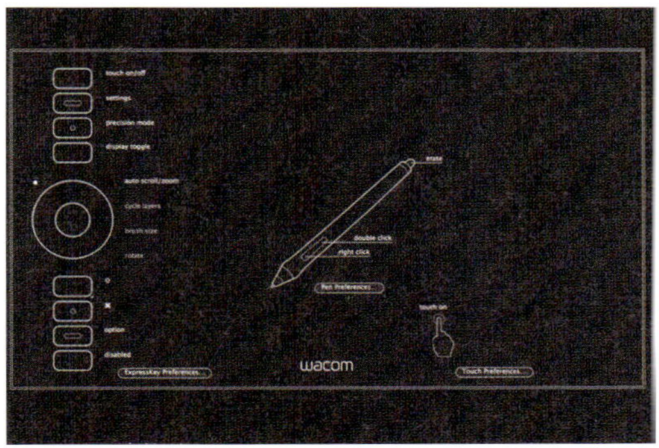

▲ 타블렛에 'Settings'로 설정해 놓은 단축키를 누를 경우, 타블렛과 펜에 지정해 놓은 기능을 확인할 수 있다.

보여지는 설정 창의 라운드 박스 안에 있는 각 'Preferences'를 클릭하면 해당 설정 창으로 바로 이동하여 원하는 대로 변경할 수 있어 편리하다.

인튜어스 5의 원형 터치링은 특히 브러시 작업 시 브러시 사이즈 조정을 설정하거나 Undo/Redo 기능을 설정해 놓고, 좌우로 터치링을 돌린다면 더욱 편리하게 작업을 할 수 있다. 원형 터치링은 4개의 세트를 제공하므로 필요에 따라 설정하여 사용할 수 있다.

사용자가 원하는 프로그램에 별도의 단축키 세트, 원형 터치링, 라디얼 메뉴를 설정할 수 있어 편리하다.

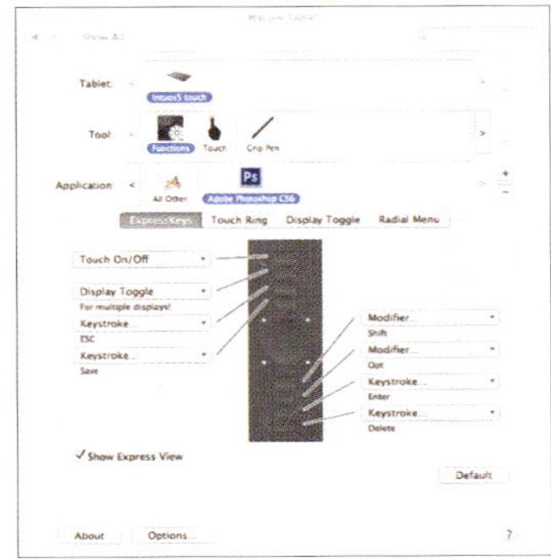

▲ 프로그램별로 설정이 가능한 단축키 세트

사람마다 편하게 쓰는 키와 자주 쓰는 키가 다르므로 작업을 하면서 자주 쓰는 키가 무엇인지 확인하고 필요에 따라 단축키 위치를 바꾸며 사용하도록 한다.

 인튜어스 4의 경우는 타블렛에 작은 액정이 달려 있어서 사용할 때마다 타블렛을 봐야 했는데, 인튜어스 5에서는 단축키 위에 손을 얹으면 해당 버튼에 무슨 기능을 설정해두었는지 모니터 화면에 보여주므로 기억이 나지 않을 때에도 쉽게 확인할 수 있어 편리하다.

▲ 단축키에 손가락을 얹고 있으면 모니터의 화면에 해당 버튼에 대한 기능이 무엇인지 알려주는 창이 나타난다.

펜의 압력 입력 감지 기능

 타블렛의 가장 기본적이면서 제일 중요한 부분이 바로 압력 입력 감지 기능이다. 와콤 타블렛은 모델에 따라 최대 2,048 단계의 압력과 펜의 기울기도 감지할 수 있어 굉장히 세밀한 작업이 가능하다.

 또한 마우스로 그리면 펜 압력 인식이 되지 않아 굵기가 동일한 선이 그려진다. 펜 타블렛으로 그릴 경우 압력 인식이 되므로 선의 굵기에 대한 자연스러운 표현이 가능하다.

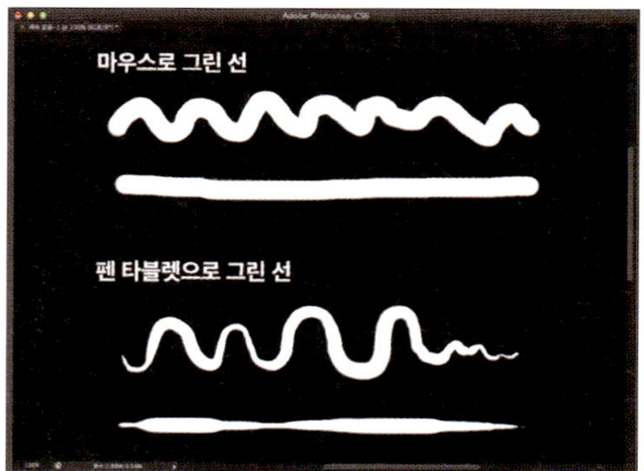

▲ 자연스러운 선 굵기 표현이 가능하다.

 이처럼 펜의 압력에 따라 강약 조절 입력이 가능하므로, 사진이나 이미지에 명암 조정 등의 이미지 보정을 아주 세밀하게 작업을 할 수 있다. 이런 작업은 마우스를 통해서는 디테일하게 작업하기가 어렵다. 포토샵과 '코렐 페인터(Corel Painter)' 프로그램의 경우는 펜의 기울기도 인식을 하고 있어 드로잉 브러시의 다양한 표현도 가능하다.

관련 정보 습득으로
스킬 업

앱은 변화한다. 그리고 IT 분야는 하루가 다르게 변화하고 있다. 매일 앱 스토어를 들러보고 앱을 사용해보고 디자인 작업을 하면서도, 항상 발빠르게 새로운 소식과 트렌드를 캐치해야 한다. 이번 챕터에서는 저자가 추천하는 온라인 사이트, 매거진, 아카데미를 알아보도록 한다. 필요에 따라 아카데미에서 세미나, 워크샵을 통해 작업 능력을 키우고 웹을 통해 빠른 정보를 캐치하며 매거진으로 해외 디자인 스킬을 따라 잡는 노력을 통해 보다 뛰어난 디자인을 할 수 있을 것이다.

01.
앱스디자인

▲ 앱스디자인 주최/주관 세미나, 컨퍼런스 진행 모습

본 서의 저자인 앱스디자인 이종원 대표가 운영하는 웹사이트와 페이스북 페이지에서는 앱스디자인에서 직접 진행하는 다양한 세미나, 특강, 컨퍼런스에 대한 정보는 물론, 관련 업계 소식 및 다양한 정보를 공유하고 있다. 관심있는 분들은 들러서 관련 정보를 확인할 수 있도록 한다.

TIP

앱스디자인 웹사이트 – appsdesign.co.kr
앱스디자인 페이스북 페이지 – facebook.com/appsdesignstudio

한국인터넷전문가협회
KIPFA

▲ 한국인터넷전문가협회에서 진행된 UX 디자인 스쿨 7기 수료생들의 발표회 장면

한국인터넷전문가협회는 UX분야는 물론, 웹표준, IoT 등의 IT분야에서 트렌드와 실무자들의 니즈를 반영한 다양한 컨퍼런스와 세미나, 정규 강의를 진행하고 있다. 매년 실시하는 웹 어워드, 앱 어워드를 개최하고 있으며, 디렉터세미나, UX 이노베이션 세미나 등의 연간 세미나도 정기적으로 개최하고 있다. 웹사이트에 시기별로 다양한 강의 정보가 있으니 들러서 확인해보도록 한다.

TIP

한국인터넷전문가협회 웹사이트 – kipfa.or.kr

03.
블로터닷넷

▲ 스마트폰 및 IT 분야의 최신 정보를 얻을 수 있는 블로터닷넷 웹 사이트

　블로터(Bloter)는 블로거(Blogger)와 리포터(Reporter)를 결합(Blo+ter)한 용어이며, 이는 '블로거의 분석 능력과 리포터의 현장 취재력이 결합된 새로운 저널리스트'를 뜻하는 말이라고 한다. 이처럼 IT 관련 각 분야의 전문가들이 현장의 생생한 소식과 주관 있는 기사를 제공해주고 있어, 특히 트렌드에 민감한 스마트폰과 앱 관련 부분에서는 국내 제일의 정보를 제공해주고 있는 디지털 전문 미디어이다. 애플의 신제품 발표회에 직접 참석하여 현장의 분위기를 생생하게 전해주고, 앱 개발자의 인터뷰는 물론, 다양한 앱과 IT 디바이스에 대한 리뷰도 볼 수 있어 굉장히 유익하다. 종종 방문해 최신 트렌드에 대한 뉴스를 알아보도록 한다.

> **TIP**
>
> **블로터닷넷 웹 사이트** – bloter.net

▲ 세계적인 크리에이티브 매거진 CA는 월간지 – 단행본 출간 및 각종 세미나도 개최하고 있다.

월간 '컴퓨터 아트(Computer Arts /월간 CA)'는 세계적인 크리에이티브 매거진 CA
의 한국 번역 월간지로 해외의 다양한 동향은 물론 실무적인 관점에서 다양한 튜토리
얼 및 포트폴리오 등도 수록하여 실무 스킬 업에도 많은 도움을 준다.

TIP

월간 CA 웹 사이트 – cakorea.com

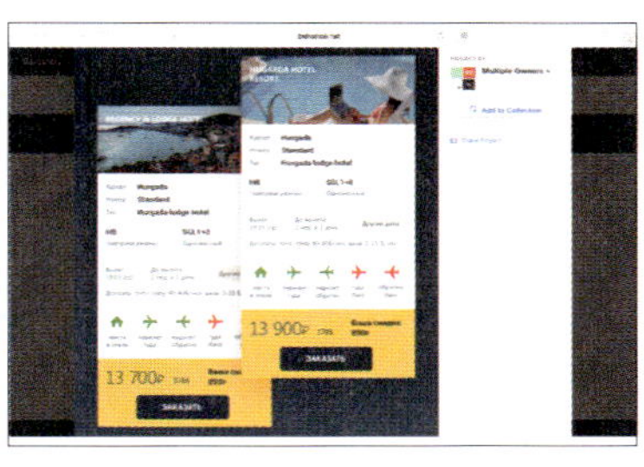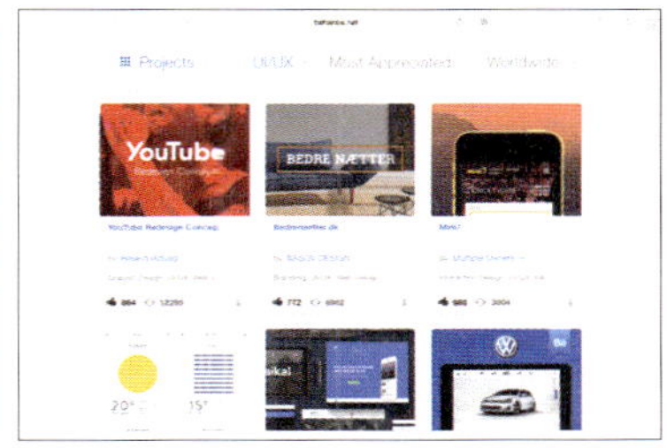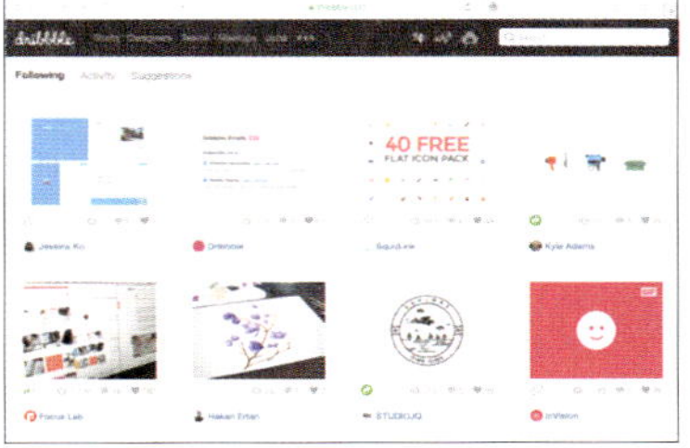

▲ 프로 디자이너들의 다양한 디자인 포트폴리오를 볼 수 있는 Behance와 dribbble

　수 많은 웹 포트폴리오 사이트가 있으나, 모바일 앱과 관련하여서는 아무래도 Behance, dribbble 사이트를 추천한다. Behance의 경우는 Adobe에서 인수하게 되면서, 더욱 주목받게 된 포트폴리오 사이트로써 다양한 분야의 창의적 이미지들을 볼 수 있으며 각 디자인들의 수준이 굉장히 높다. dribbble 사이트 또한 포트폴리오 사이트지만, 한 두 개의 이미지를 쉽게 올릴 수 있는 것이 특징으로, 굉장히 빠르고 다양한 이미지를 볼 수 있다. 다만 가입이 까다롭다. 이 두 개의 사이트는 각 특징들이 다르므로 정기적으로 들어가서 관심 분야의 디자인들을 보면서 '보는 눈'과 '트렌드에 대한 감각'을 키울 수 있도록 한다.

TIP

Behance 웹사이트 – behance.net
dribbble 웹사이트 – dribbble.com

*Epilogue — 맺음말

 디자인으로 숨쉬고 살아가는 수많은 디자이너들에게 힘이 되고 도움이 되는 책을 만들기 위해 본 서적을 집필하였습니다. 디자인을 자신의 삶과 열정으로 표현하는 수많은 디자이너들, 프로젝트를 성공시키기 위해 부단히 노력하는 앱 개발자분들, 모두들 제가 겪은 수많은 시행착오를 겪지 않고, 효율적인 프로세스로 보다 더 좋은 디자인을 할 수 있었으면 합니다. 'Practice makes Perfect'라는 말이 있습니다. 하지만 이제는 옛 말이 되었습니다. 그 보다는 효과적인 프로세스를 통해서 더욱 완성도를 높이는 것이 맞다고 생각합니다. 부디 여러분들이 본 서적을 통해서 많은 도움을 받을 수 있었으면 합니다.

 그리고 이 책을 쓰게 되면서 알게 된 수많은 도움을 주신 분들께 이 자리를 빌어 다시 한 번 깊은 감사를 드립니다. 저는 앞으로도 쉬지 않고 계속, 앱 디자인의 UX/UI를 위한 연구를 계속 할 것입니다. 또한 앱 디자인과 관련된 다양한 서적 집필과 세미나-강의도 계속 진행할 것입니다. 디자인을 하면서 잘 해결이 되지 않으면 서로 소통하면서 발전하는 디자이너-기획자-마케터-개발자가 되기를 바랍니다. 그렇게 된다면 앞으로도 우리나라 앱 디자인의 미래를 점점 더 밝아지고, 앱 디자인의 전망 또한 계속 맑음일 것입니다.

 앞으로도 앱스디자인의 페이스북을 통해, 그리고 세미나를 통해 자주 뵙기를 바라며, 장장 9개월에 걸친 집필을 마감합니다. 만나게 되면 반갑게 인사를 나눌 수 있었으면 합니다.

 감사합니다.

2013년 4월 9일 화요일

앱스디자인 _ 이종원 대표 마침

그래픽 디자이너 | Michaela Maginot

PIONEERS OF NOW

Cintiq 24HD touch

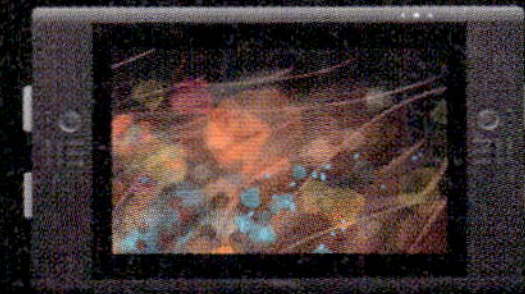
Cintiq 24HD

Cintiq 22HD touch

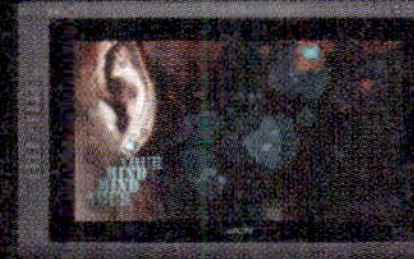
Cin iq 22HD

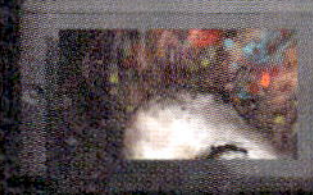
Cintiq 13HD

스크린 위에서 이루어지는 작업 Ⅰ 스탠드 각도 조절 Ⅰ 펜 & 멀티 터치

LCD 모니터의 장점과 와콤의 특허받은 전문 펜 기술의 놀라운 결합! 이제 Cintiq와 함께하는 디지털 작업을 통해 기존의 작업 툴에서 느낄 수 없었던 자연스러움을 경험할 수 있습니다. 당신의 창의성과 생산성 향상을 위한 가장 이상적인 도구, 바로 Cintiq입니다.

www.wacom.asia/kr/cintiq

전문 앱 디자이너가 전하는
실무 중심의 아이폰 · 안드로이드폰 앱 UX/UI 디자인 핵심 바이블

스마트폰 앱 UX/UI 디자인

1판 1쇄 2013년 4월 24일
1판 4쇄 2016년 6월 24일

저   자 | 이종원
발 행 인 | 김길수
발 행 처 | (주)영진닷컴
주   소 | 서울시 금천구 가산디지털 1로 24 대륭 13차 10층 (우)08591
등   록 | 2007. 4. 27. 제16-4189호

값 26,000원(부록 CD 포함)

ⓒ2013., 2016. (주)영진닷컴

ISBN 978-89-314-4371-4

이 책에 실린 내용의 무단 전재 및 무단 복제를 금합니다.

YoungJin.com **Y.**
영진닷컴